Instructor's Annotated Edition

VENTANAS

Curso intermedio de lengua española

LECTURAS

José A. Blanco

Mary Ann Dellinger
Virginia Military Institute

María Isabel García
Boston University

Ana Yáñez
Boston University

VISTA
HIGHER LEARNING

Boston, Massachusetts

Publisher: José A. Blanco

Editorial Director: Denise St. Jean

Director of Operations: Steve Pekich

Art Director: Linda Jurras

Staff Editors: Armando Brito, Sabrina Celli, Deborah Coffey, Gustavo Cinci, Sarah Kenney, Claudi Mimó, Kristen Odlum, Paola Ríos Schaaf

Contributing Writers and Editors: Sharon Alexander, Esther Castro, María del Pilar Gaspar, Martín L. Gaspar, Virginia Maricochi, Constance Marina, Lourdes Murray, Nicolás Naranjo, Cristina Pérez, Mariam Pérez-Roch Rohlfing, Alex Santiago, Alicia Spinner

Senior Designer: Polo Barrera

Design Team: Anne Alvarez, Linde Gee

Illustrator: Pere Virgili

Photographer: Martin Bernetti

Production: Double O'Design

Student Text ISBN 1-932000-53-4
Instructor's Annotated Edition ISBN 1-932000-56-9

Library of Congress Card Number: 2002096482

1 2 3 4 5 6 7 8 9-VH-07 06 05 04 03

Instructor's Annotated Edition

Table of Contents

The **VENTANAS** Story

Vista Higher Learning, the publisher of **VENTANAS**, was founded with one mission: to raise the teaching of Spanish to a higher level. Years of experience working with textbook publishers convinced us that more could be done to offer you superior tools and to give your students a more profound learning experience. Along the way, we questioned everything about the way textbooks support the teaching of introductory and intermediate college Spanish.

In fall 2000, our focus was **VISTAS: Introducción a la lengua española,** a textbook and coordinated package of ancillaries that looked different and were different. **PANORAMA**, a briefer text based on **VISTAS,** followed in fall 2001. We took a fresh look at introductory college Spanish and found that hundreds of Spanish instructors nationwide liked what they saw. In just two years, **VISTAS** and **PANORAMA** became the most widely adopted new introductory college Spanish programs in more than a decade, and, in the fall 2002, we are continuing our line of introductory textbook programs with a new one entitled **AVENTURAS**.

For some time, we have also been working to address a need that many Spanish instructors have expressed to us, that is, an alternative to the standard offerings for intermediate Spanish. Our authors and all of us at Vista Higher Learning are therefore excited to welcome you to **VENTANAS**, our new intermediate college Spanish program. It shares the hallmark user-friendly and video-integrated approach of **VISTAS**, **PANORAMA**, and **AVENTURAS**, yet offers its own distinctive content, design, and coordinated print and technology components.

We hope that you and your students enjoy using the **VENTANAS** program. Please contact us with your questions, comments, and reactions.

Vista Higher Learning
31 St. James Avenue,
Boston, MA 02116-4104
TOLLFREE: 800-618-7375
TELEPHONE: 617-426-4910
FAX: 617-426-5215
www.vistahigherlearning.com

Getting to Know VENTANAS

New and unique, **VENTANAS** is a fully integrated intermediate Spanish program that emphasizes a student-friendly approach. It is designed to make learning Spanish easier and more rewarding so students will be successful language learners. To accomplish this goal, **VENTANAS** takes an interactive, communicative approach. It focuses on real communication in meaningful contexts that develop and consolidate students' speaking, listening, reading, and writing skills. **VENTANAS** also stresses cultural competency since it is an integral part of language learning and successful communication.

The **VENTANAS** program has two main components—**VENTANAS: Lengua** (the grammar text) and **VENTANAS: Lecturas** (the literary/cultural reader). Designed for maximum flexibility, these two texts are coordinated by lesson theme, grammar structures, and vocabulary, which allows them to be used jointly or independently of each other according to your course objectives.

VENTANAS: Lecturas

Here are some of the innovative features that make **VENTANAS: Lecturas** stand out:

- **VENTANAS: Lecturas** has a unique two-part lesson organization that pairs literary and cultural readings by classical and contemporary male and female writers from virtually all of the twenty-one Spanish-speaking countries. **Literatura** sections include one short and one long literary selection; **Cultura** sections present a profile of a noteworthy Spanish-speaker and an additional essay or article.

- **VENTANAS: Lecturas** integrates short, contemporary feature films in two-page **Videoteca** sections that provide built-in pre-, while-, and post-viewing support.

- **VENTANAS: Lecturas** offers for each selection a comprehensive pre-reading and post-reading apparatus designed to facilitate understanding and strengthen students' reading and critical-thinking skills. **Antes de leer** sections provide background information, and teach valuable literary analysis techniques and reading strategies. **Después de leer** sections take students from basic comprehension of key ideas, to analysis and interpretation, and finally to personalized application of the readings' content.

- **VENTANAS: Lecturas** connects language learning with other disciplines through vibrant works of fine art, famous quotes and **refranes**, and the diverse topics of its readings.

- **VENTANAS: Lecturas** provides numerous opportunities in each lesson to develop communicative skills in a wide variety of situations. At the end of every lesson, a **Tertulia** section synthesizes the themes of the **Literatura** and **Cultura** sections in a creative task-based group activity. Similarly, other task-based writing activities in **Atando cabos** and oral presentations in **Abriendo ventanas** sections synthesize the **Literatura** and **Cultura** sections.

VENTANAS: Lengua

These are some of the innovative features that distinguish **VENTANAS: Lengua:**

- **VENTANAS: Lengua** cohesively integrates a video sitcom with the student textbook in a lively and engaging manner in each lesson's four-page **Fotonovela** section and in the captioned video stills of the **Estructura** sections.

- **VENTANAS: Lengua** facilitates the learning process through its carefully crafted graphic design and organization. Page layout, color-coded sections, and other graphic elements enhance students' learning. Lesson sections appear either completely on one page or on two-page spreads, making navigation easy. The dynamic array of photos, illustrations, realia, charts, graphs, and diagrams support pedagogical purposes, multiple learning styles, and, through their visual appeal, generate and sustain student interest.

- **VENTANAS: Lengua** incorporates communicative practice in every section of every lesson. The two-part practice sequence for every grammar point progresses from directed, meaningful **Práctica** exercises to open-ended, interactive **Comunicación** activities. At the end of each **Estructura** section, a special **A conversar** problem-solving activity and a **Manos a la obra** task-based project integrate language skills and promote creative self-expression as they synthesize the lesson vocabulary and grammar.

- **VENTANAS: Lengua** presents authentic, practical language in natural contexts through comprehensible input in the **Contextos** and **Fotonovela** sections.

- **VENTANAS: Lengua** uses student sidebars to provide on-the-spot linguistic information and to highlight grammatical concepts.

For more information about **VENTANAS: Lengua**, see p. xxiv.

To get the most out of pages IAE-7 – IAE-16 in your **VENTANAS: Lecturas** Instructor's Annotated Edition, you should familiarize yourself with the front matter to the **VENTANAS: Lecturas** Student Text, especially Introduction (p. iii), **VENTANAS: Lecturas**-at-a-glance (pp. x-xxii), and Ancillaries (p. xxiii).

Getting to Know Your *Instructor's Annotated Edition*

The Instructor's Annotated Edition (IAE) of **VENTANAS: Lecturas** includes various teaching resources. For your convenience, answers to all **Después de leer** exercises with discrete answers have been overprinted on the student-text pages. In addition, marginal annotations were created to complement and support varied teaching styles, to extend the rich contents of the student text, and to save you time in class preparation and course management. The annotations are suggestions; they are not meant to be prescriptive or limiting. Here are the principle types of annotations you will find in the **VENTANAS: Lecturas IAE:**

- **Suggestion** Ideas for presenting and implementing individual instructional elements, relevant background and/or cultural information, and activities that link specific grammatical structures with the readings

- **Expansion** Ideas and activities for expanding, varying, and reinforcing individual instructional elements

- **Conexión personal, Contexto cultural, Análisis literario,** and **Estrategia de lectura** Teaching suggestions and expansion activities keyed to the subsections in **Antes de leer**

- **Plan de redacción** Teaching suggestions, additional vocabulary, or background information related to the writing strategy and/or process-oriented plan presented in **Atando cabos**

- **Synopsis** Summaries in the **Videoteca** section that recap the feature film

- **National Standards' Icons** Special icons that indicate when a lesson section or subsection is specially related to one or more of the Five C's of the *Standards for Foreign Language Learning:* Communication, Cultures, Connections, Comparisons, and Communities.

Please check our web site (www.vistahigherlearning.com) periodically for program updates and additional teaching support.

VENTANAS: Lecturas and the *Standards for Foreign Language Learning*

Since 1982, when the *ACTFL Proficiency Guidelines* was first published, that seminal document and its subsequent revisions influenced the teaching of modern languages in the United States. **VENTANAS: Lecturas** was written with the concerns and philosophy of the *ACTFL Proficiency Guidelines* in mind. It emphasizes an interactive, proficiency-oriented approach to the teaching of language and culture.

The pedagogy behind **VENTANAS: Lecturas** was also informed from its inception by the *Standards for Foreign Language Learning in the 21st Century*. First published under the auspices of the *National Standards in Foreign Language Education Project*, the Standards are organized into five goal areas, often called the Five Cs: Communication, Cultures, Connections, Comparisons, and Communities.

Since **VENTANAS: Lecturas** takes a communicative approach to the teaching of literature and culture, the Communications goal is an integral part of the student text. For example, the diverse formats (discussion topics, role-plays, interviews, oral presentations, and so forth) in **Después de leer, Tertulia,** and **Videoteca** engage students in communicative exchanges, providing, obtaining, or interpreting information, and expressing feelings, emotions, or opinions. **Abriendo ventanas** teaches strategies for effective oral communication and guides students in presenting information, concepts, and ideas to their classmates on a wide range of topics. **Atando cabos** focuses on written interpersonal communication through various types of practical and creative tasks, such as writing letters, e-mail messages, and brief anecdotes.

The Cultures goal is most evident in the literary and cultural readings, the fine arts pieces and quotes on the opening pages of the **Literatura** and **Cultura** sections, the **Videoteca** sections, and the **Contexto cultural** subsections in **Antes de leer**. All of these sections expose students to multiple facets of practices, products, and perspectives of the Spanish-speaking world. These sections also fulfill the Connections goal because students acquire information and learn to recognize distinctive cultural viewpoints through them. Students can work toward the Connections and Communities goals when they use the **Ayuda para Internet** references in the **Abriendo ventanas** sections and when they access the information or activities on the **VENTANAS** Web site. In addition, special Standards' icons appear on the pages of your IAE to call out sections that have a particularly strong relationship with the Standards. You will find many more connections to the Standards as you work with the student textbook, the **VENTANAS** Film Collection, and **VENTANAS: Lengua**.

General Teaching Considerations

Orienting Students to the Student Textbook

Since the interior and graphic design of **VENTANAS: Lecturas** was created to support and facilitate students' language learning experience, you may want to spend some time orienting them to the textbook on the first day. Have students flip through **Lección 1**, pointing out the major sections. Explain that all lessons are organized in the same manner and that, because of this, they will always know "where they are" in the textbook. Emphasize that all sections, except for a few reading selections, are self-contained, occupying either a full page or a spread of two facing pages. Call students' attention to the use of color and/or boxes to highlight important information in charts, word lists, and activities. Also point out how the major sections of each lesson are color-coded for easy navigation: turquoise for **Literatura**, red for **Cultura**, and blue for **Tertulia**.

Flexible Lesson Organization

To meet the needs of diverse teaching styles, institutions and instructional objectives, **VENTANAS: Lecturas** has a very flexible lesson organization. For example, you can begin with the lesson opening page and progress sequentially through the lesson. If you do not want to devote class time to reading the literary and cultural selections, you can assign them for outside study, freeing up class time for other purposes like developing speaking or writing skills and working with the film collection. Similarly, all **Escribir** activities can be assigned as homework. You might even prefer to skip some sections entirely or use them only periodically, depending on students' interests and time constraints.

Identifying Active Vocabulary

All words and expressions in the **Vocabulario** boxes in the **Antes de leer** sections are considered active vocabulary. These are the key terms students will need to understand and discuss the reading that follows. Marginal glosses in the readings are not considered active, although you may make them active vocabulary for your course, if you so choose. The glosses provide contextual definitions in English of unfamiliar terms that students cannot guess from context and that are important for meaning.

Maintaining a Writing Portfolio

Since students are building their writing skills at this level, you might want to have them maintain a portfolio of the writings they produce so they can periodically review their progress. You might also suggest that they keep a running list of the most common grammatical or spelling errors they make when writing. They can then refer to that list when editing and revising each assignment before handing it in for grading.

Suggestions for Using *Literatura* and *Cultura*

Fine Art Pieces and Quotes

- Have students describe the fine art piece and explain how it relates to the lesson theme. They could also describe the style or technique (realistic, abstract, impressionistic, traditional, etc.) and other elements of the work. Alternatively, you could have students express their opinions of the work.

- Have students discuss the quote and how it relates to the lesson theme and fine art piece. Also them whether they agree or disagree with the quote and to explain their answers.

- Have students compare the fine art pieces on the section openers of **Literatura** and **Cultura** with respect to subject matter, theme, style, use of color, and perspective. This comparison could be extended to include other works of art in the lesson or other lessons.

- For a more detailed list of suggestions for the lesson and section openers, see the **VENTANAS** Instructor's Resource Manual.

Antes de leer

- The **Antes de leer** can be done orally as class, pair, or group activities. This section may also be assigned as homework.

- Provide additional examples for the **Análisis literario** and **Estrategia de lectura** or ask students to come up with examples.

- Ask students personalized questions using the words and expressions in the **Vocabulario** or have students create sentences with them.

Literary and Cultural Readings

- Talk to students about how to become effective readers in Spanish. Point out the importance of using reading strategies. Encourage them to read every selection more than once. Explain that they should read the entire text through first to gain a general understanding of the plot or main ideas and the theme(s), without stopping to look up words. Then, they should read the text again for a more in-depth understanding of the material, interrelationships, and some details. At this point, they should try to complete the **Después de leer** activities. If they have difficulty completing an activity, suggest that they reread the text to find specific information that will help them complete the activity.

- Discourage students from translating the readings into English and relying on a dictionary. Tell them that reading directly in the language will help them grasp the meaning better and improve their ability to discuss the reading in Spanish.

- Always ask students how the reading relates to the lesson theme, and have them summarize the reading orally or in writing as appropriate.

Después de leer

- The **Después de leer** activities can be assigned as written homework unless they involve pair or group work. They may also be done orally as class, pair, or group activities. For example, **Escribir** activities may be done in class as pair or group compositions.

- Insist on the use of Spanish only during these activities. Encourage students to use language creatively.

- Have students form pairs or groups quickly, or assign students to pairs and groups. Allow sufficient time for pairs or groups to do the activities (between five and fifteen minutes, depending on the activity), but do not give them too much time or they may lapse into English and socialize. Always give students a time limit for an activity before they begin.

- Circulate around the room and monitor students to make sure they are on task. Provide guidance as needed and note common errors for future review.

- Remind students to jot down information during the pair activities and group discussions. Have students report the results of these activities to the class.

- If you wish to evaluate students' performance in speaking activities like role-plays or interviews, you could assign grades of 0–3: 3 = well done, 2 = satisfactory, 1 = needs improvement, and 0 = no credit or absence.

Suggestions for Using *Atando cabos*

- The **Atando cabos** activities can be assigned as written homework unless they involve pair or group work. They may also be done orally as class, pair, or group activities.

- Encourage students to be creative in their writing, but remind them to use vocabulary they know, rather than relying on a dictionary.

- Allow class time for peer review of first drafts, and remind students to be tactful in their comments.

- Make a list of frequent errors and review the material with the class or have students correct the errors in groups.

- Explain to students on what basis you will grade their writing. For example, the following rubric could be used or adapted to suit your needs.

Evaluation			
Criteria	Scale		Scoring
Appropriate details	1 2 3 4	Excellent	18–20 points
Organization	1 2 3 4	Good	14–17 points
Use of vocabulary	1 2 3 4	Satisfactory	10–13 points
Grammatical accuracy	1 2 3 4	Unsatisfactory	<10 points
Mechanics	1 2 3 4		

Suggestions for Using *Abriendo ventanas*

- For suggestions on implementing group activities in the classroom, see **Después de leer**, page IAE-11.

- Allow sufficient class time for oral presentations. Also, encourage students to be creative and to use visuals in their presentations. For variety, you could ask them to videotape their presentations.

- Have each group create a comprehension exercise (true/false statements, questions, matching, or fill-in-the-blank sentences) to give the class after their presentation.

- Explain to students on what basis you will grade their presentations. For example, the following rubric could be used or adapted to suit your needs.

Evaluation			
Criteria	**Scale**		**Scoring**
Appropriate details	1 2 3 4	Excellent	22–24 points
Organization	1 2 3 4	Good	17–21 points
Control of vocabulary	1 2 3 4	Satisfactory	12–16 points
Grammatical accuracy	1 2 3 4	Unsatisfactory	<11 points
Mechanics	1 2 3 4		
Fluency/Pronunciation	1 2 3 4		
Level of interest/Use of visuals	1 2 3 4		

Suggestions for Using *Tertulia*

- For suggestions on implementing group activities in the classroom, see **Después de leer**, page IAE-11.

- Have students describe the fine arts piece or other visual and then explain how it relates to the topics of discussion.

Suggestions for Using *Videoteca*

- See ideas under **Suggestions for Using the VENTANAS Film Collection**, page IAE-13.

- Have students create sentences using the words and expressions in the **Vocabulario** section or have them identify situations in which they would use the vocabulary.

- For suggestions on the **Después de ver...** activities, see **Después de leer**, page IAE-11.

Suggestions for Using the VENTANAS Film Collection

The **Videoteca** sections in the student text and the **VENTANAS Film Collection** were created as interlocking pieces. The collection consists of short feature films that provide comprehensible input at the discourse level and offer rich and unique opportunities to build students' listening skills and cultural awareness. The **Videoteca** sections provide activities specially created to help students have successful viewing experiences.

Depending on your teaching preferences and school facilities, you might show the films in class or assign them for viewing outside the classroom. You could begin by showing the first one in class to teach students how to approach viewing a film and listening to natural speech. After that, you could work in class only with the **Videoteca** section and have students view the remaining films outside of class. No matter which approach you choose, students have the support they need to view the films independently and process them in a meaningful way.

For each film, there are **Antes de ver...** (pre-viewing), **Mientras ves...** (while-viewing), and **Después de ver...** (post-viewing) activities, as well as vocabulary support, in the **Videoteca** section of the corresponding textbook lesson. In addition, the photos in **Videoteca** provide students with helpful visual references since they are actual video stills from the corresponding film. Here are some strategies for viewing the films in class:

- Tell students that they are not expected to understand every word as they watch the film. Emphasize that they should concentrate on listening for the gist of what is being said. Point out that background settings and nonverbal communication such as gestures and facial expressions also provide visual clues that can help them understand what is happening.

- Before showing the film, preview the vocabulary and have students complete the **Antes de ver...** section. Then have them read through the **Mientras ves...** activities.

- Play the film first without sound, telling students to focus on the visual images. Then have them speculate about the storyline, the characters, and their actions. Show the film again and have them complete the **Mientras ves...** and **Después de ver...** activities.

- If students have difficulty understanding the film, replay one or more key segments. Alternatively, you could pause the film at key points or two-minute intervals, and ask students to recap what they saw.

- Allow students to take notes during the film if they wish, although you should point out that it is difficult to listen and write at the same time and they might miss some key information.

- Consider showing the first part of a film in one class and the second part in the next class. You could then have students speculate about what will happen in the second half and how the film will end.

Course Planning

The **VENTANAS** program was developed keeping in mind the need for flexibility and manageability in a wide variety of academic situations. The following sample course plans illustrate how **VENTANAS: Lecturas** can be used in courses on a semester or quarter system. You should, of course, feel free to organize your courses in the way that best suits your students' needs and your instructional goals.

Two-Semester System

The following chart shows how **VENTANAS: Lecturas** can be completed in a two-semester course. The materials are organized into two balanced segments, which provide ample time for reading, class discussion, pair and group work, and writing.

Semester 1	Semester 2
Lecciones 1–6	Lecciones 7–12

Quarter System

This chart illustrates how **VENTANAS: Lecturas** can be used in the quarter system. The lessons are equally divided among the three quarters, allowing students to progress at a steady pace.

Quarter 1	Quarter 2	Quarter 3
Lecciones 1–4	Lecciones 5–8	Lecciones 9–12

For convenience in course and lesson planning, you can use the same breakdowns and divisions with **VENTANAS: Lengua**, the grammar text that accompanies **VENTANAS: Lecturas**.

One-Semester Course

The following chart shows how **VENTANAS: Lecturas** can be used as the primary text in a one-semester course. This configuration allots one week per lesson, plus two weeks for testing, student projects, video, and so on.

Weeks 1–7	Weeks 8–14
Lecciones 1–6	Lecciones 7–12

VENTANAS: Lecturas has been carefully planned for maximum flexibility to meet your instructional needs. The readings were chosen for their literary or cultural value and with students' interests and linguistic abilities in mind. The structure and approach were purposely designed to develop students' skills in reading and interpreting literature and journalistic selections. This sample lesson plan illustrates how **VENTANAS: Lecturas** can be used in a two-semester program with three contact hours per week and fifty-minute classes.

NOTE: Specific instructional techniques, suggestions, and other pertinent material are presented on pages IAE–10 to IAE–12 and in marginal annotations on the pages of the **VENTANAS: Lecturas** Instructor's Annotated Edition.

Sample Lesson Plan for Lección 1

Day 1

1. Introduce yourself, present the course syllabus, and explain the course objectives.
2. Present the painting and quote on the **Literatura** section opener.
3. Do the **Conexión personal** questions in **Antes de leer** with the class. Have students read the **Contexto cultural**.
4. Explain to students how they should approach reading a literary work in Spanish. (See **Suggestions for Using** *Literatura* **and** *Cultura*, page IAE-10.)
5. Present and explain the purpose of the **Análisis literario, Estrategia de lectura**, and **Vocabulario** subsections in **Antes de leer**.
6. Have students read *Poema 20* and prepare the **Después de leer** activities for the next class.

Day 2

1. Work through **Después de leer** activities 1, 2, and 3 with the class. Have students do **Después de leer** activities 4 and 5 in pairs.
2. Present the story "Aqueronte." Do the **Conexión personal** questions in **Antes de leer** with the class. Have students read the **Contexto cultural**.
3. Present the **Análisis literario** and **Estrategia de lectura** subsections.
4. Have students read "Aqueronte" and prepare the **Después de leer** activities for the next class.

Day 3

1. Work through **Después de leer** activities 1 and 2 with the class.
2. Work through the **Análisis literario** activity in the **Antes de leer** section with the class.
3. Have students do **Después de leer** activity 3 in pairs.
4. Collect and correct the paragraphs students wrote for **Después de leer** activity 4.
5. Have students prepare the **Atando cabos** activities for the next class.

Day 4

1. Work through **Atando cabos** activity 1 with the class. Have students do **Atando cabos** activity 2 in pairs.
2. Collect and grade the letters students wrote for **Atando cabos** activity 3.
3. Present the painting and quote on the **Cultura** section opener.
4. Present the profile on Carmen Lomas Garza and do the **Conexión personal** questions in **Antes de leer** with the class. Have students compare the party depicted in Lomas Garza's painting with their own birthday parties.
5. Have students read and discuss the **Contexto cultural** in **Antes de leer**.
6. Have students read "Perfil: Carmen Lomas Garza" and prepare the **Después de leer** activities for the next class.

Day 5

1. Work through **Después de leer** activities 1, 2, and 3 with the class. Have students do **Después de leer** activity 4 in pairs.
2. Collect and correct the paragraphs students wrote for **Después de leer** activity 5.
3. Present the excerpt from *Después del amor primero* and do the **Conexión personal** questions in Antes de leer with the class.
4. Have students read the **Contexto cultural** and discuss the scene depicted in the illustration.
5. Have students read *Después del amor primero* and prepare the **Después de leer** activities for the next class.

Day 6

1. Work through **Después de leer** activities 1 and 2 with the class. Have students do **Después de leer** activity 3 in groups.
2. Collect and correct the letters students wrote for **Después de leer** activity 4.
3. Present the **Estrategia de comunicación** in the **Abriendo ventanas** section. Then have students work in groups on their presentations.
4. Tell groups to prepare their presentations for the next class.

Day 7

1. Ask groups to make the presentations they prepared for **Abriendo ventanas**.
2. Have students read through the **Tertulia** section and prepare activity 1 for the next class.

Day 8

1. Have students work in groups on **Tertulia** activities 1 and 2.
2. Have groups present their ideas to the class. Then discuss the different opinions presented.
3. Present the painting and quote on the Literatura section opener in **Lección 2**.
4. Have students read **Antes de leer**, "Idilio," and prepare the **Después de leer** activities for the next class.

The lesson plan presented here is not prescriptive; there is no one correct way to teach or present the lessons. You should feel free to adapt the materials to accommodate your own teaching preferences and your student's learning styles. For example, you may want to allow extra time for longer readings, or you may want to omit certain activities or sections altogether.

VENTANAS

Curso intermedio de lengua española

LECTURAS

José A. Blanco

Mary Ann Dellinger
Virginia Military Institute

María Isabel García
Boston University

Ana Yáñez
Boston University

VISTA
HIGHER LEARNING

Boston, Massachusetts

Publisher: José A. Blanco

Editorial Director: Denise St. Jean

Director of Operations: Stephen Pekich

Art Director: Linda Jurras

Staff Editors: Armando Brito, Sabrina Celli, Gustavo Cinci, Deborah Coffey, Francisco de la Rosa, Sarah Kenney, Claudi Mimó, Kristen Odlum, Paola Ríos Schaaf

Contributing Writers and Editors: Esther Castro, María del Pilar Gaspar, Martín L. Gaspar, Constance Marina, Lourdes Murray, Nicolás Naranjo, Cristina Pérez, Mark Porter, Alex Santiago, Alicia Spinner

Senior Designer: Polo Barrera

Design Team: Anne Alvarez, Linde Gee

Illustrator: Pere Virgili

Photographer: Martin Bernetti

Production: Double O'Design

Printed in the United States of America.

Student Text ISBN 1-932000-53-4
Instructor's Annotated Edition ISBN 1-932000-56-9

Library of Congress Card Number: 2002116923

1 2 3 4 5 6 7 8 9-VH-07 06 05 04 03

Introduction

Bienvenido a VENTANAS, your window to the rich language, literature, and culture of the Spanish-speaking world.

VENTANAS is a new, fully integrated intermediate Spanish program written with you, the student in mind. It is designed to provide you with an active and rewarding learning experience. Its primary goal is to strengthen your language skills and develop your cultural competency. The program consists of two main texts— **VENTANAS: Lecturas** (a literary/cultural reader) and **VENTANAS: Lengua** (the grammar text). Coordinated by lesson theme, grammar structures, and vocabulary, these texts may be used together or independently of each other.

Here are some of the features you will encounter in **VENTANAS: Lecturas:**

- A two-part lesson structure that pairs two selections (one short, one long) in **Literatura** and two in **Cultura** (a profile of a notable Spanish-speaker and an additional article or essay)

- A wide variety of literary and cultural readings that recognize and celebrate the diversity of the Spanish-speaking world and its peoples: male and female writers, up-and-coming and classic authors, and voices from virtually all of the twenty-one Spanish-speaking countries

- Consistent, multi-faceted pre-reading and post-reading support to build your reading proficiency and check your understanding of what you read

- Numerous opportunities to express yourself in a wide range of communicative situations with a classmate, small groups, or the full class

- Ongoing development of your language and critical-thinking skills

In addition, **VENTANAS: Lecturas** incorporates features unique to textbooks published by Vista Higher Learning that distinguish them from other college-level intermediate Spanish textbooks:

- A more cohesive manner of integrating video

- A wealth of full-color photos, illustrations, realia, charts, and graphs to help you learn

- A highly-structured, easy-to-navigate interior design and lesson organization

VENTANAS: Lecturas has twelve lessons, and each lesson is organized exactly in the same manner. To familiarize yourself with the textbook's organization and features, turn to page x and take the **VENTANAS: Lecturas**-at-a-glance tour. For more information on **VENTANAS: Lengua,** see page xxiv.

Table of Contents

Table of Contents

	LITERATURA	CULTURA

Table of Contents

The opening page to LITERATURA
introduces the first part of each lesson in a visually dramatic way.

1 **LITERATURA**

Los enamorados, 1923.
Pablo Picasso. España.

*La única fuerza y la única verdad que hay en
esta vida es el amor.*

— José Martí

2 *dos*

Lección 1

Fine art A fine art piece by a Spanish-speaking artist illustrates an aspect of the lesson's theme and exposes you to a broad spectrum of works created by male and female artists from all areas of the Spanish-speaking world.

Quotation Quotations by Spanish-speakers from around the world and across the ages provide thought-provoking insights into the lesson's theme.

The first reading in LITERATURA
is a short literary selection that appears on two facing pages.

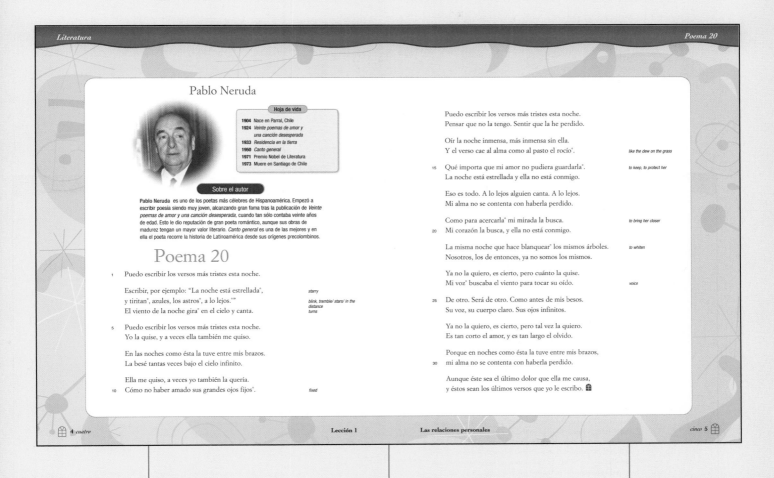

Pablo Neruda

Hoja de vida

1904 Nace en Parral, Chile
1924 *Veinte poemas de amor y una canción desesperada*
1933 *Residencia en la tierra*
1950 *Canto general*
1971 Premio Nobel de Literatura
1973 Muere en Santiago de Chile

Sobre el autor

Pablo Neruda es uno de los poetas más célebres de Hispanoamérica. Empezó a escribir poesía siendo muy joven, alcanzando gran fama tras la publicación de *Veinte poemas de amor y una canción desesperada*, cuando tan sólo contaba veinte años de edad. Esto le dio reputación de gran poeta romántico, aunque sus obras de madurez tengan un mayor valor literario. *Canto general* es una de las mejores y en ella el poeta recorre la historia de Latinoamérica desde sus orígenes precolombinos.

Poema 20

1 Puedo escribir los versos más tristes esta noche.

Escribir, por ejemplo: "La noche está estrellada°, *starry*
y tiritan°, azules, los astros°, a lo lejos.°" *blink, tremble/ stars/ in the distance*
El viento de la noche gira° en el cielo y canta. *turns*

5 Puedo escribir los versos más tristes esta noche.
Yo la quise, y a veces ella también me quiso.

En las noches como ésta la tuve entre mis brazos.
La besé tantas veces bajo el cielo infinito.

Ella me quiso, a veces yo también la quería.
10 Cómo no haber amado sus grandes ojos fijos°. *fixed*

Puedo escribir los versos más tristes esta noche.
Pensar que no la tengo. Sentir que la he perdido.

Oír la noche inmensa, más inmensa sin ella.
Y el verso cae al alma como al pasto el rocío°. *like the dew on the grass*

15 Qué importa que mi amor no pudiera guardarla°. *to keep, to protect her*
La noche está estrellada y ella no está conmigo.

Eso es todo. A lo lejos alguien canta. A lo lejos.
Mi alma no se contenta con haberla perdido.

Como para acercarla° mi mirada la busca. *to bring her closer*
20 Mi corazón la busca, y ella no está conmigo.

La misma noche que hace blanquear° los mismos árboles. *to whiten*
Nosotros, los de entonces, ya no somos los mismos.

Ya no la quiero, es cierto, pero cuánto la quise.
Mi voz° buscaba el viento para tocar su oído. *voice*

25 De otro. Será de otro. Como antes de mis besos.
Su voz, su cuerpo claro. Sus ojos infinitos.

Ya no la quiero, es cierto, pero tal vez la quiero.
Es tan corto el amor, y es tan largo el olvido.

Porque en noches como ésta la tuve entre mis brazos,
30 mi alma no se contenta con haberla perdido.

Aunque éste sea el último dolor que ella me causa,
y éstos sean los últimos versos que yo le escribo.

Open design The type size, open space, numbered lines, and marginal glosses were specially designed to make the readings inviting and highly accessible to you.

Hoja de vida A short box highlights biographical information about the authors.

Sobre el autor This biographical paragraph focuses your attention on important information about the authors and their works.

The second reading in LITERATURA
is a longer piece that offers you a more sustained reading experience.

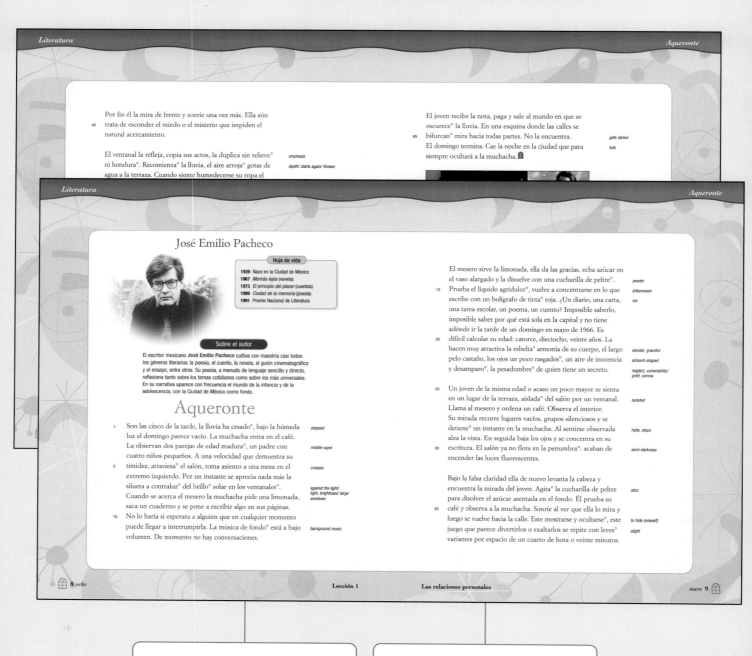

Literatura — *Aqueronte*

Por fin él la mira de frente y sonríe una vez más. Ella aún
40 trata de esconder el miedo o el misterio que impiden el
natural acercamiento.

El ventanal la refleja, copia sus actos, la duplica sin relieve°   *emphasis*
ni hondura°. Recomienza° la lluvia, el aire arroja° gotas de   *depth/ starts again/ throws*
agua a la terraza. Cuando siente humedecerse su ropa el

El joven recibe la nota, paga y sale al mundo en que se
oscurece° la lluvia. En una esquina donde las calles se
65 bifurcan° mira hacia todas partes. No la encuentra.   *gets darker*
El domingo termina. Cae la noche en la ciudad que para   *fork*
siempre ocultará a la muchacha.

José Emilio Pacheco

Hoja de vida

1939 Nace en la Ciudad de México
1967 *Morirás lejos* (novela)
1973 *El principio del placer* (cuentos)
1989 *Ciudad de la memoria* (poesía)
1991 Premio Nacional de Literatura

Sobre el autor

El escritor mexicano **José Emilio Pacheco** cultiva con maestría casi todos
los géneros literarios: la poesía, el cuento, la novela, el guión cinematográfico
y el ensayo, entre otros. Su poesía, a menudo de lenguaje sencillo y directo,
reflexiona tanto sobre los temas cotidianos como sobre los más universales.
En su narrativa aparece con frecuencia el mundo de la infancia y de la
adolescencia, con la Ciudad de México como fondo.

Aqueronte

1   Son las cinco de la tarde, la lluvia ha cesado°, bajo la húmeda   *stopped*
luz el domingo parece vacío. La muchacha entra en el café.
La observan dos parejas de edad madura°, un padre con   *middle-aged*
cuatro niños pequeños. A una velocidad que demuestra su
5   timidez, atraviesa° el salón, toma asiento a una mesa en el   *crosses*
extremo izquierdo. Por un instante se aprecia nada más la
silueta a contraluz° del brillo° solar en los ventanales°.   *against the light/ light, brightness/ large windows*
Cuando se acerca el mesero la muchacha pide una limonada,
saca un cuaderno y se pone a escribir algo en sus páginas.
10 No lo haría si esperara a alguien que en cualquier momento
puede llegar a interrumpirla. La música de fondo° está a bajo   *background music*
volumen. De momento no hay conversaciones.

El mesero sirve la limonada, ella da las gracias, echa azúcar en
el vaso alargado y la disuelve con una cucharilla de peltre°.   *pewter*
15 Prueba el líquido agridulce°, vuelve a concentrarse en lo que   *bittersweet*
escribe con un bolígrafo de tinta° roja. ¿Un diario, una carta,   *ink*
una tarea escolar, un poema, un cuento? Imposible saberlo,
imposible saber por qué está sola en la capital y no tiene
adónde ir la tarde de un domingo en mayo de 1966. Es
20 difícil calcular su edad: catorce, dieciocho, veinte años. La
hacen muy atractiva la esbelta° armonía de su cuerpo, el largo   *slender, graceful*
pelo castaño, los ojos un poco rasgados°, un aire de inocencia   *almond-shaped*
y desamparo°, la pesadumbre° de quien tiene un secreto.   *neglect, vulnerability/ grief, sorrow*

25 Un joven de la misma edad o acaso un poco mayor se sienta
en un lugar de la terraza, aislada° del salón por un ventanal.   *isolated*
Llama al mesero y ordena un café. Observa el interior.
Su mirada recorre lugares vacíos, grupos silenciosos y se
detiene° un instante en la muchacha. Al sentirse observada   *halts, stops*
alza la vista. En seguida baja los ojos y se concentra en su
30 escritura. El salón ya no flota en la penumbra°: acaban de   *semi-darkness*
encender las luces fluorescentes.

Bajo la falsa claridad ella de nuevo levanta la cabeza y
encuentra la mirada del joven. Agita° la cucharilla de peltre   *stirs*
para disolver el azúcar asentada en el fondo. Él prueba su
35 café y observa a la muchacha. Sonríe al ver que ella lo mira y
luego se vuelve hacia la calle. Este mostrarse y ocultarse°, este   *to hide (oneself)*
juego que parece divertirlos o exaltarlos se repite con leves°   *slight*
variantes por espacio de un cuarto de hora o veinte minutos.

Variety of text types You will encounter
many different types of readings in the
Literatura section: short stories,
poems, plays, essays, and excerpts
from novels.

Identical support features To support
learning, the same informative features
used in the first reading of **Literatura**
also accompany the second reading.

Antes de leer

provides in-depth pre-reading support for each selection in Literatura.

Antes de leer

Poema 20
Pablo Neruda

Conexión personal
¿Has estado enamorado/a alguna vez? ¿Te gusta leer poesía? ¿Has escrito alguna vez una carta o un poema de amor?

Contexto cultural
Poema 20 is part of the book *Veinte poemas de amor y una canción desesperada*. Published when its author, Chilean poet Pablo Neruda, was twenty years old, the book was an instant success. According to Neruda, this work joined together his adolescent passions and fears. It includes some melancholy themes, contrasted with examples of the pleasures of living.

Análisis literario: la personificación
Personification (**la personificación**) is a figure of speech in which human characteristics are given to inanimate objects or abstract concepts, as in, for example, *a raging storm*. Personification can help the reader understand ideas and feelings that are otherwise difficult to express in words. As you read *Poema 20*, look for examples of personification and write the line (**verso**) and its significance (**efecto**) in the chart.

verso	efecto

Estrategia de lectura: deducir
When you read, you are constantly forming logical guesses and drawing conclusions based on evidence. This is called "making inferences" (**deducir** in Spanish). As you read *Poema 20*, try to make your own discoveries about the narrator. Is he telling the truth? Did his relationship with the woman end well or poorly? How does he feel about her now?

Vocabulario

amar *to love*	**contentarse con** *to be contented, satisfied with*
el alma *soul*	**el corazón** *heart*
el/la amado/a *the loved one, sweetheart*	**el olvido** *forgetfulness; oblivion*
besar *to kiss*	**querer** *to love; to want*
	romper con *to break up with*

Las relaciones personales   *tres* **3**

Conexión personal Personalized questions prompt you to think about the theme of the reading as it relates to your own life and experiences.

Contexto cultural Culturally relevant background information about the reading introduces the selection.

Análisis literario Explanations of literary techniques give you the support you need to analyze literature in Spanish. This section spotlights a technique central to the reading and contains an activity to help you apply it.

Estrategia de lectura A reading strategy for you to apply as you read the selection builds your reading skills.

Vocabulario A vocabulary box lists words and expressions key to the reading.

Después de leer

provides carefully structured post-reading support for each selection in Literatura.

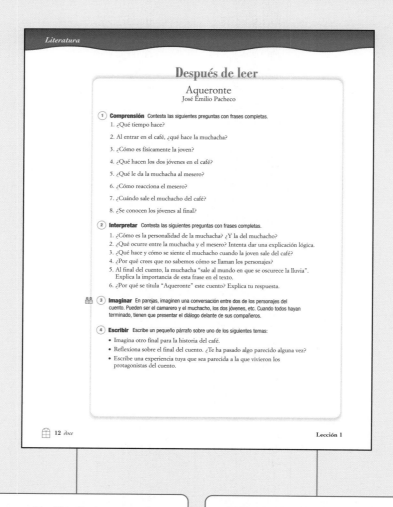

Literatura

Después de leer

Aqueronte
José Emilio Pacheco

1 Comprensión Contesta las siguientes preguntas con frases completas.

1. ¿Qué tiempo hace?
2. Al entrar en el café, ¿qué hace la muchacha?
3. ¿Cómo es físicamente la joven?
4. ¿Qué hacen los dos jóvenes en el café?
5. ¿Qué le da la muchacha al mesero?
6. ¿Cómo reacciona el mesero?
7. ¿Cuándo sale el muchacho del café?
8. ¿Se conocen los jóvenes al final?

2 Interpretar Contesta las siguientes preguntas con frases completas.

1. ¿Cómo es la personalidad de la muchacha? ¿Y la del muchacho?
2. ¿Qué ocurre entre la muchacha y el mesero? Intenta dar una explicación lógica.
3. ¿Qué hace y cómo se siente el muchacho cuando la joven sale del café?
4. ¿Por qué crees que no sabemos cómo se llaman los personajes?
5. Al final del cuento, la muchacha "sale al mundo en que se oscurece la lluvia". Explica la importancia de esta frase en el texto.
6. ¿Por qué se titula "Aqueronte" este cuento? Explica tu respuesta.

3 Imaginar En parejas, imaginen una conversación entre dos de los personajes del cuento. Pueden ser el camarero y el muchacho, los dos jóvenes, etc. Cuando todos hayan terminado, tienen que presentar el diálogo delante de sus compañeros.

4 Escribir Escribe un pequeño párrafo sobre uno de los siguientes temas:

- Imagina otro final para la historia del café.
- Reflexiona sobre el final del cuento. ¿Te ha pasado algo parecido alguna vez?
- Escribe una experiencia tuya que sea parecida a la que vivieron los protagonistas del cuento.

12 *doce*

Lección 1

Comprensión This first exercise always checks your understanding of the reading's key ideas.

Additional activities Subsequent activities guide you as you explore various facets of each reading: analysis, interpretation, personalized reactions to the reading's content, pair work, small group work, and writing tasks.

Atando cabos

synthesizes Literatura with a focus on oral and written skills.

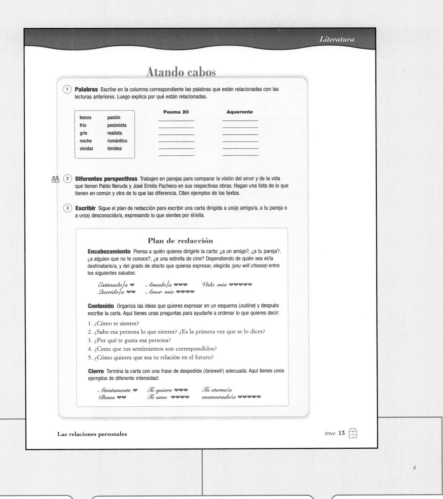

Oral activities The section begins with interactive, communicative activities that involve you in comparing and contrasting the two literary selections in **Literatura.**

Writing activity The section ends with an engaging, real-life writing task— letters, e-mails, anecdotes, etc.—spun off from the themes and ideas of the two literary selections.

Plan de redacción Specialized instructions guide you step-by-step through the writing process.

The opening page to CULTURA
introduces the cultural reading section in a visually dramatic way.

1 CULTURA

Una familia, 1989.
Fernando Botero. Colombia.

*Entre padres y hermanos, no metas
tú las manos.*
— Anónimo

14 *catorce*

Lección 1

Fine art A fine art piece by a Spanish-speaking painter illustrates a key aspect of the lesson's theme.

Quotation A quotation by a prominent Spanish-speaker provides food for thought about the lesson's theme.

The first reading in CULTURA

presents a profile of a notable Spanish-speaker whose accomplishments are connected to the lesson's theme.

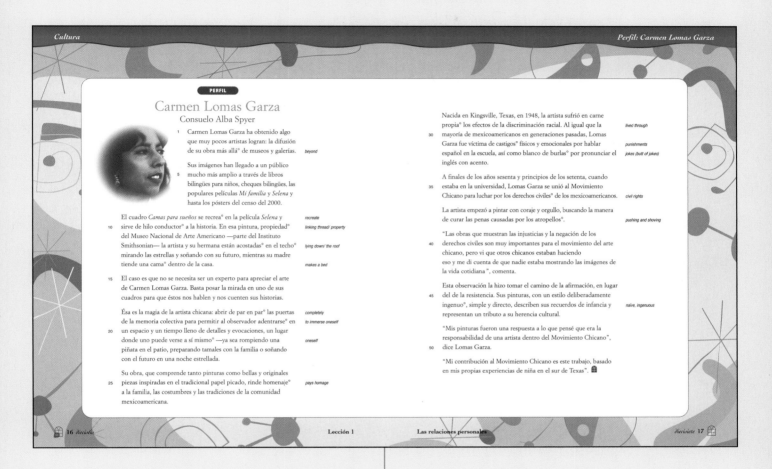

Cultura

Perfil: Carmen Lomas Garza

PERFIL

Carmen Lomas Garza
Consuelo Alba Spyer

1 Carmen Lomas Garza ha obtenido algo
que muy pocos artistas logran: la difusión
de su obra más allá° de museos y galerías.   *beyond*

Sus imágenes han llegado a un público
5 mucho más amplio a través de libros
bilingües para niños, cheques bilingües, las
populares películas *Mi familia* y *Selena* y
hasta los pósters del censo del 2000.

El cuadro *Camas para sueños* se recrea° en la película *Selena* y   *recreate*
10 sirve de hilo conductor° a la historia. En esa pintura, propiedad°   *linking thread/ property*
del Museo Nacional de Arte Americano —parte del Instituto
Smithsonian— la artista y su hermana están acostadas° en el techo°   *lying down/ the roof*
mirando las estrellas y soñando con su futuro, mientras su madre
tiende una cama° dentro de la casa.   *makes a bed*

15 El caso es que no se necesita ser un experto para apreciar el arte
de Carmen Lomas Garza. Basta posar la mirada en uno de sus
cuadros para que éstos nos hablen y nos cuenten sus historias.

Ésa es la magia de la artista chicana: abrir de par en par° las puertas   *completely*
de la memoria colectiva para permitir al observador adentrarse° en   *to immerse oneself*
20 un espacio y un tiempo lleno de detalles y evocaciones, un lugar
donde uno puede verse a sí mismo° —ya sea rompiendo una   *oneself*
piñata en el patio, preparando tamales con la familia o soñando
con el futuro en una noche estrellada.

Su obra, que comprende tanto pinturas como bellas y originales
25 piezas inspiradas en el tradicional papel picado, rinde homenaje°   *pays homage*
a la familia, las costumbres y las tradiciones de la comunidad
mexicoamericana.

Nacida en Kingsville, Texas, en 1948, la artista sufrió en carne
propia° los efectos de la discriminación racial. Al igual que la   *lived through*
30 mayoría de mexicoamericanos en generaciones pasadas, Lomas
Garza fue víctima de castigos° físicos y emocionales por hablar   *punishments*
español en la escuela, así como blanco de burlas° por pronunciar el   *jokes (butt of jokes)*
inglés con acento.

A finales de los años sesenta y principios de los setenta, cuando
35 estaba en la universidad, Lomas Garza se unió al Movimiento
Chicano para luchar por los derechos civiles° de los mexicoamericanos.   *civil rights*

La artista empezó a pintar con coraje y orgullo, buscando la manera
de curar las penas causadas por los atropellos°.   *pushing and shoving*

"Las obras que muestran las injusticias y la negación de los
40 derechos civiles son muy importantes para el movimiento del arte
chicano, pero vi que otros chicanos estaban haciendo
eso y me di cuenta de que nadie estaba mostrando las imágenes de
la vida cotidiana ", comenta.

Esta observación la hizo tomar el camino de la afirmación, en lugar
45 del de la resistencia. Sus pinturas, con un estilo deliberadamente
ingenuo°, simple y directo, describen sus recuerdos de infancia y   *naive, ingenuous*
representan un tributo a su herencia cultural.

"Mis pinturas fueron una respuesta a lo que pensé que era la
responsabilidad de una artista dentro del Movimiento Chicano",
50 dice Lomas Garza.

"Mi contribución al Movimiento Chicano es este trabajo, basado
en mis propias experiencias de niña en el sur de Texas". ⚜

Open design The same open interior
design used in the **Literatura** selections,
including numbered lines and marginal
glosses, helps make the **Cultura** readings
accessible to you.

The second reading in CULTURA
offers insights into the different accomplishments, traditions, concerns, and passions of Spanish-speakers.

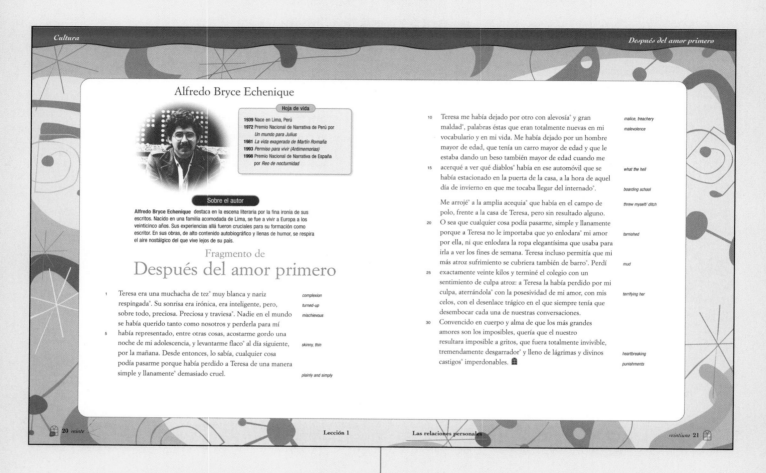

Easy-to-read layout Like the other readings in the lessons, the second cultural reading is laid out on open, airy spreads of two facing pages designed to provide an accessible reading experience.

Antes de leer & Después de leer

activities provide pre-reading and post-reading support for each selection in Cultura.

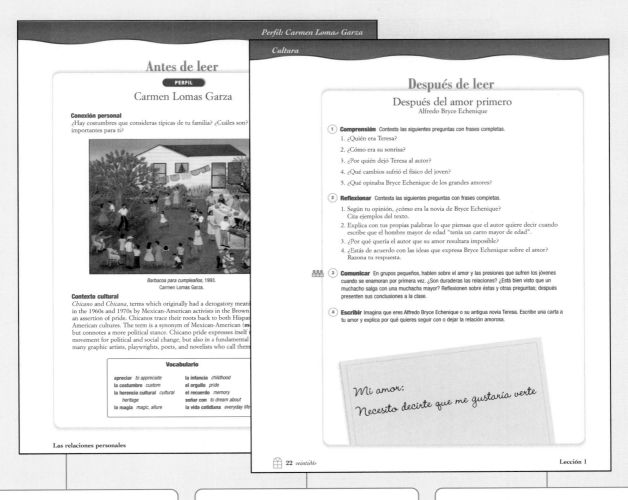

Conexión personal The page begins with personalized questions that prompt you to think about the theme of the reading as it relates to your own life and experiences.

Contexto cultural A short introduction presents culturally relevant background information about the reading.

Comprensión This first exercise always checks your understanding of the reading's key ideas.

Vocabulario A vocabulary box lists words and expressions key to the reading.

Additional activities Subsequent activities guide you as you explore various facets of each reading: analysis, personalized reactions to the reading's content, pair work, small group work, and writing tasks.

Abriendo ventanas

synthesizes **Cultura** and further develops your oral communication skills.

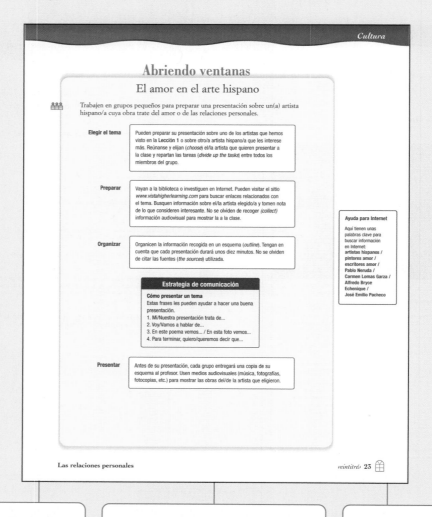

Oral presentation The section involves you with a small group in researching, preparing, and giving oral presentations on cultural topics and Spanish-speakers related to **Cultura.**

Step-by-step support A series of steps guides you through the presentation from choosing the topic, to finding the information you need, to organizing your research results, to final advice about how to present your work.

Ayuda para Internet This convenient box provides key words to help you find information related to your oral presentation on the Internet.

Estrategia de comunicación Speaking-related tips, techniques, and key words and expressions help you improve your oral presentation skills.

VIDEOTECA

appears in every odd-numbered lesson, integrating pre-viewing, while-viewing, and post-viewing activities for a short subject film.

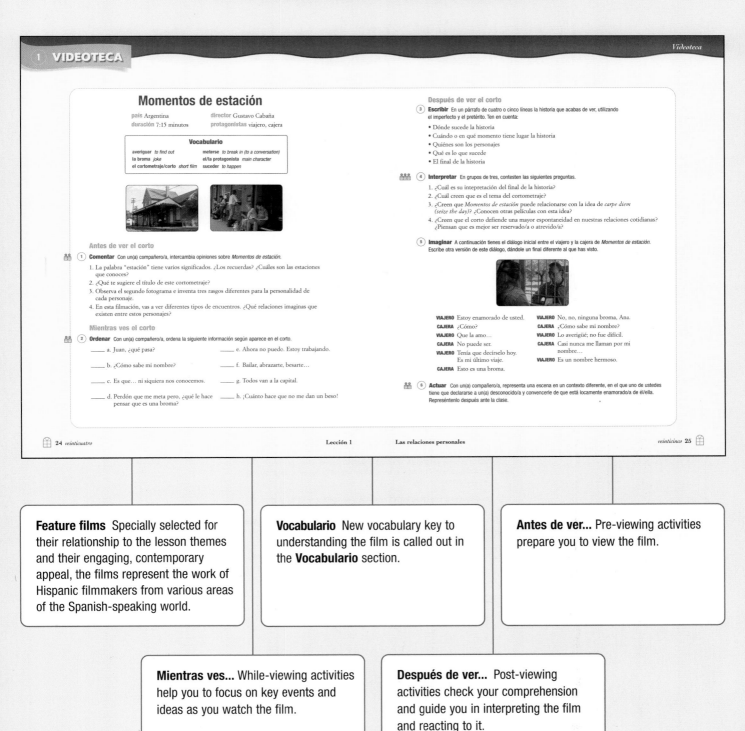

Feature films Specially selected for their relationship to the lesson themes and their engaging, contemporary appeal, the films represent the work of Hispanic filmmakers from various areas of the Spanish-speaking world.

Vocabulario New vocabulary key to understanding the film is called out in the **Vocabulario** section.

Antes de ver... Pre-viewing activities prepare you to view the film.

Mientras ves... While-viewing activities help you to focus on key events and ideas as you watch the film.

Después de ver... Post-viewing activities check your comprehension and guide you in interpreting the film and reacting to it.

TERTULIA

concludes the lesson, tying together themes from both Literatura and Cultura in small group oral communication activities.

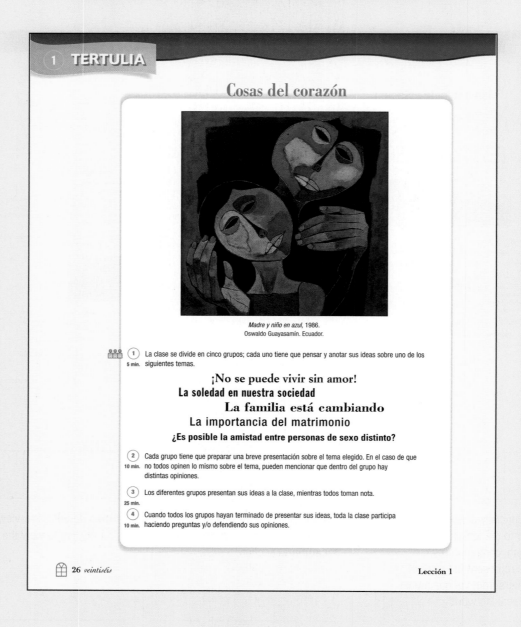

1 TERTULIA

Cosas del corazón

Madre y niño en azul, 1986.
Oswaldo Guayasamín. Ecuador.

1. La clase se divide en cinco grupos; cada uno tiene que pensar y anotar sus ideas sobre uno de los
5 min. siguientes temas.

¡No se puede vivir sin amor!
La soledad en nuestra sociedad
La familia está cambiando
La importancia del matrimonio
¿Es posible la amistad entre personas de sexo distinto?

2. Cada grupo tiene que preparar una breve presentación sobre el tema elegido. En el caso de que
10 min. no todos opinen lo mismo sobre el tema, pueden mencionar que dentro del grupo hay
distintas opiniones.

3. Los diferentes grupos presentan sus ideas a la clase, mientras todos toman nota.
25 min.

4. Cuando todos los grupos hayan terminado de presentar sus ideas, toda la clase participa
10 min. haciendo preguntas y/o defendiendo sus opiniones.

26 *veintiséis*

Lección 1

VENTANAS: Lecturas Ancillaries

VENTANAS Film Collection

The **VENTANAS** Film Collection contains the short subject films by Hispanic filmmakers that are the basis for the pre-, while-, and post-viewing activities in each **Videoteca** section. These films offer entertaining and thought-provoking opportunities to build your listening comprehension skills and your cultural knowledge of Spanish-speakers and the Spanish-speaking world.

VENTANAS Web Site (accessed through www.vistahigherlearning.com)

This text-specific Web site supports you and your instructor with a wide range of online resources—additional activities, cultural information and links, teaching suggestions, lesson plans, course syllabi, and more—that directly correlate to and expand on your textbook.

VENTANAS: Lecturas Instructor's Annotated Edition

The Instructor's Annotated Edition provides instructors with information designed to support classroom teaching. Marginal annotations throughout each lesson provide suggestions for implementing and extending activities, additional background information on the authors and selections, and cultural information, as well as other teaching tips. The answers to the **Después de leer** exercises with discrete responses are overprinted on the pages, and cross-references to the National Standards appear where pertinent.

VENTANAS: Lengua

This companion language text focuses on developing your overall linguistic skills and cultural competency.

VENTANAS Reviewers

On behalf of its authors and editors, Vista Higher Learning expresses its sincere appreciation to the many college professors nationwide who reviewed **VENTANAS: Lecturas.** Their insights, ideas, and detailed comments were invaluable to the final product. We also extend a special thanks to Dr. Monica Rivas of Mission College in Santa Clara, CA for her critical reading of all lessons in **VENTANAS: Lecturas.** Her comments and suggestions were extremely insightful and led to many improvements in the content.

Thomas Acker
Mesa State College, CO

Rosalinda S. Alemany
University of Louisiana at Lafayette, LA

Renée Andrade
Mt. San Antonio College, CA

Rafael Arias
Los Angeles Valley College, CA

Christine Dolan Atkins
Suffolk University, MA

María del Mar Barrio
University of Kentucky, KY

Leon Bodevin
Murray State University, KY

Kathleen T. Brown
Ohio University, OH

Priscilla Byerly
University of Vermont, VT

Teresa Cabal Krastel
University of Maryland, MD

Sandra Joan Canepari
California State University – Chico, CA

Monica Casco
Queens College, NY

Anna Bausset Cecil
Brigham Young University, UT

Marco Tulio Cedillo
Lynchburg College, VA

Martiza Chinea-Thornberry
University of South Florida, FL

Stephen Clark
Northern Arizona University, AZ

Judy G. Collier
Goucher College, MD

James C. Courtad
Central Michigan University, MI

Glynis S. Cowell
University of North Carolina – Chapel Hill

Julia Cruz
California State University – Stanislaus, CA

Richard K. Curry
Texas A & M University, TX

Parizad Dejbord
University of Akron, OH

María Enrico
Mercy College, NY

Eduardo A. Febles
Brandeis University, MA

Ronna S. Feit
Nassau Community College, SUNY, NY

Claudia Ferman
University of Richmond, VA

Bridget Fong-Morgan
Indiana University – South Bend, IN

Laura Fox
Grand Valley State University, MI

José García-Sánchez
Easter Washington University, WA

Lourdes Girardi
Glendale Community College, CA

Natalia Gómez
Grand Valley State University, MI

Gail González
Georgetown College, KY

Esperanza Granados-Bezi
Erskine College, SC

John W. Griggs
Glendale Community College, AZ

Marina Guntsche
Ball State University, IN

Bárbara P. Heinemann
Winthrop University, SC

Paula Heusinkveld
Clemson University, SC

Dolores S. Hinson
Victor Valley College, CA

Danielle Holden
Oakton Community College, IL

Julio A. Jiménez
Baylor University, TX

Juergen Kempff
University of California – Irvine, CA

Jacoba Koene
Anderson University, IN

Jacqueline Lazú
DePaul University, IL

Roxana Levin
St. Petersburg College, FL

Bart L. Lewis
The University of Texas at Arlington, TX

Jeff Longwell
New Mexico State University – Las Cruces, NM

Laura López Fernández
Georgetown College, KY

Suzanne McLaughlin
Chemeketa Community College, OR

Jerome Miner
Knox College, IL

Nancy Taylor Mínguez
Old Dominion University, VA

Sintia Molina-Figueroa
St. Francis College, NY

Alberto Moreno
Elizabethtown Community College, KY

Ana M. Osan
Indiana University – Northwest, IN

Chin-Sook Pak
Ball State University, IN

James E. Palmer
Tarrant County College, Northeast Campus, TX

John Parrack
University of Central Arkansas, AK

Lynn Pearson
Bowling Green University, OH

Teresa Pérez-Gamboa
University of Georgia, GA

María Dolores Pons Herras
Nassau Community College, NY

Gabriela Pozzi
Grand Valley State University, MI

Ronald J. Quirk
Quinnipiac University, CT

Richard Reid
Grand Rapids Community College, MI

Stephen Richman
Mercer County College, NJ

Esperanza Román-Mendoza
George Mason University, VA

José Alejandro Sandoval Erosa
Des Moines Area Community College, IA

Rosemary Sands
St. Norbert College, WI

Virginia Shen
Chicago State University, IL

Samuel D. Sink
Wilkes Community College, NC

Karen Bixler Steves
Ball State University, IN

Andrea Topash-Ríos
Notre Dame University, IN

Mary Frances Wadley
Jackson State Community College, TN

Ines Warnock
Portland State University, OR

Janice Wright
College of Charleston, SC

Caroll Mills Young
Indiana University of Pennsylvania, IN

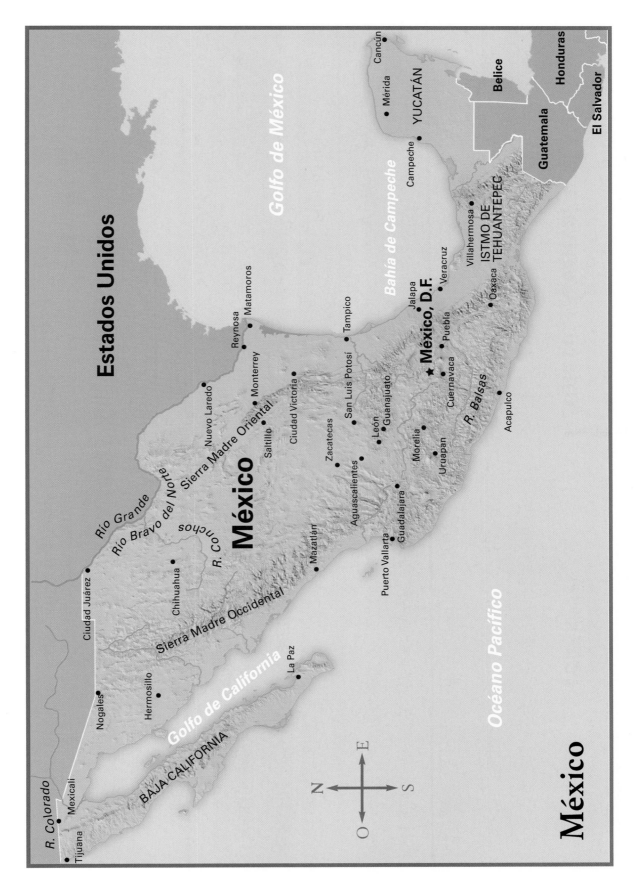

México

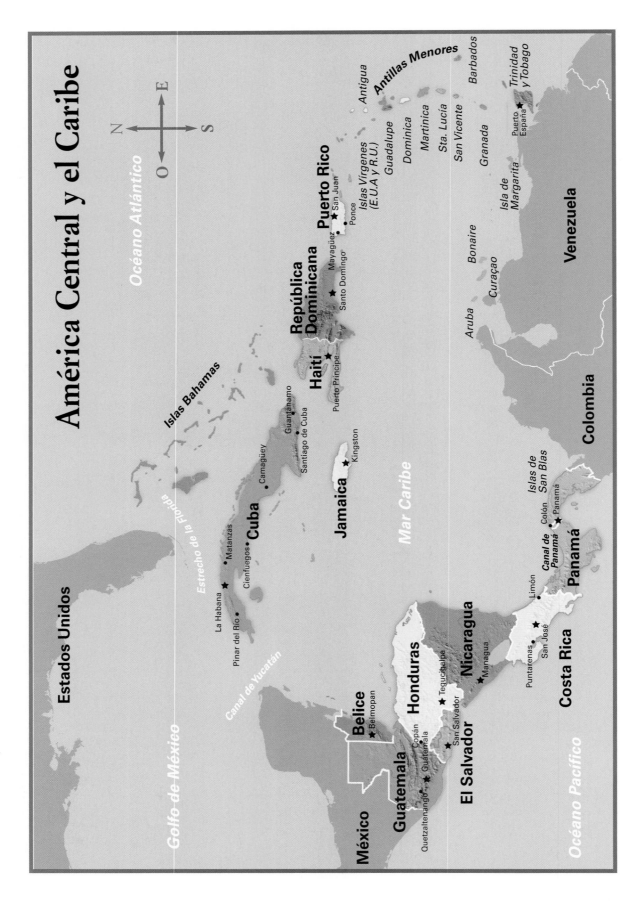

América Central y el Caribe

Estados Unidos

Golfo de México

Océano Atlántico

N
O E
S

Islas Bahamas

Estrecho de la Florida

La Habana ●
Pinar del Río ●
● Matanzas
Cienfuegos ● **Cuba**
● Camagüey
Guantánamo ●
Santiago de Cuba ●

Canal de Yucatán

México

Guatemala
Quetzaltenango ● ★ Guatemala
Copán ●
★ San Salvador
El Salvador

Belice
★ Belmopán

Honduras
★ Tegucigalpa

Nicaragua
★ Managua

Océano Pacífico

Costa Rica
Puntarenas ●
★ San José

Limón ●

Panamá
Colón ● ★ Panamá
Canal de Panamá
Islas de San Blas

Jamaica
★ Kingston

Mar Caribe

Haití
★ Puerto Príncipe

República Dominicana
★ Santo Domingo

Puerto Rico
Mayagüez ● ★ San Juan
● Ponce

Islas Vírgenes (E.U.A y R.U.)

Antigua

Antillas Menores

Guadalupe
Dominica
Martinica
Sta. Lucía
San Vicente
Granada
Barbados

Aruba
Bonaire
Curaçao

Isla de Margarita

Trinidad y Tobago
★ Puerto España

Venezuela

Colombia

Mar Caribe

Barranquilla
Maracaibo
Caracas
Puerto España
Trinidad
Venezuela
Medellín
Georgetown
Colombia
Bogotá
R. Orinoco
Guyana
Paramaribo
Cali
R. Magdalena
Cayena
Surinam
Guayana Francesa
Pasto
R. Negro
R. Amazonas
Quito
Ecuador
Belém
Guayaquil
Manaus
Iquitos
Perú
R. Madeira
Recife
Lima
Cuzco
Cordillera de los Andes
Lago Titicaca
Brasil
Salvador
Arequipa
La Paz
Brasilia
Arica
Bolivia
Belo Horizonte
Iquique
Sucre
R. Paraguay
Océano Pacífico
R. Paraná
São Paulo
Rio de Janeiro
Antofagasta
Paraguay
Santos
Salta
Asunción
Porto Alegre
Chile
R. Paraná
R. Uruguay
Córdoba
Valparaíso
Mendoza
Rosario
Uruguay
Santiago
Buenos Aires
Montevideo
Concepción
Argentina
Océano Atlántico
Bahía Blanca
Puerto Montt
Cordillera de los Andes

N
O — E
S

Estrecho de Magallanes
Islas Malvinas
Punta Arenas
Tierra del Fuego

América del Sur

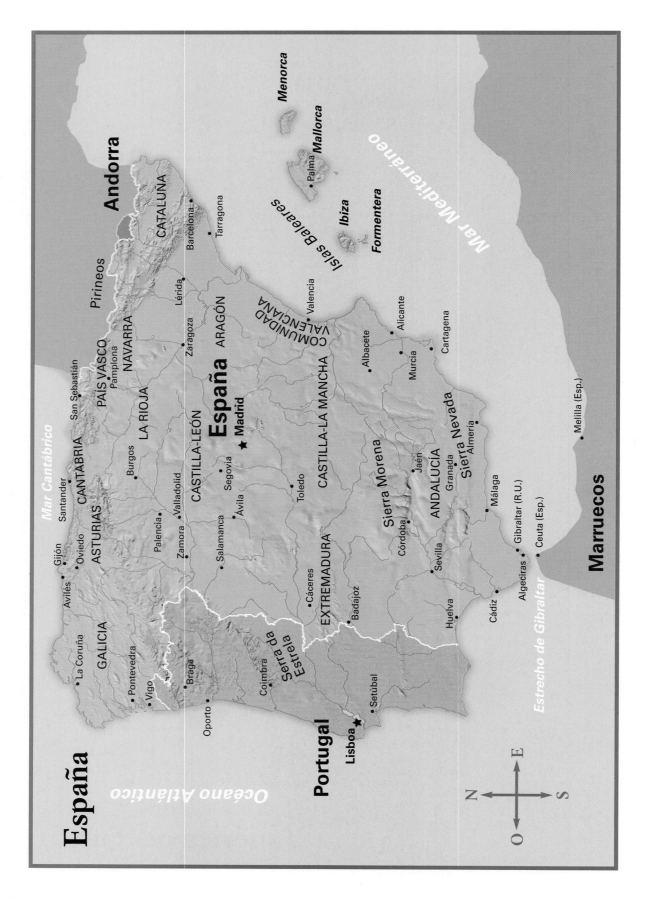

España

España

Portugal

Andorra

Marruecos

Océano Atlántico

Mar Cantábrico

Mar Mediterráneo

Estrecho de Gibraltar

GALICIA

ASTURIAS

CANTABRIA

PAÍS VASCO

NAVARRA

LA RIOJA

CASTILLA-LEÓN

CATALUÑA

ARAGÓN

COMUNIDAD VALENCIANA

CASTILLA-LA MANCHA

EXTREMADURA

ANDALUCÍA

Sierra Morena

Sierra Nevada

Pirineos

Serra da Estrela

Islas Baleares

Menorca

Mallorca

Ibiza

Formentera

Palma

La Coruña

Pontevedra

Vigo

Oporto

Braga

Coimbra

Setúbal

Lisboa

Avilés

Gijón

Oviedo

Santander

San Sebastián

Pamplona

Burgos

Palencia

Valladolid

Zamora

Salamanca

Ávila

Segovia

Madrid

Toledo

Cáceres

Badajoz

Sevilla

Huelva

Córdoba

Cádiz

Algeciras

Gibraltar (R.U.)

Ceuta (Esp.)

Málaga

Granada

Jaén

Almería

Cartagena

Murcia

Albacete

Alicante

Valencia

Zaragoza

Lérida

Tarragona

Barcelona

Melilla (Esp.)

N

O

E

S

Las relaciones personales

1

Los enamorados, 1923.
Pablo Picasso. España.

*La única fuerza y la única verdad que hay en
esta vida es el amor.*

— José Martí

Antes de leer

Poema 20
Pablo Neruda

Literatura opener
(previous page):

See the **VENTANAS**
Instructor's Resource
Manual for teaching
suggestions.

Conexión personal
¿Has estado enamorado/a alguna vez? ¿Te gusta leer poesía? ¿Has escrito alguna vez una carta o un poema de amor?

Contexto cultural
Poema 20 is part of the book *Veinte poemas de amor y una canción desesperada*. Published when its author, Chilean poet Pablo Neruda, was twenty years old, the book was an instant success. According to Neruda, this work joined together his adolescent passions and fears. It includes some melancholy themes, contrasted with examples of the pleasures of living.

Análisis literario: la personificación
Personification (**la personificación**) is a figure of speech in which human characteristics are given to inanimate objects or abstract concepts, as in, for example, *a raging storm*. Personification can help the reader understand ideas and feelings that are otherwise difficult to express in words. As you read *Poema 20*, look for examples of personification and write the line (**verso**) and its significance (**efecto**) in the chart.

verso	efecto

Estrategia de lectura: deducir
When you read, you are constantly forming logical guesses and drawing conclusions based on evidence. This is called "making inferences" (**deducir** in Spanish). As you read *Poema 20*, try to make your own discoveries about the narrator. Is he telling the truth? Did his relationship with the woman end well or poorly? How does he feel about her now?

Vocabulario

amar *to love*

el alma *soul*

el/la amado/a *the loved one, sweetheart*

besar *to kiss*

contentarse con *to be contented, satisfied with*

el corazón *heart*

el olvido *forgetfulness; oblivion*

querer *to love; to want*

romper con *to break up with*

Conexión personal:
Students should volunteer
answers to these
questions. If they cannot
or are unwilling to answer
these questions about
themselves, ask them to
talk about people they
know, or even about
similar situations in films,
television, music, etc.

Contexto cultural: Ask
students to read and bring
in other short poems by
Pablo Neruda. Have them
work in pairs to compare
the poems they found, and
ask them to explain how
they differ from
Poema 20.

Análisis literario: Supply
other examples of
personification with which
students might be familiar,
such as "the **mouth** of the
river was wide" or "the
angry storm subsided."

Análisis literario: Have
students fill in the chart
indvidually, then have
them work in small
groups to compare their
responses. Select a few
students from different
groups to tell the class
which lines they included
in the chart.

Pablo Neruda

Hoja de vida

1904 Nace en Parral, Chile
1924 *Veinte poemas de amor y
          una canción desesperada*
1933 *Residencia en la tierra*
1950 *Canto general*
1971 Premio Nobel de Literatura
1973 Muere en Santiago de Chile

Sobre el autor

Pablo Neruda es uno de los poetas más célebres de Hispanoamérica. Empezó a escribir poesía siendo muy joven, alcanzando gran fama tras la publicación de *Veinte poemas de amor y una canción desesperada,* cuando tan sólo contaba veinte años de edad. Esto le dio reputación de gran poeta romántico, aunque sus obras de madurez tengan un mayor valor literario. *Canto general* es una de las mejores y en ella el poeta recorre la historia de Latinoamérica desde sus orígenes precolombinos.

Poema 20

1   Puedo escribir los versos más tristes esta noche.

Escribir, por ejemplo: "La noche está estrellada°,
y tiritan°, azules, los astros°, a lo lejos.°"
El viento de la noche gira° en el cielo y canta.

5   Puedo escribir los versos más tristes esta noche.
Yo la quise, y a veces ella también me quiso.

En las noches como ésta la tuve entre mis brazos.
La besé tantas veces bajo el cielo infinito.

Ella me quiso, a veces yo también la quería.
10 Cómo no haber amado sus grandes ojos fijos°.

Suggestion: Ask students if they have seen or heard of the 1995 film *Il postino (The Postman),* which was a fictitious account of a relationship between a simple *cartero* and Neruda.

starry

blink, tremble/ stars/ in the distance
turns

Suggestion: Give students a few minutes to read the poem aloud to a partner. Remind them that it is not necessary to understand every single word, especially during the first read-through.

fixed

Puedo escribir los versos más tristes esta noche.

Pensar que no la tengo. Sentir que la he perdido.

Oír la noche inmensa, más inmensa sin ella.

Y el verso cae al alma como al pasto el rocío°.

like the dew on the grass

15 Qué importa que mi amor no pudiera guardarla°.

La noche está estrellada y ella no está conmigo.

to keep, to protect her

Eso es todo. A lo lejos alguien canta. A lo lejos.

Mi alma no se contenta con haberla perdido.

Como para acercarla° mi mirada la busca.

20 Mi corazón la busca, y ella no está conmigo.

to bring her closer

La misma noche que hace blanquear° los mismos árboles.

Nosotros, los de entonces, ya no somos los mismos.

to whiten

Ya no la quiero, es cierto, pero cuánto la quise.

Mi voz° buscaba el viento para tocar su oído.

voice

25 De otro. Será de otro. Como antes de mis besos.

Su voz, su cuerpo claro. Sus ojos infinitos.

Ya no la quiero, es cierto, pero tal vez la quiero.

Es tan corto el amor, y es tan largo el olvido.

Porque en noches como ésta la tuve entre mis brazos,

30 mi alma no se contenta con haberla perdido.

Aunque éste sea el último dolor que ella me causa,

y éstos sean los últimos versos que yo le escribo. ▪

Suggestion: Have students work in groups to summarize the poem's content after lines 10, 20, and 32. Ask each group to share one sentence from their summary. The class can guess to which third of the poem that sentence refers.

Suggestion: Ask students to write a paragraph telling the poem's story. Have students peer edit the paragraphs and read them aloud.

① Have students work in pairs to write two more questions about the poem on a sheet of paper. They should exchange these questions with another pair, who will then mark their answers on the sheet below the questions. After the sheets are returned to the pair that wrote the original questions, they should correct the answers. If any are incorrect, they must inform the students who provided them and suggest correct answers.

③ Ask students to work in small groups to discuss the answers to these questions. One student from each group will be responsible for summarizing the group's ideas for each question for the rest of the class.

④ Ask students to imagine the same characteristics as they apply to the poet.

⑤ Have a few groups of students act out their dialogues in front of the class.

⑤ Give students the option of writing a letter of response from the point of view of the *destinatario* or recipient of the letter. Was it an unrequited love, a fading love, a case of opposites attracting?

Después de leer

Poema 20
Pablo Neruda

① Comprensión Contesta las siguientes preguntas.

1. ¿Quién habla en este poema?
Un hombre enamorado / Un poeta habla en este poema.
2. ¿De quién habla el poeta?
El poeta habla de su amada. / El poeta habla de su antigua novia.
3. ¿Cuál es el tema del poema?
El tema del poema es el amor.
4. ¿Qué momento del día es?
Es de noche.
5. ¿Sigue el poeta enamorado? Da un ejemplo del poema.
El poeta no lo sabe. Ejemplo: "Ya no la quiero, es cierto, pero tal vez la quiero."

② Analizar Lee el poema otra vez para contestar las siguientes preguntas.

1. ¿Qué personificaciones hay en el poema y qué efecto transmiten? Explica tu respuesta.
2. ¿Tienen importancia las repeticiones en el poema? Explica por qué.

③ Interpretar Contesta las siguientes preguntas.

1. ¿Cómo se siente el poeta? Da algún ejemplo del poema.
2. ¿Es importante que sea de noche? Razona tu respuesta.
3. Explica con tus propias palabras el siguiente verso: "Es tan corto el amor, y es tan largo el olvido".
4. En un momento dado el poeta afirma: "Yo la quise, y a veces ella también me quiso" y, un poco más adelante, escribe: "Ella me quiso, a veces yo también la quería". Explica el significado de estos versos y su importancia en el poema.

④ Ampliar Trabajen en parejas para imaginar cómo es la mujer del poema. Hablen sobre:

- Su apariencia física
- Su personalidad
- Sus aficiones.

⑤ Imaginar En parejas, imaginen la historia de amor entre el poeta y su amada. Preparen un diálogo en el que ellos se despiden para siempre. Inspírense en algunos de los versos del poema.

Antes de leer

Aqueronte
José Emilio Pacheco

Conexión personal
Piensa en tu propia vida. ¿Crees que has perdido alguna oportunidad en tu vida?
¿Qué pasó? ¿Cómo te comportarías hoy en la misma situación?

Contexto cultural
Aqueronte is the Spanish spelling of *Acheron,* one of the five rivers of the underworld in
Greek mythology. The name itself means "joyless stream." On crossing this river, the souls
of the dead entered the cold, dark, marshy kingdom of the underworld from which they
could never again return. Dante Alighieri, in Canto III of the *Inferno,* describes the river
Acheron as the entrance from the vestibule of hell to hell proper.

Análisis literario: la atmósfera
The mood (**la atmósfera**) of a literary work is the feeling it conveys to readers. Word
choice, dialogue, description, and plot complications are some of the techniques authors
use to create mood. As you read "Aqueronte," try to define the mood José Emilio Pacheco
wishes to convey, and enter words and phrases in the chart that you think create the mood
of "Aqueronte."

el lugar	la hora del día	el tiempo	el 1er personaje	el 2o personaje

Estrategia de lectura: visualizar
Visualizing (**visualizar**) the setting, characters, and action of a literary work can help you
understand it and enjoy it. As you read "Aqueronte," try to create a mental image of the
café, the weather, and the characters. Where do the customers in the café sit in relation to
one another? What is the café like? How do you envision the waiter?

Vocabulario

el deseo *desire*	**la pareja** *couple*
disimular *to hide, to conceal*	**sentirse** *to feel*
enrojecer *to blush, to turn red*	**la timidez** *shyness*
la mirada *gaze, look*	**el desenlace** *ending, outcome*

Conexión personal:
Provide a model by using
a real or fictitious example
from your own life. Ask
students to share the
experience of the missed
opportunity with a partner.
Ask a few students to tell
the rest of the class about
his or her partner's
experience.

Contexto cultural:
Ask how many students
are familiar with Dante
Alighieri's *Inferno.* Ask a
few volunteers to describe
it. If most students are
unfamiliar with the
Inferno, ask the class to
find some general
information about it for the
next class meeting.

Contexto cultural:
Given the meaning of
Aqueronte, ask students
to predict the mood and
what will occur in José
Emilio Pacheco's story.
What might the story's
theme be?

Análisis literario: Have
students work in groups
of three to compare their
lists after the first reading
of "Aqueronte" or before
any further discussions or
activities. Ask students to
call out some of the words
they found for each
category.

José Emilio Pacheco

Hoja de vida

1939 Nace en la Ciudad de México
1967 *Morirás lejos* (novela)
1973 *El principio del placer* (cuentos)
1989 *Ciudad de la memoria* (poesía)
1991 Premio Nacional de Literatura

Sobre el autor

El escritor mexicano **José Emilio Pacheco** cultiva con maestría casi todos
los géneros literarios: la poesía, el cuento, la novela, el guión cinematográfico
y el ensayo, entre otros. Su poesía, a menudo de lenguaje sencillo y directo,
reflexiona tanto sobre los temas cotidianos como sobre los más universales.
En su narrativa aparece con frecuencia el mundo de la infancia y de la
adolescencia, con la Ciudad de México como fondo.

Suggestion: Refer to
the front matter of
VENTANAS: Lecturas
for general ideas for
working with the
reading selections.

Aqueronte

1   Son las cinco de la tarde, la lluvia ha cesado°, bajo la húmeda
luz el domingo parece vacío. La muchacha entra en el café.
La observan dos parejas de edad madura°, un padre con
cuatro niños pequeños. A una velocidad que demuestra su
5   timidez, atraviesa° el salón, toma asiento a una mesa en el
extremo izquierdo. Por un instante se aprecia nada más la
silueta a contraluz° del brillo° solar en los ventanales°.
Cuando se acerca el mesero la muchacha pide una limonada,
saca un cuaderno y se pone a escribir algo en sus páginas.
10   No lo haría si esperara a alguien que en cualquier momento
puede llegar a interrumpirla. La música de fondo° está a bajo
volumen. De momento no hay conversaciones.

stopped

middle-aged

crosses

*against the light/
light, brightness/ large
windows*

background music

El mesero sirve la limonada, ella da las gracias, echa azúcar en
el vaso alargado y la disuelve con una cucharilla de peltre°.   *pewter*

15   Prueba el líquido agridulce°, vuelve a concentrarse en lo que   *bittersweet*
escribe con un bolígrafo de tinta° roja. ¿Un diario, una carta,   *ink*
una tarea escolar, un poema, un cuento? Imposible saberlo,

Suggestion: Have students read "Aqueronte" before coming to class with the goal of getting a general sense of the story's plot and principal themes.

imposible saber por qué está sola en la capital y no tiene
adónde ir la tarde de un domingo en mayo de 1966. Es
20   difícil calcular su edad: catorce, dieciocho, veinte años. La
hacen muy atractiva la esbelta° armonía de su cuerpo, el largo   *slender, graceful*
pelo castaño, los ojos un poco rasgados°, un aire de inocencia   *almond-shaped*
y desamparo°, la pesadumbre° de quien tiene un secreto.   *neglect, vulnerability/ grief, sorrow*

25   Un joven de la misma edad o acaso un poco mayor se sienta
en un lugar de la terraza, aislada° del salón por un ventanal.   *isolated*
Llama al mesero y ordena un café. Observa el interior.
Su mirada recorre lugares vacíos, grupos silenciosos y se
detiene° un instante en la muchacha. Al sentirse observada   *halts, stops*
alza la vista. En seguida baja los ojos y se concentra en su
30   escritura. El salón ya no flota en la penumbra°: acaban de   *semi-darkness*
encender las luces fluorescentes.

Bajo la falsa claridad ella de nuevo levanta la cabeza y
encuentra la mirada del joven. Agita° la cucharilla de peltre   *stirs*
para disolver el azúcar asentada en el fondo. Él prueba su
35   café y observa a la muchacha. Sonríe al ver que ella lo mira y
luego se vuelve hacia la calle. Este mostrarse y ocultarse°, este   *to hide (oneself)*
juego que parece divertirlos o exaltarlos se repite con leves°   *slight*
variantes por espacio de un cuarto de hora o veinte minutos.

Por fin él la mira de frente y sonríe una vez más. Ella aún
40 trata de esconder el miedo o el misterio que impiden el
natural acercamiento.

El ventanal la refleja, copia sus actos, la duplica sin relieve° *emphasis*
ni hondura°. Recomienza° la lluvia, el aire arroja° gotas de *depth/ starts again/ throws*
agua a la terraza. Cuando siente humedecerse su ropa el
45 joven da muestras de inquietud y ganas de marcharse.
Entonces ella desprende una hoja del cuaderno, escribe unas
líneas y da una mirada ansiosa al desconocido°. Con la *stranger*
cuchara golpea° el vaso alargado. Se acerca el mesero, toma *taps*
la hoja de papel, lee las primeras palabras, retrocede°, *steps back*
50 gesticula, contesta indignado, se retira como quien opone
un gesto altivo° a la ofensa que acaba de recibir. *haughty, arrogant*

Los gritos del mesero llaman la atención de todos los
presentes. La muchacha enrojece y no sabe en dónde
ocultarse. El joven observa paralizado la escena inimaginable:
55 el desenlace lógico era otro. Antes de que él pueda intervenir,
vencer la timidez que lo agobia cuando se encuentra sin el
apoyo°, el estímulo, la mirada crítica de sus amigos, la *support*
muchacha se levanta, deja unos billetes sobre la mesa y sale
del café.

60 Él la ve pasar por la terraza sin mirarlo, se queda inmóvil un
instante, luego reacciona y toca en el ventanal para que le
traigan la cuenta. El mesero toma lo que dejó la muchacha,
va hacia la caja y habla mucho tiempo con la encargada.

Suggestion: For each of
the story's paragraphs,
ask students to work in
pairs or small groups to
discuss how the
characters could have
done things differently
in that paragraph.

El joven recibe la nota, paga y sale al mundo en que se oscurece° la lluvia. En una esquina donde las calles se
65 bifurcan° mira hacia todas partes. No la encuentra. El domingo termina. Cae la noche en la ciudad que para siempre ocultará a la muchacha.

gets darker

fork

Suggestion: Select one sentence (the first or last) from each paragraph in the story, and write them on the board out of sequence. Have students work in pairs or small groups to determine the correct order, preferably without consulting the text, and then to discuss what happens in the story between the sentences. A volunteer from each group should summarize what they discussed, thereby retelling the story, with other groups adding information as necessary.

Suggestion: Ask students to work in pairs or small groups to write a short paragraph to change the story's ending. Students could then exchange their paragraphs with another group who would peer edit it. One representative from each group should read their classmates' paragraph aloud before returning it to its authors with corrections.

Después de leer

Aqueronte
José Emilio Pacheco

1 Comprensión Contesta las siguientes preguntas con frases completas.

1. ¿Qué tiempo hace?
   La lluvia ha cesado; está húmedo. Vuelve a llover.
2. Al entrar en el café, ¿qué hace la muchacha?
   Se sienta rápidamente, pide una limonada y comienza a escribir.
3. ¿Cómo es físicamente la joven?
   Es muy atractiva y delgada. Tiene el pelo castaño.
4. ¿Qué hacen los dos jóvenes en el café?
   Se miran, se sonríen y coquetean durante 15-20 minutos.
5. ¿Qué le da la muchacha al mesero?
   Le da una nota.
6. ¿Cómo reacciona el mesero?
   Grita y se retira. Está enfadado.
7. ¿Cuándo sale el muchacho del café?
   Sale un poco más tarde.
8. ¿Se conocen los jóvenes al final?
   No. Los jóvenes no se conocen al final.

2 Interpretar Contesta las siguientes preguntas con frases completas.

1. ¿Cómo es la personalidad de la muchacha? ¿Y la del muchacho?
2. ¿Qué ocurre entre la muchacha y el mesero? Intenta dar una explicación lógica.
3. ¿Qué hace y cómo se siente el muchacho cuando la joven sale del café?
4. ¿Por qué crees que no sabemos cómo se llaman los personajes?
5. Al final del cuento, la muchacha "sale al mundo en que se oscurece la lluvia". Explica la importancia de esta frase en el texto.
6. ¿Por qué se titula "Aqueronte" este cuento? Explica tu respuesta.

3 Imaginar En parejas, imaginen una conversación entre dos de los personajes del cuento. Pueden ser el camarero y el muchacho, los dos jóvenes, etc. Cuando todos hayan terminado, tienen que presentar el diálogo delante de sus compañeros.

4 Escribir Escribe un pequeño párrafo sobre uno de los siguientes temas:

- Imagina otro final para la historia del café.
- Reflexiona sobre el final del cuento. ¿Te ha pasado algo parecido alguna vez?
- Escribe una experiencia tuya que sea parecida a la que vivieron los protagonistas del cuento.

---

① Ask students to work in pairs to answer the questions. Next, ask students to rewrite the questions as true/false statements. They should then read the reformulated questions to the rest of the class, who will determine, based on their own discussions, whether the statement is true or false. Afterwards the correct answer to each question can be confirmed.

② Ask students to work in pairs to discuss the answers to these questions. Have them work with a neighboring pair to form groups of four to compare answers.

④ Students should also feel free to write about how other people they know have found themselves in similar situations.

④ As an alternate writing topic, have students conjecture about what the girl wrote on the note that she gave to the waiter. What exactly did it say? Why was the waiter so offended?

Atando cabos

1 **Palabras** Escribe en la columna correspondiente las palabras que están relacionadas con las lecturas anteriores. Luego explica por qué están relacionadas.

besos	pasión
frío	pesimista
gris	realista
noche	romántico
olvidar	timidez

Poema 20
_____
_____
_____
_____
_____
_____

Aqueronte
_____
_____
_____
_____
_____
_____

2 **Diferentes perspectivas** Trabajen en parejas para comparar la visión del amor y de la vida que tienen Pablo Neruda y José Emilio Pacheco en sus respectivas obras. Hagan una lista de lo que tienen en común y otra de lo que las diferencia. Citen ejemplos de los textos.

3 **Escribir** Sigue el plan de redacción para escribir una carta dirigida a un(a) amigo/a, a tu pareja o a un(a) desconocido/a, expresando lo que sientes por él/ella.

Plan de redacción

Encabezamiento Piensa a quién quieres dirigirle la carta: ¿a un amigo?, ¿a tu pareja?, ¿a alguien que no te conoce?, ¿a una estrella de cine? Dependiendo de quién sea el/la destinatario/a, y del grado de afecto que quieras expresar, elegirás *(you will choose)* entre los siguientes saludos:

   Estimado/a ❤   *Amado/a* ❤❤❤   *Vida mía* ❤❤❤❤❤
   Querido/a ❤❤   *Amor mío* ❤❤❤❤

Contenido Organiza las ideas que quieres expresar en un esquema *(outline)* y después escribe la carta. Aquí tienes unas preguntas para ayudarte a ordenar lo que quieres decir:

1. ¿Cómo te sientes?
2. ¿Sabe esa persona lo que sientes? ¿Es la primera vez que se lo dices?
3. ¿Por qué te gusta esa persona?
4. ¿Crees que tus sentimientos son correspondidos?
5. ¿Cómo quieres que sea tu relación en el futuro?

Cierre Termina la carta con una frase de despedida *(farewell)* adecuada. Aquí tienes unos ejemplos de diferente intensidad:

   Atentamente ❤   *Te quiero* ❤❤❤   *Tu eterno/a*
   Besos ❤❤   *Te amo* ❤❤❤❤   *enamorado/a* ❤❤❤❤❤

3 Expand by eliciting from students names of well-known celebrities and/or historical figures and have them write letters from the famous person's point of view. The letter can be professional or personal. Suggestions: Julio Iglesias to his son, Enrique; Shakira to Cristina Aguilera or Britney Spears, etc.

Plan de redacción: Explain that **Estimado/a** is the proper address for a business letter and connotes nothing romantic. Other terms of endearment are **mi cielo, cariño, corazón.** Other appropriate closing counterparts for **Estimado/a** might be **Un saludo cordial** or **Un abrazo.**

Una familia, 1989.
Fernando Botero. Colombia.

Entre padres y hermanos, no metas
tú las manos.

— Anónimo

Antes de leer

PERFIL

Carmen Lomas Garza

Conexión personal

¿Hay costumbres que consideras típicas de tu familia? ¿Cuáles son? ¿Por qué son importantes para ti?

Barbacoa para cumpleaños, 1993.
Carmen Lomas Garza.

Contexto cultural

Chicano and *Chicana*, terms which originally had a derogatory meaning, were appropriated in the 1960s and 1970s by Mexican-American activists in the Brown Power movement as an assertion of pride. Chicanos trace their roots back to both Hispanic and Native American cultures. The term is a synonym of Mexican-American (**mexicoamericano**), but connotes a more political stance. Chicano pride expresses itself not only in the movement for political and social change, but also in a fundamental consciousness of many graphic artists, playwrights, poets, and novelists who call themselves Chicanos.

Vocabulario

apreciar *to appreciate*

la costumbre *custom*

la herencia cultural *cultural heritage*

la magia *magic, allure*

la infancia *childhood*

el orgullo *pride*

el recuerdo *memory*

soñar con *to dream about*

la vida cotidiana *everyday life*

PERFIL

Carmen Lomas Garza
Consuelo Alba Spyer

1　Carmen Lomas Garza ha obtenido algo
que muy pocos artistas logran: la difusión
de su obra más allá° de museos y galerías.　　　*beyond*

Sus imágenes han llegado a un público
5　mucho más amplio a través de libros
bilingües para niños, cheques bilingües, las
populares películas *Mi familia* y *Selena* y
hasta los pósters del censo del 2000.

El cuadro *Camas para sueños* se recrea° en la película *Selena* y　　*recreate*
10　sirve de hilo conductor° a la historia. En esa pintura, propiedad°　　*linking thread/ property*
del Museo Nacional de Arte Americano —parte del Instituto
Smithsonian— la artista y su hermana están acostadas° en el techo°　　*lying down/ the roof*
mirando las estrellas y soñando con su futuro, mientras su madre
tiende una cama° dentro de la casa.　　*makes a bed*

15　El caso es que no se necesita ser un experto para apreciar el arte
de Carmen Lomas Garza. Basta posar la mirada en uno de sus
cuadros para que éstos nos hablen y nos cuenten sus historias.

Ésa es la magia de la artista chicana: abrir de par en par° las puertas　　*completely*
de la memoria colectiva para permitir al observador adentrarse° en　　*to immerse oneself*
20　un espacio y un tiempo lleno de detalles y evocaciones, un lugar
donde uno puede verse a sí mismo° —ya sea rompiendo una　　*oneself*
piñata en el patio, preparando tamales con la familia o soñando
con el futuro en una noche estrellada.

Su obra, que comprende tanto pinturas como bellas y originales
25　piezas inspiradas en el tradicional papel picado, rinde homenaje°　　*pays homage*
a la familia, las costumbres y las tradiciones de la comunidad
mexicoamericana.

Nacida en Kingsville, Texas, en 1948, la artista sufrió en carne propia° los efectos de la discriminación racial. Al igual que la
30 mayoría de mexicoamericanos en generaciones pasadas, Lomas Garza fue víctima de castigos° físicos y emocionales por hablar español en la escuela, así como blanco de burlas° por pronunciar el inglés con acento.

lived through

punishments

jokes (butt of jokes)

A finales de los años sesenta y principios de los setenta, cuando
35 estaba en la universidad, Lomas Garza se unió al Movimiento Chicano para luchar por los derechos civiles° de los mexicoamericanos.

civil rights

La artista empezó a pintar con coraje y orgullo, buscando la manera de curar las penas causadas por los atropellos°.

pushing and shoving

"Las obras que muestran las injusticias y la negación de los
40 derechos civiles son muy importantes para el movimiento del arte chicano, pero vi que otros chicanos estaban haciendo eso y me di cuenta de que nadie estaba mostrando las imágenes de la vida cotidiana", comenta.

Esta observación la hizo tomar el camino de la afirmación, en lugar
45 del de la resistencia. Sus pinturas, con un estilo deliberadamente ingenuo°, simple y directo, describen sus recuerdos de infancia y representan un tributo a su herencia cultural.

naïve, ingenuous

Expansion: Draw attention to the term **mexicoamericana** (cf. line 27) and explain how **mexicanoamericana** is an interchangeable variation. If applicable, ask heritage speakers how they refer to themselves. Do they use Chicano? Hispano? Latino? Why?

"Mis pinturas fueron una respuesta a lo que pensé que era la responsabilidad de una artista dentro del Movimiento Chicano",
50 dice Lomas Garza.

"Mi contribución al Movimiento Chicano es este trabajo, basado en mis propias experiencias de niña en el sur de Texas". 🪟

Después de leer

PERFIL

Carmen Lomas Garza

① Comprensión Después de leer el texto, decide si las siguientes oraciones son **ciertas** o **falsas.** Corrige las frases falsas.

	Cierto	Falso
1. Las imágenes de Lomas Garza no han llegado a un público muy amplio. *Han llegado a un público muy amplio a través de libros y cheques bilingües, de películas y pósters del censo.*	☐	☑
2. En el cuadro *Camas para sueños*, la madre está soñando con su futuro. *La artista y su hermana están soñando con su futuro. / La madre tiende una cama.*	☐	☑
3. La obra de Lomas Garza refleja las costumbres y las tradiciones de la comunidad mexicoamericana.	☑	☐
4. Para curar sus penas, la artista empezó a pintar con coraje y orgullo.	☑	☐
5. Durante los años sesenta y setenta, muchos artistas chicanos mostraban las imágenes de la vida cotidiana. *Nadie mostraba esas imágenes y Lomas Garza decidió hacerlo.*	☐	☑
6. Sus pinturas tienen un estilo deliberadamente complicado y difícil. *Tienen un estilo deliberadamente ingenuo, simple y directo.*	☐	☑

② Interpretar Contesta las siguientes preguntas con frases completas.

1. ¿Dónde se pueden apreciar algunas de las obras de Lomas Garza?

2. ¿Qué temas se tratan en su obra?

3. Explica brevemente la relación que existe entre la vida personal de la artista y su arte.

4. ¿Te gusta la pintura de Lomas Garza? Explica tu respuesta.

③ Analizar Mira el cuadro de la página 15 y relaciónalo con la siguiente frase: "Su obra… rinde homenaje a la familia, las costumbres y las tradiciones de la comunidad mexicoamericana". ¿Cómo "rinde homenaje" la artista a su comunidad en ese cuadro?

④ Comunicar Trabajen en parejas para preparar una entrevista a Carmen Lomas Garza. Uno/a de ustedes es la artista y el/la otro/a es el/la periodista. Usen el vocabulario que han aprendido en la lectura.

⑤ Escribir Imagina que eres un(a) artista. Escribe un pequeño párrafo en el que explicas de qué temas trata tu obra y por qué.

Antes de leer

Después del amor primero
Alfredo Bryce Echenique

Conexión personal

¿Has sufrido alguna vez una decepción amorosa o conoces a alguien que la haya sufrido? ¿Cómo afecta la vida diaria? ¿Recuerdas alguna anécdota graciosa de esa experiencia?

Contexto cultural

Después del amor primero is an excerpt from Alfredo Bryce Echenique's memoirs, *Permiso para vivir (Antimemorias)*. In it, he reflects on the pain of his first disappointment in love. His tender and comical narration allows him to explore intimate feelings in a light-hearted tone.

Bryce Echenique's writings focus on personal subjects such as love, friendship, passion, and loyalty, illustrating the universality of human emotions. In this selection, the author draws upon the experiences of an upper-class childhood in Lima, Peru, as he shares the joys and sorrows of his life.

Vocabulario

culpa *guilt*	**(ser) mayor de edad** *(to be) of age*
dejar *to leave, to dump*	**el sentimiento** *feeling*
en cuerpo y alma *heart and soul*	**el sufrimiento** *pain, suffering*
lágrimas *tears*	

Alfredo Bryce Echenique

Hoja de vida

1939 Nace en Lima, Perú
1972 Premio Nacional de Narrativa de Perú por
Un mundo para Julius
1981 *La vida exagerada de Martín Romaña*
1993 *Permiso para vivir (Antimemorias)*
1998 Premio Nacional de Narrativa de España
por *Reo de nocturnidad*

Sobre el autor

Alfredo Bryce Echenique destaca en la escena literaria por la fina ironía de sus escritos. Nacido en una familia acomodada de Lima, se fue a vivir a Europa a los veinticinco años. Sus experiencias allá fueron cruciales para su formación como escritor. En sus obras, de alto contenido autobiográfico y llenas de humor, se respira el aire nostálgico del que vive lejos de su país.

Fragmento de
Después del amor primero

1   Teresa era una muchacha de tez° muy blanca y nariz   *complexion*

respingada°. Su sonrisa era irónica, era inteligente, pero,   *turned-up*

sobre todo, preciosa. Preciosa y traviesa°. Nadie en el mundo   *mischievous*

se había querido tanto como nosotros y perderla para mí

5   había representado, entre otras cosas, acostarme gordo una

noche de mi adolescencia, y levantarme flaco° al día siguiente,   *skinny, thin*

por la mañana. Desde entonces, lo sabía, cualquier cosa

podía pasarme porque había perdido a Teresa de una manera

simple y llanamente° demasiado cruel.   *plainly and simply*

Suggestion: Ask the class to circle all forms of **ser** and **estar** in the reading selection and to explain why each was used.

10   Teresa me había dejado por otro con alevosía° y gran   *malice, treachery*
maldad°, palabras éstas que eran totalmente nuevas en mi   *malevolence*
vocabulario y en mi vida. Me había dejado por un hombre
mayor de edad, que tenía un carro mayor de edad y que le
estaba dando un beso también mayor de edad cuando me
15   acerqué a ver qué diablos° había en ese automóvil que se   *what the hell*
había estacionado en la puerta de la casa, a la hora de aquel
día de invierno en que me tocaba llegar del internado°.   *boarding school*

Me arrojé° a la amplia acequia° que había en el campo de   *threw myself/ ditch*
polo, frente a la casa de Teresa, pero sin resultado alguno.
20   O sea que cualquier cosa podía pasarme, simple y llanamente
porque a Teresa no le importaba que yo enlodara° mi amor   *tarnished*
por ella, ni que enlodara la ropa elegantísima que usaba para
irla a ver los fines de semana. Teresa incluso permitía que mi
más atroz sufrimiento se cubriera también de barro°. Perdí   *mud*
25   exactamente veinte kilos y terminé el colegio con un
sentimiento de culpa atroz: a Teresa la había perdido por mi
culpa, aterrándola° con la posesividad de mi amor, con mis   *terrifying her*
celos, con el desenlace trágico en el que siempre tenía que
desembocar cada una de nuestras conversaciones.

Suggestion: Ask students to circle all the adjectives in the reading selection. Have them work in pairs or small groups to give all four forms of each adjective.

30   Convencido en cuerpo y alma de que los más grandes
amores son los imposibles, quería que el nuestro
resultara imposible a gritos, que fuera totalmente invivible,
tremendamente desgarrador° y lleno de lágrimas y divinos   *heartbreaking*
castigos° imperdonables. ▣   *punishments*

Después de leer

Después del amor primero
Alfredo Bryce Echenique

(1) **Comprensión** Contesta las siguientes preguntas con frases completas.

1. ¿Quién era Teresa?
Teresa fue la primera novia/el primer amor de Alfredo Bryce Echenique.
2. ¿Cómo era su sonrisa?
Su sonrisa era irónica, inteligente y, sobre todo, preciosa.
3. ¿Por quién dejó Teresa al autor?
Teresa dejó al autor por un hombre mayor de edad.
4. ¿Qué cambios sufrió el físico del joven?
El joven perdió veinte kilos de peso.
5. ¿Qué opinaba Bryce Echenique de los grandes amores?
Opinaba que los más grandes amores son los imposibles.

(2) **Reflexionar** Contesta las siguientes preguntas con frases completas.

1. Según tu opinión, ¿cómo era la novia de Bryce Echenique?
Cita ejemplos del texto.

2. Explica con tus propias palabras lo que piensas que el autor quiere decir cuando escribe que el hombre mayor de edad "tenía un carro mayor de edad".

3. ¿Por qué quería el autor que su amor resultara imposible?

4. ¿Estás de acuerdo con las ideas que expresa Bryce Echenique sobre el amor?
Razona tu respuesta.

 (3) **Comunicar** En grupos pequeños, hablen sobre el amor y las presiones que sufren los jóvenes cuando se enamoran por primera vez. ¿Son duraderas las relaciones? ¿Está bien visto que un muchacho salga con una muchacha mayor? Reflexionen sobre éstas y otras preguntas; después presenten sus conclusiones a la clase.

(4) **Escribir** Imagina que eres Alfredo Bryce Echenique o su antigua novia Teresa. Escribe una carta a tu amor y explica por qué quieres seguir con o dejar la relación amorosa.

Mi amor:
Necesito decirte que me gustaría verte

Abriendo ventanas

El amor en el arte hispano

Trabajen en grupos pequeños para preparar una presentación sobre un(a) artista hispano/a cuya obra trate del amor o de las relaciones personales.

Elegir el tema

Pueden preparar su presentación sobre uno de los artistas que hemos visto en la **Lección 1** o sobre otro/a artista hispano/a que les interese más. Reúnanse y elijan (*choose*) el/la artista que quieren presentar a la clase y repartan las tareas (*divide up the tasks*) entre todos los miembros del grupo.

Preparar

Vayan a la biblioteca o investiguen en Internet. Pueden visitar el sitio *www.vistahigherlearning.com* para buscar enlaces relacionados con el tema. Busquen información sobre el/la artista elegido/a y tomen nota de lo que consideren interesante. No se olviden de recoger (*collect*) información audiovisual para mostrar la a la clase.

Organizar

Organicen la información recogida en un esquema (*outline*). Tengan en cuenta que cada presentación durará unos diez minutos. No se olviden de citar las fuentes (*the sources*) utilizada.

Estrategia de comunicación

Cómo presentar un tema
Estas frases les pueden ayudar a hacer una buena presentación.
1. Mi/Nuestra presentación trata de...
2. Voy/Vamos a hablar de...
3. En este poema vemos... / En esta foto vemos...
4. Para terminar, quiero/queremos decir que...

Presentar

Antes de su presentación, cada grupo entregará una copia de su esquema al profesor. Usen medios audiovisuales (música, fotografías, fotocopias, etc.) para mostrar las obras del/de la artista que eligieron.

Ayuda para Internet

Aquí tienen unas palabras clave para buscar información en Internet:
**artistas hispanos /
pintores amor /
escritores amor /
Pablo Neruda /
Carmen Lomas Garza /
Alfredo Bryce
Echenique /
José Emilio Pacheco**

Suggestion: Ask students to bring in an example of a work of art about which they feel strongly. Whether they love it or hate it, have them share their picture by describing it to their classmates in small groups. Inform them that they can often find works reprinted on postcards purchased at a bookstore or on the Internet (there are numerous websites for such museums as the Prado and the Louvre).

Momentos de estación

país Argentina   **director** Gustavo Cabaña

duración 7:15 minutos   **protagonistas** viajero, cajera

Vocabulario

averiguar *to find out*	**meterse** *to break in (to a conversation)*
la broma *joke*	**el/la protagonista** *main character*
el cortometraje/corto *short film*	**suceder** *to happen*

Antes de ver el corto

1 Comentar Con un(a) compañero/a, intercambia opiniones sobre *Momentos de estación*.

1. La palabra "estación" tiene varios significados. ¿Los recuerdas? ¿Cuáles son las estaciones que conoces?
2. ¿Qué te sugiere el título de este cortometraje?
3. Observa el segundo fotograma e inventa tres rasgos diferentes para la personalidad de cada personaje.
4. En esta filmación, vas a ver diferentes tipos de encuentros. ¿Qué relaciones imaginas que existen entre estos personajes?

Mientras ves el corto

2 Ordenar Con un(a) compañero/a, ordena la siguiente información según aparece en el corto.

__2__ a. Juan, ¿qué pasa?   __7__ e. Ahora no puedo. Estoy trabajando.

__1__ b. ¿Cómo sabe mi nombre?   __6__ f. Bailar, abrazarte, besarte…

__4__ c. Es que… ni siquiera nos conocemos.   __5__ g. Todos van a la capital.

__3__ d. Perdón que me meta pero, ¿qué le hace __8__ h. ¡Cuánto hace que no me dan un beso!
         pensar que es una broma?

Después de ver el corto

3 **Escribir** En un párrafo de cuatro o cinco líneas la historia que acabas de ver, utilizando el imperfecto y el pretérito. Ten en cuenta:

- Dónde sucede la historia
- Cuándo o en qué momento tiene lugar la historia
- Quiénes son los personajes
- Qué es lo que sucede
- El final de la historia

4 **Interpretar** En grupos de tres, contesten las siguientes preguntas.

1. ¿Cuál es su intepretación del final de la historia?
2. ¿Cuál creen que es el tema del cortometraje?
3. ¿Creen que *Momentos de estación* puede relacionarse con la idea de *carpe diem* (*seize the day*)? ¿Conocen otras películas con esta idea?
4. ¿Creen que el corto defiende una mayor espontaneidad en nuestras relaciones cotidianas? ¿Piensan que es mejor ser reservado/a o atrevido/a?

5 **Imaginar** A continuación tienes el diálogo inicial entre el viajero y la cajera de *Momentos de estación*. Escribe otra versión de este diálogo, dándole un final diferente al que has visto.

VIAJERO	Estoy enamorado de usted.	**VIAJERO**	No, no, ninguna broma, Ana.
CAJERA	¿Cómo?	**CAJERA**	¿Cómo sabe mi nombre?
VIAJERO	Que la amo…	**VIAJERO**	Lo averigüé; no fue difícil.
CAJERA	No puede ser.	**CAJERA**	Casi nunca me llaman por mi nombre…
VIAJERO	Tenía que decírselo hoy. Es mi último viaje.	**VIAJERO**	Es un nombre hermoso.
CAJERA	Esto es una broma.		

6 **Actuar** Con un(a) compañero/a, representa una escena en un contexto diferente, en el que uno de ustedes tiene que declararse a un(a) desconocido/a y convencerle de que está locamente enamorado/a de él/ella. Represéntenlo después ante la clase.

Cosas del corazón

Madre y niño en azul, 1986.
Oswaldo Guayasamín. Ecuador.

Suggestion: After students have jotted down their ideas, ask them to call some of them out and write them on the board under four or five general headings.

Suggestion: Each student observing the presentation should write down at least two questions or observations. Have students compare their notes with a partner before asking the presenters.

(1) 5 min. La clase se divide en cinco grupos; cada uno tiene que pensar y anotar sus ideas sobre uno de los siguientes temas.

¡No se puede vivir sin amor!
La soledad en nuestra sociedad
La familia está cambiando
La importancia del matrimonio
¿Es posible la amistad entre personas de sexo distinto?

(2) 10 min. Cada grupo tiene que preparar una breve presentación sobre el tema elegido. En el caso de que no todos opinen lo mismo sobre el tema, pueden mencionar que dentro del grupo hay distintas opiniones.

(3) 25 min. Los diferentes grupos presentan sus ideas a la clase, mientras todos toman nota.

(4) 10 min. Cuando todos los grupos hayan terminado de presentar sus ideas, toda la clase participa haciendo preguntas y/o defendiendo sus opiniones.

Las diversiones

Communicative Goals

You will expand your ability to...

- talk about pastimes, diversions and sports
- express and defend your opinions
- write an e-mail message
- read and understand humor in writing

Altamar, 2000.
Graciela Rodo Boulanger. Bolivia.

No está la Felicidad en vivir, sino en saber vivir.
—Diego de Saavedra Fajardo

Antes de leer

Idilio
Mario Benedetti

Literatura opener
(previous page):

See the **VENTANAS**
Instructors Resource Manual
for teaching suggestions.

Conexión personal: Ask
several students to tell the
class what they think about
watching TV.

Conexión personal

Lee las siguientes afirmaciones. Señala la casilla (*box*) que corresponda a tu
opinión personal.

De acuerdo	En desacuerdo	
☐	☐	1. La televisión entretiene a los niños pequeños.
☐	☐	2. La televisión sirve de niñera (*babysitter*) mientras los padres hacen sus quehaceres.
☐	☐	3. La televisión proporciona un escape de las preocupaciones diarias.
☐	☐	4. Los programas educativos de la televisión son útiles para los niños.

Contexto cultural

Television channels have always been tools for propaganda. Nowadays, satellite systems,
global communication networks, state-run broadcasts, and privately-owned channels
compete for the attention of viewers. This competition diminishes the power of any
one media group to form public opinion; at the same time, it intensifies the struggle
for viewership.

Análisis literario: la parábola

A parable (**la parábola**) is a short narrative that illustrates a moral lesson. Parables
are an ancient form of literature cultivated as a teaching device, fundamental to many
religions. Parables also appear in modern secular literature. Their moral lesson may be
explicit, or the reader may need to infer it. What do you think the moral lesson of
"Idilio" is?

Estrategia de lectura: propósito del autor

Just as an effective writer knows the audience he or she is addressing, an active reader
needs to determine a writer's purpose (**el propósito**) in writing a selection. As you read
"Idilio," consider what might have motivated Benedetti to write this modern parable.

Estrategia de lectura:
Ask students to do some
research about Benedetti's
life and work so that they
can make a more informed
guess about his motivation.

Vocabulario

colocar *to place (an object)*   **redondo/a** *round*

hondo/a *deep*   **señalar** *to point to; to signal*

por primera/última vez *for
the first/last time*

Mario Benedetti

Hoja de vida

1920 Nace en Tacuarembó, Uruguay
1960 *Montevideanos* (cuentos)
1960 *La tregua* (novela)
1982 *Viento del exilio* (poesía)
1999 Premio Reina Sofía de Poesía
Iberoamericana

Sobre el autor

Mario Benedetti sufrió un largo exilio, repartido entre Argentina, Perú, Cuba y España, que dejó una profunda huella *(mark)* en su vida personal y su obra literaria. Su volumen de cuentos *Montevideanos,* de tono costumbrista, le consagró como escritor aunque ha cultivado todos los géneros. Su estilo tiene diferentes matices *(nuances):* cotidiano y existencial en *Poemas de oficina,* o político-social en varias de sus novelas como *La tregua, Gracias por el fuego* o *Primavera con una esquina rota.* La ausencia, el retorno y el recuerdo son algunas de las constantes en la temática del escritor.

Idilio

La noche en que colocan a Osvaldo (tres años recién
cumplidos) por primera vez frente a un televisor
(se exhibe un drama británico de hondas resonancias),
queda hipnotizado, la boca entreabierta°, los ojos   *half-opened*
5   redondos de estupor.

La madre lo ve tan entregado al sortilegio° de las   *surrendered*
imágenes que se va tranquilamente a la cocina. Allí,   *to the magic*
mientras friega ollas y sartenes°, se olvida del niño.   *washes pots and pans*

Horas más tarde se acuerda, pero piensa: "Se habrá
10   dormido". Se seca las manos y va a buscarlo al living.

La pantalla está vacía°, pero Osvaldo se mantiene en   *empty, blank*
la misma postura y con igual mirada extática.

—Vamos. A dormir —conmina° la madre.   *orders*

—No —dice Osvaldo con determinación.

15   —¿Ah, no? ¿Se puede saber por qué?

—Estoy esperando.

—¿A quién?

—A ella.

Y señaló el televisor.

20   —Ah. ¿Quién es ella?

—Ella.

Y Osvaldo vuelve a señalar la pantalla. Luego sonríe,
candoroso°, esperanzado, exultante.   *innocent, naïve*

—Me dijo: "querido".

Después de leer

Idilio
Mario Benedetti

① Ask students to work in pairs to answer the questions. Have a few pairs summarize the selection based on the correct answers to the questions.

(1) Comprensión Contesta las siguientes preguntas utilizando oraciones completas.

1. ¿Cómo se llama el protagonista de esta historia?
   El protagonista se llama Osvaldo.
2. ¿Cómo se queda el niño cuando está por primera vez delante del televisor?
   El niño se queda hipnotizado, con la boca entreabierta y los ojos redondos de estupor.
3. ¿Qué hace la madre mientras Osvaldo mira la televisión?
   La madre va tranquilamente a la cocina y friega (lava) ollas y sartenes.
4. Cuando la madre va a buscarlo horas más tarde, ¿cómo está la pantalla?
   Cuando la madre va a buscarlo horas más tarde, la pantalla está vacía.
5. ¿Qué piensa Osvaldo que le dice la televisión?
   Osvaldo piensa que la televisión le dice "querido".

② Have students do an oral survey. Five students ask the class whether watching TV is good, and why or why not. They should draw a three-column table on the board with the headings **Mirar la tele es bueno, Mirar la tele es malo,** and **Sin opinión.** The students should tally the answers and write the reasons given in one or two words. Sample answer: **Pienso que mirar la tele es bueno porque se aprende mucho.** Student writes **educativa** in the **Mirar la tele es bueno** column.

(2) Interpretar Piensa sobre las siguientes preguntas.

1. La madre se olvida por unas horas del hijo. ¿Qué importancia tiene esto en la historia?
2. Según Osvaldo, ¿quién le dijo "querido"? ¿Qué explicación le das a esta situación?
3. ¿Qué crees que intenta decirnos el autor Mario Benedetti al escribir este cuento?
4. ¿Crees que existen personas en la vida moderna que podrían establecer una relación de dependencia con la televisión? ¿Puedes dar algún ejemplo?
5. El cuento también nos hace reflexionar sobre la influencia de la televisión en los niños. Cuando eras niño/a, ¿veías mucha televisión? ¿Crees que los niños de hoy en día ven en exceso la televisión? ¿Por qué?

(3) Imaginar En parejas, imaginen que una madre de familia se entrevista con el director de la programación infantil de una importante cadena de televisión. ¿Qué tipo de programas preferiría la madre? ¿Y el director? ¿Por qué? Hablen de los programas de la lista, y de otros que se les ocurran *(others that occur to you)*.

	Madre	Director de programas
Películas de acción		
Dibujos animados		
Programas educativos		
Deportes		
Videos musicales/Documentales		

(4) Escribir Escribe un pequeño párrafo sobre el efecto que tiene la televisión en los adultos y en los niños. Presenta ejemplos para apoyar tu tesis.

Antes de leer

Microcosmos III
Rodrigo Soto

Conexión personal

Los individuos, a veces, se comportan de una forma diferente cuando se encuentran en grupos muy grandes. ¿Has participado alguna vez en un evento, como un partido o un concierto musical, donde te dejaste llevar por las emociones que compartías con el resto de los espectadores? ¿Qué ocurrió? ¿Fue un experiencia positiva o negativa? ¿Por qué?

Contexto cultural

The popularity of soccer (**el fútbol**) in the Spanish-speaking world far exceeds that of any other sport; loyalties to home teams become part of a family's heritage. In the metropolitan areas, rival teams frequently compete intensely to outrank each other in the national ratings. This is the case of the *Nacional de Montevideo* and *Peñarol,* both based in Montevideo, Uruguay, or *Real Madrid* and *el Atlético de Madrid* in the capital of Spain.

Análisis literario: el humor

Amusing descriptions, exaggeration, irony, and clever, witty dialogue are elements authors use to create humor (**el humor**). A large part of the humor in "Microcosmos III" comes from the reader's knowing who the narrator is, to whom he is speaking, and what "really" happened. As you read "Microcosmos III," identify these elements and notice how Soto's use of humor both creates an amusing story and makes a statement about the role of soccer in society.

Estrategia de lectura: los detalles

Authors pay special attention to providing sufficient details (**los detalles**) to help their readers visualize setting, characters, and actions. As you read "Microcosmos III," keep a list of the details the narrator provides as he describes the incident. Reconstruct what you think really happened, and note how discrepancies between the two versions of the incident create humor.

Vocabulario

agitar *to wave*   **la bandera** *flag*

Conexión personal: Have students make a list of several types of social events and then describe how their participants behave.

Contexto cultural: Have students compare the social aspects of soccer in the Spanish-speaking world with those of football in the U.S. Have them draw a table to list similarities and differences between the two athletic cultures.

Estrategia de lectura: Have students identify words in the story that provide details such as **banderazo, lanzarse, puñetazo, pisotear,** etc., and use them to form new sentences.

Rodrigo Soto

Hoja de vida

1962 Nace en San José, Costa Rica
1983 *Mitomanías* (cuentos)
1983 Premio Nacional del Cuento
1985 *La estrategia de la araña* (novela)
1992 *Mundicia* (novela)

Sobre el autor

Rodrigo Soto, escritor y cineasta, nació en Costa Rica, pero vivió unos años de su infancia en Guatemala. Estudió filosofía y, años más tarde, se formó como guionista de cine en Cuba y Madrid. Ha publicado libros de cuentos, de poemas y novelas. En sus obras hay varias tendencias, entre ellas: una inclinación por lo fantástico en la vida cotidiana, y una literatura más psicológica. Finalmente, están las inquietudes sociales, que por lo general aborda con humor.

Microcosmos III

1 ¿Conspiración? ¿Sabotaje? Quizás. Porque sucede que uno, en esta época, está acostumbrado a mirar a los autos paseándose con las banderas de los partidos políticos, pero nunca con una de un club deportivo. Conspiración, sí señor.
5 Casi estoy seguro.

Todo iba bien hasta que llegó el carro ése, con la bandera del Sport Cartaginés. Ya habían hablado dos oradores, ya venía nuestro candidato; todos estábamos satisfechos, habíamos repetido las consignas° hasta enronquecer°. Todo iba bien,
10 señor. Fue sabotaje. Complot. Conspiración. Se lo digo yo, que estaba cerca y pude verlo todo.

Suggestion: Ask students to work in small groups to decide whether Soto's story is realistic with some fantastic elements, or whether it is more psychological. Have volunteers from each group explain why.

Suggestion: Highlight idiomatic expressions in the story and model how they are used in other contexts. Examples are: **cómo no, ahí tiene lo que sucedió, vaya si lo hicimos.**

slogans / go hoarse

El asunto° fue que cuando el carro ése pasó, agitando la
bandera del Sport Cartaginés, uno de los que estaba ahí le
encajó tamaño banderazo en el techo°. Pero el problema,
15 señor, es que todos éramos del mismo partido, eso siempre,
cómo no, pero no fanáticos del mismo equipo. Y ahí tiene lo
que sucedió: el que estaba a la par del que golpeó° el carro,
un cerdo° del Sport Cartaginés, se le lanzó al tipo° de la
bandera y le dio un puñetazo° que le quebró° todos los
20 dientes. Rapidito se corrió la voz°: que los del Sport
Cartaginés estaban peleando° contra nosotros, señor.
¡Imagínese! Contra nosotros, dos veces campeones
nacionales. En los megáfonos decían que la misma causa nos
unía, decían que nuestro candidato era el mejor y aquí y allá,
25 pero nadie escuchaba. Todos nos unimos para romperle la
cabeza hasta al último fanático del Sport Cartaginés. Y venían
las ambulancias y hasta llegó la policía. Pero le rompimos la
cabeza hasta al último fanático del Sport Cartaginés. Sí señor.
Las banderas de nuestro Partido quedaron ahí, pisoteadas°
30 por la multitud. Pero le rompimos la cabeza hasta al último
fanático del Sport Cartaginés. Vaya si lo hicimos. Sí señor. ⌂

issue

*slammed the roof of the car
with a flag*

struck

pig / he pounced on the guy

punch / broke

the word spread

fighting

trampled

Después de leer

Microcosmos III
Rodrigo Soto

1 Comprensión ¿Qué ha sucedido? A continuación indica por orden cronológico lo que ha pasado en el cuento.

   3   a. De repente un carro pasó agitando la bandera del Sport Cartaginés.

   7   b. El narrador y sus amigos le rompieron la cabeza hasta al último fanático del Sport Cartaginés.

   1   c. Todo estaba tranquilo durante el mitin político.

   6   d. Tras el desastre llegaron las ambulancias y la policía.

   5   e. Aunque todos eran del mismo partido, comenzaron a golpearse.

   4   f. Uno del Sport Cartaginés le dio un puñetazo al individuo que tenía la bandera y le quebró los dientes.

   2   g. Dos oradores ya habían hablado y ahora le tocaba al candidato.

2 Interpretar Reflexiona sobre las siguientes preguntas y contéstalas utilizando frases completas.

1. ¿Quién es el narrador de este cuento? ¿A quién crees que le está hablando?

2. ¿Crees que el narrador es violento? ¿Por qué?

3. ¿De qué deporte crees que está hablando?

4. ¿Qué es lo que produjo la pelea? ¿Tiene esto alguna lógica?

5. Al final del cuento el narrador enfatiza lo siguiente: "Pero le rompimos la cabeza hasta al último fanático del Sport Cartaginés. Vaya si lo hicimos. Sí señor." ¿Qué quiere demostrar con esto?

6. ¿Por qué crees que el narrador no tiene nombre? Explica tu respuesta.

3 Reflexionar En los países hispanos los eventos deportivos tienen mucha importancia. En grupos pequeños, hablen sobre la popularidad de los deportistas en la actualidad. Piensen en algunos ejemplos concretos de deportistas famosos que hayan estado relacionados con la política. ¿Cuáles son los elementos positivos y negativos de todo esto?

4 Escribir Escribe una composición de unas ocho líneas sobre los deportes. Puedes hablar de uno de los siguientes temas o de otro de tu elección.

- ¿Te gustan los deportes? ¿Por qué?
- ¿Son los deportes importantes para la sociedad? ¿Por qué?
- ¿Por qué crees que algunos encuentros deportivos terminan con actos de violencia? ¿Cómo crees que se puede cambiar esto?

Atando cabos

(1) **Perspectivas diferentes** Trabajen en parejas para hacer una lista de los efectos positivos y negativos que tienen la televisión y los deportes en nuestra sociedad. Cuando hayan terminado, presenten sus listas al resto de la clase.

La televisión y los deportes	
efectos positivos	efectos negativos

① Ask students to work with a different partner to compare their lists.

(2) **Hablando de los gustos** Tus padres vienen a visitarte a la ciudad y llevas varios días planeando el fin de semana. Estás un poco nervioso/a porque tu novio/a es un desastre y crees que se le van a olvidar todos los planes que has organizado para el fin de semana. Mándale un correo electrónico a tu novio/a recordándoselo.

② Explain that **gustar, fascinar, encantar, aburrir, molestar,** and **interesar** denote different degrees of liking and disliking. Ask students to order them from most positive to most negative, write them on the board, and ask them to add other verbs they may know.

Plan de redacción

Sigue estos tres pasos básicos para la elaboración del correo.

Un saludo informal Elige uno de los siguientes saludos para encabezar tu correo: **Hola, Qué tal, Qué onda, Cómo te va, Cómo estás…**

Contenido Organiza tus ideas para que no se te olvide nada.

1. Escribe una breve introducción para recordarle a tu novio/a lo que les gusta a tus padres y lo que no. Puedes utilizar las siguientes expresiones: **les gusta, les fascina, les encanta, les aburre, no les gusta, les molesta, les interesa.**

2. Recuérdale que a tu madre le gusta la gente bien vestida y que tiene que arreglarse un poco para la ocasión. Utiliza expresiones como: quitarse el arete *(piercing)* de la nariz, afeitarse, vestirse mejor, peinarse, etc.

3. Dile que se van a encontrar en el restaurante de siempre.

Despedida Elige una de las siguientes despedidas: **Hasta luego, Chao/Chau, Adiós.**

> Mis padres detestan los bares llenos de gente; a ellos les gusta más salir a pasear.
>
>

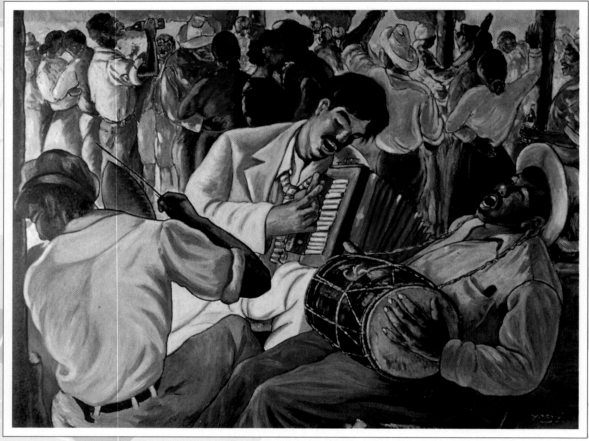

La bachata, 1942.
Yori Morel. La República Dominicana.

Quemad viejos leños, bebed viejos vinos, leed viejos libros, tened viejos amigos.

—Alfonso X el Sabio

Antes de leer

PERFIL

Shakira

Conexión personal

¿Escuchas música latina? Cuando piensas en la música latina, ¿en qué tipo de música piensas? Haz una lista de los estilos de música latina que conoces y/o el nombre de los artistas y grupos musicales latinos con los que estás familiarizado/a.

Contexto cultural

When non-Hispanic Americans think of popular Latin music, mariachi bands, salsa dancers, or flamenco artists probably come to mind. Latin music, however, is much more varied. Some types of music, like **boleros** *(romantic songs)* and **música rock** are universal in the Spanish-speaking world. Some musical forms, on the other hand, are associated with specific countries or regions. How many of the following types of dance music can you match to the country they are associated with? Compare your results with your classmates.

<u>c</u> 1. el tango   a. Spain
<u>d</u> 2. el merengue   b. Cuba
<u>b</u> 3. el chachachá   c. Argentina
<u>e</u> 4. la cumbia   d. The Dominican Republic
<u>a</u> 5. el flamenco   e. Colombia

Vocabulario

el canal de televisión *television channel*   **el/la cantante** *singer*

Shakira

1   Shakira es conocida prácticamente por todos nosotros.
     Hemos oído sus canciones en el radio, nos ha deleitado°   *delighted*
     con su presencia en todos los canales de la televisión y,
     últimamente, podemos verla en los anuncios de Pepsi. Pero,
5   ¿quién es realmente Shakira?

Esta estrella del rock nació en
Barranquilla, una hermosísima ciudad   *coastal*
costera° de Colombia. Es hija de
madre colombiana y padre de
descendencia libanesa y ambas
culturas han influido en la joven por
igual. Su nombre, Shakira, en árabe
significa "mujer llena de gracia" y se
puede decir tranquilamente que su
nombre no engaña°. Desde muy niña sus   *deceive / talent*
dotes° artísticas se hicieron evidentes: escribió su primera
canción a los ocho años. Con 13 años ya había firmado un
contrato con Sony para grabar un álbum con las canciones
que había compuesto hasta entonces. Este disco, *Magia*, la
20   llevó a la fama en su país natal. Una vez terminados los
estudios de secundaria, y cuando tan sólo tenía 15 años,
grabó° el álbum llamado *Pies descalzos*. Con este disco   *recorded*
alcanzó el número uno en las listas, y su éxito le dio
proyección internacional a su carrera.

25   Dueña de un arrollador° carisma, la cantante del momento   *overwhelming*
tiene un estilo tan distintivo que se hace difícil de definir.

El mismo Gabriel García Márquez, tras una entrevista entre
los dos colombianos universales, escribió que "la música
de Shakira tiene una estampa personal que no se parece a la

30   de nadie más, y ninguna persona de cualquier edad puede
cantar y bailar como ella, con esa sensualidad inocente que
pareciera ser un invento suyo".

Algo que viene distinguiendo claramente a esta cantante
de otros artistas célebres de su edad es el compromiso que

35   adquiere° con sus creaciones. La música para ella es una   *the commitment that she acquires*
forma de expresar sus inquietudes y sentimientos. Más de
una vez ha declarado que le preocupa tremendamente
proteger su creatividad de las presiones económicas. El deseo
de componer y cantar una música más personal la ha llevado

40   muchas veces a rechazar° ofertas de las compañías   *to refuse*
discográficas para hacer una música más comercial. Cuando
le preguntan, Shakira no duda en afirmar que su música es
la unión de sus pasiones: el rock, la cultura libanesa y la
cultura latina.

45   Ahora esta mujer inteligente y apasionada ha entrado en
el mercado norteamericano. El disco en cuestión se llama
Laundry Service y contiene canciones escritas tanto en inglés
como en español. Sólo queda desearle la mejor de las suertes.
Se la merece. ⌺

Después de leer

PERFIL

Shakira

① Ask students to work in small groups to decide which answer contains the main idea of the text. Have them explain their response. The group may propose a different main idea if none of the answers seems appropriate.

① Comprensión Contesta las siguientes preguntas con oraciones completas.

1. ¿Dónde nació Shakira?
   Shakira nació en Barranquilla, Colombia.
2. ¿Qué significa su nombre en árabe?
   Su nombre significa "mujer llena de gracia".
3. ¿Cuántos años tenía cuando grabó su primer álbum?
   Grabó su primer álbum con la discográfica Sony cuando tenía trece años.
4. ¿Qué dijo Gabriel García Márquez sobre Shakira?
   El escritor dijo que "la música de Shakira tiene una estampa personal que no se parece a la de nadie más".
5. ¿Qué le preocupa tremendamente a Shakira?
   Shakira ha declarado que le preocupa mucho proteger su creatividad de las presiones económicas.
6. Según Shakira, su música es la fusión de varias pasiones. ¿Cuáles son?
   El rock, la cultura libanesa y la cultura latina.

② Have students work in small groups to compare commercial music with non-commercial music. Ask them to share their observations with the class, as one student draws a table on the board and lists the differences. Ask the class what elements of commercial music are found in Shakira's songs.

② Interpretar Contesta las siguientes preguntas utilizando oraciones completas.

1. ¿Conoces algún disco de Shakira? ¿Cuál es el que más te gusta?
2. ¿Qué otros cantantes latinos conoces? ¿Te gustan?
3. ¿Crees que es fácil tener éxito en el mercado discográfico norteamericano?
4. En tu opinión, ¿qué es la música comercial? ¿Crees que la música que se oye hoy día es muy comercial? ¿Puedes mencionar algunos grupos que hacen este tipo de música?

③ Reflexionar La música es muy importante en los países hispanos, y en los últimos años la música latina lo está comenzando a ser también en EE.UU. ¿A qué crees que se debe esto? Explica tu respuesta.

④ Ask students to use progressive forms in the dialogue as much as possible, as well as other grammar points taught in Lesson 2 of the Lengua volume.

④ Entrevista Trabajen en parejas para preparar una entrevista a un cantante famoso. Uno/a de ustedes será el cantante y el/la otro/a será el/la periodista. Cuando terminen, tienen que representar la entrevista ante la clase.

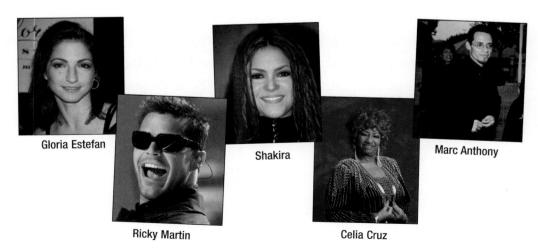

Gloria Estefan

Ricky Martin

Shakira

Celia Cruz

Marc Anthony

Antes de leer

Los españoles y el fútbol
Amando de Miguel

Conexión personal
¿Qué papel desempeñan *(play)* los deportes en tu vida y en la vida de tus amigos? ¿Eres fanático/a *(fan)* de algún equipo en particular? ¿Del cuál? ¿Practicas algún deporte o sólo eres un(a) espectador(a)?

Contexto cultural
Like professional sports in the United States, professional soccer in Spain is not just a ruling passion among soccer fans, it is big business. Leading soccer players are national celebrities and command phenomenal salaries. They are often recruited from an international elite of world-class soccer players. Ownership of a soccer team is not only lucrative, it is prestigious. Fan loyalty to individual teams runs deep, and loyal fans often spend many hours a week attending games, participating in other team functions, and socializing with other fans.

Vocabulario

la cadena de televisión
television network

cumplir con *to do one's duty*
(with respect to something)

Amando de Miguel

Hoja de vida

1937 Nace en Zamora, España
1995 *La España de nuestros abuelos*
1997 *Autobiografía de los españoles*
1998 *Opinión pública y nivel de vida*

Sobre el autor

Amando de Miguel es catedrático° de Sociología de la Universidad
Complutense de Madrid y colaborador habitual en algunos medios de
comunicación como la radio y la televisión. Autor de numerosos libros,
también dirige la serie de informes anuales, *La sociedad española,* en la
que se analizan el estilo de vida, las creencias y los problemas sociales de
los españoles, entre otros temas.

professor

Suggestion: Divide
the class into five
groups, and assign a
paragraph to each one.
Each group gives the
class a summary of its
paragraph and explains
its relevance to the
remainder of the
selection.

Los españoles y el fútbol

1   Pero quedábamos en que el espectáculo verdaderamente
distintivo del tiempo actual es el fútbol. Se trata de° la
verdadera "fiesta nacional" en España y en otros países.
Es parte de un amplio muestrario° de deportes masivos,
5   que se extiende cada vez más. Su auge° se debe a la múltiple
acción de los siguientes factores:

   1. Muchas personas disponen cada vez más de tiempo
libre° que no saben muy bien cómo llenar. El espectáculo
deportivo es el consumo más elemental de ese ocio. La
10   paradoja es que surge un amplio estrato de profesionales del
deporte, cuya actividad desemboca° en un próspero negocio.
La televisión de pago se ha abierto camino en España

it is about

collection

growth

*have more and more
free time*

culminates in

principalmente porque transmite (se dice "retransmite",
aunque sea en directo°) partidos de fútbol. La sección más   *live (broadcast)*
15 nutrida° de los programas informativos de la radio y la   *biggest*
televisión es la deportiva. Es también la más amable, junto
a la llamada "prensa del corazón°".   *gossip magazines*

2. El negocio deportivo se mantiene porque hay una masa
consumidora que al menos paga por los espectáculos a través
20 de la publicidad. Sin la ubicua° televisión, ese proceso no   *ubiquitous, ever-present*
hubiera sido posible. Los sucesos deportivos se convierten en
el principal asunto° de conversación cotidiana° entre iguales. *matter / everyday*
Todo el mundo puede entender de deportes. No se necesita
leer mucho, realmente nada.

25 3. El atractivo de los espectáculos deportivos es
consonante con otro rasgo° de nuestra época: el culto   *characteristic*
al cuerpo y a la juventud. En este caso, se trata básicamente
del cuerpo masculino. Los deportistas profesionales son cada
vez más jóvenes y ganan cada vez más dinero. La combinación
30 de juventud y riqueza fascina al público.

De todos los deportes, el que mejor cumple con esas
condiciones es el fútbol. Pocas personas son indiferentes a
la competición futbolística. Los equipos tienen colores,
banderas, escudos° e himnos, como si fueran Estados. Sin el   *crests*
35 fútbol sería imposible mantener la actual red de periódicos,
emisoras de radio y cadenas de televisión. El fútbol satisface
la "necesidad de afiliación", la necesidad de distinguir el
"nosotros" del "ellos".

Después de leer

Los españoles y el fútbol
Amando de Miguel

1 **Comprensión** Después de leer el ensayo *(essay)* de Amando de Miguel, decide si las siguientes oraciones son **ciertas** o **falsas.** Corrige las falsas.

	Cierto	Falso
1. El fútbol es el deporte nacional de España.	☑	☐
2. Sin el fútbol no existirían tantos periódicos, programas de radio y de televisión.	☑	☐
3. El negocio deportivo existe porque hay consumidores es que pagan por los espectáculos a través de la publicidad.	☑	☐
4. El atractivo de los espectáculos deportivos está relacionado con el culto al cuerpo.	☑	☐
5. No todo el mundo puede entender de deportes.	☐	☑

Todo el mundo puede entender de deportes.

6. Hay mucha gente a quien no le gusta el fútbol.	☐	☑

Pocas personas son indiferentes a la competición futbolística.

7. Los equipos de fútbol tienen himnos y escudos.	☑	☐
8. Los deportes y la prensa del corazón no son programas importantes en la radio o la televisión.	☐	☑

La sección más nutrida de los programas informativos de la radio y la televisión es la deportiva, junto a la prensa del corazón.

2 **Interpretar** Contesta las siguientes preguntas utilizando oraciones completas.

1. ¿Por qué produce el fútbol tanto dinero?
2. Nombra algunas de las razones por las que el fútbol se ha convertido en un espectáculo tan importante para la sociedad.
3. ¿Por qué crees que a la sociedad le gusta la combinación de juventud y riqueza?
4. ¿Qué quiere decir Amando de Miguel cuando señala que: "El fútbol satisface la 'necesidad de afiliación', la necesidad de distinguir el 'nosotros' del 'ellos'"?

3 **Comunicar** En pequeños grupos hablen sobre los deportes más importantes de su país y ciudad, nombren algunos deportistas famosos y digan si se sienten atraídos por algunos de estos espectáculos deportivos. Expliquen cuál es el deporte que más les gusta y por qué.

4 **Escribir** Escribe un párrafo sobre las ventajas *(advantages)* de ser alguien famoso y los contratos millonarios que muchos deportistas perciben. Pon ejemplos y discútelos con la clase.

Abriendo ventanas

La música y el deporte

Trabajen en grupos pequeños para preparar una presentación sobre un cantante o deportista latino famoso.

Elegir el tema

Pueden preparar una presentación sobre Shakira, o pueden elegir un cantante o un deportista famoso que les agrade. Decidan en grupo de quién quieren hablar en su presentación.

Preparar

Investiguen a través de su computadora o en la biblioteca. Pueden visitar el sitio *www.vistahigherlearning.com* para buscar enlaces relacionados con este tema. Una vez que tengan la información necesaria elijan los puntos más importantes y ayúdense con material auditivo o audiovisual para ofrecer una visión más amplia de lo que quieren comentar en clase.

Organizar

Hagan un esquema *(outline)* que los ayude a clarificar y planear con mayor exactitud su presentación.

Cómo expresar opiniones

Las siguientes frases pueden ayudarles a expresarse de forma más adecuada.
1. En el día de hoy, voy/vamos a hablar de...
2. La música latina está consiguiendo en los últimos años...
3. Creo que...
4. Se puede decir...
5. Para finalizar, me/nos gustaría...

Presentar

Unos días antes de su presentación, hablen con el profesor para informarle que van a usar en clase un video, una cinta o un disco compacto. De esta forma, podrán utilizar estos medios para explicar con mayor exactitud el tema que se va a tratar en clase.

Ayuda para Internet

Pueden acceder a la información utilizando las siguientes palabras clave: **música latina / cantantes hispanos / Enrique Iglesias / Luis Miguel / Rosario / fútbol / béisbol / jugadores famosos hispanos / liga / deportes / negocio / baloncesto / básquetbol / tenis**

Suggestion: After all the presentations, ask students to compare the singers and athletes introduced and how these star figures compare with American counterparts.

El mundo del ocio

(1)
5 min. La clase se divide en seis grupos; cada uno de los miembros del grupo tiene que pensar y anotar sus ideas sobre uno de los siguientes temas.

La tele: la droga más poderosa

La industria del deporte: ¿dónde queda el espíritu deportivo?

La música de hoy: ¿más diversidad que nunca?

El ocio en la sociedad de consumo: una industria más

El deporte: ¿una válvula *(valve)* de escape para los impulsos violentos?

El artista en la industria musical: ¿otro producto de consumo?

Suggestion: After all the presentations, ask students what these elements—TV, sports, music, leisure—tell us about our society. Ask them to write a concise paragraph about it and to share it with a partner before sharing it with the rest of the class.

(2)
10 min. Cada grupo tiene que preparar una breve presentación sobre el tema que escogieron. En el caso de que no todos opinen lo mismo sobre el tema, pueden mencionar que dentro del grupo hay distintas opiniones.

(3)
25 min. Los diferentes grupos presentan sus ideas a la clase, mientras todos toman nota.

(4)
10 min. Cuando todos los grupos hayan terminado de presentar sus ideas, toda la clase debe participar haciendo preguntas y/o defendiendo sus opiniones.

La vida diaria

La siesta, 1943.
Antonio Berni. Argentina.

*Tras el vivir y el soñar, está lo que
más importa: el despertar.*
— Antonio Machado

Antes de leer

Conciencia breve
Iván Egüez

Conexión personal
¿Alguna vez te encontraste en una situación embarazosa *(embarrassing)*? ¿Intentaste disimular *(conceal)* lo que estaba pasando? ¿Qué hiciste?

Contexto cultural
The streets of major Spanish or Latin American cities are as clogged with cars as any North American city, but generally you will not see many large passenger cars or sport utility vehicles. The high price of gasoline, even in petroleum-producing countries, makes a compact car a more economical option for the majority of drivers. By calling his car a *cochecito* (the word for *toy car* as well as *little car*), the narrator of "Conciencia breve" is emphasizing its smallness and the difficulty one would have in hiding something from another passenger in such close quarters.

Análisis literario: el tono
Just as a speaker's tone of voice expresses his or her feelings about the subject being discussed, the tone **(el tono)** of a literary work is its narrator's attitude toward his or her subject matter. The tone of a literary work can be described with words such as *objective, ironic, amused,* or *contemptuous.* As you read "Conciencia breve," look for details that reveal the narrator's attitude toward his subject.

Estrategia de lectura: predecir
Active readers involve themselves in their reading by predicting **(predecir)** what will happen next or how a story will end. They base their predictions on information given in the story and on prior knowledge they bring to their reading. Read the title and first sentence of "Conciencia breve" and try to make a logical prediction of what the story will be about and what will happen. As you continue to read, refine and modify your original prediction. When you have finished reading the story, compare the predictions you made with those of three classmates. Were they similar or were they very different? Did anybody correctly predict what was going to happen?

Vocabulario

el asiento *the seat*	**lanzar** *to throw*
botar *to throw*	**el retrovisor** *rearview mirror*
distraído/a *distracted*	**rumbo a** *bound for*
empujar *to push*	**tirar** *to throw*
la hazaña *feat; heroic deed*	

Literatura opener (previous page):

See the **VENTANAS** Instructor's Resource Manual for teaching suggestions.

Conexión personal: Have students consider the cultural differences that may cause something to be embarrassing in one place and acceptable in another. Ask them to work in pairs to write examples of these situations.

Contexto cultural: Ask students to think of other reasons why people would favor small cars in many Latin American cities (lack of parking; narrow streets; cultural factors that emphasize public transportation and walking).

Análisis literario: Ask students to write a short list naming a situation where they would expect to read or hear something in a particular tone (for instance: objective / news cast). Ask them to think about their own use of different tones in different circumstances (asking for a favor, telling a funny story).

Estrategia de lectura: Ask students to list other elements they could use to make reasonable predictions about a text (format, cultural connections, images).

Iván Egüez

Hoja de vida

1944 Nace en Quito, Ecuador
1969 *Calibre catapulta* (poesía)
1975 Premio Aurelio Espinosa Pólit por
     La Linares (novela)
1997 *Cuentos fantásticos* (cuentos)
1999 *Sonata para sordos* (novela)

Sobre el autor

Iván Egüez es un escritor ecuatoriano ligado a la revista literaria *Bufanda del sol.* Además de cultivar el ensayo, la poesía y la narrativa, es director del Departamento de Difusión Cultural de la Universidad Central de Ecuador, de la que fue alumno. Uno de los rasgos de su poesía es el fuerte compromiso social, unido a un estilo sencillo y directo. En su narrativa predominan los personajes marginales, la voluntad de denuncia social y, sobre todo, mucha ironía y humor negro que ponen en evidencia los males de nuestra sociedad.

Conciencia breve

1 Esta mañana Claudia y yo salimos, como siempre, rumbo a
nuestros empleos en el cochecito que mis padres nos regalaron
hace diez años por nuestra boda. A poco sentí un cuerpo extraño
junto a los pedales. ¿Una cartera? ¿Un... ? De golpe° recordé que
5 anoche fui a dejar a María a casa y el besito candoroso° de siempre
en las mejillas se nos corrió, sin pensarlo, a la comisura° de los
labios, al cuello, a los hombros, a la palanca de cambios°, al corset,
al asiento reclinable, en fin. Estás distraído, me dijo Claudia
cuando casi me paso el semáforo. Después siguió mascullando°
10 algo pero yo ya no la atendía.

Me sudaban las manos y sentí que el pie, desesperadamente, quería
transmitir el don° del tacto a la suela° de mi zapato para saber

suddenly
innocent
edge
gear shift

mumbling

gift; ability / sole

Suggestion: Point out to students that this story was made into a film in 1998 and can be found at any large video store.

Expansion: Allow students to do a quick initial reading. Divide them into groups and assign a portion of the story to each group. Each group should write a single sentence to synthesize the fragment. Write the sentences on the board as each group comes up with their synthesis.

exactamente qué era aquello, para aprehenderlo sin que ella notara
nada. Finalmente logré pasar el objeto desde el lado del

15 acelerador hasta el lado del embrague°. Lo empujé hacia la puerta   *clutch*
con el ánimo de abrirla en forma sincronizada para botar eso a la
calle. Pese a las maromas° que hice, me fue imposible. Decidí   *tricks*
entonces distraer a Claudia y tomar aquello con la mano para
lanzarlo por la ventana. Pero Claudia estaba arrimada° a su puerta, *sitting against*

20 prácticamente virada° hacia mí.   *turned*

Suggestion: Ask students
to think of other artists
they may know who have
focused on social issues in
their work. In small
groups, have them discuss
whether humor effectively
delivers this type of
message. Ask them to
bring in an example of an
effective use of humor to
denounce a social issue.

Comencé a desesperar. Aumenté la velocidad y a poco vi por
el retrovisor un carro de la policía. Creí conveniente acelerar
para separarme de la patrulla policial pues si veían que
eso salía por la ventanilla podían imaginarse cualquier cosa.

25 —¿Por qué corres? Me inquirió Claudia, al tiempo que se
acomodaba de frente como quien empieza a presentir un choque.

Vi que la policía quedaba atrás por lo menos con una cuadra.
Entonces aprovechando que entrábamos al redondel° le dije a   *roundabout; rotary*
Claudia saca la mano que voy a virar° a la derecha. Mientras lo   *turn*

30 hizo, tomé el cuerpo extraño: era un zapato leve, de tirillas° azules   *straps*
y alto cambrión°. Sin pensar dos veces lo tiré por la ventanilla.   *instep*
Bordeé ufano° el redondel, sentí ganas de gritar, de bajarme para   *I proudly skirted*
aplaudirme, para festejar mi hazaña, pero me quedé helado viendo
en el retrovisor nuevamente a la policía. Me pareció que se

35 detenían, que recogían el zapato, que me hacían señas. —¿Qué te
pasa? me preguntó Claudia con su voz ingenua. —No sé, le dije,
esos chapas° son capaces de todo. Pero el patrullero° curvó y yo   *cops, (literally) badges / patrol car; cruiser*
seguí recto hacia el estacionamiento de la empresa donde trabaja
Claudia. Atrás de nosotros frenó un taxi haciendo chirriar los

40 neumáticos°. Era otra atrasada, una de ésas que se terminan   *making its tires screech*
de maquillar en el taxi. —Chao amor, me dijo Claudia, mientras
con su piecito juguetón° buscaba inútilmente su zapato de   *playful*
tirillas azules. 🔳

Después de leer

Conciencia breve
Iván Egüez

① Ask students to work in pairs to come up with three basic questions they could ask a classmate to make sure that he/she understood the story's main theme. Have them exchange questions with other pairs and ask them to verify their answers.

1 Comprensión Contesta las siguientes preguntas.

1. ¿Adónde iban Claudia y su marido por la mañana? *Iban a sus empleos.*
2. ¿En qué viajaba el matrimonio? *Viajaba en carro.*
3. ¿Qué sintió el marido junto a los pedales? *Sintió un cuerpo extraño.*
4. ¿Qué recordó el marido? *Recordó que María y él se besaron en el carro la noche anterior.*
5. ¿Qué intentó hacer el marido? *Intentó recoger el cuerpo extraño sin que lo viera Claudia.*
6. ¿Qué vio por el espejo retrovisor? *Vio un carro de la policía.*
7. Al entrar al redondel, ¿qué hizo el marido? *Tiró el zapato de tirillas azules por la ventanilla.*
8. ¿Qué buscaba Claudia al despedirse de su marido? *Buscaba su zapato de tirillas azules.*

② Ask students to think about situations in which they could find themselves having a "momentary surge of conscience." Ask them to share their lists with the class.

2 Interpretar Contesta las siguientes preguntas.

1. ¿Cómo consiguieron el coche Claudia y su marido?
2. ¿Por qué se puso tan nervioso el marido de Claudia?
3. ¿Qué piensas del protagonista?
4. ¿Por qué el protagonista tenía miedo de encontrarse con la policía?
5. ¿Por qué crees que el cuento se titula "Conciencia breve"?

③ Ask students to imagine that Claudia did in fact see her husband throwing the shoe out the window. In small groups, have them come up with some possible explanations that he may have given to hide the truth.

3 Imaginar Trabajen en parejas para imaginar los pensamientos de Claudia y su marido de camino al trabajo, utilizando tiempos verbales en el pasado. Escriban una lista con los pensamientos de la mujer sobre el extraño comportamiento de su marido durante el viaje. En otra lista, pongan lo que realmente piensa el marido mientras va conduciendo.

④ Videotape students as they perform their dialogues so they can later evaluate their own performance.

4 Ampliar En parejas, escriban un diálogo entre Claudia y su marido que empiece en el momento donde termina la historia. Escojan una de las siguientes opciones y representen el diálogo delante de sus compañeros.

1. Claudia empieza a sospechar de la conducta de su marido y de la extraña desaparición de su zapato. De alguna forma descubre que le ha sido infiel con María, y comienzan una tremenda discusión en mitad de la calle.

2. Claudia le pregunta a su marido por el zapato y él inventa excusas disparatadas para no decirle la verdad. De pronto, él descubre debajo de su asiento un zapato de hombre que no es suyo.

Antes de leer

Anónimo
Esther Díaz Llanillo

Conexión personal

Todos, en alguna ocasión, nos hemos sentido solos. Algunos sociólogos opinan que la soledad es cada vez más frecuente entre los habitantes de las grandes ciudades norteamericanas. ¿Crees que es verdad? ¿Cuándo prefieres estar solo? ¿Cuándo prefieres estar con otras personas?

Prefiero estar solo/a cuando...	Gozo de la compañía de otros cuando...

Contexto cultural

"Anónimo" is set in contemporary Cuba. Shortly after the Cuban Revolution, the Cuban government established a system of neighborhood vigilance committees; these committees were made up of people who received better housing and access to consumer goods, in return for keeping tabs on their neighbors. Can you find any details that suggest this atmosphere in the story?

Análisis literario: el suspenso

An author uses suspense (**el suspenso**) to create tension and excitement for the reader. As you read "Anónimo," note how the preterite contrasts with the imperfect to produce elements of suspense.

Estrategia de lectura: sacar conclusiones

A reader draws conclusions (**sacar conclusiones**) by gathering information and then making an inference. These conclusions may be based on details presented in the text or on the reader's previous inferences. Personal experience, prior knowledge of the author's work or contemporaries, or familiarity with a particular type of literature can also help a reader draw conclusions about the piece he or she is reading.

Vocabulario

adivinar *to guess*   **el peldaño** *step*

la amenaza *menace*   **el/la remitente** *sender*

asombrar *to amaze*   **el sobre** *envelope*

estrecho/a *narrow*   **vigilar** *to watch*

Conexión personal: Ask students to think about elements of our daily lives that promote loneliness. Write their suggestions on the board as they mention them.

Contexto cultural: Ask students to think about times in their lives when they knew someone was keeping tabs on them or on someone they knew. Ask them to come up with reasons that would make people betray others in this manner. Then, see if they can relate the concept of loneliness with that of a society where individuals, entities, or entire governments may keep tabs on the private lives of others.

Análisis literario: Point out that we all tend to add suspense to the stories we tell. Ask pairs of students to come up with a basic story of no more than five lines. Each pair should exchange their story with another pair, and add another five lines, creating as much suspense as possible. Work with them to analyze the elements of suspense they chose.

Esther Díaz Llanillo

Hoja de vida

1934 Nace en La Habana, Cuba
1964 Su obra es publicada en la antología
Nuevos cuentos cubanos
1998 Publica en la antología *Cubana*
2000 Publica en la antología *Cuentistas
cubanas contemporáneas*

Suggestion: Assign each section of the reading to a small group of students and ask them to draw a small cartoon representing the information contained in that section, using only images. Point out that they should focus on the detailed descriptions included in the text to make sure their drawing is accurate. Collect all drawings and hang them visibly on the board. Ask students to come up with alternate stories that would fit the drawings' sequence.

Sobre el autor

Esther Díaz Llanillo es colaboradora habitual en muchas revistas especializadas de literatura como *Casa de las Américas* y *Gaceta de Cuba.* Se doctoró en Filosofía y Letras y actualmente trabaja en la biblioteca de la Universidad de La Habana. Sus cuentos aparecen con frecuencia en las antologías de cuentistas cubanas.

Anónimo

1   Aquella mañana se levantó temprano y, sin calzarse, casi dormido, avanzó hacia la cocina hambriento.

Era la suya una habitación peculiar; vivía en una buhardilla°, al final de una larga escalera que trepaba por la parte posterior de la casa, como

5   una culebra°, los peldaños eran tan estrechos que uno temía haber sobrepasado las proporciones normales de un ser humano, pues podía resbalar y caerse con suma facilidad; por otra parte, la escalera vibraba sospechosamente a cada paso, y esto, unido a la insegura barandilla de hierro°, hacía pensar que la vida del que se atrevía a utilizarla se hallaba

10   en constante peligro. Como el cartero no compartía estos arrestos°, ni por vocación de su oficio, solía dejarle la correspondencia junto al primer apartamento de la planta baja del edificio, en una cajita de madera incrustada en la pared°.

attic apartment

snake

iron banister

didn't share his energy

set in the wall

Le gustaba vivir allí, donde nadie lo molestaba, ni ruidos ni personas.
15   No me atrevía a asegurar que aquello pudiera considerarse un hogar en el
sentido exacto de la palabra: un cuadrilátero aprisionado entre cuatro
paredes; dentro de él, a la izquierda de la puerta, otro cuadrilátero más
pequeño hacía de baño en condiciones tan reducidas que nos asombraba
que cupiera en él un ser humano. Al final de un rectángulo, con
20   pretensiones de corredor, estaba la sala-cuarto-cocina. De primera
intención, lo que se percibía era una hornilla eléctrica° sobre una mesa
donde se amontonaban° platos, cubiertos°, un vaso, una taza con lápices,
un portarretrato con el asombroso perfil de Michele Morgan° y una fina
capa° de polvo de varios días. La cama era a la vez sofá. En las paredes
25   de madera había fotografías de otras actrices, un cartel de propaganda
y programas de teatro.

Cuando me dieron aquella noticia de él, traté de reconstruir los
hechos colocándome en su lugar; me basé en lo que pude adivinar de él
en tan poco tiempo, pues trabajamos juntos en la misma oficina durante
30   cuatro meses, ambos como mecanógrafos°, y no creo que este trabajo nos
diera grandes oportunidades de conocernos. Sin embargo, creo poder
reconstruir lo que pasó en aquellos días...

Esa mañana se levantó temprano, según dije. Al encender la hornilla
para calentar el café le asombró descubrir un pequeño sobre blanco
35   debajo de la puerta. Le extrañó que alguien se hubiera tomado el trabajo
de subirlo hasta allí. Cogió el sobre y leyó: "Sr. Juan Ugarte Ruedas",
escrito a mano, con una letra temblorosa e irregular. Inmediatamente
rompió uno de los extremos y extrajo la carta, que decía con la misma
letra del sobre: "Nombre: Juan Ugarte Ruedas. Edad: 34 años. Señas:
40   Una pequeña marca tras la oreja derecha, producto de una caída cuando
niño. Gustos: Prefiere leer al acostarse; suele tardar en dormirse
imaginando todas las peripecias° de un viaje a Francia que en realidad no
puede costear°. Detalle°: Ayer, alrededor de las once p.m., se cortó
levemente el índice de la mano derecha tratando de abrir una lata de
45   conservas. Anónimo". Aquello le intrigó. ¿Qué propósito podía perseguir

hotplate

were piled / silverware

English actress of the 1940s and 1950s
layer

typists

adventures

afford / Detail

quien le mandaba la carta, que por ende° le jugaba la broma de firmarla   *therefore; consequently*
Anónimo, como si ya no fuera evidente que se trataba de un anónimo?
Por otra parte, ¿cómo sabía Anónimo todos aquellos detalles de su vida?
Su primera preocupación fue averiguar si le había contado a alguien esos
50   detalles; no lo recordaba.

En éstas y otras cavilaciones° pasó toda la jornada°, salvo° las horas   *musings / day / except*
de oficina y de almuerzo, pues tenía la costumbre de ser reservado
con todos, hasta consigo mismo, cuando estaba con los demás. Por la
noche, como es lógico, reanudó° estos pensamientos y llegó a la   *resumed*
55   conclusión de que recibiría otro algún día, quizá más pronto de lo que
esperaba; tuvo un sueño intranquilo y por primera vez se olvidó de su
viaje a Francia antes de dormirse.

Al día siguiente, octubre 13, recibió otra carta misteriosa. Como la
anterior, venía fechada° y escrita con letra irregular y nerviosa; decía: *dated*
60   "Padre: Regino Ugarte, cafetero. Madre: Silvia Ruedas, prostituta.
El primero ha muerto; la segunda huyó del hogar cuando usted tenía
nueve años y se dio a la mala vida; usted desconoce su paradero° y no   *whereabouts*
le interesa saberlo. Educación: autodidacta° desde los quince años.   *self-taught*
Preocupaciones: Teme que los demás lean sus pensamientos. Anónimo".
65   Durante varios días estuvo recibiendo comunicaciones de Anónimo
que revelaban detalles de su pasado, de su vida cotidiana y de sus
procesos mentales que sólo hubiera podido saber él mismo o alguien que
tuviera poderes extraordinarios. Esto no le aterraba°, sino el   *terrified*
pensar que en realidad aquel hombre estuviera empleando algún
70   procedimiento simple y directo para saberlo; es decir, que lo vigilara
constantemente.

Las cartas de Anónimo empezaron por adivinar sus deseos y luego
descubrieron sus preocupaciones, sacaron a relucir su pasado y quizá
aventurarían su futuro, lo cual lo intranquilizó. Frases como "ayer no
75   pudo dormir en casi toda la noche", "esta mañana, durante el almuerzo,
estuvo a punto de contárselo todo a su amigo, pero se detuvo pensando
que él fuera el remitente", "ha decidido usted no abrir más estas cartas,

pero no puede dejar de hacerlo, ya ve, ha abierto la de hoy", "su trabajo
estuvo deficiente ayer, no cesa de pensar en mí"; eran para sobresaltar a
cualquiera°. Finalmente, Anónimo envió en tres cartas seguidas° este
mismo mensaje: "Usted teme una amenaza"; al cuarto día lo varió por
"la amenaza está al formularse"; y después por "sé que ha dejado de leer
mis cartas durante varios días; ésta es la penúltima; por tanto, la leerá;
mañana sabrá cuál es la amenaza. Anónimo".

Por último, pensó que no tenía el valor suficiente para leer la última
carta, pero el deseo de saber en qué consistía la amenaza y la esperanza
de que al saberla podría escapar de ella lo llevaron a abrirla y leyó:
"Morirá mañana. Anónimo".

Al finalizar el mensaje llegó a la conclusión de que no le quedaba más
remedio que acudir° a la Policía, pues no sabiendo en qué condiciones
moriría, ni dónde, ni cuándo, no podría evitar el hecho. Llevó los
anónimos a la Estación de Policía y fue cuidadosamente vigilado.
Siguió trabajando como si nada hubiera sucedido, y por la noche,
a eso de las ocho, llegó a la casa.

Sabía que estaba bien protegido, no podía temer nada, salvo la
pérdida de su soledad, pero por poco tiempo, hasta que se descubriera al
autor de los anónimos; después sería nuevamente independiente y feliz.

Se acostó más tranquilo; tardó un poco en dormirse, quizá planeó
otra vez el viaje a Francia. Al día siguiente apareció muerto frente a su
cuarto, la puerta abierta, el cuerpo atravesado en el umbral°, un sobre
abierto junto a él y una carta ensangrentada en la mano derecha. La única
palabra visible era "ya", y después: "Anónimo". Tenía abiertas las venas°
del brazo, la sangre había rodado° por los escalones. Nadie la había visto
hasta que el vecino de los bajos notó el largo hilillo° rojo bajo sus zapatos.

Se hicieron múltiples indagaciones° sin resultados positivos. No
obstante, por sugerencia mía, se ha comparado la letra de Anónimo con
la del muerto: coinciden en sus rasgos° esenciales. ▣

Marginal glosses:
80 *were enough to make anybody jump / in a row*
90 *to turn to; go to*
100 *lying across the threshold*
veins
run
stream; thread
105 *investigations*
characteristics

Después de leer

Anónimo
Esther Díaz Llanillo

① After students finish, ask them to determine which sentences are facts that can be proven by rereading the text, and which reflect opinions (which may also be disguised as facts).

② Ask students to read the text looking for clues to the social environment surrounding Juan. Would they have reacted as he did, had they received these letters? What social factors may have contributed to his paranoia? Is this "watchful eye" something that all of us may feel in our lives? If students are familiar with Orwell's *1984* or Huxley's *Brave New World,* you could use those stories to encourage class discussion.

1 Comprensión Decide si las siguientes oraciones son **ciertas** o **falsas**. Corrige las frases falsas.

	Cierto	Falso
1. Juan vivía en la planta baja de una casa grande.	☐	☑
Juan vivía en una buhardilla.		
2. El cartero le llevaba la correspondencia justo a la puerta.	☐	☑
El cartero le dejaba la correspondencia en la planta baja.		
3. Los peldaños eran peligrosos porque eran muy estrechos.	☑	☐
4. En las paredes de su habitación tenía fotos de jugadores de fútbol.	☐	☑
En las paredes había fotos de actrices, un cartel y programas de teatro.		
5. Juan era mecanógrafo.	☑	☐
6. A Juan no le gustaba su casa porque era muy ruidosa.	☐	☑
7. Juan hablaba muy poco con los demás.	☑	☐
8. El protagonista recibió varias cartas anónimas.	☑	☐
9. El narrador de la historia es el padre de Juan.	☐	☑
El narrador es un compañero de trabajo de Juan.		
10. Juan temía que los demás leyeran sus pensamientos.	☑	☐
11. Soñaba todas las noches con comprarse una casita en la playa.	☐	☑
Soñaba con ir de viaje a Francia.		
12. La letra de las cartas no se parecía a la de Juan.	☐	☑
La letra del anónimo con la del muerto coincidía en sus rasgos esenciales.		

2 Interpretar Contesta las siguientes preguntas.

1. ¿Cómo era la personalidad del protagonista?
2. ¿Con qué soñaba Juan cada noche antes de acostarse?
3. ¿Crees que Juan estaba satisfecho con su vida y su trabajo? ¿Por qué?
4. ¿Cuál es la relación que, al final de la lectura, se sugiere que existe entre Juan y las cartas? ¿Crees que es posible esa relación?

③ Ask students to come up with at least three clues that point to Juan's suicide, and at least three that point to his murder. Ask them to try to work these clues into the text to determine their validity.

3 Deducir Imagina que eres el detective responsable de solucionar este caso junto con dos ayudantes. Cada uno de ustedes tiene una teoría diferente. Trabajen para preparar las diferentes versiones, haciendo una lista con los posibles motivos o razones para ello.

Teoría 1: El protagonista fue asesinado por su compañero de oficina.
Teoría 2: El protagonista se suicidó.
Teoría 3: El protagonista fue asesinado por el cartero.

Motivos: por celos, por dinero, por estar deprimido, por envidia, por equivocación…

Atando cabos

1 **Cualidades** Asocia los adjetivos de la lista con los protagonistas de los cuentos "Conciencia breve" y "Anónimo" y luego explica por qué los relacionaste.

introvertido	simpático	soñador
mentiroso	solitario	distraído

_____
_____
_____

_____
_____
_____

① After they finish the activity, ask students to think about how objective or subjective their opinions are regarding the main characters, depending on the story they read. Have them go back to each story and find at least four objective personality traits, two positive and two negative, for each of the main characters in the stories.

2 **Palabras** ¿Quién de todos los personajes de los cuentos "Conciencia breve" y "Anónimo" crees que podría haber hecho los siguientes comentarios? En parejas, conecten las frases con el/los personaje(s) que consideren adecuados. Algunas de las frases pueden conectarse con más de un personaje.

Personajes: "Conciencia breve": la mujer, el hombre, la amante
"Anónimo": el compañero de trabajo, el hombre solitario

Comentarios   **Personaje**

a. Yo no lo conocía mucho.   _____

b. Él casi siempre me engañaba (*cheated on me*).   _____

c. Siempre sé solucionar todos los problemas.   _____

d. No me gusta estar con los demás.   _____

e. Ayer fui al psicólogo.   _____

f. Casi nunca llego a tiempo.   _____

g. Me prometió que no lo iba a hacer nunca más.   _____

3 **Escribir** Sigue el **Plan de redacción** para contar una anécdota que te haya ocurrido.

Plan de redacción

Presentación Inicia tu composición contando dónde, cuándo y con quién estabas cuando pasó.

Anécdota Cuenta la anécdota. Recuerda que debes utilizar pretérito para las acciones e imperfecto para las descripciones. Usa expresiones como: todo empezó, entonces, después, luego, al final, finalmente…

Conclusión Termina tu historia resumiendo muy brevemente qué pasó y lo que sentiste en esa ocasión.

③ Ask students to start their story using the simple five-sentence approach they tried previously, including only the main points. Ask them to add some elements of suspense to each point, and have them provide an alternate ending as well as the real one. When they finish, their partner should determine which is the best ending for the story and explain why.

Concierto en el mercado, 1997.
Herman Braun-Vega. Perú.

Yo soy de clase media y no tengo acceso a reflexiones tan profundas.

— Juan José Millás

Antes de leer

PERFIL

Jorge Ramos

Conexión personal

¿Cómo consigues las noticias del día? ¿Lees regularmente un periódico? ¿Lees las noticias en Internet? ¿Prefieres el noticiero televisivo? Con un(a) compañero/a, comenta tus preferencias y explica tus razones.

Contexto cultural

Univisión Communications, Inc. is the largest Spanish-language television broadcasting network serving Spanish speakers in the United States, owning three different channels and broadcasting to 280 million cable viewers. Programming includes news broadcasts, talk shows, documentaries, and television for children. Soap operas dominate primetime slots throughout the week, while variety shows on the weekend target the family audience and feature comedy sketches and musical performances.

Horario Univisión

7:00 p.m. – 8:00 p.m.	El Gran Final de Salomé (Especial)
8:00 p.m. – 9:00 p.m.	El Juicio de Salomé (Especial)
9:00 p.m. – 10:00 p.m.	Los Metiches
10:00 p.m. – 11:00 p.m.	Ver Para Creer
11:00 p.m. – 11:30 p.m.	Primer Impacto Extra
11:30 p.m. – 12:00 a.m.	Noticiero Univisión – Fin de Semana
12:00 a.m. – 1:00 a.m.	Tras la Verdad
1:00 a.m. – 2:00 a.m.	Los Archivos de Cristina
2:00 a.m. – 3:00 a.m.	Los Archivos de Aquí y Ahora

Vocabulario

asegurar *to assure; to guarantee* **el premio** *prize*

el noticiero *news broadcast*

Jorge Ramos

Las noticias de todos los días

1 Desde el 3 de noviembre de 1986, es el conductor titular° del *anchor man*
   Noticiero Univisión en los Estados Unidos. De hecho, es el
   personaje de la televisión hispana en los Estados Unidos que
   más tiempo ha estado en el aire de manera ininterrumpida en
5 un mismo programa o noticiero, y es considerado uno de los
   hispanos más influyentes de Norteamérica *(Hispanic Trends).*

Jorge Gilberto Ramos Avalos
nació en la Ciudad de México el
16 de marzo de 1958. Es el mayor
de cinco hermanos, aunque es el
único que decidió emigrar a los
Estados Unidos. Está casado con
Lisa Bolívar y tiene dos hijos:
Paola y Nicolás.

15 Estudió la carrera de Comunicación en la Universidad
   Iberoamericana (1977–1981) y se graduó con la tesis *La mujer*
   como figura comunicativa de la publicidad comercial en la televisión
   mexicana. Ya en los Estados Unidos, estudió un curso
   especializado en televisión y periodismo de la Universidad de
20 California en Los Ángeles (UCLA) y más tarde, obtuvo una
   maestría en relaciones internacionales de la Universidad de Miami.

   Se inició en el periodismo casi por casualidad. Formó parte de
   un reducido° grupo de estudiantes que asistió a un curso de   *small*
   periodismo en las estaciones de radio de México XEW y
25 XEX. Poco después fue productor y escritor del *Noticiario de*
   América Latina, que enlazaba° las principales estaciones de   *linked*
   radio del continente.

   Dio el paso a la televisión para trabajar como redactor° en   *editor*
   el noticiero *Antena Cinco* y luego como investigador y reportero

30   en el programa *60 Minutos,* ambos de la cadena Televisa. Sin
      embargo, su estancia° en la televisión mexicana fue corta. Tras un   *stay, tenure*
      incidente con la censura, decidió irse a vivir a los Estados Unidos
      y llegó a la ciudad de Los Ángeles en enero de 1983.

      Combinando su tiempo entre la universidad (UCLA) y los oficios
35   de mesero y cajero, sobrevivió su primer año. El primero de enero
      de 1984 obtuvo su primer trabajo como reportero en KMEX,
      la estación afiliada de Univisión en Los Ángeles. En 1985 fue
      designado para trabajar con el campeón olímpico Felipe "el Tibio"
      Muñoz* en un noticiero matutino llamado *Primera Edición.*

40   Como conductor del *Noticiero Univisión,* Ramos ha cubierto tres
      guerras (El Salvador, el Golfo Pérsico° y Kosovo), numerosos   *Persian*
      eventos históricos (la caída del muro de Berlín, el fin del
      apartheid en Sudáfrica, la desintegración de la Unión Soviética,
      las elecciones en casi todo el continente, etc.) y ha entrevistado
45   a algunas de las figuras políticas y culturales más importantes de
      nuestros tiempos (Clinton, Castro, George W. Bush, Carlos
      Fuentes, Mario Vargas Llosa…).

      Además de su tarea en el *Noticiero Univisión,* que se transmite en
      los Estados Unidos y en doce países de América Latina, Ramos
50   colabora con dos cadenas internacionales de radio (Caracol en
      Estados Unidos y ACIR en México), escribe una columna
      semanal en más de 30 diarios del hemisferio, colabora con análisis
      y comentarios en Internet (Univision.com) y ha publicado tres
      libros en Grijalbo: *Detrás de la máscara, Lo que vi* y *La otra cara*
55   *de América.*

      Ha recibido, individualmente o en grupo, siete premios Emmy,
      el máximo reconocimiento de la televisión en los Estados Unidos.
      Los dos últimos, que ganó en 1999, fueron los primeros entregados
      por la Asociación Nacional de Televisión y Artes (N.A.T.A.S.) a un
60   noticiero en español en los Estados Unidos.

** Felipe Muñoz, conocido como "el Tibio", fue medalla de oro en los 200 metros
pecho en los Juegos Olímpicos de México en 1968.*

Suggestion: Ask students to underline statements that refer to Ramos' personal life and circle ones that refer to his professional life. Have them create two time lines, one reflecting his professional progression and the other his personal path.

Después de leer

PERFIL

Jorge Ramos

1 Comprensión Contesta las siguientes preguntas con tus propias palabras.

1. ¿De qué trataba la tesis que escribió Jorge Ramos para graduarse de la universidad?
2. ¿Qué trabajos tuvo en la cadena Televisa?
3. ¿Crees que fue difícil su primer año en este país? Explica por qué.
4. Además de trabajar en el *Noticiero Univisión,* ¿qué otras cosas hace Jorge Ramos?
5. ¿Por qué fueron significativos los dos premios Emmy que ganó en 1999?

2 Organizar Ordena en forma cronológica la siguiente información sobre Jorge Ramos.

____7____ a. Trabajó de mesero y de cajero.
____5____ b. Fue censurado en la televisión mexicana.
____10___ c. Ganó dos premios Emmys en 1999.
____9____ d. Entrevistó al presidente Clinton, entre otros.
____8____ e. Empezó como conductor titular del Noticiero Univisión.
____1____ f. Nació en la Ciudad de México en 1958.
____3____ g. Fue productor y escritor del *Noticiario de América Latina.*
____4____ h. Trabajó como investigador y reportero en el programa *60 Minutos.*
____2____ i. Se graduó de la Universidad Iberoamericana.
____6____ j. Vino a los Estados Unidos.

3 Debatir Trabajen en grupos de cuatro personas. Dos de ustedes tienen que defender la posición de un periódico de investigación, serio y muy reconocido; los otros dos defienden la de un periódico sensacionalista, que vende muchísimo. Cada grupo deberá exponer cinco razones para defender el tipo de periódico en el que trabaja y otras cinco para atacar al otro.

Antes de leer

De salsas, siestas y otros bonitos tópicos

Conexión personal
La gran cantidad de emigrantes de Hispanoamérica que llegó a los Estados Unidos durante la segunda mitad del siglo XX desembocó en *(led to)* una paulatina *(gradual)* hispanización del país. Nombra cinco cosas que forman parte de tu vida que crees son producto de la influencia hispana. Compara tu lista con las de otros estudiantes.

Contexto cultural
Just as there are notable differences between lifestyles in New England and the Southwestern states or between the Midwest and the South, there are also notable differences among the twenty-one Spanish-speaking nations. Within the larger countries, there are likewise significant regional differences. Try your hand at this short quiz to check your Hispanic cultural savvy.

1. If you ask for a *tortilla* in Spain, what will the waiter bring you?
   a. a potato omelette
   b. a round, flat bread made of cornmeal
   c. a small cake
2. When is the season for bullfighting in Argentina?
   a. winter (June–August in the Southern Hemisphere)
   b. summer (December–February in the Southern Hemisphere)
   c. never (Bullfights are illegal.)
3. What event does *Cinco de Mayo* celebrate?
   a. Mexico's independence from Spain
   b. Mexico's victory over a French invasionary force
   c. the arrival of spring in Mexico
4. Which Latin American country exports the most coffee?
   a. Colombia
   b. Costa Rica
   c. Brazil
5. Margaritas and fajitas are native to
   a. Mexico.
   b. Spain.
   c. California.

Vocabulario

desanimarse *to get discouraged*	**sentir ganas de** *to feel like*
el estereotipo *stereotype*	**sintonizar** *to tune into*

Conexión personal: Ask students to think about the exposure they have had to Hispanic immigrants in the United States.

Contexto cultural: Ask students to think about the Hispanic groups that have had the greatest impact in the US. Ask them to think of at least three things that all Hispanic cultures seem to have in common, and at least one thing that seems to be unique to some of the better-known groups in the U.S.(Mexicans, Puerto Ricans, Dominicans, and Cubans).

De salsas, siestas y otros bonitos tópicos

Suggestion: Preface the reading by reminding students how this writer used irony to make the point. Ask them to underline the passages that use irony to make a point about stereotypes.

1   ¿Le gustaría vivir la cultura hispana aunque sólo fuera por un día°? ¿Desea viajar a Argentina, México, España o Costa Rica y no tiene dinero? No se preocupe. Siga estos simples consejos y experimentará la cultura hispana, aquí, en Estados

5   Unidos, sin la necesidad de tomarse ni un día de vacaciones. Sólo le hago una recomendación: no se preocupe por la diferencia cultural existente entre los distintos países, ya que es casi insignificante.

even if just for a day

Expansion: Ask students to interview immigrants in their community to ask them about common stereotypes held about Americans (they could also interview international students at school). In groups, ask them to prepare a short oral report to present their findings.

Prepárese, pues empieza la aventura, pero antes no se olvide de
10   sintonizar su radio-despertador en la emisora° de música latina.

(radio) station

Suena el despertador: *¡Bueeeenos díasss! Y gracias por sintonizar nuestraa emisoraaaa latinaaa....* Venga, venga: suba usted el volumen, no sea aburrido. Llevado por el ritmo pegadizo° de sus canciones favoritas, se ducha, se viste elegantemente y desayuna un
15   aromático café de Colombia. Antes de salir para el trabajo, despídase de su maravillosa familia: bese a sus abuelitos, a su tía soltera, a sus ocho hermanitos y a sus papás. Quizás usted no comparta la casa con tantos seres queridos°; no se desanime: vaya y bese a sus vecinos. Nunca es tarde para iniciar una hermosa
20   relación vecinal°.

catchy

loved ones

neighborly relationship

Ya en el carro, rumbo al° trabajo, sus pensamientos giran en *heading toward*
torno al trágico destino de Betty°, su personaje de telenovela *reference to **Betty, la fea,** popular Colombian soap opera*
predilecto. No, no... ¡Cuidado! No puede acelerar: debe
llegar tarde al trabajo. No muy tarde, pero por favor, no
25 sea puntual. Una vez en la oficina, debe colocar, en un
sitio bien visible, una postal de la Virgen de Guadalupe,
una piñata y una foto de una fiesta familiar. Bueno, y
en cuanto a sus relaciones laborales°, tiene que observar *regarding your workplace relationships*
la siguiente regla°: sea usted simpático, pero que muy *rule*
30 simpático. Procure sonreír todo el día, y, cuando esté
hablando con un compañero, no se preocupe de la distancia
que debe guardar°: acérquese a su colega, no sea tímido. *distance you should keep*

A la hora del almuerzo, coma unos deliciosos nachos picantes
acompañados de un refrescante vaso de sangría. En el caso
35 de que usted goce de gustos más populares, no dude en° *don't hesitate to*
pedir una Corona. Ahora ya tiene usted su estómago lleno,
y siente unas irreprimibles ganas de dormir una reparadora
siesta. ¿No está cerca de su casa? ¡Ay, ay! ¡Caramba! ¡Eso no
es un problema! Haga lo que haría un auténtico
40 latino: agarre un sombrero de charro° y un poncho, vaya a la *grab a Mexican sombrero*
calle y apóyese° en cualquier esquina. Una vez cumplidos sus *lean*
deberes profesionales, vuelva rápidamente a su casa, pues ha
de arreglarse para bailar tango con su apasionada pareja. En
el club, baile frenética y sensualmente hasta bien pasada la
45 medianoche. El día está llegando a su fin y usted, por fin,
está tumbado° en la cama. ¿Cómo se siente? ¿Está cansado *lying down*
del estereotipo hispano? Felicitaciones, ¡ahora sí que es uno
de los nuestros!

Después de leer

De salsas, siestas y otros bonitos tópicos

① Ask students to reread the list of stereotypes and try to come up with a possible origin for each one based on what they know about Americans' perception of Hispanics.

1 Comprensión Decide si la siguiente información sobre los hispanos es **cierta** o **falsa.**

	Cierto	Falso
1. No hay diferencias culturales entre los distintos países hispanos.	☐	☑
2. Los hispanos escuchan el mismo tipo de música.	☐	☑
3. No siempre tienen familias muy grandes.	☑	☐
4. Miran sólo telenovelas en la televisión.	☐	☑
5. A veces llegan tarde al trabajo.	☑	☐
6. Todos son católicos.	☐	☑
7. Siempre son simpáticos.	☐	☑
8. Beben vino, cerveza y comen nachos.	☐	☑
9. De vez en cuando duermen la siesta.	☑	☐
10. Siempre bailan salsa.	☐	☑

2 Interpretar Contesta las siguientes preguntas.

1. ¿Cuál crees que es el tema principal de este artículo?
2. En muchas ocasiones, el texto es irónico. ¿Puedes extraer algunos ejemplos? ¿Cómo los reconoces?
3. ¿Crees que el artículo deja de ser irónico en algún momento? Explica tu respuesta.
4. La palabra *tópicos* del título, ¿cómo se relaciona con el tema de este artículo?
5. ¿Qué motivaciones tiene el autor para escribir este ensayo? Razona tu respuesta.

② Mention to students that, just as Southerners and Northerners in the U.S. hold stereotypes about each other, so do many Spanish–speakers from different countries. Ask them to think about historical and economic factors that may have influenced the stereotypes that the different groups of Spanish-speakers hold about each other.

③ You may want to ask students to rewrite the article, substituting each stereotype about Hispanics with one about Americans. Students may exchange papers later to see who came up with the most interesting alternatives.

3 Comentar En grupos pequeños, trabajen sobre los siguientes temas.

1. Intenten dar una definición sencilla de *estereotipo*.
2. ¿Creen que los estereotipos son ciertos algunas veces? ¿Son siempre falsos? Den ejemplos.
3. Compartan con la clase sus propias experiencias al respecto: ¿Cómo los afectaron estas experiencias?

4 Ampliar En grupos pequeños, hagan una lista de los estereotipos que existen de los norteamericanos. ¿Qué estereotipos hay de su físico, de su sociedad y sus costumbres?

Abriendo ventanas

Un día en la historia

Trabajen en grupos pequeños para preparar la presentación sobre un día en la vida de un personaje histórico.

Elegir el tema

Aquí tienen una lista de varios personajes hispanos que pueden investigar: Moctezuma, Sor Juana Inés de la Cruz, Juana la Loca, Zapata, Bolívar. Pueden elegir un personaje que no esté en la lista.

Elegir el tema: Allow students to investigate on their own and suggest alternative names for your approval.

Preparar

En grupo, sigan los siguientes pasos:

1. Elijan un personaje y busquen información sobre él. No olviden anotar el periodo histórico en el que vivió, su nacionalidad, su oficio y otros detalles de importancia.

2. Vayan a la bibioteca o investiguen en Internet. Pueden visitar el sitio *www.vistahigherlearning.com* para buscar enlaces relacionados con el tema. Busquen información sobre el personaje histórico elegido y tomen nota de lo que consideren interesante. No se olviden de recoger *(collect)* información audiovisual para mostrar a la clase.

3. Imagínense un día de la vida cotidiana del personaje elegido, desde que se levantaba por la mañana hasta que se acostaba por la noche, teniendo en cuenta la época en la que vivió. Utilicen el pretérito y el imperfecto para las descripciones.

Ayuda para Internet

Aquí tienen unas palabras clave para buscar información en Internet: **personajes hispanos / historia América Latina / Bolívar / Sor Juana Inés de la Cruz / Guerra Independencia/ Moctezuma**

Organizar

Organicen la información recogida en un esquema *(outline)*. Tengan en cuenta que cada presentación durará 10 minutos. No se olviden de citar las fuentes *(the sources)* que han utilizado.

Organizar: Tell students that each member of the group must give part of the presentation, so that all of them have an opportunity to express themselves in Spanish in front of the class.

Estrategia de comunicación

Hablar del pasado

1. Hoy vamos a hablar de…
2. Nació en...
3. A él/ella le gustaba …
4. Murió en…

Presentar

Antes de su presentación, cada grupo entregará *(will hand in)* una copia de su esquema al profesor. Usen medios audiovisuales (música, fotografías, etc.) para presentar al personaje que eligieron.

Presentar: Assign a time limit for all presentations and explain that all group members should have an equal share in the presentation.

Adiós mamá

país México   **director** Ariel Gordon

duración 7 minutos   **protagonistas** hombre joven, señora

Vocabulario

afligirse *to get upset*	**parecerse** *to look like*
el choque *crash*	**el timbre** *tone*
la facción *feature*	**titularse** *to graduate*

Antes de ver el corto

1 Comentar Trabaja con un(a) compañero/a para intercambiar opiniones sobre *Adiós mamá*.

1. ¿Les gusta hablar con desconocidos en algunas ocasiones? ¿En la calle, en el supermercado, en la cafetería?
2. Según su título, ¿de qué creen que va a tratar el corto?

Mientras ves el corto

2 Adivinar Haz una lista de las cualidades que crees que tienen los personajes.

3 Ordenar Numera las frases según van apareciendo en la historia.

  _6_ a. ¿Podría llamarme mamá y decirme adiós cuando me vaya?

  _2_ b. Es tímido y de pocas palabras.

  _5_ c. Por favor, no llore.

  _1_ d. Se parece a mi hijo.

  _3_ e. ¡Y a mí qué!

  _4_ f. Murió en un choque.

  _8_ g. Son 3.468,20 pesos.

  _7_ h. ¡Adiós mamá!

Después de ver el corto

(4) Comprensión Contesta las siguientes preguntas.

1. ¿Dónde están los personajes?
   Los personajes están en el supermercado.

2. ¿A quién se parece físicamente el joven?
   El joven se parece al hijo de la señora.

3. ¿Por qué no pudo despedirse la señora de su hijo?
   No pudo despedirse porque su hijo se murió en un accidente.

4. ¿Qué favor le pide la mujer?
   La mujer le pide que le diga adiós.

5. ¿Qué pasa al final?
   Al final, la señora se va sin pagar la cuenta del supermercado.

(5) Ampliar En parejas, contesten las siguientes preguntas.

1. ¿Les ha pasado algo parecido alguna vez?

2. Si alguien se les acercara en el supermercado y les pidiera este tipo de favor, ¿qué harían?

(6) Escribir Escribe un resumen de unas cinco o seis líneas del corto. Utiliza el pretérito y el imperfecto.

(7) Interpretar

A. En parejas, intenten memorizar el siguiente diálogo y luego represéntenlo delante de la clase.

SEÑORA	Tiene los mismos ojos de él. ¿Lo puedo tocar?
JOVEN	No. No, no, perdón.
SEÑORA	Él también diría eso. Es tímido y de pocas palabras como usted. Sé que no me lo va a creer, pero tienen el mismo timbre de voz.
JOVEN	¿Y a mí qué?
SEÑORA	Murió en un choque. El otro conductor iba borracho. Si él viviera, tendría la misma edad que usted. Se habría titulado y probablemente tendría una familia. Yo sería abuela.
JOVEN	Por favor, no llore.
SEÑORA	¿Sabe? Usted es su doble. Dios lo ha mandado. Bendito sea el Señor que me ha permitido ver de nuevo a mi hijo.
JOVEN	No se aflija señora, la vida sigue. Usted tiene que seguir.
SEÑORA	¿Le puedo pedir un favor?
JOVEN	Bueno.
SEÑORA	Nunca tuve la oportunidad de despedirme de él. Su muerte fue tan repentina. Al menos podría llamarme mamá y decirme adiós cuando me vaya. Sé que piensa que estoy loca, pero es que necesito sacarme esto de aquí adentro… ¡Adiós querido!
JOVEN	¡Adiós mamá!

B. Ahora, preparen un final diferente para la historia. Después, compártanla con sus compañeros.

Día a día

(1) La clase se divide en cinco grupos. Cada uno tiene que pensar y anotar sus ideas sobre una de
5 min. las siguientes citas *(quotations)*.

"Es curioso que la vida, cuanto más vacía, más pesa."

León Dandú (1905-1985)

**"Como no me he preocupado de nacer,
no me preocupo de morir."**

Federico García Lorca (1898-1936)

"Buscar el sentido de la vida es darle significado."

Enrique Solari (n. 1918)

"La vida es mucho más pequeña que los sueños."

Rosa Montero (n. 1951)

**"La vida es lo que pasa contigo cuando estás
ocupado haciendo otros planes."**

John Lennon (1940-1980)

**"Lo que distingue a los españoles del resto
de los pueblos son su alegría y su buen sentido
de humor, entre otras cosas."**

Anónimo

(2) Cada grupo tiene que preparar una breve presentación sobre la cita elegida. En el caso de que
10 min. no todos los miembros opinen lo mismo, pueden mencionar que dentro del grupo hay distintas
opiniones.

(3) Los diferentes grupos presentan sus ideas a la clase, mientras todos toman nota.
25 min.

(4) Cuando todos los grupos han terminado de presentar sus ideas, toda la clase debe participar
10 min. haciendo preguntas y/o defendiendo sus opiniones.

Los viajes

Paisaje Marino, 1983.
Armando Morales. Nicaragua.

Viajar es pasear un sueño.

— Anónimo

Antes de leer

El viaje
Cristina Fernández Cubas

Conexión personal
¿Cuál es el viaje más largo que has hecho? ¿Cuál fue el destino? ¿Cuál fue el punto de partida? ¿Lo pasaste bien? En parejas, túrnense para contarse los detalles más importantes de sus viajes.

Contexto cultural
Cloistered convents and monasteries are closed religious communities of nuns and monks. Cloistered life includes daily work, prayer, reading, meditation, and participation in religious services; additionally, it enforces varying degrees of isolation from the outside world. Formerly, this separation, particularly for convents, was almost absolute.

The population of cloistered religious communities has decreased dramatically in recent years, although the communities themselves are still common throughout Spain. These convents and monasteries usually subsist with the help of the adjacent towns and parishes, in part through donations, and also through providing their own specialty services. Nuns such as *las mínimas* in Sevilla, for example, take in ironing, and *las monjas de la Magdalena* in Granada sell Madeline cakes and *empanadillas.*

Análisis literario: la anécdota
An anecdote (**la anécdota**) is a brief and sometimes amusing account about a person or an event. Anecdotes are told to entertain or to make a larger point. While you read "El viaje," think about the narrator's purpose in recording the anecdote.

Estrategia de lectura: deducir
Making inferences (**deducir**) about a literary piece helps a reader draw conclusions about the author's purpose. A reader makes inferences by guessing or making presumptions on the basis of what he or she has read and/or what they know from experience. As you read "El viaje," what inferences can you make on the basis of the content and what you know or have experienced personally?

Vocabulario

alcanzar *to reach; to achieve; to succeed in*

abadesa *abbess*

barrio *neighborhood*

dar a *to face*

despedirse *to say goodbye*

el marco *frame*

las reglas *rules*

el timbre *doorbell*

Literatura opener (previous page):

See the **VENTANAS** Instructor's Resource Manual for teaching suggestions.

Contexto cultural: Survey the class to see what students know about convents and monasteries.

Análisis literario: Ask students to write a brief anecdote describing something that happened on a trip. Ask a few of them to share the anecdote with the class.

Estrategia de lectura: After hearing the anecdotes, ask the class what conclusions they can draw from them and what each student's purpose was for telling that particular anecdote.

Cristina Fernández Cubas

Hoja de vida

1945 Nace en Arenys de Mar, España
1980 *Mi hermana Elba* (cuentos)
1985 *El año de Gracia* (novela)
1990 *El ángulo del horror* (cuentos)
1994 *Con Agatha en Estambul* (cuentos)
2001 *Cosas que ya no existen* (novela)

Sobre el autor

Cristina Fernández Cubas no es una autora muy prolífica. Su obra, hasta el momento, está compuesta por una pieza teatral, cuatro libros de relatos y dos novelas. Desde que publicó su primera novela en 1980, Cristina Fernández Cubas es para muchos una escritora de culto que se mantiene al margen de las estrategias comerciales del mundo editorial y también de las polémicas literarias. Se mueve con comodidad tanto en la novela como en los relatos cortos. La autora admite que ambos géneros tienen para ella algo en común: la intensidad. El cuento "El viaje" fue publicado en la antología *Dos veces cuento* (1998), realizada por José Luis González.

El viaje

1   Un día la madre de una amiga me contó una curiosa
     anécdota. Estábamos en su casa, en el barrio antiguo de
     Palma de Mallorca, y desde el balcón interior, que daba a un
     pequeño jardín, se alcanzaba a ver la fachada° del vecino   *façade*
5   convento de clausura°. La madre de mi amiga solía visitar a   *cloistered convent*
     la abadesa; le llevaba helados para la comunidad y
     conversaban durante horas a través de la celosía°. Estábamos   *lattice*
     ya en una época en que las reglas de clausura eran menos

estrictas de lo que fueron antaño°, y nada impedía a la

10 abadesa que, si así lo hubiera deseado, interrumpiera en más
de una ocasión su encierro° y saliera al mundo. Pero ella se
negaba en redondo°. Llevaba casi treinta años entre aquellas
cuatro paredes y las llamadas del exterior no le interesaban
lo más mínimo. Por eso la señora de la casa creyó que

15 estaba soñando cuando una mañana sonó el timbre y una
silueta oscura se dibujó al trasluz° en el marco de la puerta.
"Si no le importa", dijo la abadesa tras los saludos de rigor,
"me gustaría ver el convento desde fuera". Y después, en
el mismo balcón en el que fue narrada la historia se quedó

20 unos minutos en silencio. "Es muy bonito", concluyó. Y,
con la misma alegría con la que había llamado a la puerta,
se despidió y regresó al convento. Creo que no ha vuelto a
salir, pero eso ahora no importa. El viaje de la abadesa me
sigue pareciendo, como entonces, uno de los viajes más

25 largos de todos los viajes largos de los que tengo noticias. ⊞

years ago

isolation

absolutely refused

outlined in the shadow

Después de leer

El viaje
Cristina Fernández Cubas

① Have students imagine that someone casually asks them what "El viaje" is about, and they must respond in one sentence. Ex: **Se trata de una monja que...** Have several pairs role-play the dialogue.

① Comprensión Contesta las siguientes preguntas.

1. ¿En qué ciudad española ocurre la anécdota?
   La anécdota ocurre en Palma de Mallorca.
2. ¿Quién le había contado la anécdota a la narradora?
   La madre de una amiga le había contado la anécdota.
3. ¿Qué se veía desde el balcón de la madre de su amiga?
   Se veía la fachada de un convento de clausura.
4. ¿Cuántos años llevaba la abadesa sin salir del convento?
   Llevaba casi treinta años sin salir al exterior.
5. ¿Qué decidió hacer la abadesa una mañana?
   Decidió ir a la casa de su amiga.
6. ¿Qué es lo que quería ver la abadesa desde la casa de su amiga?
   Quería ver el convento desde fuera.
7. ¿Cómo pensó la abadesa que era el convento?
   Pensó que era muy bonito.
8. ¿Qué hizo ella después de ver el convento desde el balcón?
   Se despidió y regresó al convento.

② Ask students to place themselves in the role of the nun. Have them write a short paragraph describing the nun's emotions when she saw the convent fromoutside. Students should read their paragraphs aloud (dramatically, if possible).

② Interpretar Responde a las siguientes preguntas.

1. Según la narradora, la abadesa no sentía ningún interés por salir al exterior. ¿Por qué crees que no le interesaba el mundo exterior?
2. ¿Cuál es, en tu opinión, el viaje de la religiosa?
3. ¿Por qué al final del cuento la narradora piensa que el viaje de la abadesa es uno de los viajes más largos de todos de los que ella ha tenido noticias?
4. ¿Por qué crees que la narradora de este cuento encuentra esta anécdota curiosa?
5. ¿Crees que una persona puede viajar sin moverse de casa?

③ Analizar Se suele decir que los viajes ayudan a conocer el mundo y conocerse a uno mismo. En esta lectura hay personas, como la abadesa, que viajan sin necesidad de ir a muchos sitios. En parejas, discutan sobre lo que aprendió la abadesa en ese viaje tan corto.

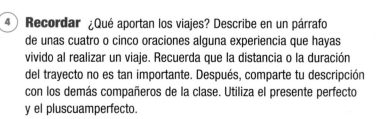

④ Ask students if they or anyone they know ever went on a trip as short as the nun's. Have them share the experience with the class.

④ Recordar ¿Qué aportan los viajes? Describe en un párrafo de unas cuatro o cinco oraciones alguna experiencia que hayas vivido al realizar un viaje. Recuerda que la distancia o la duración del trayecto no es tan importante. Después, comparte tu descripción con los demás compañeros de la clase. Utiliza el presente perfecto y el pluscuamperfecto.

Antes de leer

El contrato
Celestino Cotto Medina

Conexión personal

¿Te gustan los cuentos y las películas de suspenso? ¿Por qué sí? ¿Por qué no? ¿Cuáles son tus favoritos? ¿Por qué te gustan? En grupos de cuatro, hagan una lista de las cinco mejores películas o de los cinco mejores libros de suspenso. ¿Cuáles son los elementos de suspenso que destacan en ellos? Comenten su lista con el resto de la clase.

Las mejores obras de suspenso.

1. _____
2. _____
3. _____
4. _____
5. _____

Conexión personal: After students have shared their lists, ask them which titles they would consider classics.

Contexto cultural: el cuento latinoamericano

Latin American fiction garnered international attention in the 1960s, a period known as **el *boom* latinoamericano**. The short story remains a highly popular genre in Latin America, for readers and writers alike. Latin American writers have tended to shun the conventions of realism in ways that may be surprising to American readers new to Latin American fiction.

Contexto cultural: Provide more information on Latin American magical realism and its characteristics.

Análisis literario: el punto de vista narrativo

Every story is told from a particular perspective or narrative point of view **(el punto de vista).** When the narrator of the story is also a character in the story and uses first-person pronouns such as **yo, me,** and **mí,** the story is told from a first-person point of view **(narración en primera persona).** As you read "El contrato," think about the narrator's participation in the story, as both the storyteller and a character.

Análisis literario: Have students work in pairs to identify the sentences that show the narrator as a character and those that show the narrator as a storyteller. Ask them to share their opinions with the class.

Estrategia de lectura: hacer un resumen

Pausing occasionally to make a quick summary **(hacer un resumen)** will help you better understand and retain what you read. When you read "El contrato," stop at least twice to summarize the preceding narrative. Jot down your summaries and read them over after you have finished the story. Did they help you predict the ending?

Vocabulario

acordar *to agree*

de antemano *in anticipation, beforehand*

contratar *to hire, to contract*

disfrazado/a *disguised; in costume*

hospedarse *to stay, to lodge*

llevar a cabo *to carry out*

marcharse *to leave; to go away*

el rincón *corner (indoors)*

las señales *identifying information, signals*

tropezar *to stumble, to trip; to come up against*

Celestino Cotto Medina

Hoja de vida

1945 Nace en Aguas Buenas, Puerto Rico
1989 Premio Letras de Oro, Estados Unidos
1991 *Niñerías de los años
cincuentipico* (cuentos)

Sobre el autor

Celestino Cotto Medina empezó sus estudios en Puerto Rico, para más tarde continuarlos en Estados Unidos. Ha realizado estudios de postgrado en diferentes universidades, entre ellas la Universidad de Columbia en Nueva York. El autor puertorriqueño muestra una clara preferencia por la narrativa breve. Sus cuentos, algunos de ellos publicados en la revista *Lida* de New Jersey, han sido premiados en muchas ocasiones. El cuento "El contrato" apareció en la antología *Cuentos Breves Latinoamericanos* (1998), editada por Cecilia Pisos.

Suggestion: Remind students to pay attention to details as they summarize the paragraph they read. Details of time and place are important for understanding this story in particular.

El contrato

1   Tendría que ser una muerte rápida y silenciosa. Ésa era la única condición
    del contrato, que era inviolable. Los dos hombres accedieron°, recogieron   *they agreed*
    su dinero, me tendieron la mano y se marcharon. Yo salí por la otra
    puerta lleno de regocijo°. Habíamos logrado cerrar el negocio en un   *joy, delight*
5   ambiente anónimo, al amparo° de las sombras, sin reconocernos claramente.   *in the shelter of*

    El homicidio no ocurriría sino hasta tres meses después. Pero, para
    asegurarme de que la tarea se llevaría a cabo tal y como° yo deseaba,   *exactly*
    contraté a los hampones° de antemano. Eran hombres ocupadísimos. Desde   *thugs*
    que el maritaje° entre narcos° y políticos se materializó, no habían tenido   *marriage / drug-traffickers*
10   mucho espacio disponible para realizar encargos de menor
    cuantía°. Acordamos que el resto del dinero lo recibirían dos días después   *unimportant; insignificant*
    de la fecha determinada.

    Su tarea no era difícil. El cinco de abril por la mañana, llegaría a San Juan
    un hombre procedente de Miami. El individuo se hospedaría en un hotel
15   del sector turístico de la ciudad (cuyo nombre y número de cuarto yo les

haría llegar unas horas antes de la fecha en que vencía° el pacto). Una vez   *expired*
que ellos obtuvieran toda la información, irían al hotel disfrazados de
cualquier cosa, se inventarían una excusa para subir hasta el cuarto de la
víctima y lo matarían. El individuo estaría sentado en un sillón, aspirando el
20   aroma del jerez° y mirando hacia el mar. (Uno de los hampones me   *sherry*
preguntó que cómo era que yo sabía ese detalle, y yo le dije que los
victimarios° siempre conocemos alguna manía especial de nuestras víctimas.)   *victimizers*

Han pasado tres meses. Ayer les llegó una carta a los hombres que contraté
con las señales y especificaciones necesarias para que todo salga según lo
25   planificado°. El individuo llegará en el vuelo 398 de Mexicana de Aviación   *according to plan*
procedente de Ciudad de México con escala en Miami. La víctima vestirá
traje azul, zapatos negros y corbata azuligris°. Se hospedará en el nuevo   *bluish gray*
hotel La Buena Vida del Condado, habitación 365-C.

Hoy es cuatro de abril. Esta mañana fui al correo a echar la carta con el
30   resto del dinero adeudado°. Luego me fui de compras. Estaba tan ansioso   *owed*
que tropecé en un rincón de una tienda, caí de bruces° y me partí° un labio.   *face forward / I split*
Descubrí, sorprendido, que la mezcla de ansiedad y dolor me producía un
placer insospechado.

Ahora se desangra° la tarde, y me gozo° su caída y su tristeza. Me encuentro   *bleeds away / I enjoy*
35   en un hotel de Key West, dejando que mi vista vuele como un pájaro errante
sobre las crestas erizadas de un mar bravo y huraño°; imaginando   *the whitecaps of a fierce, unfriendly sea*
emocionado, la lenta agonía de las nubes estériles que arden en el cielo;
contemplando el vaivén° de mi vestimenta azul, sobre el espejo azulenco°   *swaying / ugly blue*
de las aguas. Estoy tomando jerez caliente, aspirando su delicado aroma y
40   humedeciendo con la punta de la lengua la sonrisa que durante toda la tarde
se ha pasado bailándome en los labios. Honro° con ella la originalidad de   *I honor*
mis ideas.

Porque por fin he podido hacer lo que siempre soñé: inventarme un suicidio
que estuviera cargado de emoción y suspenso, y que dos miserables soldados
45   de la muerte ejecutaran por mí. 🪟

Después de leer

El contrato
Celestino Cotto Medina

① Comprensión Contesta las siguientes preguntas.

1. Según el contrato, ¿cómo tenía que ser la muerte?
   Tenía que ser una muerte rápida y silenciosa.
2. Los asesinos que había contratado estaban muy ocupados con otros negocios. ¿Cuáles?
   Las drogas y los políticos.
3. ¿Cuándo se iba a producir el asesinato?
   El asesinato se iba a producir el cinco de abril.
4. ¿Qué tenía que pasar el cinco de abril?
   El hombre que tenían que matar llegaría a San Juan y se hospedaría en un hotel.
5. ¿Cómo iban a saber los asesinos qué hacer?
   El protagonista les iba a informar unas horas antes el nombre y el número de cuarto de la víctima y lo matarían.
6. ¿Qué hizo el protagonista el cuatro de abril?
   Mandó a los asesinos la carta con el resto del dinero y se fue de compras.

② Ordenar Ordena del uno al cinco los siguientes acontecimientos según ocurren en el cuento.

_____4_____ a. Esta mañana fui al correo a echar la carta con el resto del dinero.

_____5_____ b. Estoy tomando jerez caliente.

_____2_____ c. Acordamos que el resto del dinero lo recogerían después.

_____1_____ d. Los dos hombres recogieron su dinero, me tendieron la mano y se marcharon.

_____3_____ e. Han pasado tres meses.

③ Interpretar Responde a las siguientes preguntas.

1. Al final del cuento, el protagonista está sentado mirando al mar en un hotel de Key West y señala que ha conseguido lo que siempre soñó. ¿A qué se refiere?
2. ¿Qué detalles aparecen en el cuento que te ayudan a identificar la víctima?

④ Inventar Se conocen casos de personas que, por diversos motivos, cambian su vida radicalmente para empezar una nueva vida en otra parte del planeta. Trabajen en grupos de tres personas para inventarle una nueva vida al cruel mafioso Mario El Fino, que quiere escapar de su aún más terrible esposa. Inventen una nueva identidad para él y una nueva historia familiar en un nuevo país.

① Solicit students' opinions about the end of the story and whether they think it is feasible. Have them explain why the author chose such an ending.

② Ask students to identify what makes it difficult to understand the sequence of events in the story

③ Ask students to describe the main character's personality. Ask them what parts of the story substantiate their descriptions.

Atando cabos

1 **Diferentes motivos para viajar** Muchas personas viajan todos los días por diferentes motivos. Observen las siguientes fotografías y en parejas decidan por qué viajan estas personas, a qué se dedican y cómo son sus personalidades.

2 **Consejos de viaje** Trabajas en una agencia de viajes y tienes que organizar un *tour* para unos/as amigos/as tuyos/as que van a visitar una ciudad o un país que tú conoces bastante bien. Haz una lista de los lugares y actividades que les recomiendas que hagan. Ten en cuenta la personalidad de tus amigos/as y elige bien qué sitios crees que les van a gustar más.

Plan de redacción

Contenido Piensa en el tiempo que hace en ese lugar, la ropa que deben llevar, el hotel donde pueden alojarse y los espectáculos a los que pueden asistir. También es importante que les recomiendes algún restaurante o alguna comida típica del lugar. Recuerda que para aconsejarles necesitas utilizar oraciones en subjuntivo. Aquí tienes algunos ejemplos a seguir.

1. Es importante que...
2. Te/Les recomiendo que...
3. Es bueno que…
4. Es probable que…
5. Es mejor que...

Teaching notes (margin):

① Draw a table on the board to organize students' answers. Ask students to use it to write a paragraph about why people travel nowadays.

② Have students work in small groups and use the list to write a dialogue between the travel agent and the travelers. Have a few groups role-play the dialogue for the class.

Etatis XX (Hecho a los 20 años), 1996.
Jacqueline Brito Jorge. Cuba.

*El hombre inteligente viaja para enriquecer
después su vida en los días sedentarios,
que son más numerosos.*

— Enrique Larreta.

Antes de leer

PERFIL

Catalina de Erauso

Conexión personal

¿Has querido desaparecer alguna vez y empezar tu vida de nuevo en otro sitio como otra persona? ¿Adónde pensaste ir? ¿Qué planeabas hacer en ese nuevo sitio? Escribe un breve párrafo.

Contexto cultural

During the sixteenth and seventeenth centuries, the lives of women were dictated by social convention and law. In general, a woman was in the absolute control of her father until she married, at which point she passed into the absolute control of her husband. Almost all education was denied to women. Because of these restrictions, life in a convent, free of fathers and husbands, was often an attractive alternative.

The convent was the only realm of society where women had the freedom to pursue an intellectual life. Much of the literature written by women during this period comes from nuns, such as Sor Juana Inés de la Cruz (Mexico), Santa Teresa de Ávila (Spain), and Sor María Manuela (Peru). However, for women placed in convents against their will, convents were little better than prisons. As you read the biography of Catalina de Erauso, you will learn about a nun who was in no way typical.

Vocabulario

el acontecimiento *event*

el desafío *challenge*

desconocido/a *stranger, unknown, unfamiliar*

el ejército *army*

el guión *script*

luchar *to fight*

la monja *nun*

el valor *bravery*

Cultura opener (previous page):

See the **VENTANAS** Instructor's Resource Manual for teaching suggestions.

Conexión personal: If the activity is too personal for some students, ask them to write about someone they know or about why some people feel that desire.

Contexto cultural: Ask students what reasons women have today to become nuns as opposed to three or four centuries ago. Ask them to compare how women today receive an education and become writers.

Catalina de Erauso: la monja alférez

1   La historia de Catalina de Erauso, más conocida como la
     monja alférez°, ha despertado durante los últimos tiempos,   *second lieutenant*
     y con razón, muchísimo interés. Los acontecimientos
     extraordinarios que rodearon° su vida hacen que su historia   *surrounded*
5   parezca extraída del alocado° guión de una película de   *wild, crazy*
     aventuras. Aquí les presentamos una breve biografía, quizás
     mezclada con un poco de leyenda.

     Catalina de Erauso nació en San Sebastián, España, en 1592.
     Cuando tenía 4 años de edad, su familia la internó en un
10   convento. La muchacha no podía resistir la vida que su
     destino le ofrecía y decidió cambiarla radicalmente. Se
     escapó cuando tenía 15 años de edad. Para no ser
     reconocida, Catalina se vistió de hombre, vestido que ya
     nunca abandonó, y se marchó para América, donde se

15 iniciaron sus aventuras. Vivió en Perú por unos años, y en
este país se alistó en el ejército°. Como soldado, luchó con   *she enlisted in the army*
valentía° en muchos combates. En 1619 fue a Chile, para   *bravery*
luchar en la Guerra de Arauco, y la ascendieron de categoría
por su valor, lo que la convirtió en alférez.

20 Uno de los hechos más extraordinarios de su vida ocurrió en
1615. En ese año, la joven estaba en Concepción, y allí,
accidentalmente, se batió en duelo° con su hermano. Habían   *she fought a duel*
pasado muchos años desde la última vez que se vieron y,
como Catalina iba vestida de hombre, los hermanos no se
25 reconocieron, y se enfrentaron en desafío°. Catalina le   *duel*
disparó a su hermano, hiriéndolo de muerte°. Cuenta la   *mortally wounding him*
leyenda que cuando ella lo reconoció, corrió a buscar auxilio,
pero ya era demasiado tarde.

Cuando fue herida de gravedad en otro duelo, tuvo que
30 confesar que era una mujer y, entonces, decidió regresar a
España. Pasaron algunos años, en los que viajó a Italia.
Durante ese tiempo, el rey Felipe IV le dio una pensión°   *pension*
como premio por su valor. Finalmente, Catalina sintió el
deseo de volver a América. En 1650, cuando llegó al puerto
35 de Veracruz, México, desapareció y ya nunca más se volvió a
saber de ella. Se especula que murió ahogada°, pero hay   *drowned*
quien piensa que empezó una nueva vida, esta vez como una
desconocida. 🪟

Después de leer

PERFIL

Catalina de Erauso

① Comprensión Decide si las siguientes oraciones son **ciertas** o **falsas.** Corrige las falsas.

	Cierto	Falso
1. La historia de Catalina de Erauso ha despertado mucho interés en los últimos años.	☑	☐
2. Ella nació en Madrid en 1592. *Nació en San Sebastián en 1592.*	☐	☑
3. A los cuatro años ella decidió ser monja y se internó en un convento. *Cuando tenía cuatro años su familia la internó en un convento.*	☐	☑
4. La muchacha no pudo resistir su destino y decidió cambiarlo.	☑	☐
5. Se escapó a los quince años, se vistió de hombre y se fue a vivir al Perú.	☑	☐
6. Allí se alistó en el ejército, pero no era muy valiente. *Allí se apuntó al ejército y por su valentía la nombraron alférez.*	☐	☑
7. En 1615, accidentalmente, se batió en duelo con su hermano y lo mató.	☑	☐
8. Nunca se descubrió que Catalina era mujer. *Cuando fue herida de gravedad tuvo que confesar que era mujer.*	☐	☑
9. En 1650, Catalina de Erauso regresó a América y nunca más se volvió a saber de ella.	☑	☐

② Interpretar Contesta las siguientes preguntas.

1. ¿Por qué Catalina de Erauso también es conocida como "la monja alférez"?
2. ¿Qué tiene de extraordinario la vida de Catalina de Erauso? Razona tu respuesta.
3. ¿Qué podía haber hecho Catalina de Erauso de no haberse vestido de hombre?

③ Inventar Imagina que es verdad que la monja alférez volvió a América para comenzar una nueva vida. Inventa su historia con un(a) compañero/a, utilizando los tiempos del pasado que conoces: pasado simple, el presente perfecto y el pluscuamperfecto. Menciona los siguientes puntos:

• Las razones por las que ella quiso volver a América
• Qué tipos de trabajos tuvo
• Cómo fue su vida y su muerte

④ Entrevistar Trabajen en parejas. Imaginen que uno/a de ustedes es un amigo/a de la monja alférez y le da consejos para que lleve una vida más tranquila.

MODELO Amigo/a: Es mejor que vivas en el convento.
Monja alférez: Eso no es verdad. Es necesario que me vaya.

① After students complete the exercise, ask them which events of the story seem true and which may be legend.

② Ask male students if they can understand Catalina de Erauso's behavior and why. Ask female students if they identify with the protagonist and why.

③ If students do not know what to write, help them explore the differences between Spain and the Americas at the time. Why did Catalina de Erauso choose to return to the latter?

④ To organize their ideas, students can make a list of nouns or adjectives that express the friend's advice, and another with antonyms that express the nun's desires.

Antes de leer

Turismo real
Ada Iglesias

Conexión personal

Cuando piensas en un viaje turístico, ¿qué es lo primero que te viene a la cabeza? ¿Qué tipo de actividades te gusta hacer? ¿Qué tipo de sitios te gusta visitar? ¿Qué tipo de cosas intentas evitar? Rellena la tabla siguiente de acuerdo con tus gustos y experiencias.

Me gusta hacer…	Me gusta visitar…	Trato de evitar…
_____	_____	_____
_____	_____	_____
_____	_____	_____
_____	_____	_____
_____	_____	_____

Contexto cultural

For tourists, Venezuela is a nation of dramatic contrasts. Lively, metropolitan Caracas throbs with vitality and sophistication. The Caribbean coast boasts beautiful beaches, like those of Maracay and the Isla de Margarita. In the west, the snow-covered Andes draw mountaineers to the city of Mérida. Ecotourists congregate in the central plains, rich in wildlife and birds.

The Gran Sabana, along Venezuela's eastern border, is the home of Angel Falls, the highest waterfall in the world, and the enormous, flat-topped mountains known as *tepuyes,* which are homes to unique micro-ecosystems. Tropical forests cover much of southern Venezuela, which lies in the Amazon Basin, at the mouth of the Orinoco River.

What tourists may not recognize, however, is that a large number of Venezuela's citizens live in or on the edge of poverty. Life is difficult for many in this seeming paradise. As you read "Turismo real," try to determine what the author has in mind as she distinguishes between **"turismo real"** and **"real turismo."**

Contexto cultural: Ask students what they know about Venezuela. Draw on the board a table of five topics for them to consider: **geografía, clima, gente, gobierno,** and **cultura.** Have one student summarize in a few sentences what has been written on the board. Later, have the class do research to confirm those impressions.

Suggestion: After reading **Contexto cultural,** ask students if they would like to visit Venezuela and why.

Vocabulario

alejado/a *distant*

el aprendizaje *learning; training period*

el cerro *hill*

la ola *wave*

poner una cara *to make a face*

proponer *to propose*

Turismo real
Ada Iglesias

1   Que no es lo mismo que "real turismo". A ver si nos entendemos.

Uno de los comentarios que más detesto de los amigos y conocidos que vienen a Venezuela de turistas es
5   "lo maravilloso que es vivir así, como tanta gente aquí, sin preocupaciones, ligeros, con una despreocupación° 'excéntrica'". Hacen un gesto parecido al del Doctor Evil, el personaje de Austin Powers. Se ponen el dedo meñique° en el labio y ponen una cara que, intentando ser perversa,
10   imita una pose inocente. Parece que piensan en las muchas locuras° que se pueden cometer en lugares "tan alejados de la civilización". Basan sus observaciones en el desorden de nuestras calles y tráfico, en los todoterrenos° a un lado de las olas en ciertas playas sin vigilancia, en la basura por la
15   que nadie multa a quien la tira sin contemplaciones, en las balaceras° de cada semana, dirigidas a donde sea, a quien sea.

En sus países trabajan durísimo para progresar con trabajo personal y colectivo y marchan y prosperan con economías, sistemas educativos y de salud sólidos. Aquí,
20   con un egoísmo° absurdo, extrañan y elogian° este fantástico ecosistema en donde todo parece permitido, en este fin del mundo que puede servir para casi todo.

Pero, evidentemente, nuestras vidas son muy diferentes de esa maravilla que ellos perciben. Los problemas de Venezuela

Suggestion: When assigning the selection, ask students to underline those sentences that characterize **turismo real** to help them discuss the concept later.

lack of concern, indifference

the little finger

crazy things

all–terrain vehicles

gun fights

selfishness / they praise

25 sí que son reales, y no sólo porque los comenten en los
    noticieros. Hace tiempo, en Brasil organizaron un
    tour por alguna barriada° de Río de Janeiro. El recorrido   *poor neighborhood*
    consistía en llevar a los turistas por uno de los caminos
    de los cerros, visitar una favela°, comer con alguna familia   *slum (Brazil)*
30 y no sé qué otras cosas. Hombres del barrio actuaban
    como guardaespaldas°, bajo contrato. A cambio, los   *bodyguards*
    turistas podían tomar fotografías, pedir explicaciones
    y dejar propinas.

    Propongo lo mismo en Caracas. Y no sólo para los turistas,
35 también muchos de nosotros necesitamos un "recorrido
    alternativo", que muchos van a considerar "de aventura",
    sin duda. Todos nos vamos a beneficiar. Va a generar dinero
    para los que lo organicen, y va a ser un aprendizaje de vida
    para los que hasta ese momento pensaron en "la vida loca"
40 y fantástica que supuestamente se vive aquí.

    Así, "el país más bello del mundo", según nosotros mismos,
    dejaría de verse con lentes de miope°, y pasaría, de una   *spectacles*
    forma realista, a convertirse en uno más que, como tantos
    otros, lucha, cuando se acuerda de hacerlo. Por la gente, no
45 hay que preocuparse. Ellos saben que las cosas no marchan
    y que el único turismo posible es el de las escaleras°, que tal   *steps (The slums of*
    vez, con un poco de suerte, podría dejar unos dólares extra,   *Caracas are located on*
    con sólo un poco de organización. Ah, pero por si acaso, a   *hillsides and must be*
    la empresa que tenga la valentía de iniciar este trabajo le   *reached by steps.)*
50 recomiendo agregar° una cláusula° extra: "No nos hacemos   *add / clause (in a contract)*
    responsables por los daños físicos —pese a° los   *in spite of*
    guardaespaldas—. Aquí no confiamos en nadie". ⬛

Después de leer

Turismo real
Ada Iglesias

① The author calls it **turismo real.** Ask students what other names could be given to this type of tourism. Ask them if they are interested in it.

Suggestion: Write the following clauses on the board and ask students to complete the sentences with the appropriate verb forms based on "Turismo real:" 1) **No es necesario que...** 2) **Es importante no sólo que... sino que...**

① Comprensión Contesta las siguientes preguntas.

1. ¿De qué país habla este artículo periodístico? *Habla de Venezuela.*

2. Cuando vienen amigos a Venezuela, ¿qué le molesta que digan? *Le molesta que digan "lo maravilloso que es vivir aquí, sin preocupaciones, ligeros, con una despreocupación 'excéntrica'".*

3. Según el artículo, ¿cómo perciben los turistas a Venezuela? *Los turistas perciben a Venezuela como un ecosistema en donde todo parece permitido.*

4. En Brasil organizaron un *tour* turístico por una barriada de Río de Janeiro. ¿En qué consistía ese *tour*? *Llevaban a los turistas a visitar una favela, y así los turistas podían sacar fotos, pedir explicaciones y dejar propinas.*

5. ¿Qué propone el artículo? *Propone que en Venezuela se haga lo mismo que en Brasil.*

6. ¿Qué se iba a conseguir al hacer esto? *Se ganaría dinero y además los turistas cambiarían de opinión con respecto a la "vida loca" y fantástica que supuestamente se vive en Venezuela.*

② Analizar Contesta las siguientes preguntas sobre la lectura.

1. El texto se titula "Turismo real". ¿En qué consiste este tipo de turismo?

2. El artículo afirma que este tipo de turismo no sólo lo necesitan los turistas, sino también otras personas. ¿Qué crees que intenta decirnos con esto?

3. En la historia se nota un tono irónico cuando habla de cómo perciben los turistas a Venezuela. Identifica dónde se advierte este tono.

4. Al final del texto, el artículo ofrece una visión bastante pesimista sobre su país. ¿Crees que tiene razón? Explica tu respuesta.

③ Ask students to think of other motives for traveling abroad as a tourist.

③ Reflexionar Trabajen en grupos. A muchas personas les gusta visitar países exóticos porque son muy diferentes a los suyos y les ayuda a evadirse de su rutina diaria. Sin embargo, en estos países suele haber mucha pobreza. ¿Creen que este tipo de turismo tiene algo de frívolo? ¿Por qué? Apunten sus ideas y luego compártanlas con la clase.

④ In some countries the positive effects may outweigh the negative, and vice versa. Ask students to provide examples. Have them use comparatives and superlatives in their answers if possible.

④ Ampliar Trabajen en parejas para hacer una lista con los efectos positivos y negativos que el turismo tiene en los diferentes países.

👍	👎

Abriendo ventanas

El viaje de novios

Trabajen en grupos pequeños para preparar una presentación sobre un viaje de novios.

Elegir el tema

> Elijan una de estas parejas y preparen una presentación sobre el viaje de luna de miel que han tenido.

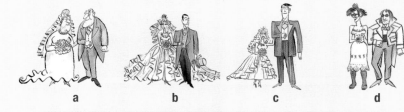

a   b   c   d

Preparar

> Investiguen en Internet para decidir de qué van a hablar en su presentación. Tengan en cuenta las personalidades de los novios, adónde fueron, qué actividades hicieron y qué lugares visitaron. Pueden visitar el sitio *www.vistahigherlearning.com* para buscar enlaces relacionados con este tema. Una vez que tengan la información necesaria sobre el lugar de destino, elijan los aspectos más interesantes del viaje para la presentación.

Organizar

> Escriban un esquema que los ayude a exponer con mayor exactitud su presentación. No olviden utilizar los puntos gramaticales de la lección al menos una vez: los superlativos, el presente perfecto, el pluscuamperfecto, el presente de subjuntivo.

Estrategia de comunicación

Cómo contar un viaje
Las siguientes frases pueden ayudarles a expresarse de forma más adecuada.
1. Hemos decidido que el sitio ideal para ellos…
2. Es importante que…
3. Este lugar fue el mejor porque...
4. Este viaje fue carísimo/aburridísimo/ peligrosísimo…
5. Antes de llegar a este lugar, ellos…

Presentar

> Utilicen fotografías o folletos publicitarios para ilustrar su presentación. Usen material audiovisual para ofrecer una idea más completa del viaje.

Suggestion: To encourage participation during the presentation, ask the class to write questions for the group presenting, or have the group presenting ask the class to predict some aspects of the trips based on the type of couple traveling.

Ayuda para Internet

Pueden intentar acceder a la información utilizando las siguientes palabras clave:
viajes de novios / cruceros / viajes de aventura / España / Argentina / turismo / Ecuador / viajes organizados / Costa Rica / Cuba

---

¡Nos vamos de viaje!

(1) La clase se divide en cinco grupos y cada uno de ellos tiene que pensar y anotar sus opiniones
5 min. sobre una de las siguientes propuestas de viajes.

(2) Cada grupo tiene que preparar una breve presentación sobre el viaje elegido. Si no todos los
10 min. miembros del grupo están de acuerdo sobre algo, pueden mencionar que tienen distintas
opiniones.

(3) Los diferentes grupos presentan sus ideas a la clase, mientras todos toman nota.
25 min.

(4) Cuando todos los grupos terminen sus presentaciones, toda la clase participa haciendo
10 min. preguntas y/o defendiendo sus opiniones.

La salud y el bienestar

Naranjas, 2000.
Emmy Araf. Mexico.

> *Cuando sientes que la mano de la muerte*
> *se posa sobre el hombro, la vida se ve iluminada*
> *de otra manera ...*
>
> — Isabel Allende

Antes de leer

Biografía
Gabriel Celaya

Conexión personal
¿Eres independiente o tienes que seguir las instrucciones de otras personas?
Llena el cuadro según tus propias circunstancias.

Me mandan...	Demasiado	Mucho	Poco	Casi nunca
mis padres				
mis profesores				
mis amigos				
Yo mismo decido.				

Contexto cultural
El qué dirán is both an idiomatic and a culturally-charged expression in Spanish. Literally, it means 'the "what will they say,"' *what* being negative, and *they* referring to society in general. Gender, profession, and class traditionally determined etiquette, but dramatic social changes that began in the twentieth century have challenged the idea of **el qué dirán** and the conventional behaviors it references.

Análisis literario: la voz poética
In a poem, the voice (**la voz poética**) that talks to the reader is called the *speaker*. Recognizing the speaker's attitude is important for understanding the meaning of the poem. In *Biografía,* the speaker repeats a number of things he has been told to do (or not do). What is the speaker's attitude toward these commands? Try to restate, in your own words, the speaker's feelings toward each command.

Estrategia de lectura: conectar
Every reader consciously or unconsciously brings his or her own life experience and personal knowledge to the reading of a literary work. When a reader purposely relates these ideas and attitudes to the content of the literary work, he or she is "connecting" **(conectar).** As you identify the attitude of the speaker of *Biografía* toward the instructions for behavior given him, compare your own attitudes and reactions.

Vocabulario

coger *to take*   **doblar** *to fold; to turn (a corner)*
el codo *elbow*   **extraer** *to calculate, to extract*
　　　　　　　　el negocio *business*

See the **VENTANAS** Instructor's Resource Manual for teaching suggestions.

Conexión personal: Ask students to work in pairs to determine why they follow orders from some people and give orders to others. Are these criteria related to the social or economic status of the other person? Are they based on interpersonal relationships? Ask students to share their responses with the class.

Contexto cultural: Explain to students that this concept is still present in smaller towns and communities. Encourage them to think about the connections between tight-knit communities and **el qué dirán.** How would it influence daily life? Ask them to think about why **el qué dirán** is not an issue in larger cities.

Análisis literario: Remind students that, regardless of the speaker's intentions in the poem, the reader is still responsible for interpreting the text according to his or her own parameters. Ask students to think about different meanings that the poem conveys to different readers, depending on their personal perspective.

Literatura opener (previous page):

Gabriel Celaya

Hoja de vida

1911 Nace en Gipúzcoa, España
1935 *Marea del silencio*
1951 *Las cartas boca arriba*
1955 *Cantos iberos*
1968 *Canto en lo mío*
1969 *Poesías completas*
1991 Muere en Madrid, España

Sobre el autor

Su estancia en la prestigiosa Residencia de Estudiantes en Madrid estimuló el interés de **Gabriel Celaya** por la poesía. Este poeta compaginó durante años su carrera profesional de ingeniero en Gipúzcoa con la de escritor, hasta que por fin se instaló en Madrid para dedicarse de lleno a la poesía. En un principio su producción poética recibió la influencia del surrealismo para, posteriormente, acercarse a la corriente de poesía social que surgió en la España de la posguerra.

Biografía

1   No cojas la cuchara con la mano izquierda.
    No pongas los codos en la mesa.
    Dobla bien la servilleta.
    Eso, para empezar.
5   Extraiga la raíz cuadrada° de tres mil trescientos trece.
    ¿Dónde está Tanganika°? ¿En qué año nació Cervantes?
    Le pondré un cero en conducta° si habla con su compañero.
    Eso, para seguir.
    ¿Le parece a usted correcto que un ingeniero haga versos?
10 La cultura es un adorno° y el negocio es el negocio.

Expansion: Bring in some additional examples of Celaya's poems so that students can examine his evolution as a writer and see how it affects the speaker's perspective in subsequent poems. *Consejo mortal* or *Cuéntame cómo vives* are brief and appropriately related to the lesson's theme.
square root

Tanganyika, colonial name of Tanzania
behaviour

ornament

Si sigues con esa chica te cerraremos las puertas.

Eso, para vivir.

No seas tan loco. Sé educado. Sé correcto.

No bebas. No fumes. No tosas. No respires.

15 ¡Ay, sí, no respirar! Dar el no a todos los noes°.

Y descansar: morir.

To say no to all the no's.

Suggestion: After students read the poem the first time, ask them to divide it into four stanzas based on the content. Have them identify the main subject to which the author is alluding in each stanza.

Después de leer

Biografía
Gabriel Celaya

1 **Comprensión** Identifica si las siguientes oraciones han sido extraídas del poema o no. Marca **Sí** o **No**. Si tu respuesta es **No,** corrige la información.

_____No_____ 1. No pongas los pies sobre la mesa. *No pongas los codos en la mesa.*

_____Sí_____ 2. No seas tan loco. Sé educado. Sé correcto.

_____No_____ 3. Fuma, bebe, tose, respira. *No bebas. No fumes. No tosas. No respires.*

_____No_____ 4. La cultura es un negocio. *La cultura es un adorno y el negocio es el negocio.*

_____No_____ 5. Si sigues con esa chica te abriremos las puertas. *Si sigues con esa chica te cerraremos las puertas.*

_____Sí_____ 6. Le pondré un cero en conducta si habla con su compañero.

_____No_____ 7. Extraiga la raíz cuadrada de mil trescientos tres. *Extraiga la raíz cuadrada de tres mil trescientos trece.*

_____Sí_____ 8. No cojas la cuchara con la mano izquierda.

_____No_____ 9. No dobles la servilleta. *Dobla bien la servilleta.*

2 **Interpretar** En parejas, respondan a las siguientes preguntas.

1. ¿Con qué etapas de la vida se pueden relacionar las diferentes partes del poema?
2. ¿Por qué se titula *Biografía* el poema?
3. ¿Qué palabras definen mejor el tono del poema: *irónico, serio, triste, humorístico, hostil?* Expliquen sus respuestas.
4. Imaginen qué personas son las que dan las órdenes en cada verso del poema. Razonen sus respuestas.

3 **Comparar** En parejas, comparen las normas de conducta y educación sugeridas en el poema con las de hoy en día. Da, al menos, cinco ejemplos.

4 **Recordar** Trabajen en grupos pequeños y escriban una lista de las cosas que sus padres no los dejaban hacer cuando eran niños. Mencionen sólo las prohibiciones que todos tienen en común.

② Ask students to use the chart in **Conexión personal** on page 99 to write at least two commands they receive from each of these people. Encourage them to use those commands to write a few verses of their own biography, following Celaya's model.

③ Encourage students to think critically about the origin of social norms. Why are they reinforced from one generation to the next? Are they universal? What role do they serve?

④ Ask students to examine the commands their list includes and determine which ones they might use with their own children and which ones they will avoid. Make sure they justify their responses.

Antes de leer

$1 \times 1 = 1$, pero $1 + 1 = 2$
Lucía Quintero

Conexión personal

Uno de los personajes de *1 x 1 = 1, pero 1 + 1 = 2* le aconseja a otro, menos experto, lo siguiente: "Dude de todo, menos de sí misma porque la pondrán a prueba. Todo es una hipocresía". Piensa en tu vida. ¿Estás de acuerdo con el consejo? Compara tu respuesta con la de un(a) compañero/a.

Contexto cultural

The play *1 x 1 = 1, pero 1 + 1 = 2* is in the tradition of the Theater of the Absurd, a type of drama prevalent in the twentieth century after World War II. In these plays, modern man is out of harmony in an inhuman, indifferent universe. The world is portrayed as irrational and lacking in purpose; the characters often find themselves in incomprehensible situations where they feel powerless and isolated. In many instances, the task of the characters in these plays is to find a way to act purposefully and to forge personal meaning. In light of this, what might the title *1 x 1 = 1, pero 1 + 1 = 2* imply?

Análisis literario: el humor

Humor (**el humor**) is a tool writers sometimes use to express the absurdity, paradox, and cruelty of the world. Characters and situations might be exaggerated to the point of absurdity, while elements of tragedy and farce may be mixed to produce results that are simultaneously serious and comedic.

Estrategia de lectura: clarificar

Active reading includes pausing occasionally to reflect and to check for understanding. This strategy is called clarifying (**clarificar**). While you read *1 x 1 = 1, pero 1 + 1 = 2,* pause from time to time and review what you have read. Reflect on what is happening, what the characters are saying, and the author's purpose.

Vocabulario

aislamiento *isolation*	**estar en reposo** *to be at rest*
bromear *to joke*	**la locura** *madness, insanity*
burlarse (de) *to make fun of*	**permanecer** *to remain, to stay*
callarse *to be quiet; to be silent*	**portarse bien/mal** *to behave well/badly*
ensayar *to try; to practice*	
estar acostumbrado/a *to be used to*	**el rasgo** *characteristic*
	el sentido común *common sense*

Lucía Quintero

Hoja de vida

1919 Nace en Puerto Rico
1963 *La brea y las plumas*
1963 *Viejo con corbata colorada*
1968 *Verde angustiario*

Sobre el autor

Lucía Quintero es una escritora puertorriqueña de padres venezolanos, conocida principalmente por su original "teatro oblicuo". Este tipo de obra, normalmente breve, se caracteriza por presentar, con un lenguaje muy particular, unos conceptos ambiguos que se repiten constantemente en sus diálogos. Con estas obras, Quintero comunica su visión trágica de la realidad humana. El humor es uno de los elementos importantes de sus obras.

Suggestion: Ask students to read one or two scenes at home so that you have sufficient time to cover the rest of the reading in class. Alternatively, you may want to assign different scenes to several groups and have them report their comments to the class prior to doing the final reading.

$1 \times 1 = 1$, pero $1 + 1 = 2$

1

ESCENA I

(Dividida por un tabique°, que separa celdas contiguas de un partition,
sanatorio. Hay puertas con cerrojos°; y ventanas altas con tela bolts,
metálica°. El mobiliario de las celdas es idéntico: camita de wire netting
5 *hierro°, mesita y bacinilla°. En una celda, está un* HOMBRE iron cot / chamber pot
joven tocando la obertura de Guillermo Tell *con los dedos*
sobre la mesita. La tararea° con alegría. La MUJER *entra* he hums
cabizbaja° con la ENFERMERA. *Al oír el cerrojo, el* HOMBRE head down
deja de tocar y se arrima° a la pared para oír lo que dicen.) comes up to

10 ENFERMERA: *(Abriendo la puerta.)* Espero que esté
cómoda aquí en su cuarto. Está elaborado para su

comodidad y para la seguridad personal y comunal de los pacientes. Permanecerá cerrada hasta que se decida su estado de gravedad. Si algo necesita, me grita.

Suggestion: Ask students to summarize in one or two lines the main issues presented in each scene. Write them on the board in the appropriate sequence and ask students to use that information to write a summary of what might happen in the following two scenes.

15 MUJER: ¿Gritar? ¡Qué primitivo!

ENFERMERA: No importa lo que le parezca. Es la costumbre.

MUJER: ¿Llaman cuarto a esta celda? *(Busca agua.)* ¡Ni hay agua! ¿Grito cuando tenga sed? ¿Y lo mismo para ir 20 al baño? ¿Qué hago si usted está ocupada y no llega a tiempo?

ENFERMERA: Tiene una bacinilla. *(Se la muestra.)* Es la costumbre.

Expansion: If students seem to enjoy this play, ask them to divide into groups and prepare a scene to present in front of the class. They can modify the lines as necessary so that they feel comfortable with all the expressions and so that they have a chance to use their imagination to add some creative details to the existing dialogue.

MUJER: Una barbaridad. Nada de esto me dijo el Doctor. 25 Quiero hablarle. *(Va hacia la puerta y la* ENFERMERA *se lo impide.)*

ENFERMERA: Le aconsejo que si quiere estar bien, no se queje. Si quiere ir al baño, la llevaré ahora. Pero hay horas fijas para todo. Ya se acostumbrará. Usted está en 30 reposo dirigido y hasta la comida se le servirá aquí. ¿Quiere ir al baño o no?

MUJER: ¡No! Quiero salir de aquí.

ENFERMERA: Por ahora no puede. Pórtese bien y bien

pronto saldrá. Los demás van al comedor y pasean y
35 hacen sus vidas. *(Sale.)* ¡Hasta que me necesite!

MUJER: *(Se sienta en la camita, agotada.)*
¡Encarcelada°! ¡Cómo me han engañado!   *imprisoned*

HOMBRE: *(Se acerca a la pared y silba° la obertura.)*   *he whistles*
Espero que esté cómoda aquí porque aquí permanecerá
40 hasta que se decida su estado de gravedad, si me
necesita grite — y demás ¡blah! *(En tono jovial.)*
¡Bienvenida! Me alegra tener compañía otra vez. Hacía
meses...

MUJER: *(Se levanta, asustada.)* ¡Enfermera! ¡Enfermera!

45 HOMBRE: No se asuste. Soy yo.

MUJER: ¿Quién es ese yo? Parece que estuviera en el
cuarto, digo celda.

HOMBRE: Soy su vecino de la celda contigua. *(Silba.)*

MUJER: ¿Para qué silba?

50 HOMBRE: Para no aburrirme. También canto.

MUJER: ¡Enfermera!

HOMBRE: No llame a esa burra. Va a creer que está usted
peor de lo que está.

MUJER: ¿Qué sabe usted cómo estoy yo?

55 HOMBRE: Se le nota que está asustada°; eso es todo. No   *frightened*
vaya a dudar de sí misma. Yo le ayudaré.

MUJER: ¿En qué puede usted ayudarme?

HOMBRE: En divertirla. La ayudaré a pasar el tiempo
alegremente.

60 MUJER: ¿Cómo es posible estar alegre en esto? Estará
usted loco... Creía que éste era un sanatorio de
mujeres...

HOMBRE: Es mixto: pero separan sexos. Sólo estas dos
celdas están contiguas.

65 MUJER: *(Toca la pared que los separa.)* Pero la división es
frágil ¡de cartón piedra°... tenía que tocarme a mí! ¿Es   *papier-mâché*
verdad que usted no grita?

HOMBRE: Hace bien en dudar. Dude de todo menos de sí
misma porque la pondrán a prueba. Todo es una
70 hipocresía.

MUJER: Me doy cuenta de que la celda no está de
acuerdo con la entrada y el recibo lujoso...

HOMBRE: Para engañar a los familiares —a quienes se les

prohíbe la entrada a los llamados cuartos.

75 *Continúa la conversación y el* HOMBRE *le explica a la* MUJER, *que está acostumbrado a conversar solo y que, para entretenerse, dibuja con un carboncillo que encontró en la cocina. Él afirma que detesta la ineptitud y la hipocresía del sanatorio. Ella le pide que se calle.*

80 ## ESCENA II

La MUJER *cambia de idea y le dice al* HOMBRE *que hay que hacer ruido para sentirse vivo. Él le contesta que ya se acostumbrará.*

MUJER: No quiero llegar a silbar y a cantar... ¿Cuánto
85 tiempo hace que está usted aquí?

HOMBRE: Un año cumplido.

MUJER: ¡Qué horror! Un año en una celda como ésta. ¿Es igual?

HOMBRE: Igual. Y la prefiero al pelotón°. Dejan la luz   *firing squad*
90 encendida toda la noche... Entre luz, quejas y gritos no se puede dormir. Me trajeron por insomnio...

MUJER: ¿Lo trajeron?

HOMBRE: Mi familia quería deshacerse de mi presencia noctambular°.   *sleep-walking*

95   MUJER: Lo dice sin rencor.

HOMBRE: Superé la etapa. La dibujaré si me describe sus rasgos. *(Dibuja largos trazos en la pared.)* Imaginar es alucinante. Quiero saber cómo es...

MUJER: ¿Cómo es que no se dan cuenta de sus dibujos?
100   Eso de dibujar en paredes es anormal...

HOMBRE: Yo mismo borro lo que dibujo. Además es terapia...

MUJER: ¡Qué asco! Si mi ventana no estuviera tan alta, diría que está cubierta de vómitos...

105   HOMBRE: La celda la han ocupado algunas desenfrenadas°. Cuando no les gustaba la comida, la   *unrestrained*
tiraban. Fíjese en los golpes en la pared, y en la puerta...

MUJER: ¿Usted me ve por alguna rendija°? ¿O está   *crack*
acostumbrado a seguirle los pasos a uno? ¡Qué
110   inconveniente!

HOMBRE: No se preocupe. Uno oye lo que quiere y nada más. Ni las voces se oyen si uno no habla en voz alta. ¿No se ha dado cuenta de que hemos estado hablando en voz alta?

115   MUJER: *(En voz más baja.)* ¿Me oye ahora? He perdido todo el derecho a la vida privada... me siento

acorralada°... usted medirá mis pasos...   *cornered*

HOMBRE: Quítese los zapatos. ¿Le desagrada mi voz?

MUJER: Francamente, no. Es agradable. Es... bueno, ¿qué
120 importa?

HOMBRE: ¿Y sus rasgos? Por su voz, diría es
encantadora. Me alegro de que haya venido.

MUJER: ¡Pues yo no! ¿Cómo es usted?

HOMBRE: Soy joven, alto, delgado, rubio, de facciones
125 finas.

MUJER: Ajá, así soy yo.

HOMBRE: *(Deja de dibujar.)* ¡Mentira! Su voz es de
morena.

MUJER: Me aburre su deseo de intimidad. ¿No puede
130 respetar nuestra división?

HOMBRE: Yo la respeté. Estábamos callados. Uno por
uno; usted allá y yo acá... y usted me habló.

MUJER: Si le hablo no me doy tanta cuenta del ambiente.
Me agrada más sumar el uno y uno porque la suma es
135 dos... dos seres distintos y separados.

HOMBRE: Al aburrirse, no existe la distinción entre suma

y multiplicación...*(Canta una canción disparatada)*

MUJER: ¿Por qué canta? Me dijo que hacía ruido cuando estaba aburrido. *(Canta al mismo son.)*

140   HOMBRE: ¡Qué voz más bella! *(Pausa en silencio.)*

MUJER: ¿Por qué el silencio repentino°?   *sudden*

HOMBRE: ¿No lo dijo usted antes, que le cansaba el hablar?

MUJER: Si deja de hablar, creo está haciendo algo...

145   HOMBRE: ¿Malo? Estoy dibujándola...

MUJER: Si no me ha visto...

HOMBRE: Tengo que imaginármela...

MUJER: Soy alta, esbelta°, de piernas y brazos largos —de   *slender*
adolescente— como para inspirar una caricatura. ¿De
150   veras que dibuja?

HOMBRE: ¿Por qué lo duda? ¿Y las facciones son
regulares?

MUJER: Boca larga y nariz no tan larga; ojos largos y
cejas...

155   HOMBRE: Largas también, sin duda. *(Murmura.)* ¿No

quedó el dibujo que la pincelada° oscura de tu ceja
escribió velozmente en la pared con su punto decisivo?

brush stroke

MUJER: ¿Qué murmura? ¿No me cree?

HOMBRE: Murmuro unas palabras del poeta alemán
160 Rilke°. ¿No lo conoce?

early 20th-century German poet

MUJER: Sí, y me gusta mucho. ¿Puede recitar algo de él?

HOMBRE: Ahora no. Prefiero delinear su retrato.

MUJER: ¡Me imagino la pared llena de borrones° y una
gran línea!

erasures

165 HOMBRE: ¡La ceja larga! *(Ríen los dos.)*

ESCENA III

La ENFERMERA *de guardia entra porque le parece oír a la*
MUJER *hablando y cantando. La* MUJER *afirma que habla*
con el vecino de habitación, pero la ENFERMERA *no le cree*
170 *y piensa que son imaginaciones de la* MUJER. *El* HOMBRE *de*
la habitación contigua habla y la ENFERMERA *cree que es la*
paciente cambiando la voz. Va a avisar al DOCTOR.

ESCENA IV

La ENFERMERA *y el* DOCTOR *entran. La* ENFERMERA *insiste en*
175 *que la* MUJER *está excitada y agresiva, el* DOCTOR *no le cree.*

ENFERMERA: ¿Se ha decidido, Doctor? Supongo que ya no le quedan dudas.

DOCTOR: *(A la* ENFERMERA*)* No me apresure... que usted está más excitada que la paciente.

180 ENFERMERA: ¿Yo excitada? *(Ríe exageradamente.)*

DOCTOR: *(Reflexionando.)* Estoy sospechando... Es mucha ventriloquia cantar, silbar, hablar en doble voz y producir sonidos en la pared... *(A la* ENFERMERA*)* ¡Vaya a ver si el paciente del 545 está en su cuarto ahora
185 mismo!

ENFERMERA: Eso le toca a un enfermero... yo no entro sola al cuarto de ese loco...

DOCTOR: ¡Ya le he dicho que esa apelación no se usa! Los pacientes son enfermos, no locos... ¡Vaya en seguida
190 y traiga aquí al señor Márquez! *(Se acerca a la pared.)* Señor Márquez, ¿me oye?

ENFERMERA: ¡Ahora sí que he visto y oído todo! Ya no se sabe quién está enfermo o enferma... ¡Me voy a buscar al director! *(Sale)*

195 DOCTOR: *(A la* MUJER.*)* Tengo que seguirla. Creo que está peor que usted... De paso, le abriré al señor Márquez — sospecho que la ventriloquia es un entredós°— *(Sale y*

is between two persons

deja la puerta abierta. Se oye el cerrojo de otra celda.)

HOMBRE: Va a darse cuenta de todo...

200 MUJER: Dejó la puerta abierta.

HOMBRE: No se entusiasme, que el pasillo conduce al consultorio del director. Ciérrelo aquí conmigo, y no le hable en absoluto... Todavía podemos vencerlo.

MUJER: *(Sale al pasillo y cierra la puerta del* HOMBRE.*)*
205 ¡Que se diviertan!

DOCTOR: Señorita, ¿me oye? Abra la puerta, o le irá muy mal.

(La MUJER *no contesta.)*

HOMBRE: ¿A qué debo su visita, Doctor?

210 DOCTOR: Quería comprobar si ha estado usted hablando con la paciente del 546... si nos han estado engañando°.   deceiving
¿Y ese dibujo en la pared? Bonita mujer... se parece a su vecina. ¿La ha visto usted ya?

HOMBRE: Jamás.

215 DOCTOR: ¿Y no la conoce?

HOMBRE: No.

DOCTOR: Es impresionante el parecido°. Llámela usted, a   *resemblance*
ver si contesta...

HOMBRE: *(A la pared.)* Señorita... ¡Señorita!

220   *(La* MUJER *no contesta y sale por el pasillo.)*

DOCTOR: Entonces, ¿no se puede oír a través de la
pared?

HOMBRE: Yo no sé, Doctor.

DOCTOR: ¿Quién habrá cerrado este cuarto? Me parece
225   que al salir del 546, pasé el cerrojo. ¿Sería la burra de la
Enfermera? Ahora hay que esperar.

Telón°. ▉   *curtain*

Después de leer

$1 \times 1 = 1$, pero $1 + 1 = 2$
Lucía Quintero

1. Ask students to work in pairs to write two broad questions that they could ask a reader of the text to verify that he/she truly understood the meaning of the play. Have different pairs exchange questions and answer them.

(1) Comprensión Contesta las siguientes preguntas.

1. ¿Dónde están los personajes de la obra? *Están en un sanatorio, en celdas contiguas.*
2. ¿Cómo se entretiene el Hombre en la celda? *Canta, silba y dibuja.*
3. ¿Cómo dice el Hombre que puede ayudar a la Mujer? *La puede ayudar a pasar el tiempo alegremente.*
4. Al final de la obra, ¿dónde está el Doctor? *Está encerrado en la celda con el Hombre.*
5. ¿Cómo se describe el Hombre a sí mismo? *Es joven, alto, delgado, rubio, de facciones finas.*
6. ¿Cómo se describe la Mujer a sí misma? *Es alta, esbelta, de piernas y brazos largos —de adolescente —como para inspirar una caricatura.*

(2) Identificar Escribe al lado de cada oración el nombre del personaje que la dijo.

Enfermera 1. No importa lo que le parezca. Es la costumbre.

Mujer 2. Estará usted loco….

Hombre 3. Uno por uno; usted allá y yo acá…

Hombre 4. Uno oye lo que quiere y nada más.

Doctor 5. ¿Sería la burra de la Enfermera? Ahora hay que esperar.

Mujer 6. Me agrada más sumar el uno y uno porque la suma es dos… dos seres distintos y separados.

(3) Interpretar Trabajen en parejas para contestar las siguientes preguntas.

1. ¿Por qué creen que los personajes se llaman simplemente "Hombre" y "Mujer"?
2. Según su opinión, ¿qué creen que representa cada personaje?
3. ¿Cómo evoluciona la relación entre el Hombre y la Mujer? ¿Qué significa esa evolución dentro del contexto de la obra?
4. ¿Qué elementos absurdos contiene esta obra?
5. ¿Cuál creen que es el tema?
6. ¿Por qué creen que la obra se titula *1 x 1 = 1, pero 1 + 1 = 2*? Den ejemplos del texto.

5. Remind students that the notions of what is "crazy" behavior change from one place to another and from one period to another. As they brainstorm, encourage them to think of behaviors that they consider normal and that could be viewed as "crazy" in different contexts.

(4) Representar En grupos de cuatro, preparen la ESCENA IV para interpretarla delante de sus compañeros. Pueden utilizar cualquier accesorio (ropa, objetos) que facilite la representación.

(5) Crear En grupos, inventen un diálogo entre personas que están en un sanatorio, usando el imperativo y el subjuntivo. Después, represéntenlo delante de la clase.

Atando cabos

1 **¿Qué es la locura?** Tanto en *Biografía* como en *1 x 1 = 1, pero 1 + 1 = 2* se hace alusión a la locura. Trabajen en parejas para decidir si los comportamientos que aparecen en la lista son producto de la locura o no, y razonen por qué.

1. Hablar solo/a

2. Abandonar a tu novio/a el día de tu boda

3. Ser extremadamente ordenado

4. Ver fantasmas

5. Escoger una carrera universitaria sin un buen futuro económico

6. Casarse por dinero

2 **Diferentes perspectivas** En parejas, comparen y contrasten las figuras de autoridad de la obra de Lucía Quintero y del poema de Gabriel Celaya. Escriban una lista de lo que piensan que tienen en común, y otra de lo que las diferencia. Presenten ejemplos de los textos.

	Similitudes	Diferencias	Ejemplos
Biografía			
1 x 1 = 1, pero 1 + 1 = 2			

3 **Escribir** Sigue el plan de redacción para escribir un decálogo en el que das diez consejos generales a los padres para llegar a ser los padres perfectos.

Plan de redacción

Esquema Prepara un esquema con las diez cualidades que te gusta que tengan los padres.

Título Elige un título para el decálogo.

Contenido Escribe los diez consejos. Utiliza el subjuntivo y el imperativo.

MODELO Es necesario que los padres comprendan a sus hijos.

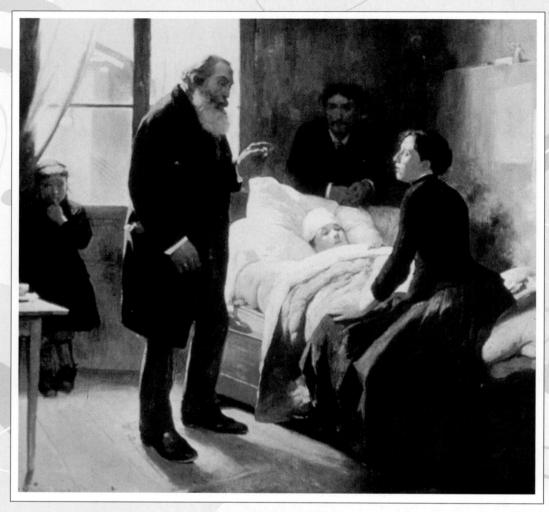

El niño enfermo, 1886.
Arturo Michelena. Venezuela.

*La muerte es una vida vivida. La vida es
una muerte que viene.*
— Jorge Luis Borges

Antes de leer

PERFIL

El doctor Carlos J. Finlay

Conexión personal

En tu opinión, ¿cuáles han sido los tres descubrimientos médicos que más han beneficiado al hombre? Comenta el tema con un(a) compañero/a.

Contexto cultural

Although the Nobel Prize was not bestowed on Dr. Finlay for his discoveries that lead to the vaccine for Yellow Fever, the list of Nobel Laureates includes five Hispanic scientists. Argentinians César Milstein and Bernardo Houssay, Venezuelan Baruj Benacerraf, and Spanish Santiago Ramón y Cajal all won the Nobel Prize in Medicine and Physiology. Luis Federico Leloir, from Argentina, was a Nobel Laureate in Chemistry.

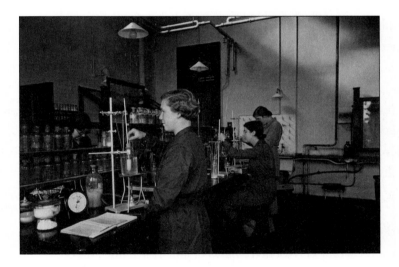

Vocabulario

exigir *to require; to demand*

la fortaleza *strength*

ingresar *to enter; to enroll in; to become a member of*

la picadura *insect bite*

superar *to overcome*

la ventaja *advantage*

Cultura opener (previous page):

See the **VENTANAS** Instructor's Resource Manual for teaching suggestions.

Conexión personal: Ask students to think about the role that disease plays in our lives. Could disease be nature's way of regulating overpopulation?

Contexto cultural: Point out that there are no women in the list of Nobel prize winners. Ask students to think of reasons to explain this, as well as to consider the repercussions that this absence of women may have had in the development of new medications in general.

PERFIL

El doctor Carlos J. Finlay
Dr. Juan Guiteras

1   La obra de Finlay puede resumirse en muy pocas palabras: él descubrió que la fiebre amarilla se transmite por la picadura de un mosquito, y él inventó un método seguro para la extinción de la enfermedad. Su vida está llena de momentos difíciles que él, con
5   gran fortaleza, alcanzó a superar.

Carlos Juan Finlay nació en la ciudad de Camagüey, Cuba, el día 3 de diciembre del año 1833. Su padre, Edward Finlay, era escocés, y su madre, Isabel de Barres, francesa. De niño, fue con su familia a La Habana, residiendo hasta la edad de once años en esta
10   capital y en Guanímar, donde su padre poseía uno de los cafetales°   *coffee plantation*
que había en la zona de Alquízar por aquella época. Probablemente, la vida del campo despertó en él la vocación por los estudios de la naturaleza, al mismo tiempo que recibía una esmerada° educación por parte de su tía Ana.   *conscientious, painstaking*

15   A la edad de once años, fue enviado a Francia donde prosiguió su educación escolar en El Havre hasta el año 1846, pues tuvo que regresar a Cuba por haber sufrido un ataque de cólera. Esta enfermedad dejó en él cierta tartamudez°. La insistencia   *stutter*
paterna para que su hijo superara la crisis, y la tenacidad del joven
20   hicieron que su habla mejorara considerablemente, aunque no en su totalidad.

Volvió a Europa en 1848, para completar su educación en Francia; pero la revolución de aquel año le obligó a permanecer en Londres, y cerca de un año en Mainz. Ingresó por fin en el Liceo
25   de Rouen, donde prosiguió sus estudios hasta el año 1851, cuando volvió a Cuba convaleciente por un ataque de fiebre tifoidea.

Intentó que la Universidad de La Habana reconociera sus estudios europeos para poder ingresar y estudiar medicina; pero no fue posible y tuvo que ir a Filadelfia, donde no se exigía, para cursar° *to study*
30 los estudios médicos, estudios previos. Cursó en Filadelfia la carrera de medicina, doctorándose en 1855, en el Jefferson Medical College.

Durante unos años trabajó tanto en Perú como en Cuba y, en 1865, se casó en La Habana con Adela Shine, natural de la Isla de
35 Trinidad. Además de los viajes ya mencionados, Carlos Finlay salió de Cuba en junio de 1869, para visitar con su esposa el lugar del nacimiento de ella, la Isla de Trinidad, y retornó a La Habana en diciembre del mismo año. Pasó también los últimos meses del año de 1875 en Nueva York por la salud de su esposa. En el año 1881,
40 en Washington, enunció por primera vez su teoría sobre la transmisión de la fiebre amarilla.

Al estallar° la guerra hispano-estadounidense, el doctor Finlay, que *to break out* tenía entonces sesenta y cinco años, pasó a los Estados Unidos a ofrecer sus servicios al gobierno americano. Allí hizo vida de
45 soldado con las tropas, defendiendo, como siempre que podía, las ventajas que la aceptación de su teoría de la fiebre amarilla tendría para las tropas. Su idea era producir una infección ligera con el objeto de obtener la inmunidad.

Su teoría, finalmente, tuvo gran acogida° en la Comisión de *reception; acceptance*
50 Médicos del Ejército Americano a la cual entregó él mismo los mosquitos con que comenzaron los experimentos. Allí se confirmó definitivamente la teoría que el doctor Finlay venía sosteniendo° *supporting* durante más de veinte años. Tras la proclamación de la república en Cuba, fue nombrado Jefe Nacional de Sanidad. Murió en 1915
55 y el día de su nacimiento, el 3 de diciembre, es desde entonces el "Día de la medicina americana".

Después de leer

PERFIL

El doctor Carlos J. Finlay

① Ask students to rank the sentences according to the importance each event had in Dr. Finlay's life. Have them explain the reasons behind their ranking.

1 Comprensión Decide si la información sobre la vida del doctor Carlos J. Finlay es **cierta** o **falsa**. Corrige las que sean falsas.

	Cierto	Falso
1. Estudió medicina en Filadelfia.	☑	☐
2. Se casó con una americana en Nueva York. *Se casó en La Habana con Adela Shine, natural de la Isla de Trinidad.*	☐	☑
3. Descubrió que un mosquito transmite la fiebre amarilla.	☑	☐
4. Se recuperó totalmente de un ataque de cólera que tuvo de niño. *Nunca se recuperó totalmente.*	☐	☑
5. Nunca estudió en Europa. *Estudió en Francia.*	☐	☑
6. Sus padres eran cubanos también. *Su padre era escocés y su madre francesa.*	☐	☑
7. Defendió su teoría con éxito frente al ejército americano.	☑	☐
8. Fue nombrado Jefe Nacional de Sanidad en Cuba.	☑	☐

② Encourage students to think about how Dr. Finlay's life might have differed had he been a woman.

2 Interpretar Contesta las siguientes preguntas.

1. ¿Crees que el doctor Finlay fue un hombre ambicioso? Explica por qué.
2. ¿Qué tipo de personalidad y de carácter crees que tenía el doctor? Descríbelo brevemente.
3. ¿Qué aspecto de su vida te parece más interesante? ¿Por qué?

3 Comunicar Prepara una lista con los diferentes países en los que el doctor Finlay vivió. Con un compañero, explica brevemente lo que hizo el doctor en cada lugar.

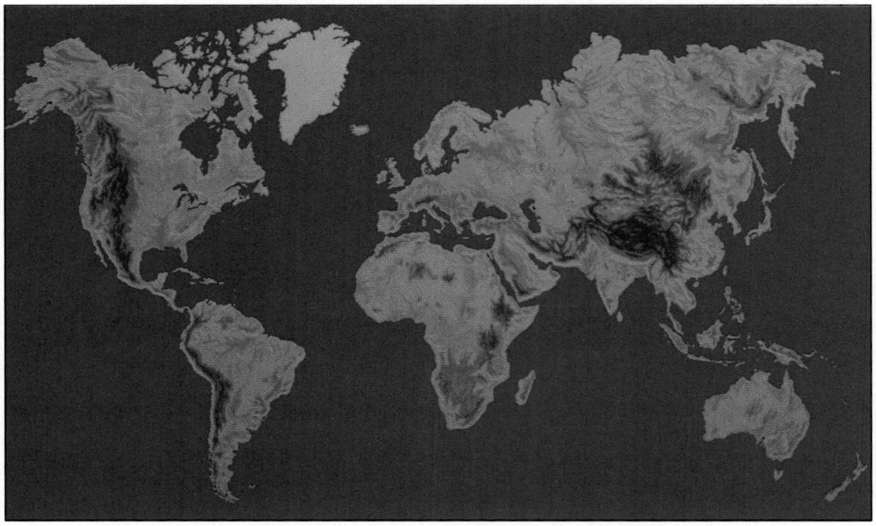

Antes de leer

La siesta
Débora Gutiérrez

Conexión personal
¿Te sientes cansado/a y sin energía después del almuerzo? ¿Crees que por la tarde eres menos productivo/a que por la mañana? ¿Sueles dormir la siesta o te parece una costumbre innecesaria?

Contexto cultural
The Spanish word **siesta** comes from the Latin name for the sixth hour after sunrise. Calculating from a theoretical 7:30 sunrise, this hour is about 1:30 in the afternoon. In the countries surrounding the Mediterranean Sea, this time is the period of most intense heat; for health reasons, it may be wiser to get out of the sun and rest, rather than continue working.

The custom of the **siesta** was carried over to most of the Spanish-speaking countries of the New World, which are generally found in latitudes whose midday heat matches or surpasses that of Spain. Physiological conditions, then, rather than cultural norms, made the **siesta** a necessity of daily life. But **siesta** time does not mean a shortened workday. Daily schedules in Spain and parts of Latin America allow for a traditional dinnertime and an afternoon nap by splitting the work and school hours into morning and afternoon sessions.

Vocabulario

comprobar *to try out; to test*

disminuir *to decrease*

impedir *to prevent; to hinder*

la propensión *tendency*

el rendimiento *performance*

el trastorno *disorder*

La siesta

Débora Gutiérrez

1   Las calles de Madrid, a eso de° las tres de la tarde, están vacías. La gente cierra los negocios de dos a tres horas para almorzar en casa y dormir una pequeña siesta. Casos similares ocurren en países latinoamericanos como Perú, Bolivia, Colombia y México.

5   Hoy en día, empresas de Estados Unidos y Alemania —imitando a firmas japonesas como la cadena de televisión nacional NHK— ofrecen a sus trabajadores salas de descanso con el fin de aumentar la productividad, mejorar la concentración y, así, evitar fatales y costosos accidentes de

10 trabajo.

Según estudios sobre los efectos de la siesta realizados en países industrializados, un 92,5% de los trabajadores que dormían durante la tarde aumentaba la productividad, la creatividad y la capacidad para resolver problemas. No sólo disminuían los

15 accidentes laborales sino que además trabajaban más y mejor.

La asociación entre somnolencia y accidentes laborales no es nueva. En Chile, según instituciones de seguridad laboral, un 29% de las personas que llegan a los hospitales producto de un accidente laboral, ha sufrido el incidente a la hora de la siesta.

20 En el mismo horario, también aumentan los accidentes de tránsito.

"La siesta es una necesidad biológica en la cual influyen dos factores. Uno tiene que ver con la falta de sueño nocturno, que provoca un efecto similar a la descarga° de baterías, por lo que

25 se requiere que la persona vuelva a su valor óptimo", señala el fisiólogo Ennio Vivaldi, del Centro de Medicina del Sueño de la

about, around

Suggestion: As they read, ask students to keep a running list of all the positive points mentioned regarding the **siesta**. Ask them to think of a counterpoint for each one which could explain why employers are reluctant to implement the **siesta** in employees' schedules.

Expansion: You may use the article to organize a class debate. One group could take the point of view of the employees and the other that of the employer.

discharge

Universidad de Chile. El segundo factor es el reloj interno, que controla los ritmos de vigilia° y del sueño. Según el especialista, "este reloj no tiene un ciclo perfecto durante el día, ya que a la

30 hora de la siesta se produce un pequeño cambio, lo que aumenta la propensión al sueño".

wakefulness

También hay factores externos que favorecen esta situación, como el ambiente o una comida abundante. Por ello, una siesta corta, de 15 a 30 minutos, "ayuda a mejorar las funciones

35 cognitivas, la atención, la concentración y la memoria, el humor, la capacidad de estar alerta, especialmente en personas que requieren una gran concentración en sus trabajos, o en oficios que requieren un óptimo estado de alerta", señala la neuróloga Julia Santin, de la Universidad Católica de Chile.

40 Sin embargo, hay que tener en cuenta que existe un grupo de sujetos que, definitivamente, no debe dormir la siesta: las personas que tengan tendencia al insomnio y trastornos del sueño, ya que pueden empeorar su enfermedad. Tampoco se recomienda que la duerman aquellos que se despierten

45 malhumorados°, con la cabeza abombada° o si su somnolencia se prolonga gran parte del día.

ill-tempered; in a bad mood / drowsy

Según la neuróloga Julia Santin, "no importa que la persona no alcance etapas de sueño profundo (REM), porque muchas veces el simple descanso es beneficioso. Sin embargo —advierte— es

50 importante que la persona sienta que la siesta la hace despertar refrescada, que efectivamente mejora su estado de alerta, y —de ese modo— mejora su rendimiento laboral. Pero si después de dormir la persona nota una evidente perturbación, se siente malhumorada y además le cuesta despertarse°, simplemente no

it's hard for him/her to wake up

55 debe tomar la opción de la siesta". ▣

Después de leer

La siesta
Débora Gutiérrez

1 Comprensión Decide si estas oraciones son **ciertas** o **falsas**. Corrige las oraciones falsas.

	Cierto	Falso
1. La siesta se practica sólo en España y en América Latina. *La siesta también se practica en otros países como Estados Unidos, Alemania y Japón.*	☐	☑
2. Todo el mundo debe dormir una siesta cada día. *Existe un grupo de personas que no deben de dormir la siesta.*	☐	☑
3. La mayoría de los accidentes laborales son a la hora de la siesta.	☑	☐
4. La siesta debe durar una hora por lo menos. *La siesta puede durar de 15 a 30 minutos.*	☐	☑
5. Algunas empresas ofrecen salas de descanso a sus trabajadores.	☑	☐
6. Si te cuesta despertarte después de una siesta, es mejor que no la duermas.	☑	☐

② Ask students to investigate workday customs in other cultures. Have them use that information to make a list of five elements that American companies should borrow to maximize productivity while increasing employee satisfaction.

2 Compartir Contesta las siguientes preguntas. Después, comenta tus respuestas con un(a) compañero/a.

1. ¿Tienes costumbre de echarte la siesta por la tarde? ¿Por qué?

2. ¿Piensas que la siesta llegará a ser una costumbre en nuestro país? ¿Por qué?

3. ¿Tomaste alguna vez una clase después del almuerzo? ¿Cómo te sentías?

③ As an alternative, ask students to form groups of four or five to make up a story. Each person must say a sentence using at least one of the words in the list. The person to the right must continue using another word from the list. Allow them to add additional words from the lesson's vocabulary to their list.

3 Inventar Formen un grupo de cuatro estudiantes y divídanse en parejas. Una pareja escoge cuatro palabras de la lista; la otra pareja inventa un pequeño párrafo con ellas, y viceversa. Después, las parejas se cuentan la historia que inventaron.

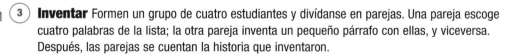

beber	perro	ducha	clases	disminuir	exigir
insomnio	aumentar	quedarse	metro	tráfico	despertador
siesta	cafeína	dormido	apagar	fiebre	comer

4 Escribir Escribe un párrafo en el que defiendas <u>uno</u> de los siguientes puntos de vista.

"Dormir la siesta es un lujo demasiado caro para nuestra sociedad".

"La siesta es necesaria para el ser humano".

"Las personas que duermen la siesta son perezosas".

"Las empresas deben adaptar sus horarios a las necesidades de sus empleados".

Abriendo ventanas

Consejos de viaje

Trabajen en grupos pequeños para preparar una presentación en la que van a dar consejos a un grupo de turistas que van a viajar al extranjero.

Elegir el tema

Reúnanse y elijan un país de destino para preparar la presentación de acuerdo a su clima, su comida, su geografía, etc. Los consejos que preparen deben estar relacionados con las características del país elegido. Repartan las tareas entre todos los miembros del grupo.

Preparar

Investiguen en Internet o en la biblioteca. Pueden visitar el sitio *www.vistahigherlearning.com* para buscar información relacionada con el país elegido. Una vez que tengan la información, es necesario que elijan los puntos más importantes y se ayuden con material audiovisual para ofrecer una visión más amplia de lo que quieren comentar en clase.

Organizar

Preparen un esquema *(outline)* que los ayude a clarificar y planear con mayor exactitud sus consejos. Tengan en cuenta que cada presentación durará unos 10 minutos.

Estrategia de comunicación

Cómo dar consejos

Las siguientes frases pueden ayudarlos a expresarse de forma más adecuada.
1. Es importante prevenir porque…
2. Deben contratar un seguro médico siempre que…
3. Es improbable que...
4. Se aconseja que...
5. En caso que...

Presentar

Utilicen fotografías o folletos publicitarios para ilustrar mejor su presentación. Usen material audiovisual para ofrecer una idea más completa del viaje.

Elegir el tema: Make sure that different groups focus on different countries. If two or more groups select the same country, suggest different regions.

Preparar: Before students start investigating their respective countries, provide them with a list of seven or eight points for them to investigate so that all groups focus on similar information.

Ayuda para Internet

Aquí tienen unas palabras clave para buscar información en Internet:
consejos de viaje / salud / bienestar / medicina / alcohol / dieta / ejercicio / viajar seguro / recomendaciones de viaje / alergias / vacunas / seguro médico

Presentar: Students can bring in typical snacks from the country of their presentation to share with the class. They can also bring in music or clothing representative of their country or region to heighten the class' enthusiasm about the area.

Instructional Resource IRM (general teaching suggestion)

Cortometraje:
La hora de comer (Chile; 6:10 minutos)
Synopsis: The gathering of a "traditional" family at the dinner table probes the members' roles and relationships, exploring issues like lack of communication and *machismo*.

La hora de comer

país Chile   **directora** Fernanda Aljaro

duración 6:10 minutos   **protagonistas** padre, madre, hija mayor,
                                        hija menor, hijo ausente

---

Vocabulario

el cuesco *pit*   **pasarse** *to go too far*

la guinda *morello cherry*   **el pasto** *grass*

la palta (paltita) *avocado* **reemplazable** *something that can be substituted*

Antes de ver el corto

1 Comentar En parejas, contesten las siguientes preguntas.

1. ¿Les gusta comer solos o acompañados? ¿Es importante para ustedes comer en familia?

2. ¿Consideran que sus hábitos a la hora de comer son sanos? ¿Son vegetarianos? ¿Conocen a alguien que lo sea?

3. ¿Creen que es importante consumir carne para estar saludables?

Mientras ves el corto

2 Anticipar ¿Cómo es el carácter del padre? ¿Y el de la madre?

3 Conectar Conecta cada frase con el personaje que la pronuncia.

padre	la hija mayor
madre	la hija menor

1. ¿Cómo que no parece carne?
   madre
2. Soy vegetariana.
   la hija mayor
3. Eso es totalmente reemplazable.
   la hija mayor
4. Ni una palabra más.
   padre

5. Las plantas igual respiran como los animales.
   la hija menor
6. Los cuescos son muy difícil sacarlos.
   la hija menor
7. Y que quede claro: cuando digo algo se me obedece.
   padre
8. Me encanta la libertad de expresión de esta casa.
   la hija mayor

Después de ver el corto

(4) Comprensión Contesta las siguientes preguntas.

1. ¿Cómo son las relaciones entre los miembros de la familia?
2. ¿Por qué crees que es tan importante la hora de comer para el padre?
3. ¿Qué razones da la hija para explicar que unos necesitan comer más carne que otros?
4. ¿De qué se queja el padre del hermano?
5. ¿Qué le ocurre al final a cada uno de los personajes?

(5) Interpretar En parejas, contesten las siguientes preguntas.

1. ¿Cómo son los personajes? Describan la personalidad de cada uno.
2. ¿Por qué termina el corto con la oración: "La hora de comer dejó de existir"? Expliquen sus respuestas.

(6) Analizar Miren estos fotogramas y expliquen qué importancia tienen en el argumento del cortometraje.

(7) Desarrollar En parejas, comenten qué tipo de personas hacen o pueden hacer los siguientes comentarios. ¿Creen que reflejan alguna generación en específico? ¿Por qué?

"Jamás se me habría ocurrido levantarle la voz a mi padre."

"Todo depende del tipo de sangre que uno tenga. Lo sé bien. Los RH positivo tienen menos necesidad biológica para la gordura, no así los negativos, que necesitan más la carne. No sé si es exactamente así, pero es algo parecido."

(8) Actuar En grupos de cuatro, escriban su propia versión del cortometraje y después represéntenla delante de la clase.

(9) Escribir Elige a uno de los personajes y escríbele una carta en la que le aconsejas la mejor forma para mejorar su vida. Usa el subjuntivo.

Enfermos de amor

Algunas personas dicen que el amor es una enfermedad. ¿Por qué lo creerán?

Suggestion: Have students brainstorm about people who became famous for being "love sick" (e.g. Dante and Beatrice, Romeo and Juliet, etc). If your students are familiar with Shakespeare's works, ask them to reflect on why he would so often return to this topic in his work.

1 La clase se divide en cinco grupos, y cada individuo tiene que pensar y anotar sus ideas sobre el
5 min. siguiente tema. Escribe una lista de las razones que hacen pensar que el amor es una enfermedad y de las que prueban lo contrario. Después, compárala con las de tus compañeros.

Sí	No

2 Cada grupo tiene que preparar una breve presentación sobre el tema. En el caso de que no todos
10 min. opinen lo mismo, pueden mencionar que dentro del grupo hay distintas opiniones.

3 Los diferentes grupos presentan sus ideas a la clase, mientras todos toman nota de la opinión de
25 min. sus compañeros.

4 Cuando todos los grupos han terminado de presentar sus ideas, toda la clase debe participar
10 min. haciéndose preguntas y/o defendiendo sus opiniones.

La naturaleza

Vegetación Tropical, 1948.
Wifredo Lam. Cuba.

Quien rompe una tela de araña,
a ella y a sí mismo se daña.

— Anónimo

Antes de leer

El viaje definitivo
Juan Ramón Jiménez

Conexión personal
Piensa en el lugar más tranquilo y agradable que puedas imaginar. Cierra los ojos durante unos minutos y visualízalo: puede ser un lugar tanto real como imaginario. Después llena el recuadro de los cinco sentidos.

Veo	Escucho	Huelo	Toco	Saboreo

Conexión personal:
Students should read
their charts aloud. The
class guesses the
pleasant place.

Contexto cultural
In his poetry and fiction, Juan Ramón Jiménez idealized the peacefulness and sunny beauty of the small Andalusian town of Moguer where he was born. For him, Moguer was a place of whitewashed buildings, walled gardens, fountains, palm trees, and orchards; it enjoyed a slower, more reflective pace of life than that of more urban environments. In idealizing this rural, tranquil place, Jiménez carried on a literary tradition present in Spanish poetry since the Rennaissance, that of **el lugar ameno** (*the pleasant place*).

Contexto cultural:
Ask anyone that has
ever traveled in the
south of Spain to
describe it. Ask
students where they
might have experienced
a slower pace of life.
Have them compare
places.

Análisis literario: la rima asonante
In poetry, rhyme is the repetition of sounds at the end of words. **Cantante** and **amante,** for instance, rhyme because their stressed vowel **(a)** and all the letters that follow **(–nte)** are identical. In contrast, assonant rhyme **(la rima asonante)** occurs when words share the same stressed vowel and the vowels that follow, not the consonants, are identical. For example, **a** is the stressed vowel in the words **amaron, año,** and **raro,** and in each case, the next vowel is **o**. **Amaron, año,** and **raro** are, therefore, assonant rhymes. Assonant rhymes are commonly found in Spanish poetry.

Estrategia de lectura: leer en voz alta
Poetry, like drama, is meant to be read aloud and listened to, rather than read silently. Doing so reveals a poem's rhythm which, in turn, helps reveal its meaning. Read *El viaje definitivo* aloud a few times, paying attention to its rhymes and rhythm, to help make its meaning clear to yourself and your listeners.

Estrategia de lectura:
Ask one student to read
aloud. Ask a second
student to read the
poem again, this time
with the class jotting
down words that rhyme.

Vocabulario

el huerto *orchard*   **el pozo** *well*

Juan Ramón Jiménez

Hoja de vida

1881 Nace en Moguer, España
1910 *Baladas de primavera*
1911 *La soledad sonora*
1917 *Diario de un poeta recién casado;*
       Platero y yo
1918 *Eternidades*
1946 *Estación total*
1956 Premio Nobel de Literatura
1958 Muere en Santurce, Puerto Rico

Sobre el autor

La producción literaria de **Juan Ramón Jiménez** suele estructurarse en dos etapas principales: la primera, en la que hay una influencia del simbolismo francés y la segunda, en la que empieza un proceso de intelectualización de su lírica, denominada poesía pura. Uno de los símbolos fundamentales de esta época será el mar. De hecho, su *Diario de un poeta recién casado,* que marca el cambio entre sus dos etapas poéticas, pasará a llamarse *Diario de poeta y mar.*

El viaje definitivo

1   …Y yo me iré. Y se quedarán los pájaros
    cantando.

    Y se quedará mi huerto con su verde árbol
    y con su pozo blanco.

5   Todas las tardes el cielo será azul y plácido,
    y tocarán, como esta tarde están tocando,
    las campanas del campanario°.

Suggestion:
As they read the poem, have students focus on the mood the poet conveys throughout it.

bells of the belltower

Se morirán los que me amaron
y el pueblo se hará nuevo cada año;
10   y lejos del bullicio° distinto, sordo, raro   *hubbub*
del domingo cerrado,
del coche de las cinco, de las siestas del baño,
en el rincón secreto de mi huerto florido y encalado°,   *whitewashed*
mi espíritu de hoy errará°, nostálgico...   *will wander, will stray*

15   Y yo me iré, y seré otro, sin hogar, sin árbol
verde, sin pozo blanco, sin cielo azul y plácido...

Y se quedarán los pájaros cantando.

Después de leer

El viaje definitivo
Juan Ramón Jiménez

① Ask students to reflect on their answers and what they have in common. (They all indicate the passing of time and the changing nature of things.)

1 **Comprensión** Contesta las siguientes preguntas.

1. ¿Adónde crees que se va el poeta? *El poeta se muere.*
2. ¿Qué harán los pájaros cuando el poeta se vaya? *Los pájaros se quedarán cantando.*
3. Además de los pájaros, ¿qué quedará cuando el poeta se vaya? *Quedará su huerto con su verde árbol y con su pozo blanco.*
4. ¿Por dónde y cómo errará el espíritu del poeta? *Su espíritu errará nostálgico por su huerto.*
5. ¿Qué pasará con el cielo? *El cielo se quedará azul y plácido.*
6. ¿Quiénes se morirán después que él? *Cuando él se vaya, se morirán los que lo amaron.*

② Have students discuss their answers in groups.

2 **Interpretar** Responde a las siguientes preguntas.

1. ¿Por qué crees que este poema se titula *El viaje definitivo?*
2. El poeta describe con exactitud cómo se queda todo cuando él se va. ¿Hay algún cambio en el pueblo o en el paisaje?
3. Según tu opinión, ¿a qué se refiere el poeta cuando dice que "el pueblo se hará nuevo cada año"?
4. Finalmente, el poeta dice que se irá y será otro. ¿A qué crees que se refiere? Explica tu opinión.
5. Inventa un título diferente para el poema.

3 **Analizar** Busca las palabras del poema que tienen rima asonante y escribe una oración con algunas de ellas. Después, comparte tu oración con la clase.

④ Ask students to relate what they know about the poet's life with the feelings expressed in the poem.

4 **Imaginar** En parejas, imaginen cómo fue la vida del hombre del poema: qué profesión tuvo, qué hizo en su vida, etc. ¿Creen que fue feliz? Expliquen por qué.

5 **Opinar** Diferentes religiones y creencias han intentado explicar lo que sucede después de la muerte, pero lo cierto es que nadie lo sabe con certeza. Seguramente ustedes tienen sus propias interpretaciones. En grupos de tres personas, comenten sus opiniones respecto a este tema. ¿Adónde vamos después de morir? Comenten otras interpretaciones que conozcan o alguna anécdota extraña que hayan escuchado.

6 **Escribir** Imagina que tienes que ir a un viaje que va a durar unos veinte años. ¿Será todo diferente a tu vuelta? Escribe un párrafo sobre los cambios que se producirán en tu familia, en tus amigos, en tu casa, etc.

Antes de leer

El derecho al delirio
Eduardo Galeano

Conexión personal

Cuando piensas en los derechos humanos, ¿en qué piensas exactamente? ¿Cuáles consideras más importantes? Escribe una lista con los cinco derechos humanos que consideras más importantes y después compárala con la de un(a) compañero/a.

Contexto cultural

Human rights organizations both in Spain and Latin America collaborate with the United Nations. Gender, ethnic, and socioeconomic issues in Spanish-speaking countries mirror similar concerns in the United States. One important difference for the Hispanic human rights movements, however, is the question of **los desaparecidos.** These are people who opposed (or were simply suspected of opposing) certain political regimes and one day "disappeared." The disappearance of people who opposed their regimes was a common means of extrajudicial control that ravaged some Latin American countries during the 1970s and 1980s.

Análisis literario: la enumeración

Cataloguing (**la enumeración**) is a literary technique that occurs when writers create lists of parallel words, expressions, or sentences. Emotional intensity builds by repeating similar structures while changing their content. As you read "El derecho del delirio," be aware of Galeano's technique. Why do you think he chose to catalogue his ideas in this essay?

Estrategia de lectura: determinar el propósito del autor

An author's purpose (**el propósito del autor**) is the reason that he or she creates a particular work. A writer may wish to inform, to persuade, to express an opinion, or simply to amuse. As you read "El derecho al delirio," try to identify Galeano's purpose in writing the essay. What role do you think cataloguing plays in achieving that purpose?

Vocabulario

al fin y al cabo *after all*	**la mercancía** *merchandise*
el asunto *matter; question; affair*	**el musulmán/la musulmana** *Muslim*
la certeza *certainty*	**el nivel** *level*
los derechos humanos *human rights*	**la plancha** *iron*
festejar *to celebrate*	**tomarse el pelo** *to joke*
el/la judío/a *Jewish*	**el veneno** *poison*

Eduardo Hughes Galeano

Hoja de vida

1940 Nace en Montevideo, Uruguay
1975 y 1978 Premio Casa de las Américas, Cuba
1982 *Memorias del fuego I- Los nacimientos*
1984 *Memorias del fuego II- Las caras y las máscaras*
1986 *Memorias del fuego III- El siglo del viento*
1993 *Las palabras andantes* (novela)
1998 *Patas arribas. La escuela del mundo al revés* (novela)

Sobre el autor

Eduardo Hughes Galeano comenzó trabajando en diferentes periódicos como *El Sol*, para el que hacía dibujos y caricaturas de tipo político, *Marcha* y *Época*. Fundó la revista *Crisis* durante su exilio en Argentina. Posteriormente, vivió en España hasta 1985, año en que regresó a su país de origen. Sus libros están marcados por la realidad político-social latinoamericana, que se refleja en su gusto por la narración histórica, la crónica y los artículos periodísticos.

El derecho al delirio

1   Ya está naciendo el nuevo milenio. No da para° tomarse el asunto demasiado en serio: al fin y al cabo, el año 2001 de los cristianos es el año 1379 de los musulmanes, el 5114 de los mayas y el 5762 de los judíos. El nuevo milenio nace un primero de enero por obra y
5   gracia de un capricho de los senadores del imperio romano, que un buen día decidieron romper la tradición que mandaba celebrar el año nuevo en el comienzo de la primavera. Y la cuenta de los años de la era cristiana proviene° de otro capricho: un buen día, el papa de Roma decidió poner fecha al nacimiento de Jesús, aunque nadie
10   sabe cuándo nació.

It's nothing much to

comes from

El tiempo se burla de los límites que le inventamos para creernos el cuento de que él nos obedece; pero el mundo entero celebra y teme esta frontera.

Milenio va, milenio viene, la ocasión es propicia° para que los
15 oradores de inflamada verba peroren° sobre el destino de la humanidad, y para que los voceros° de la ira de Dios anuncien el fin del mundo y la reventazón° general, mientras el tiempo continúa, calladito la boca, su caminata a lo largo de la eternidad y del misterio.

20 La verdad sea dicha°, no hay quien resista: en una fecha así, por arbitraria que sea, cualquiera siente la tentación de preguntarse cómo será el tiempo que será. Y vaya uno a saber cómo será. Tenemos una única certeza: en el siglo veintiuno, si todavía estamos aquí, todos nosotros seremos gente del siglo pasado y, peor
25 todavía, seremos gente del pasado milenio.

Aunque no podemos adivinar el tiempo que será, sí que tenemos, al menos, el derecho de imaginar el que queremos que sea. En 1948 y en 1976, las Naciones Unidas proclamaron extensas listas de derechos humanos; pero la inmensa mayoría de la humanidad
30 no tiene más que el derecho de ver, oír y callar. ¿Qué tal si empezamos a ejercer° el jamás proclamado derecho de soñar? ¿Qué tal si deliramos, por un ratito? Vamos a clavar los ojos más allá de la infamia, para adivinar otro mundo posible: el aire estará limpio de todo veneno que no venga de los miedos humanos y de
35 las humanas pasiones; en las calles, los automóviles serán aplastados° por los perros; la gente no será manejada por el automóvil, ni será programada por la computadora, ni será comprada por el supermercado, ni será mirada por el televisor; el televisor dejará de ser el miembro más importante de la familia, y
40 será tratado como la plancha o el lavarropas;
la gente trabajará para vivir, en lugar de vivir para trabajar;

opportune

make a speech

spokespeople

blowout

Truth be told

Suggestion:
Ask students to read
the text a second time,
this time jotting down
ideas about each
section for retelling later.

to practice, to excercise

run over

crime, offense

se incorporará a los códigos penales el delito° de estupidez,
que cometen quienes viven por tener o por ganar, en vez de vivir
por vivir nomás, como canta el pájaro sin saber que canta y como
45　juega el niño sin saber que juega; en ningún país irán presos los
muchachos que se nieguen a cumplir el servicio militar, sino los
que quieran cumplirlo; los economistas no llamarán *nivel de vida* al
nivel de consumo, ni llamarán *calidad de vida* a la cantidad de cosas;

los cocineros no creerán que a las langostas les encanta que las
50　hiervan vivas;

los historiadores no creerán que a los países les encanta ser
invadidos;

los políticos no creerán que a los pobres les encanta comer
promesas;

55　la solemnidad se dejará de creer que es una virtud, y nadie tomará
en serio a nadie que no sea capaz de tomarse el pelo;

la muerte y el dinero perderán sus mágicos poderes, y ni por
defunción ni por fortuna se convertirá el canalla° en virtuoso
caballero;

60　nadie será considerado héroe ni tonto por hacer lo que cree justo
en lugar de hacer lo que más le conviene;

el mundo ya no estará en guerra contra los pobres, sino contra la
pobreza, y la industria militar no tendrá más remedio que
declararse en quiebra°;

65　la comida no será una mercancía, ni la comunicación un negocio,
porque la comida y la comunicación son derechos humanos;

nadie morirá de hambre, porque nadie morirá de indigestión;

los niños de la calle no serán tratados como si fueran basura,
porque no habrá niños de la calle;

riffraff; cad

bankrupt

70 los niños ricos no serán tratados como si fueran dinero, porque no habrá niños ricos;

la educación no será el privilegio de quienes puedan pagarla;

la policía no será la maldición° de quienes no puedan comprarla;

curse

la justicia y la libertad, hermanas siamesas condenadas a vivir separadas, volverán a juntarse, bien pegaditas°, espalda contra espalda;

well stuck-together

75 una mujer, negra, será presidenta de Brasil y otra mujer, negra, será presidenta de los Estados Unidos de América; una mujer india gobernará Guatemala y otra, Perú;

en Argentina, las *locas* de Plaza de Mayo° serán un ejemplo de salud mental, porque ellas se negaron a olvidar en los tiempos de la amnesia obligatoria;

Mothers who marched in the Plaza de Mayo (Buenos Aires) to draw attention to the disappearance of their children

80 la Santa Madre Iglesia corregirá las erratas° de las tablas de Moisés, y el sexto mandamiento° ordenará festejar el cuerpo;

misprint

the sixth commandment

la Iglesia también dictará otro mandamiento, que se le había olvidado a Dios: «Amarás a la naturaleza, de la que formas parte»;

serán reforestados los desiertos del mundo y los desiertos
85 del alma;

los desesperados serán esperados y los perdidos serán encontrados, porque ellos son los que se desesperaron de tanto esperar y los que se perdieron de tanto buscar;

90 seremos compatriotas y contemporáneos de todos los que tengan voluntad de justicia y voluntad de belleza, hayan nacido donde hayan nacido y hayan vivido cuando hayan vivido, sin que importen ni un poquito las fronteras del mapa o del tiempo;

Suggestion:
Ask students if the title "El derecho al delirio" anticipated the ideas of the essay. Ask what connotations **delirio** has for Galeano. Have students replace **delirio** with another word or think of other titles for the essay.

la perfección seguirá siendo el aburrido privilegio de los dioses:
95 pero en este mundo chambón y jodido°, cada noche será vivida como si fuera la última y cada día como si fuera el primero. ⛶

clumsy and screwed-up

① Have students write
their own true/false
statements to
challenge the class.

Después de leer

El derecho al delirio
Eduardo Hughes Galeano

① **Comprensión** Después de leer el ensayo (*essay*) de Eduardo Galeano, decide si lo que afirman estas oraciones es **cierto** o **falso.** Corrige las oraciones falsas.

	Cierto	Falso
1. El año 2001 de los cristianos es el año 1379 de los musulmanes, el 5114 de los mayas y es el 5762 de los judíos.	☑	☐
2. El cambio de milenio es oportuno para que algunas personas especulen sobre el destino de la humanidad.	☑	☐
3. En el siglo XXI, si todavía estamos aquí seremos gente del siglo pasado o peor, del milenio pasado.	☑	☐
4. Las Naciones Unidas proclamaron muchos derechos humanos que hoy en día se cumplen en todo el mundo. *La inmensa mayoría de la humanidad no tiene más que el derecho a ver, oír y callar.*	☐	☑
5. Este ensayo habla de un mundo ideal en el que todo sería mejor y más justo.	☑	☐

② Choose two pairs of
students to read
their answers to the
first question sxaloud.
Ask the class in what
ways these two
answers are similar or
different. Repeat with
questions 2 and 3.

② **Analizar** Contesta las siguientes preguntas con un(a) compañero/a.

1. Eduardo Galeano dice que existe una larga lista de derechos humanos; sin embargo, "la inmensa mayoría de la humanidad no tiene más que el derecho a ver, oír y callar". ¿A qué países o sociedades crees que hace referencia al señalar "la inmensa mayoría"? ¿Estás de acuerdo con esa afirmación? Razona tu respuesta.

2. El título de este texto es muy significativo, teniendo en cuenta que el autor es consciente de que no todo el mundo tiene derechos. ¿Por qué crees que se titula "El derecho al delirio?" ¿En qué consiste el delirio del autor?

3. El autor escribe sobre "otro mundo posible". Según tu opinión, ¿cómo será ese mundo que propone?

③ Ask students to write
questions containing
si clauses for those
ideas with which they
disagree. Have them
ask the class later.
Ex: **¿Qué pasaría
si todos nosotros
festejáramos
nuestro cuerpo?**

③ **Opinar** Prepara dos listas, en una escribe las ideas del texto con las que estás de acuerdo y, en otra, aquéllas con las que estás en desacuerdo (*disagreement*). Después, con un(a) compañero/a, intercambia tu lista y explica tus opiniones sobre cada una.

De acuerdo	En desacuerdo

④ **Ampliar** "El derecho al delirio" da una visión crítica del mundo actual y propone un mundo diferente. En grupos de cuatro personas, hagan una lista de los problemas del mundo contemporáneo que consideren más graves. Depués, comenten si tienen solución o no, expliquen por qué y den soluciones a esos problemas. Cuando hayan terminado, compartan con la clase sus conclusiones.

Atando cabos

1 **Más allá del siglo XXI** En *El viaje definitivo*, Juan Ramón Jiménez se pregunta cómo será el mundo cuando él muera. En "El derecho al delirio," Eduardo Galeano sueña con un mundo futuro mejor. En parejas, imaginen que pueden adivinar el futuro más allá del siglo XXI: ¿Cuáles son los descubrimientos y acontecimientos más importantes que van a suceder en nuestro planeta?

El futuro en el siglo XXI

	acontecimientos positivos	acontecimientos negativos
en la economía		
en los asuntos sociales		
en el transporte		
en la educación		
en la medicina		
otros		

2 **El futuro ideal** Escribe un párrafo de unas diez líneas en el que describes cuál sería el mundo ideal para ti. Usa el condicional o el futuro y, al menos, una oración con **si.**

Plan de redacción

Hacer una lista Haz una lista de las cosas que te gustaría que pasaran en el mundo en un futuro ideal. Ordena la lista por tema.

Estructura Redacta el párrafo siguiendo la lista que has preparado. Usa el condicional o el futuro y una oración con **si**. Puedes usar expresiones como: **Me gustaría que el mundo fuera..., El futuro será..., Si yo pudiera decidir...**

Concluir Termina el párrafo con una oración que resuma la idea más importante.

① Ask students to present their vision of the future to the class and explain it.

② Ask students how their ideal world differs from Galeano's **delirio**. Ask whether they consider themselves idealists or pragmatists and why.

Los potros en el campo, 1915.
Francisco Iturrino González. España.

*En el majestuoso conjunto de la creación,
nada hay que me conmueva tan hondamente,
que acaricie mi espíritu y dé vuelo desusado
a mi fantasía como la luz apacible y
desmayada de la luna.*

— Gustavo Adolfo Bécquer

Antes de leer

Mauricio Purto

Conexión personal

¿Te atraen los deportes de alto riesgo *(high-risk)*? ¿Prefieres los deportes tradicionales? Entrevístate con un(a) compañero/a. Después, cada uno/a de ustedes informará a la clase sobre los gustos del/de la otro/a.

Contexto cultural

Boasting 3,500 kilometers (2,175 miles) of Andean mountain ranges and summits up to 6,900 meters (22,638 feet), Chile is a mecca for mountain climbers. Climbers can find mountainous areas in any of the country's geographical zones, and many peaks have yet to be explored. Since 1986, rock climbing, mountaineering, trekking, and other forms of sports climbing have become popular in Chile. Many universities have active mountaineering clubs, and an official organization, **Federación de Andinismo de Chile,** oversees classes, events, and issues related to all types of mountain climbing in the country.

Cultura opener (previous page):

See the **VENTANAS** Instructor's Resource Manual for teaching suggestions.

Contexto cultural: Ask students what high-risk sports could be popular in other Latin American countries, based on their geography. Why do people practice them?

Vocabulario

arriesgado/a *risky*

arriesgar *to risk*

la cumbre *peak, mountain top*

desafiar *to challenge; to defy*

la escalada *climb (a mountain)*

estar de espaldas a *to have one's back to*

el reto *challenge*

la subida *ascent*

Mauricio Purto

1   Seguro que más de una vez se han preguntado por qué algunas
personas arriesgan sus vidas por subir a las montañas más altas del
planeta. Las razones pueden ser muchas y muy variadas; algunas se
pueden entender y otras, como ocurre con las pasiones, escapan a
5   la lógica. Mientras muchos de nosotros vivimos de espaldas a la
naturaleza, escondidos en las comodidades de nuestras casas y
oficinas, unos pocos no se rinden° y dedican su vida a desafiar los
retos que la naturaleza les ofrece. Ellos son los privilegiados que
conseguirán conocer los más maravillosos y escondidos rincones
10   del planeta. Los demás nos limitaremos a disfrutar de estas
regiones a través de las historias de estos aventureros y, con un
poco de suerte, a través de las lentes de sus cámaras. Aquí les
presentamos a Mauricio Purto, médico y periodista, uno de los
más conocidos montañeros° hispanoamericanos.

15   Mauricio Purto, conocido por todos gracias a sus muchas
apariciones en los medios de comunicación, es médico cirujano
de profesión y trabaja en la Universidad Católica de Chile, lugar
donde entró en contacto con este apasionante deporte. Allí
conoció al que sería su maestro en esta práctica deportiva,
20   Claudio Lucero, profesor de la Escuela de Montañismo de
dicha universidad y leyenda del andinismo chileno. En el año
1988, Mauricio Purto ya estaba preparado para iniciar su carrera
deportiva y empezó a escalar montañas.

El carácter competitivo de este deportista hace que su trayectoria
25   no esté exenta de polémica. En 1992, Rodrigo Jordán, otro
componente de la Escuela de Montañismo de la Universidad
Católica, organizó una expedición para alcanzar la cumbre del
Everest, la montaña más alta del planeta. El deseo de ser el primer

Suggestion:
Suggest to students that
they summarize the text
as they read by jotting
down Mauricio Purto's
life achievements.

*they don't surrender, they
don't give up*

mountaineers

chileno en alcanzar la cima° de esta montaña, llevó a Mauricio
30   Purto a organizar otra expedición con la intención de llegar antes
que la expedición de Jordán.

mountaintop

Cada una de las expediciones iba por rutas diferentes. Finalmente
el equipo liderado por Jordán llegó primero, por una pequeña
diferencia de tiempo. Esta competencia entre los dos grupos
35   causó mucho revuelo° en los medios de comunicación y dividió la
opinión pública chilena.

it caused a stir

Mauricio Purto recuperó enseguida su actividad escaladora
después de la polémica subida al Everest. Acompañado de Italo
Valle, compañero de escaladas anteriores, subió "las siete
40   cumbres", es decir, las siete cimas más altas de los seis continentes,
que lo llevó a ser el hombre más joven y el primer sudamericano en
conseguir subirlas. Estas cumbres son: en Europa, el Elbrus; en la
Antártica, el Vinson; en Sudamérica, el Aconcagua; en Oceanía, la
Pirámide Carstensz; en Asia, el Everest; en América del Norte, el
45   monte McKinley y en el continente africano, el Kilimanjaro.

En 2001, Purto fue el productor de "Chilenas", la primera
expedición de mujeres sudamericanas que consigió subir el Everest.
Además de los logros deportivos, su personalidad emprendedora°
lo ha llevado a crear su propia empresa de comunicaciones, desde
50   donde ha realizado producciones en las que promociona el
montañismo. En la actualidad, Mauricio Purto es director de la
Federación de Andinismo y dirige la revista *Andes y Montañas*. ◼

enterprising

Después de leer

PERFIL

Mauricio Purto

1 **Comprensión** Averigua la opción correcta, de acuerdo con la lectura.

1. Mauricio Purto es
   a. argentino.
   b. chileno.
   c. ecuatoriano.

2. Mauricio Purto además de periodista y montañero es
   a. cirujano.
   b. dentista.
   c. abogado.

3. A partir de 1988, y con diferentes personas, ascendió varios picos montañosos y en 1992 consiguió subir al
   a. Denali.
   b. Everest.
   c. Shishapagma.

4. Mauricio consiguió alcanzar las "Siete Cumbres", y se convirtió en
   a. el decimocuarto sudamericano que había realizado esta hazaña.
   b. el primer sudamericano que había realizado esta hazaña.
   c. el segundo sudamericano que había realizado esta hazaña.

5. Su iniciativa ha ayudado mucho al desarrollo del montañismo chileno. En la actualidad, dirige la revista
   a. *Alpes y montañas.*
   b. *Los Andes y el montañismo.*
   c. *Andes y Montañas.*

2 **Interpretar** Mauricio Purto nos da un ejemplo claro de cómo una pasión se puede convertir en profesión. Reflexiona sobre las siguientes preguntas.

1. Para un montañero profesional, ¿qué significa alcanzar las "Siete Cumbres"?
2. En su escalada al monte Everest, Mauricio compitió con otra expedición y llegó en segundo lugar. ¿Crees que eso lo pudo beneficiar de alguna forma? ¿Cómo?
3. ¿Cómo ha contribuido Mauricio Purto al desarrollo del montañismo en su país?

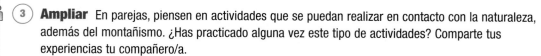

3 **Ampliar** En parejas, piensen en actividades que se puedan realizar en contacto con la naturaleza, además del montañismo. ¿Has practicado alguna vez este tipo de actividades? Comparte tus experiencias tu compañero/a.

---

② Ask students to write a paragraph explaining why Mauricio Purto devoted his life to this dangerous activity and whether his reasons for it outweigh the risks. Have them share their paragraphs with the class.

③ Ask students to choose one activity that can be practiced in the outdoors. Have them write a passage similar in tone to the article's first paragraph. They should make a convincing statement about the benefits of such an activity.

Antes de leer

El futuro de la Amazonia
Alberto Santander

Conexión personal

¿Te preocupa el deterioro del medio ambiente? ¿Qué haces (o evitas hacer) para protegerlo? Completa la tabla y compara los resultados con los de un(a) compañero/a.

Para proteger el medio ambiente…	
hago…	evito…
1. _____	1. _____
2. _____	2. _____
3. _____	3. _____
4. _____	4. _____
5. _____	5. _____

Contexto cultural

Because of their great biodiversity and their effects on global climate, Latin America's rain forests and their preservation are important issues for the entire planet. The Amazon Basin, which is the watershed of over half of South America, has received particular attention. Six Latin American countries either border the river itself or have tributary rivers that flow into the Amazon. Can you name them? Check your answers on a map.

Brazil, Venezuela, Colombia, Peru, Ecuador, Bolivia

Vocabulario

la explotación *exploitation*	**planificar** *to plan (a project)*
explotar *to exploit*	**la selva** *forest; jungle*
la pérdida *loss*	**tener en cuenta** *to keep in mind*

Conexión personal:
Have students work in pairs to learn how environmentally conscious their partner is. Have them share their partner's responses with the class. Model a sample question: **¿Llevas bolsas cuando vas al supermercado?**

Contexto cultural:
Ask students to name a few threats to rain forests in Latin America.

El futuro de la Amazonia
Alberto Santander

1   El Amazonas es la cuenca° más grande del planeta. Un área de   *basin*
     6.000.000 de kilómetros cuadrados que comienza a presentar
     serios claros° en sus bosques, donde se muestra el profundo   *clearings*
     deterioro al que sigue sometida su biodiversidad por parte de
5   países foráneos° que la explotan y la comparten, sin que se   *foreign*
     adopten políticas serias para su preservación.

     La cuenca del Amazonas es la más extensa reserva vegetal y
     animal del mundo y abriga° probablemente más del 50% de   *shelters*
     las especies del planeta. Un complejo natural de vida cuya
10   desaparición acarrearía° la pérdida de la fantástica reserva de   *would result in*
     genes, de pedazos de cromosomas de miles y miles de especies
     que un buen día podríamos necesitar, aunque fuera para
     enriquecer tal o cual especie útil a la vida del hombre.

     Aquí o allá un parque natural o una reserva bien manejada°   *well-managed*
15   puede revelarse indispensable, pero se sabe hoy que para
     explotar la selva sin destruirla y, al contrario, haciéndola
     producir más especies útiles, es necesario el trabajo
     de geógrafos, ecólogos y biólogos que puedan ayudar al
     ordenamiento° de los territorios y a la elección de sistemas   *regulation*
20   agroforestales apropiados para el repoblamiento° de la selva.   *reforastation, restocking*

     No se trata de una obsesión de los latinoamericanos, … ni de
     los ecologistas que ahora buscan concienciarse° del problema   *raise their own awareness*
     que representa para el planeta el deterioro de sus selvas.

     El problema va más allá de una postura sentimental guiada por

25   un sentimiento de impotencia. En sus escritos, Peter Bunyard, uno de los fundadores de *The Ecologist*, es enfático en señalar que muchos de los cambios climáticos que se perciben hoy en el planeta y que ocasionan grandes catástrofes, tienen que ver con la destrucción del Amazonas como reserva de equilibrio de todo
30   el sistema terrestre.

Durante 1981 y 1985 se destruyeron en Brasil 25.300 kilómetros cuadrados de selva, mientras que en Colombia se pierden actualmente 6.000 kilómetros cuadrados, en Ecuador, 3.400 y en Perú, 2.600, sin que se haga absolutamente nada
35   por detener la depredación, según un estudio del grupo Amigos de la Tierra.

Según Henry Felix, investigador del Centro Técnico Forestal Tropical, "hace tiempo que la selva del macizo peri-amazónico de la América Central, Yucatán, Costa Rica y Panamá ha sido
40   reducida a su más mínima expresión. Sin embargo, la carretera transamazónica y las haciendas extensivas permanecen casi intocables".

Quizás no se haya meditado aún lo suficiente sobre este trabajo inaplazable°. Pero ahora es el momento, si se tiene en cuenta
45   que desde la invención de la agricultura, la selva es tratada como si fuera enemiga de la humanidad. Así se ha demostrado durante siglos por las legislaciones de los países, que permitieron que otras selvas cayeran bajo la aplanadora° de la explotación inmisericorde° de su fauna y flora. Por eso hoy,
50   antes de que la tierra muera por desertización°, queda poco tiempo para aprender a vivir con las selvas, especialmente con la selva tropical húmeda del Amazonas, conocida como el pulmón del mundo. ▨

which can't be postponed

steamroller

merciless

desertification

① Have students reread the last paragraph. Ask them to explore the author's attitude towards environmental problems. Have them identify the purpose of his essay.

Después de leer

El futuro de la Amazonia
Alberto Santander

1 Comprensión Responde a las siguientes preguntas en forma concisa y clara.

1. ¿Por qué es tan importante para el planeta la cuenca del Amazonas? *Porque alberga más del 50% de las especies del planeta y es la reserva animal y vegetal más importante del mundo.*
2. ¿Qué consecuencias acarrearía la desaparición de la cuenca del Amazonas? *Acarrearía la pérdida de genes, pedazos de cromosomas y de miles de especies que un día podríamos necesitar.*
3. ¿Qué otro nombre se le suele dar también a la selva tropical húmeda del Amazonas? *El pulmón del mundo.*
4. ¿Qué enfatizan los estudios de Peter Bunyard? *Sus estudios señalan que muchos de los cambios climáticos que se perciben hoy en el planeta tienen que ver con la destrucción del Amazonas.*
5. ¿Cuántos kilómetros de selva se destruyeron en Brasil entre 1981 y 1985? *En Brasil durante 1981 y 1985 se destruyeron 25.300 kilómetros cuadrados de selva.*
6. Según un estudio del grupo Amigos de la Tierra, ¿qué se hace por detener la depredación de la selva? *Lamentablemente no se hace nada por detener la depredación.*

② Ask students to work in groups to reflect on why environmental problems are a modern concern. Ask them to think about other forests that disappeared in the past and why.

2 Analizar La conservación ecológica es una de las grandes preocupaciones del mundo moderno. Contesta las siguientes preguntas con un(a) compañero/a.

1. Según Alberto Santander, ¿qué se necesita para explotar la selva sin destruirla?
2. ¿Cuáles son algunos de los problemas de la explotación "inmisericorde" que se ha hecho de las selvas tropicales?
3. Todavía podemos salvar la selva amazónica, pero para ello no hay tiempo que perder. ¿Cuáles son los pasos a seguir para lograrlo?
4. Según tu opinión, si no se consigue detener la desertización del planeta, ¿qué impacto tendría esto en las futuras generaciones?

③ Have students imagine they are talking to a younger sibling. Ask them to give orders about what they should avoid doing. Ex: **No tires los papeles en la calle.** They can also express the same ideas with **si**-clauses. Ex: **Si tiras los papeles en la calle,** ...

3 Escribir Hay muchas formas de deteriorar el planeta. Cada día que pasa, esta situación empeora. En grupos pequeños, hagan una lista de los problemas que pueden contribuir al deterioro de fuentes de riqueza natural como el agua, el aire, etc. Después, busquen soluciones para evitar ese deterioro.

Problemas	Soluciones

Abriendo ventanas

El medio ambiente y las necesidades del ser humano

El turismo y otros fenómenos económicos contribuyen, a veces, a que las reservas naturales de la tierra se deterioren. Esto ha provocado que algunos gobiernos comiencen a controlar y restringir el acceso a ciertas zonas de gran importancia para la conservación de la flora y la fauna del planeta.

Trabajen e investiguen en grupos pequeños para preparar una presentación sobre alguna especie animal o vegetal que esté en peligro de extinción, o alguna reserva natural que se esté deteriorando rápidamente.

Suggestion: Ask students whether they think the extinction of plant and animal species will stop or continue and why. Have them consider the issue from a historical perspective by asking them about plant and animal species that became extinct in previous centuries.

Elegir el tema

Discutan entre todos de qué prefieren hablar y dividan el trabajo de investigación.

Preparar

Investiguen a través de Internet o en la biblioteca. Recuerden que el sitio *www.vistahigherlearning.com* les puede facilitar los enlaces relacionados con este tema.

Organizar

Una vez que hayan recopilado la información necesaria, organicen bien la exposición. Preparen un esquema respondiendo a las siguientes preguntas:
1. ¿De qué trata el tema que han elegido?
2. ¿Cómo afecta este fenómeno a la región y al ecosistema?
3. ¿Qué han hecho las autoridades gubernamentales para solucionarlo?
4. ¿Qué podemos hacer nosotros al respecto?

Estrategia de comunicación

Cómo dar soluciones

Las siguientes frases pueden ayudarles a expresarse de forma más adecuada.
1. El deterioro del planeta es algo preocupante, por eso...
2. Este problema se solucionaría si...
3. Creemos que los gobiernos o autoridades responsables deberían...
4. Lamentablemente, es verdad que...
5. Todos somos un poco responsables de... y por eso...

Ayuda para Internet

Pueden intentar acceder a la información utilizando las siguientes palabras clave: **especies en extinción / desertización / Las Islas Galápagos / ecotasas / ecoturismo / turismo rural**

Presentar

Antes de su presentación, cada grupo entregará una copia de su esquema al profesor. Usen medios audiovisuales (música, fotografías, fotocopias, etc.) para mostrar el tema que eligieron.

¡Qué animales somos!

Suggestion: After the presentations, have students add more ideas to the topic by making statements starting with **Somos animales cuando ...** Encourage the class to react.

1
5 min. La clase se divide en cuatro grupos y cada uno tiene que pensar y anotar sus opiniones sobre uno de los siguientes titulares.

Las mascotas: uno más en la familia. ¿Es posible querer demasiado a un animal?

¿Se trata a todos los animales de igual forma? ¿Está bien usar la piel de vaca para el calzado? ¿Qué opinas de los abrigos de visón (*mink*)?

Los métodos que siguen algunas organizaciones en defensa de los animales son, en muchas ocasiones, originales. ¿Estás de acuerdo con esas tácticas?

Experimentos con animales para buscar cura para las enfermedades: ¿un mal necesario?

2
10 min. Cada grupo tiene que preparar una breve presentación sobre el tema asignado. En el caso de que no todos los miembros del grupo estén de acuerdo, pueden mencionar que dentro del grupo hay distintas opiniones.

3
25 min. Los diferentes grupos presentan sus ideas a la clase, mientras todos toman nota.

4
10 min. Cuando todos los grupos terminen sus presentaciones, toda la clase debe participar haciendo preguntas y/o defendiendo sus opiniones.

La economía y el trabajo

Communicative Goals
You will expand your ability to...
- talk about your ideal job
- discuss different types of wealth
- explain narrative plots
- express ideas persuasively

Mercado de las Flores, 1931.
Diego Rivera. México.

Cuando llegue la inspiración, que me encuentre trabajando.

— Pablo Picasso

Antes de leer

El avaro
Luis Loayza

Conexión personal

Ante el dinero, casi nadie es indiferente. ¿Cuál es tu actitud? Ordena las siguientes oraciones por orden de importancia y después compara tu lista con la de un(a) compañero/a. ¿En qué están de acuerdo y en qué difieren?

El dinero es…

_____ el camino para conseguir la felicidad.

_____ necesario, pero no una prioridad.

_____ una fuente de poder e influencia.

_____ el único dios verdadero.

_____ una forma de ganar admiración.

_____ una distracción de las cosas importantes de la vida.

_____ un mal necesario.

_____ un valor en sí mismo.

Contexto cultural

The Incas did not mint gold or use it as currency. Rather, out of it, they fashioned representations of gods, ornaments for lords, and other ceremonial decorations. The chroniclers of the Spanish conquest described marvelous artifacts of gold and silver, most of which were melted by the Spanish conquistadors in their thirst for gold bullion.

Análisis literario: el microcuento

The short short story (**el microcuento**), as its name implies, is a narrative that is so short—often no more than a paragraph—that one can hardly speak of plot, setting, or character development. Instead, short short stories aim at sparking the imagination of the reader to fill in the narrative's suggestions.

As you read "El avaro*,*" remember that the short short story is brief, but not necessarily simple.

Estrategia de lectura: los conocimientos previos

Active readers draw from their own prior knowledge (**los conocimientos previos**) and experience to help them understand a story and make connections. When you are reading a story, you use what you already know about that subject or period in history to make inferences and draw conclusions. What prior knowledge do you have to help you understand the character in "El avaro"?

Vocabulario

añadir *to add (to)*

el/la avaro/a *miser*

inclinar *to bend (something) downward*

inclinarse *to bend down/near*

nombrar *to name*

el peso *weight*

Literatura opener (previous page):

See the **VENTANAS** Instructor's Resource Manual for teaching suggestions.

Conexión personal: Ask students to write a list of the people and factors that affect their perception of the value of money. Have them share their stories with the class.

Contexto cultural: Ask students to work in pairs to discuss why the Incas and the conquistadors had such differing views of gold. Have them share their thoughts with the class prior to the reading.

Estrategia de lectura: As students read the story, ask them to look for details related to the main character that remind them of someone they know. Are these qualities part of human nature?

Luis Loayza

Hoja de vida

1934 Nace en Lima, Perú
1955 *El avaro* (cuento)
1964 *Una piel de serpiente* (novela)
1974 *El sol de Lima* (novela)

Sobre el autor

Narrador y ensayista, **Luis Loayza** comienza publicando artículos en las revistas que inició y dirigió junto con otros escritores como Abelardo Oquendo, José Miguel Oviedo y Mario Vargas Llosa. En los escritos de Loayza se encuentra la idea de que en la base de la cultura peruana todavía persiste el carácter colonial. Loayza destaca por su capacidad para desmitificar iconos culturales, su gusto por el fragmento, y por el escepticismo de su obra que presenta en forma de ironía y de burla.

El avaro

1   Sé que cuando voy por la calle y un conversador se inclina al oído de otro y disimuladamente me señala, está diciendo que soy el avaro. Sé que cuando llega un traficante de telas o mujeres o vinos y pregunta por los hombres de fortuna, me
5   nombran pero añaden: "no comprará nada, es avaro".

Es verdad que amo mis monedas de oro. Me atraen de ellas su peso, su color —hecho de vivaces y oscuros amarillos—, su redondez perfecta. Las junto en montones y torres, las golpeo contra la mesa para que reboten°, me gusta
10   mirarlas guardadas en mis arcas°, ocultas del tiempo.

bounce

chests

Suggestion: If students enjoy Luis Loayza's style, bring in similar short stories by this author, such as "Enredadera" or "Otras tardes."

Suggestion: As students go over the reading the second time, ask them to underline sentences that challenge their initial impression. Ask them to share information derived from "reading between the lines."

Pero mi amor no es sólo a su segura belleza. Tantas
monedas, digo, me darán un buey°, tantas un caballo, tierras,   *ox*
una casa mayor que la que habito. Con uno de mis cofres° de   *chests*
objetos preciosos puedo comprar lo que muchos hombres
15   creen la felicidad. Este poder es lo que me agrada sobre todo
y el poder se destruye cuando se emplea. Es como en el
amor: tiene más dominio sobre la mujer el que no va con ella:
es mejor amante el solitario.

      Voy hasta mi ventana a mirar, perfiladas en el
20   atardecer, las viñas° del vecino: la época las inclina hacia   *vineyards*
la tierra cargadas de racimos apetecibles°. Y es lo mejor   *mouth-watering bunches*
desearlos desde acá, no ir y hastiarse° de su dulce sabor,   *fill oneself until tired of*
de su jugo. 🪟

Después de leer

El avaro
Luis Loayza

1. Comprensión Decide si las frases son **ciertas** o **falsas.** Corrige las oraciones falsas.

	Cierto	Falso
1. Nadie conoce al avaro.	☐	☑
Al avaro lo reconocen en la calle.		
2. Al avaro le gusta mirar sus monedas de oro.	☑	☐
3. El avaro piensa comprar muchas cosas con el oro.	☐	☑
Él guarda sus monedas de oro en sus arcas.		
4. Las uvas del vecino están listas para comer.	☑	☐
5. El avaro no se siente muy poderoso.	☐	☑
Él se cree poderoso.		
6. Para el avaro, desear algo es mejor que tenerlo.	☑	☐

2. Interpretar Contesta las siguientes preguntas con frases completas.

1. ¿Es el avaro un hombre reflexivo o de acción? Explica tu respuesta.
2. ¿Piensas que el avaro tiene muchos amigos? ¿Por qué?
3. En tu opinión, ¿crees que gastará alguna vez sus monedas?
4. ¿Conoces a alguien que sea como el personaje de este cuento?

3. Ampliar Con un(a) compañero/a, lee las citas y responde a las preguntas.

A. "Es verdad que amo mis monedas de oro".

1. ¿Entiende el avaro realmente la palabra "amar"?
2. ¿Qué dice la cita de su personalidad?
3. Compara al avaro con alguien a quien admiras.

B. "Este poder es lo que me agrada sobre todo y el poder se destruye cuando se emplea".

1. En tu opinión, ¿cuál es el significado de esta cita?
2. ¿Crees que es verdad lo que afirma?
3. ¿Conoces a alguien con un puesto de poder? ¿Cómo es esta persona? ¿Tiene problemas con el poder?

4. Escribir Imagina que un día el avaro quiere cambiar de personalidad. Escribe un párrafo en el que cuentas qué es lo que tiene que hacer el avaro para mejorar su vida.

> **MODELO** Lo que el avaro tiene que hacer es repartir su dinero.

---

② Ask students to reflect on the circumstances that led the main character to become obsessed with money. What experiences could have this type of impact on someone?

③ Ask students to think about how the saying "the grass is always greener on the other side" relates to "El avaro." Have them discuss this topic in pairs. Is it human nature to want what we do not have?

Antes de leer

La prodigiosa tarde de Baltazar
Gabriel García Márquez

Conexión personal
¿Has dicho una mentira alguna vez por cumplir con las expectativas de los demás? ¿Cuáles fueron las circunstancias? ¿Tiene sentido mentir en ciertas situaciones? Comparte tus opiniones con la clase.

Contexto cultural
Social class is a universal and seemingly predictable phenomenon when seen from the outside, but when experienced from within, it becomes much more dynamic, volatile, and malleable. Economic wealth, dress, and family honor are all factors in this system, but all are subject to breakdown, depending on public opinion. As you read the selection, pay attention to how vicissitudes of social class are reinforced in the sequence of events.

Análisis literario: el símbolo
Short stories often use a symbol (**el símbolo**) as a vehicle to illustrate the particularities of certain characters or themes. As you read the story, think about what Baltazar's creation represents to each of the characters that come into contact with it. What does the cage symbolize to the town? What does it symbolize to you?

Estrategia de lectura: evaluar
You may evaluate (**evaluar**) a work of literature in terms of its entertainment value, its credibility, its originality, its emotional power, and many other regards. As you are reading "La prodigiosa tarde de Baltazar," try to articulate your evaluation of these and other aspects of García Márquez' story.

Become accustomed to reading a text actively, assessing its merits, and trusting your own interpretations and reactions to it. In fact, a writer like García Márquez invites his readers to do just that by not always providing explanations for some of the characters' motivations. He leads readers to draw their own conclusions rather than stating them explicitly.

Estrategia de lectura: As students read, ask them to circle every reference that provides information about Baltazar's personality. Ask them to work in small groups to compare notes.

Vocabulario

arrastrar *to drag*	**descolgar** *to take down; to unhang*
asomarse *to show one's face (at a window or door)*	**descuidado/a** *unkempt; messy*
asustado/a *startled*	**golpear** *to strike; to knock on*
colgar *to hang (up)*	**la jaula** *cage*
demorar *to delay*	**prevenido/a** *cautious, wary*
derramar *to spill*	

Gabriel García Márquez

Hoja de vida

1928 Nace en Aracataca, Colombia
1967 *Cien años de soledad* (novela)
1975 *El otoño del patriarca* (novela)
1981 *Crónica de una muerte anunciada* (novela)
1982 Premio Nobel de Literatura
1985 *El amor en los tiempos del cólera* (novela)
1989 *El general en su laberinto* (novela)

Sobre el autor

Gabriel García Márquez es uno de los autores contemporáneos más importantes del panorama literario mundial. Su obra, que destaca por su variedad de estilos literarios, se hizo internacionalmente famosa tras la publicación de *Cien años de soledad*. Ésta popularizó el género llamado el "realismo mágico", en el que la realidad se funde con elementos fantásticos y míticos.

Suggestion: Ask students familiar with García Márquez to share anything they know about him. Otherwise, divide the class into groups and have each one research a different aspect of his life.

La prodigiosa tarde de Baltazar

1   La jaula estaba terminada. Baltazar la colgó en el alero°, por la   *eave*
    fuerza de la costumbre, y cuando acabó de almorzar ya se decía
    por todos lados que era la jaula más bella del mundo. Tanta gente
    vino a verla, que se formó un tumulto frente a la casa, y Baltazar
5   tuvo que descolgarla y cerrar la carpintería.
        —Tienes que afeitarte —le dijo Úrsula, su mujer—. Pareces
    un capuchino°.   *(bearded) Capuchin monk*
        —Es malo afeitarse después del almuerzo —dijo Baltazar.
        Tenía una barba de dos semanas, un cabello corto, duro y
10 parado como las crines° de un mulo, y una expresión general de   *mane*

muchacho asustado. Pero era una expresión falsa. En febrero había cumplido 30 años, vivía con Úrsula desde hacía cuatro, sin casarse y sin tener hijos, y la vida le había dado muchos motivos para estar alerta, pero ninguno para estar asustado. Ni siquiera sabía° que

15 para algunas personas, la jaula que acababa de hacer era la más bella del mundo. Para él, acostumbrado a hacer jaulas desde niño, aquél había sido apenas un trabajo más arduo que los otros.

He didn't even know

—Entonces repósate un rato —dijo la mujer—. Con esa barba no puedes presentarte en ninguna parte.

20 Mientras reposaba tuvo que abandonar la hamaca varias veces para mostrar la jaula a los vecinos. Úrsula no le había prestado atención hasta entonces. Estaba disgustada porque su marido había descuidado el trabajo de la carpintería para dedicarse por entero a la jaula, y durante dos semanas había dormido mal, dando

25 tumbos y hablando disparates°, y no había vuelto a pensar en afeitarse. Pero el disgusto se disipó ante la jaula terminada. Cuando Baltazar despertó de la siesta, ella le había planchado los pantalones y una camisa, los había puesto en un asiento junto a la hamaca, y había llevado la jaula a la mesa del comedor. La

nonsense, stupid things

30 contemplaba en silencio.

—¿Cuánto vas a cobrar? —preguntó.

—No sé —contestó Baltazar—. Voy a pedir treinta pesos para ver si me dan veinte.

—Pide cincuenta —dijo Úrsula—. Te has trasnochado mucho

35 en estos quince días. Además, es bien grande. Creo que es la jaula más grande que he visto en mi vida.

Baltazar empezó a afeitarse.

—¿Crees que me darán los cincuenta pesos?

—Eso no es nada para don Chepe Montiel, y la jaula los vale

40 —dijo Úrsula—. Debías pedir sesenta.

Expansion: Bring in some examples of **realismo mágico** from García Márquez and other writers. Ask students to analyze different samples of their work and guess what the characteristics of this **realismo mágico** are.

La casa yacía° en una penumbra° sofocante. Era la primera
semana de abril y el calor parecía menos soportable por el pito de
las chicharras°. Cuando acabó de vestirse, Baltazar abrió la puerta
del patio para refrescar la casa, y un grupo de niños entró en el
45 comedor.

La noticia se había extendido. El doctor Octavio Giraldo, un
médico viejo, contento de la vida pero cansado de la profesión,
pensaba en la jaula de Baltazar mientras almorzaba con su esposa
inválida. En la terraza interior donde ponían la mesa en los días de
50 calor, había muchas macetas° con flores y dos jaulas con canarios.

A su esposa le gustaban los pájaros, y le gustaban tanto que
odiaba a los gatos porque eran capaces de comérselos. Pensando
en ella, el doctor Giraldo fue esa tarde a visitar a un enfermo, y
al regreso pasó por la casa de Baltazar a conocer la jaula.

55 Había mucha gente en el comedor. Puesta en exhibición sobre
la mesa, la enorme cúpula de alambre° con tres pisos interiores,
con pasadizos° y compartimientos especiales para comer y dormir,
y trapecios° en el espacio reservado al recreo de los pájaros,
parecía el modelo reducido de una gigantesca fábrica de hielo. El
60 médico la examinó cuidadosamente, sin tocarla, pensando que en
efecto aquella jaula era superior a su propio prestigio, y mucho
más bella de lo que había soñado jamás para su mujer.

—Esto es una aventura de la imaginación —dijo. Buscó a
Baltazar en el grupo, y agregó, fijos en él sus ojos maternales—:
65 Hubieras sido un extraordinario arquitecto.

Baltazar se ruborizó°.

—Gracias —dijo.

—Es verdad —dijo el médico. Tenía una gordura lisa y tierna
como la de una mujer que fue hermosa en su juventud, y unas
70 manos delicadas. Su voz parecía la de un cura° hablando en latín.

lay / semidarkness

the buzzing of the cicadas

flower pots

wire

passageways

swings

blushed

priest, curate

—Ni siquiera será necesario ponerle pájaros —dijo, haciendo
girar la jaula frente a los ojos del público, como si la estuviera
vendiendo—. Bastará con colgarla entre los árboles para que cante sola.

Volvió a ponerla en la mesa, pensó un momento, mirando la
75   jaula, y dijo:

—Bueno, pues me la llevo.

—Está vendida —dijo Úrsula.

—Es del hijo de don Chepe Montiel —dijo Baltazar—. La
mandó a hacer expresamente.

80   El médico asumió una actitud respetable.

—¿Te dio el modelo?

—No —dijo Baltazar—. Dijo que quería una jaula grande,
como ésa, para una pareja de turpiales°.   *brightly colored birds of the*
Caribbean region

El médico miró la jaula.

85   —Pero ésta no es para turpiales.

—Claro que sí, doctor —dijo Baltazar, acercándose a la mesa.
Los niños lo rodearon°—. Las medidas están bien calculadas —   *surrounded*
dijo, señalando con el índice los diferentes compartimientos.
Luego golpeó la cúpula con los nudillos°, y la jaula se llenó de   *knuckles*
90   acordes profundos°.   *deep resonances*

—Es el alambre más resistente que se puede encontrar, y cada
juntura está soldada° por dentro y por fuera —dijo.   *every joint was soldered*

—Sirve hasta para un loro° —intervino uno de los niños.   *parrot*

—Así es —dijo Baltazar.

95   El médico movió la cabeza.

—Bueno, pero no te dio el modelo —dijo—. No te hizo
ningún encargo preciso, aparte de que fuera una jaula grande para
turpiales. ¿No es así?

—Así es —dijo Baltazar.

100   —Entonces no hay problema —dijo el médico—. Una cosa es
una jaula grande para turpiales y otra cosa es esta jaula. No hay
pruebas de que sea ésta la que te mandaron hacer.

    —Es ésta misma —dijo Baltazar, ofuscado°—. Por eso la hice.   *agitated*
El médico hizo un gesto de impaciencia.

105   —Podrías hacer otra —dijo Úrsula, mirando a su marido. Y
después, hacia el médico—: Usted no tiene apuro°.   *you are not in a hurry*

    —Se la prometí a mi mujer para esta tarde —dijo el médico.

    —Lo siento mucho, doctor —dijo Baltazar—, pero no se
puede vender una cosa que ya está vendida.

110   El médico se encogió de hombros°. Secándose el sudor del   *shrugged*
cuello con un pañuelo, contempló la jaula en silencio, sin mover la
mirada de un mismo punto indefinido, como se mira un barco que
se va.

    —¿Cuánto te dieron por ella?

115   Baltazar buscó a Úrsula sin responder.

    —Sesenta pesos —dijo ella.

    El médico siguió mirando la jaula.

    —Es muy bonita —suspiró—. Sumamente bonita.

    Luego, moviéndose hacia la puerta, empezó a abanicarse° con   *to fan himself*
120 energía, sonriente, y el recuerdo de aquel episodio desapareció
para siempre de su memoria.

    —Montiel es muy rico —dijo.

    En verdad, José Montiel no era un rico como parecía, pero
había sido capaz de todo por llegar a serlo. A pocas cuadras de allí,
125 en una casa atiborrada de arneses° donde nunca se había sentido   *jammed with suits of armor*
un olor que no se pudiera vender, permanecía indiferente a la
novedad de la jaula. Su esposa, torturada por la obsesión de la
muerte, cerró puertas y ventanas después del almuerzo y yació dos
horas con los ojos abiertos en la penumbra del cuarto, mientras
130 José Montiel hacía la siesta.

Así la sorprendió un alboroto de muchas voces. Entonces abrió la puerta de la sala y vio un tumulto frente a la casa, y a Baltazar con la jaula en medio del tumulto, vestido de blanco y acabado de afeitar, con esa expresión de decoroso candor con que los pobres

135 llegan a la casa de los ricos.

—Qué cosa tan maravillosa —exclamó la esposa de José Montiel, con una expresión radiante, conduciendo a Baltazar hacia el interior—. No había visto nada igual en mi vida —dijo, y agregó, indignada con la multitud que se agolpara en la puerta—: Pero

140 llévesela para adentro que nos van a convertir la sala en una gallera°.

hen house

Baltazar no era un extraño en la casa de José Montiel. En distintas ocasiones, por su eficacia y buen cumplimiento, había sido llamado para hacer trabajos de carpintería menor. Pero nunca

145 se sintió bien entre los ricos. Solía pensar en ellos, en sus mujeres feas y conflictivas, en sus tremendas operaciones quirúrgicas, y experimentaba siempre un sentimiento de piedad. Cuando entraba en sus casas no podía moverse sin arrastrar los pies.

—¿Está Pepe? —preguntó.

150 Había puesto la jaula en la mesa del comedor.

—Está en la escuela —dijo la mujer de José Montiel—. Pero ya no debe demorar.

Y agregó—: Montiel se está bañando.

En realidad José Montiel no había tenido tiempo de bañarse.

155 Se estaba dando una urgente fricción de alcohol alcanforado°

camphorated

para salir a ver lo que pasaba. Era un hombre tan prevenido, que dormía sin ventilador eléctrico para vigilar durante el sueño los rumores de la casa.

—Ven a ver qué cosa tan maravillosa —gritó su mujer.

160 José Montiel —corpulento y peludo°, la toalla colgada en la

hairy

nuca— se asomó por la ventana del dormitorio.

—¿Qué es eso?

—La jaula de Pepe —dijo Baltazar.

La mujer lo miró perpleja.

165 —¿De quién?

—De Pepe —confirmó Baltazar. Y después dirigiéndose a José Montiel—: Pepe me la mandó a hacer.

Nada ocurrió en aquel instante, pero Baltazar se sintió como si le hubieran abierto la puerta del baño. José Montiel salió en

170 calzoncillos del dormitorio.

—Pepe —gritó.

—No ha llegado —murmuró su esposa, inmóvil.

Pepe apareció en el vano de la puerta. Tenía unos doce años y las mismas pestañas rizadas° y el quieto patetismo de su madre.   *curly eyelashes*

175 —Ven acá —le dijo José Montiel—. ¿Tú mandaste a hacer esto?

El niño bajó la cabeza. Agarrándolo por el cabello, José Montiel lo obligó a mirarlo a los ojos.

—Contesta.

180 El niño se mordió° los labios sin responder.   *bit*

—Montiel —susurró la esposa.

José Montiel soltó al niño y se volvió hacia Baltazar con una expresión exaltada.

—Lo siento mucho, Baltazar —dijo—, pero has debido

185 consultarlo conmigo antes de proceder. Sólo a ti se te ocurre contratar con un menor.

A medida que hablaba, su rostro fue recobrando la serenidad. Levantó la jaula sin mirarla y se la dio a Baltazar—. Llévatela en seguida y trata de vendérsela a quien puedas —dijo—. Sobre todo,

190 te ruego que no me discutas.

Le dio una palmadita en la espalda, y explicó:

—El médico me ha prohibido coger rabia°.   *get angry*

El niño había permanecido inmóvil, sin parpadear, hasta que
Baltazar lo miró perplejo con la jaula en la mano. Entonces emitió
195   un sonido gutural, como el ronquido de un perro, y se lanzó al
suelo dando gritos.

José Montiel lo miraba impasible, mientras la madre trataba
de apaciguarlo°.   *calm him down*

—No lo levantes —dijo—. Déjalo que se rompa la cabeza
200   contra el suelo y después le echas sal y limón para que rabie con
gusto.

El niño chillaba° sin lágrimas, mientras su madre lo sostenía   *howled*
por las muñecas.

—Déjalo —insistió José Montiel.
205   Baltazar observó al niño como hubiera observado la agonía de
un animal contagioso. Eran casi las cuatro.

A esa hora, en su casa, Úrsula cantaba una canción muy
antigua, mientras cortaba rebanadas° de cebolla.   *slices*

—Pepe —dijo Baltazar.
210   Se acercó al niño, sonriendo, y le tendió la jaula. El niño se
incorporó de un salto, abrazó la jaula, que era casi tan grande
como él, y se quedó mirando a Baltazar a través del tejido°   *mesh*
metálico, sin saber qué decir. No había derramado una lágrima.

—Baltazar —dijo Montiel, suavemente—. Ya te dije que te la
215   lleves.

—Devuélvela —ordenó la mujer al niño.

—Quédate con ella —dijo Baltazar. Y luego, a José Montiel—:
Al fin y al cabo, para eso la hice.

José Montiel lo persiguió hasta la sala.
220   —No seas tonto, Baltazar —decía, cerrándole el paso—.
Llévate tu trasto° para la casa y no hagas más tonterías. No pienso   *piece of junk*
pagarte ni un centavo.

—No importa —dijo Baltazar—. La hice expresamente para regalársela a Pepe. No pensaba cobrar nada.

225 Cuando Baltazar se abrió paso a través de los curiosos que bloqueaban la puerta, José Montiel daba gritos en el centro de la sala. Estaba muy pálido y sus ojos empezaban a enrojecer.

—Estúpido —gritaba—. Llévate tu cacharro. Lo último que faltaba es que un cualquiera° venga a dar órdenes en mi casa. *just anybody (i.e. a nobody)*

230 ¡Carajo!

En el salón de billar recibieron a Baltazar con una ovación. Hasta ese momento, pensaba que había hecho una jaula mejor que las otras, que había tenido que regalársela al hijo de José Montiel para que no siguiera llorando, y que ninguna de esas cosas tenía

235 nada de particular.

Pero luego se dio cuenta de que todo eso tenía una cierta importancia para muchas personas, y se sintió un poco excitado.

—De manera que te dieron cincuenta pesos por la jaula.

—Sesenta —dijo Baltazar.

240 —Hay que hacer una raya en el cielo —dijo alguien—. Eres el único que ha logrado sacarle ese montón de plata a don Chepe Montiel. Esto hay que celebrarlo.

Le ofrecieron una cerveza, y Baltazar correspondió con una tanda° para todos. Como era la primera vez que bebía, al *round*

245 anochecer° estaba completamente borracho, y hablaba de un *nightfall* fabuloso proyecto de mil jaulas de a sesenta pesos, y después de un millón de jaulas hasta completar sesenta millones de pesos.

—Hay que hacer muchas cosas para vendérselas a los ricos antes que se mueran —decía, ciego de la borrachera—. Todos

250 están enfermos y se van a morir. Cómo estarán de jodidos que ya ni siquiera pueden coger rabia.

Durante dos horas el tocadiscos automático estuvo por su cuenta tocando sin parar. Todos brindaron° por la salud de Baltazar, por su suerte y su fortuna, y por la muerte de los ricos,

255 pero a la hora de la comida lo dejaron solo en el salón.

    Úrsula lo había esperado hasta las ocho, con un plato de carne frita cubierto de rebanadas de cebolla. Alguien le dijo que su marido estaba en el salón de billar°, loco de felicidad, brindando cerveza a todo el mundo, pero no lo creyó porque Baltazar no

260 se había emborrachado jamás. Cuando se acostó, casi a la medianoche, Baltazar estaba en un salón iluminado, donde había mesitas de cuatro puestos con sillas alrededor, y una pista de baile al aire libre, por donde se paseaban los alcaravanes°. Tenía la cara embadurnada de colorete° y como no podía dar un paso más,

265 pensaba que quería acostarse con dos mujeres en la misma cama. Había gastado tanto, que tuvo que dejar el reloj como garantía, con el compromiso de pagar al día siguiente. Un momento después, despatarrado° por la calle, se dio cuenta de que le estaban quitando los zapatos, pero no quiso abandonar el sueño más feliz

270 de su vida. Las mujeres que pasaron para la misa de cinco no se atrevieron a mirarlo, creyendo que estaba muerto. ▣

toasted

billiard hall

birds related to the gull

smeared with lipstick

sprawled out

Después de leer

La prodigiosa tarde de Baltazar
Gabriel García Márquez

① Ask students to write an alternate list of the events that took place in the story and rank them according to their relevance to the story. Have them discuss their lists in pairs.

1 **Comprensión** Enumera *(number)* de uno a diez los acontecimientos en el orden en que aparecen en el cuento.

_____6_____ a. Baltazar le regaló la jaula a Pepe Montiel.

_____5_____ b. El médico Octavio Giraldo trató de comprar la jaula.

_____7_____ c. José Montiel le gritó a Baltazar y lo llamó "estúpido".

_____3_____ d. Úrsula le dijo a Baltazar que pidiera cincuenta pesos por la jaula.

_____1_____ e. Baltazar colgó la jaula en el alero.

_____9_____ f. Baltazar estaba despatarrado por la calle.

_____4_____ g. Baltazar se afeitó.

_____10_____ h. A Baltazar le quitaron los zapatos.

_____2_____ i. Mucha gente vino a ver la jaula de Baltazar.

_____8_____ j. Baltazar se emborrachó.

② Ask students to think about the circumstances in Baltazar's life that led him to become the person he is. Ask them to think about his attitude towards material possessions, his relationships, and his life in general.

2 **Interpretar** Identifica al personaje que dijo cada cita. Luego, escribe dos o tres adjetivos que describan la personalidad o el carácter del personaje.

1. Llévate tu trasto para la casa y no hagas más tonterías. *José Montiel*
2. Hubieras sido un extraordinario arquitecto. *Octavio Giraldo*
3. Con esa barba no puedes presentarte en ninguna parte. *Úrsula*
4. Ven a ver qué cosa tan maravillosa. *la esposa de Montiel*
5. No pensaba cobrar nada. *Baltazar*

3 **Analizar** Contesta las siguientes preguntas con frases completas.

1. ¿Crees que fue generoso Baltazar o, por el contrario, crees que fue irreflexivo *(unthinking)*? Explica tu respuesta.
2. ¿Qué tipo de hombre crees que llegará a ser el hijo de Montiel? ¿Por qué?
3. ¿Por qué mintió Baltazar al final sobre el precio que le pagó Montiel?
4. ¿En qué se diferencian Baltazar y Montiel?
5. ¿Cuál crees que es el tema del cuento? ¿Qué nos revelan las experiencias de Baltazar?

④ Have different pairs of students act out a dialogue between characters other than Baltazar and Úrsula. Alternatively, ask them to prepare a scene that took place simultaneously with another scene in the story and that had an impact on the outcome.

4 **Ampliar** En parejas, imaginen que son Úrsula y Baltazar al día siguiente. ¿Qué es lo que le dice Úrsula a Baltazar? ¿Y viceversa? Escriban un diálogo para interpretar en frente de la clase.

> **MODELO**
> — Baltazar, ¿dónde está tu reloj?
> — Lo dejé en el salón de billar.

Atando cabos

(1) Personajes principales ¿En qué se parecen el avaro y Baltazar? ¿En qué se diferencian? Contesta las preguntas siguientes con frases completas.

1. ¿Les gusta el dinero por igual a los dos personajes? Explica tu respuesta.
2. ¿Qué piensan del amor? ¿Hay una persona especial en sus vidas?
3. ¿Cómo es la vida social de los dos? ¿Es más sociable el uno que el otro?
4. ¿Qué personalidad tiene cada uno?
5. ¿Cuál será más feliz? ¿Por qué?

 (2) Temas En parejas, conversen sobre las experiencias de los protagonistas principales. Luego, preparen dos o tres afirmaciones basadas en cada uno de los cuentos. ¿Qué nos enseña cada cuento?

 (3) Imaginar En parejas, imaginen una de las siguientes situaciones y preparen un diálogo para presentar en la clase.

1. ¿Cómo reaccionaría el avaro si se encontrara sin sus monedas de oro?
2. ¿Cómo reaccionaría Baltazar si se volviera rico de repente?

(4) Escribir Sigue el **Plan de redacción** para resumir la trama de una película que hayas visto en la que se trate el tema del dinero o del trabajo.

Plan de redacción

Presentación Inicia tu composición contando quiénes son los personajes, dónde transcurrió la historia y cuándo ocurrió.

Trama Cuenta la trama de la película que has elegido. Recuerda que debes utilizar pronombres relativos y expresiones de transición, por ejemplo: **del mismo modo, al mismo tiempo, como, por lo tanto, por consiguiente, por eso, por esta razón, debido a, además,** etc.

Conclusión Al terminar de escribir la trama, escribe una oración sobre **lo mejor** y otra sobre **lo peor** de la película.

MODELO Yo creo que lo mejor de la película son sus actores.

---

② Ask students to imagine a conversation between Baltazar and the main character in "El avaro." What do they have in common? Is there something that each one could teach the other?

③ Have students think of alternative situations for their dialogues and perform them in class. Encourage them to use props.

Cinda Lagui, 1939.
Alejandro Xul Solar. Argentina.

*En la sociedad actual, si no puedo comprar
no existo.*

— Cristina Peri Rossi

Antes de leer

PERFIL

Carolina Herrera

Conexión personal

¿Te gusta vestirte a la moda o no te importa mucho la ropa? Llena la siguiente encuesta personal y después compara tus respuestas con las de un(a) compañero/a.

	Siempre	A veces	Nunca
1. Voy a las tiendas de ropa.			
2. Todos los años cambio mi vestuario.			
3. Mis accesorios hacen juego con mi ropa.			
4. Salgo arreglado/a *(fixed up)* de casa.			
5. Me compro ropa que veo en las revistas.			
6. Me gusta comprar ropa cara.			
7. Estoy pendiente de la última moda.			
8. Compro ropa formal.			
9. Compro ropa informal.			

Contexto cultural

When people think of fashion, they usually think about Milan, Paris, or New York, but thanks to Venezuelan-born Carolina Herrera, Latin American and Caribbean designers are now making their own fashion statements on the world's runways.

At Herrera's request, the Council of Latin American Fashion Designers, Inc. was formed in 1999. This non-profit organization works to promote Latin American and Caribbean designers, and coordinates the annual Fashion Week of the Americas, popular with celebrities, buyers, and media from around the world.

Vocabulario

diseñar *to design*
enérgico/a *energetic*
la huella *trace, mark*

el lujo *luxury*
el privilegio *privilege*
tomar en serio *to take seriously*

Cultura opener (previous page):

See the **VENTANAS** Instructor's Resource Manual for teaching suggestions.

Conexión personal: Ask students to think about the importance placed on physical appearance. Have them recall an occasion when they misjudged someone based on appearance. Encourage them to share their anecdotes.

Carolina Herrera

Isabel Piquer

1   Cuando cumplió los 40, Carolina Herrera decidió hacer algo inaudito°: empezar a trabajar. No tenía por qué. Vivía en Caracas *unheard of* en un mundo de lujo y privilegio. Pertenecía a una de las familias más antiguas y adineradas° de Venezuela. Estaba felizmente *wealthy*

5   casada, tenía cuatro hijos. Llevaba casi diez años en la lista de las mujeres más elegantes del mundo. Era la perfecta anfitriona°, la *hostess* reina de las fiestas de sociedad. Nadie se lo tomó muy en serio.

    De eso hace 22 años. "Nunca hubiera podido anticipar este éxito. Cuando empiezas, creo que nunca sabes muy bien adónde

10   vas ni si vas a gustar, porque tampoco lo estás pensando. Y de repente llega. Luego, si tienes un poquito de éxito, es imposible parar porque es como una droga". Sentada en uno de los sillones de su oficina de la Séptima Avenida, en el Garment District de Nueva York, Herrera habla con la voz melosa° de su acento natal. *soft*

15   Está perfecta. Ni una arruga°. Es la imagen de la distinción que ha *wrinkle* sabido crear y vender desde su primer desfile, en un apartamento prestado de Park Avenue.

    Carolina Herrera tiene la pose y la elegancia de una mujer de mundo. En Caracas vivió las legendarias fiestas de su suegra, Mimi

20   Herrera, amiga de Greta Garbo y de la duquesa de Windsor. En Nueva York fue la diseñadora de Jackie Kennedy en los últimos 12 años de su vida. Warhol le hizo tres retratos, todos iguales salvo por el color de la sombra de ojos. Y cuando *Vanity Fair* sacó el pasado abril una portada plegable° sobre estrellas y leyendas de *fold out*

25   Hollywood, no encontró mejor decorado que una réplica del salón
victoriano de su casa del Upper East Side.

     Tenía 13 años cuando su abuela la llevó a París, a un desfile
de Cristóbal Balenciaga. Fue su primera introducción a la alta
costura°. Le gustó, pero no lo bastante como para pensar en   *haute couture*

30   dedicarse a la moda. "Yo no era de las que jugaban a vestir a sus
muñecas°". Sin embargo, aquella experiencia dejó huella. Aún   *dolls*
ahora asegura inspirarse en las líneas claras y sencillas del español
que triunfó en Francia.

     Esta imagen elitista también ha jugado en su contra. A menudo

35   se ha relegado a Carolina Herrera a la categoría de diseñadora para
las *ladies who lunch* (las damas que almuerzan). "Si yo sólo hubiera
hecho colecciones para mis amigas habría cerrado hace veinte
años, porque una compañía no se puede basar en eso. Es
imposible. En aquel momento decidieron ponerme esa etiqueta°,   *label*

40   pero mi moda no sólo ha sido para ellas".

     El tiempo le ha dado la razón. El Park Avenue chic, las faldas
por debajo de la rodilla, lo clásico, lo caro llenan las páginas de las
revistas. Todo el mundo quiere parecerse a la adinerada minoría
neoyorquina. "La moda es algo que cambia, pero ciertos elementos

45   son constantes: la sofisticación, la elegancia y, por supuesto, el
lujo", dice la diseñadora. "La moda es una fantasía, una locura,
un misterio. ¿Qué es la moda? Es algo que necesitas todos los días
porque te vistes todos los días. Cuando la gente está combinando
lo que se va a poner por las mañanas, ya está haciendo moda.

50   Moda es historia, es civilización, es arte, es un negocio".

     "Cuando empecé, tenía 40 años. Acababa de nacer mi primer
nieto. A menudo me han preguntado por qué se me ocurrió
meterme en esta aventura. Creo que hay un momento en
la vida de todo el mundo en el que debes hacer lo que realmente

55   quieres". 🏠

Expansion: After students finish their lists, have them work in the same groups to establish a relationship between the clothing of different periods and the social changes that were taking place.

Después de leer

PERFIL

Carolina Herrera

(1) Comprensión Decide si las frases son **ciertas** o **falsas.** Corrige las oraciones falsas.

	Cierto	Falso
1. Carolina Herrera comenzó a diseñar ropa a los cuarenta años.	☑	☐
2. Carolina Herrera vive ahora en París.	☐	☑
Ella vive en Nueva York.		
3. De pequeña, Carolina Herrera vestía a sus muñecas.	☐	☑
Ella no jugaba a vestir a sus muñecas.		
4. Carolina Herrera viene de una familia muy rica.	☑	☐
5. Según Carolina, la moda es arte y negocio.	☑	☐
6. Carolina siempre recibe muy buenas críticas.	☐	☑
Su moda recibió críticas negativas.		
7. Jackie Kennedy sólo le encargó algunos vestidos.	☐	☑
Carolina Herrera diseñó para ella por 12 años.		
8. Andy Warhol le hizo tres retratos a Carolina Herrera.	☑	☐

(2) Interpretar Contesta las siguientes preguntas con frases completas.

1. ¿Era común que las mujeres de la clase social de Carolina trabajaran?

2. ¿Pensaba Carolina que iba a tener un gran éxito cuando empezó a diseñar ropa? Razona tu respuesta.

3. ¿Crees que Carolina es una buena mujer de negocios? Explica tu respuesta; cita ejemplos del texto.

4. ¿Cómo describe la moda Carolina? ¿Con qué cosas la compara?

(3) Imaginar En grupos, imaginen que van a montar un negocio como diseñadores de ropa. ¿Qué necesitarían para comenzarlo? Preparen una lista de cinco cosas que tendrían que tener para comenzar. Empiecen sus frases con **Lo que…**.

MODELO Lo que necesitamos para montar nuestro negocio es una oficina.
Además, lo que necesitaríamos son dos diseñadores/as de moda.

(4) Comunicación En parejas, preparen una entrevista con Carolina Herrera. Ya saben algo de ella, pero todavía quieren tener más información. Pueden preguntarle sobre sus estudios, sus amistades, su vida familiar, sus viajes o su país, Venezuela. Uno/a de ustedes es la diseñadora y otro/a es el/la periodista.

(2) Ask students to think about the role that Carolina Herrera's social status played in her success as a designer. If they reflect back on "El avaro" and Baltazar, which would have gotten along better with Carolina Herrera? Can any connections be established?

(3) Remind students they need to consider the message conveyed through their fashion line. What audience would they target? What would make it unique?

Antes de leer

Caravana de sal
Ricardo Carrasco

Conexión personal

¿Te gusta viajar? Algunos viajes son mejores que otros. ¿Cuál ha sido el viaje más incómodo que has hecho? Llena la tabla con lo que recuerdes del viaje. Compara tus notas con las de un(a) compañero/a.

Un viaje incómodo	
¿Adónde?	
¿Cómo?	
¿Cuándo?	
¿Por qué?	
¿Con quién/es?	

Conexión personal:
Find out if any students have traveled abroad, particularly to a Spanish-speaking country. Ask for volunteers to share their stories, focusing on highlights of their trip or any peculiarities encountered.

Contexto cultural

From the beginning of interregional commerce in Bolivia and the entire Andean region, caravans of llamas have been used to transport goods between the highlands and the tropical regions found at lower elevations. Although truckers do most of this hauling nowadays, a few **llameros** still carry on the tradition. A characteristic of this ancient highway is the existence of petroglyphs that mark the way. These rock engravings show human figures, geometric designs, hands, feet, and animals, particularly the llama, either as a sole motif or lined up in a caravan.

Vocabulario

a lo largo de *along, beside*

alejarse *to move away*

amarrar *to tie*

empeñarse en *to strive to; to make an effort to*

el hoyo *hole*

la jornada *(work) day*

la manta *blanket*

masticar *to chew*

el/la poblador(a) *settler; inhabitant of a town*

Caravana de sal
Ricardo Carrasco

1   Cinco de la mañana en el poblado de Chacala, sur de Bolivia. Aún
no amanece° y la temperatura alcanza los 25°C bajo cero°. A pesar   *It is not yet light / -13 °F*
del intenso frío, la actividad en la casa de Irineo Colque, arriero°   *driver (of pack animals)*
de llamas de toda la vida, no se detiene. Él, su esposa Marta y su
5   sobrino Fulgencio preparan la próxima caravana de sal que llevará
este producto a través de las montañas hacia las tierras bajas,
donde la sal es tan apreciada como el agua. Irineo no se amilana°   *is undaunted*
por las dificultades que le imponen jornadas de esa naturaleza. Al
contrario, se empeña en conservar esta tradición y abriga° la   *to shelter*
10 esperanza de que su sobrino hará perdurar en el tiempo esta
costumbre ancestral. Fulgencio, orgulloso de ser su discípulo, y
como si se tratara de un mandato divino, sigue al pie de la letra°   *literally, exactly; to the letter*
las instrucciones del veterano, incluida la advertencia de Irineo de
atar una pequeña mota° de intenso color rojo para diferenciar sus   *bobble*
15 llamas del resto circundante. Tal vez sea éste el último eslabón°   *link*
en una tradición que está a punto de desaparecer: las caravanas de los
nómadas de la sal del gran sur boliviano.

La caravana avanza lentamente por el lecho seco y arenoso° del   *the dry sandy bed*
río Chacala. Fulgencio Colque hace lo mejor que puede bajo la
20 mirada atenta del veterano. Marta regresa a casa sin decir adiós: la
morada° no debe quedar sola.   *dwelling*

Desde el enorme salar° de Uyuni, el más grande del mundo y a   *salt flats*
más de 3.600 metros sobre el nivel del mar, es extraída la sal en
bloques compactos. Hoy por hoy, la utilización de camionetas y
25 camiones alquilados por la comunidad para llevar la sal está
terminando con las caravanas de llameros.

Para soportar la larga e intensa caminata, el experimentado
Irineo mastica hojas de coca que guarda en una pequeña bolsa
tejida por Marta; es el primer día de travesía° y nos alejamos de la   *crossing*
30 casa de los Colque, mientras el silencio parece congelar mis oídos y
sólo es posible escuchar las delicadas pisadas° de las llamas   *steps*
hundiéndose° en la fina arena.   *sinking*

Suggestion: Explain to students that Ricardo Carrasco is a writer and photographer who has shown an interest in portraying people, towns, and nature in their original context.

Los llameros protegen a sus animales como si se tratara de seres queridos; acicalan° su lana con frecuencia, mantienen sus
35 pezuñas° limpias y los llevan a las mejores zonas de pastoreo°. Pero sólo las llamas machos y jóvenes están capacitadas para transportar en sus lomos, durante varios días, la pesada carga compuesta por paquetes de 20 kilogramos. Durante el largo camino, los llameros y sus animales cumplirán jornadas de seis
40 horas continuas y dormirán en viejos corrales abandonados.

La travesía es larga y, al arribar a diferentes puntos, los integrantes de la caravana podrán constatar° la alegría que su llegada despierta entre los pobladores, que en muchos casos aún utilizan el trueque —grasa y granos a cambio de la sal, por
45 ejemplo— como una forma de subsistencia. Ríos, hondonadas°, pendientes°, valles, dunas, entre otros, conocerán del cruce de los llameros y sus animales, que en su trayecto son acompañados sobre todo por la soledad y el silencio; *trula, trula, trula,* será el grito con que, cariñosamente, Irineo y Fulgencio obligan a las llamas a tomar
50 el paso y, de esta forma, además, romper el silencio sepulcral que los envuelve.

Al llegar al poblado° de Watarchi, que se abre entre las montañas, la satisfacción embarga° a los llameros no sólo por la culminación del viaje, sino también por las muestras de alegría que
55 reciben de parte de los habitantes del lugar, que a cambio de la sal les proponen duraznos° secos, zanahorias, habas° y otros alimentos.

Ha concluido una larga jornada que no ha estado exenta° de peligro, como cuando por los acantilados los animales se encabritaron° y estuvieron a punto de desbarrancarse° y perder la
60 carga, y que ha incluido noches donde ha sido necesario amarrar a sus animales por el cuello para mantenerlos unidos y calientes. ⊞

make look good

hooves / pasture

Suggestion: To facilitate comprehension, suggest to students that they keep a running list of the "events" that take place in the narration.

to verify; to state; to affirm

hollows

slopes

settlement

seizes; takes hold of

peaches / beans

without, lacking

get frisky / topple into a canyon

Después de leer

Caravana de sal
Ricardo Carrasco

1 **Comprensión** Contesta las siguientes preguntas con frases completas.

1. ¿Qué preparan Irineo Colque y su familia? *Irineo Colque y su familia preparan la próxima caravana de sal.*
2. ¿Cómo es el clima del sur de Bolivia en junio? *El clima es frío y hace mucho viento.*
3. ¿Qué tradición está a punto de desaparecer? *Las caravanas están a punto de desaparecer.*
4. ¿Qué hay en Uyuni? *En Uyuni está el salar más grande del mundo.*
5. ¿Qué mastica Irineo y para qué? *Él mastica hojas de coca para soportar la larga e intensa caminata.*
6. ¿Cómo tratan los llameros a sus animales? *Ellos los tratan como a sus seres queridos.*
7. ¿Cómo deben ser las llamas para poder hacer el duro viaje? *Sólo las llamas machos y jóvenes pueden hacer el duro viaje.*
8. ¿Cómo los reciben en Watarchi y qué les proponen a cambio de la sal? *Los reciben con alegría y les proponen cambiar la sal por duraznos, zanahorias, habas y otros alimentos.*

2 Have students choose other issues for their discussion. Encourage each group to present at least two opposing views for each. As each group presents its conclusion, encourage the class to question their findings.

2 **Comunicación** En grupos, conversen sobre una de las siguientes preguntas. Luego, una persona de cada grupo presentará las conclusiones a la clase.

1. ¿Es inevitable que el progreso de la civilización dañe la naturaleza? Por ejemplo, los coches contribuyen a la contaminación del aire y las fábricas a la contaminación del agua.
2. ¿Cómo afecta el clima a las costumbres de los habitantes? Por ejemplo, los habitantes del sur de Estados Unidos tienen costumbres diferentes a las de los habitantes del norte.
3. ¿Cómo influyen en las personas las tradiciones de sus padres? Por ejemplo, si los padres son de diferentes culturas o países, ¿cómo las influye? ¿Es inevitable que se produzca un choque entre la cultura de los padres y la de los hijos?
4. ¿Cómo influyen en las personas las tradiciones de sus padres? Por ejemplo, si los padres son de diferentes culturas o países, ¿cómo influye en los hijos? ¿Es inevitable que se produzca un choque entre la cultura de los padres y la cultura de los hijos?

3 **Escribir** Escribe un párrafo en el que contestas una de las siguientes preguntas.

- ¿Te gusta trabajar al aire libre?
- ¿Qué otros trabajos conoces que sean parecidos al de Irineo?
- ¿Has trabajado con animales alguna vez? ¿Te gustaría hacerlo? Explica por qué sí o por qué no.
- ¿Crees que se puede ganar mucho dinero en un trabajo como el de Irineo? Explica por qué sí o por qué no.

Abriendo ventanas

Las empresas en el mundo hispano

Trabajen en grupos para preparar una presentación sobre una empresa hispana.

Elegir el tema

Reúnanse y decidan la empresa de la que van a hablar o, si no conocen ninguna, investiguen entre todos los miembros del grupo para escoger la empresa a presentar.

Preparar

Vayan a la biblioteca o investiguen en Internet. Pueden visitar el sitio *www.vistahigherlearning.com* para buscar enlaces relacionados con el tema. Busquen información sobre la empresa elegida y tomen nota de lo que consideren interesante: qué productos venden, cómo es su publicidad, a quién va dirigido el producto, etc. No se olviden de recoger *(collect)* información audiovisual para mostrar a la clase.

Organizar

Organicen la información recogida en un esquema *(outline)*. Tengan en cuenta que cada presentación durará unos 10 minutos. No se olviden de citar las fuentes *(the sources)* que han utilizado para preparar su presentación.

Estrategia de comunicación

Cómo hablar de una empresa
Las siguientes frases pueden ayudarlos/las a expresarse de forma más adecuada.
1. La empresa de la que vamos a hablar es…
2. Lo que me/nos interesa de esta empresa es, por un lado …, por otro…
3. Esta empresa, cuyos beneficios son muy numerosos,…
4. Como resultado de su publicidad…
5. En conclusión, quiero/queremos decir que…

Presentar

Antes de su presentación, cada grupo entregará una copia de su esquema al profesor. Usen medios audiovisuales (fotografías, fotocopias, recortes de revistas, etc.) para dar a conocer la empresa que eligieron.

Suggestion: Bring in Spanish language business-oriented publications to aid in brainstorming.

Suggestion: Remind students to clarify their purpose and determine what they are trying to accomplish before organizing other details.

Ayuda para Internet

Aquí tienen unas palabras clave para buscar información en Internet: **empresarios hispanos / economía / fábrica / publicidad / empresas / éxito**

NATIONAL
communication
cultures connections
STANDARDS

Instructional Resource IRM (general teaching suggestion)

Correo celestial

país España   **director** Gerardo Ballesteros

duración 10:09 minutos   **protagonistas** joven, ángel, diablo

Vocabulario

atropellar *to run over*   **el disfraz** *costume*

la burla *mockery*   **fallecer** *to die*

dar la vuelta al mundo *to go around the world*   **tal como** *just as*

Cortometraje: *Correo celestial* (España; 10:09 minutos) **Synopsis:** In this humorous film, a young man receives a chain letter. If he sends it to twenty-one people within nine days, he will have good luck. On the other hand, if he fails to send it within the allotted time period, he will be struck with bad luck. What is his fate?

Antes de ver el corto

(1) **Comentar** En parejas, contesten las siguientes preguntas.

1. ¿Han recibido alguna vez una carta en cadena? ¿Han hecho lo que les pedían en ella?
2. ¿Por qué creen que existe este tipo de correo?

Mientras ves el corto

(2) **Anticipar** ¿Qué piensas que le va a pasar al protagonista?

(3) **Comprensión** En la lista, hay algunos sucesos que ocurren y otros que no. Indica los que sí ocurren.

_✓_ 1. El joven abre el buzón y recoge una carta.

_____ 2. El joven tira la carta a la basura.

_____ 3. El joven va a la fiesta de disfraces.

_✓_ 4. El joven se imagina que echa la carta a un buzón.

_____ 5. Constantino García recibió ocho millones de pesetas.

_✓_ 6. Llamaron a María Baldó para un trabajo mejor.

_✓_ 7. Tiene que hacer veintiuna copias.

_✓_ 8. Muere atropellado.

Después de ver el corto

(4) Comprensión Contesta las siguientes preguntas.

1. ¿Qué promete la carta?
La carta promete que va a tener cuatro días de suerte.

2. ¿A qué persona tiene que enviar la carta?
Tiene que enviar la carta a las personas que necesiten ayuda y suerte.

3. ¿Qué consiguió Constantino García por enviar la carta?
Constantino García recibió cinco millones de pesetas.

4. ¿Por qué no puede dormir el joven?
No puede dormir porque hay una fiesta cerca de su apartamento.

5. ¿Envía las cartas?
Sí, envía las cartas.

6. ¿Qué le ocurre al final al joven?
El joven muere atropellado por un carro.

(5) Desarrollar Contesta las siguientes preguntas con un(a) compañero/a.

1. ¿Qué relación tiene el final del cortometraje con su título? Razonen sus respuestas.

2. ¿Si recibieran una carta así, harían lo que se les pide? ¿Por qué?

3. ¿Creen que una carta en cadena puede cambiar la vida de alguien?

(6) Escribir Escribe una carta similar a la que recibe el protagonista. Utiliza pronombres relativos y palabras de transición. Después, léela delante de la clase.

(7) Conversar En parejas, uno/a de ustedes tiene que intentar convencer al/a la otro/a de que escriba y mande veinte cartas en cadena para poder conseguir el trabajo de sus sueños. El/la otro/a tiene que dar argumentos en contra.

(8) Interpretar En parejas, inventen otro final para el corto, en el que incluyen un diálogo del joven con otro personaje de su elección. Después, represéntenlo delante de la clase.

Poderoso caballero es don Dinero

Suggestion: Ask students to think about the **llamero**. Does money have the same value for him as for a businessperson? Which one has a better perspective on money? Encourage the different groups to brainstorm as many perspectives for each point as possible.

(1) La clase se divide en cinco grupos y cada uno tiene que pensar y anotar sus ideas sobre uno de los
5 min. siguientes temas:

¿Da el dinero la felicidad?

La globalización: ¿es negativa o positiva?

(2) Cada grupo tiene que preparar una breve presentación sobre uno de los temas. En el caso de que
10 min. no todos opinen lo mismo, pueden mencionar que dentro del grupo hay distintas opiniones.

(3) Los diferentes grupos presentan sus ideas a la clase, mientras todos toman nota.
25 min.

(4) Cuando todos los grupos han terminado de presentar sus ideas, toda la clase debe participar
10 min. haciendo preguntas y/o defendiendo sus opiniones.

La religión y la política

Communicative Goals

You will expand your ability to...

- restate information in your own words
- express opinions about religion and politics
- write a short newspaper article
- talk about famous people
- write a speech

San Antonio de Oriente, 1957.
José Antonio Velásquez. Nicaragua.

> *Yo no sé si Dios existe, pero si existe, sé que no le va a molestar mi duda.*
>
> — Mario Benedetti

Antes de leer

Masa
César Vallejo

Literatura opener
(previous page):

See the **VENTANAS**
Instructor's Resource Manual
for teaching suggestions.

Conexión personal
Piensa en la palabra *solidaridad (solidarity).* ¿Qué significa para ti? ¿Con qué asocias la palabra? ¿Conoces algún ejemplo de solidaridad? Descríbelo y comenta el ejemplo con la clase.

Contexto cultural
Among those who fought on behalf of the Republic against the Nationalist forces during the Spanish Civil War (1936–1939) were many individuals from nations other than Spain, including writers from both North and South America. Several Latin American poets, including Nobel Laureates Octavio Paz (Mexico), Gabriela Mistral (Chile), and Pablo Neruda (Chile) wrote works that expressed their solidarity with the Spanish Republic.

Peruvian poet César Vallejo's collection *España, aparta de mí este cáliz (Spain, take this chalice from me),* however, goes beyond the historical confines of the Spanish conflict to reflect the poet's commitment to humanity. Compassion for the suffering of the oppressed is a hallmark of Vallejo's work, as can be seen in *Masa.*

Análisis literario: la repetición
Writers use repetition (**la repetición**) —of a sound, a word, a phrase, a grammatical structure— to stress ideas and create memorable sound effects. Repetition is a common feature of poetry. As you read *Masa,* notice how the repetition of the last line of the first stanza builds to a climax in the poem. Try reading the poem aloud to appreciate this technique.

Estrategia de lectura: la paráfrasis
Paraphrasing (**la paráfrasis**) is the ability to restate in your own words a text or idea; it is a useful strategy for understanding and internalizing information. However, while paraphrasing a poem may aid a reader's comprehension, it can never reproduce or reflect the complexity of the original text.

A comparison between a paraphrase of a poem like *Masa,* no matter how skillful and complete the paraphrase may be, and the poem itself will reveal how much of the poem's meaning and effect result from its specific structure.

Conexión personal: As you call on students to give their examples of solidarity, ask a volunteer to list them on the board. Ex: **Hay solidaridad cuando se....**

Contexto cultural: Ask students to think of examples of solidarity other than Vallejo's. Remind them of Mother Teresa, Martin Luther King, etc.

Vocabulario

acudir *to come to the aid of*

la batalla *battle*

el/la combatiente *combatant*

César Vallejo

Hoja de vida

1892 Nace en Santiago de Chuco, Perú
1918 *Los heraldos negros*
1922 *Trilce*
1938 Muere en París, Francia
1939 *España, aparta de mí este cáliz*
1939 *Poemas humanos*

Suggestion: Ask students to name other socially conscious writers. Ask them to share the subjects of their writing.

Sobre el autor

César Vallejo es una figura crucial en la poesía hispanoamericana del siglo XX. Su universo poético se caracteriza por la complejidad con la que trata lo familiar, el dolor, el nihilismo, y por la fe en la solidaridad social. Su obra pasó por diferentes etapas: en sus comienzos tuvo influencias del modernismo y más tarde de la vanguardia para, finalmente, ser influida por el indigenismo y la poesía social. Su libro *Trilce* está considerado como una obra clave en la renovación de la poesía hispanoamericana.

Masa

1   Al fin de la batalla,

y muerto el combatiente, vino hacia él un hombre

y le dijo: "¡No mueras, te amo tanto!"

Pero el cadáver ¡ay! siguió muriendo.

Suggestion: As students read the poem, ask them to pay attention to the last line of each stanza. Have them paraphrase these lines in different ways.

5   Se le acercaron dos y repitiéronle°:   *le repitieron*

"¡No nos dejes! ¡Valor! ¡Vuelve a la vida!"

Pero el cadáver ¡ay! siguió muriendo.

Acudieron a él veinte, cien, mil, quinientos mil,

clamando°: "¡Tanto amor y no poder nada contra la muerte!"   *crying out*

10   Pero el cadáver ¡ay! siguió muriendo.

Le rodearon millones de individuos,

con un ruego° común: "¡Quédate hermano!"   *request*

Pero el cadáver ¡ay! siguió muriendo.

Entonces, todos los hombres de la tierra

15   le rodearon; les vio el cadáver triste, emocionado;

incorporóse° lentamente,   *se incorporó*

abrazó al primer hombre; echóse a andar°…   *set off walking*

Después de leer

Masa
César Vallejo

1 Comprensión Contesta las siguientes preguntas.

1. ¿En qué momento se acercó el hombre al combatiente muerto?
Se acercó al final de la batalla.

2. ¿Qué cuenta la primera estrofa del poema?
Cuenta que un hombre le dijo al combatiente que no se muriera, pero el cadáver siguió muriendo.

3. ¿Qué verso se repite en todas las estrofas del poema, a excepción de la última estrofa?
El verso que se repite es: "Pero el cadáver ¡ay! siguió muriendo."

4. ¿Qué le pide el primer hombre al combatiente?
El primer hombre le pide que no se muera.

5. ¿Qué le rogaron millones de individuos al combatiente?
Le rogaron que se quedara.

6. ¿Qué hizo el combatiente al final?
Al final del poema el combatiente se incorporó y se puso a andar.

2 Interpretar Contesta las siguientes preguntas.

1. ¿Por qué crees que no conocemos el nombre del combatiente o el lugar de la batalla? Razona tu respuesta.

2. Al final del poema, ¿por qué crees que el cadáver se incorpora y echa a andar?

3 Analizar Contesta las siguientes preguntas.

1. Según tu opinión, ¿cuál es el tema principal de este poema?

2. ¿Qué efecto busca el poeta con la repetición?

3. ¿Qué relación existe entre lo que sucedió al final y el título del poema?

4. ¿Crees que la unión de todos puede cambiar el curso de la historia?

4 Conversar En grupos de tres, contesten las siguientes preguntas. Luego, compartan sus conclusiones con la clase.

1. ¿Creen que las guerras son inevitables? ¿Por qué?

2. En su opinión, ¿quiénes son los responsables?

3. Es posible un futuro sin guerras?

4. ¿Creen que habría menos guerras si hubiera más mujeres en el poder? ¿Por qué?

5 Escribir Escribe un pequeño párrafo en el que resumes lo ocurrido en el poema y das tu opinión sobre la idea que transmite. Comenta al final del párrafo si estás de acuerdo o no con esa idea. Usa pronombres relativos y palabras de transición.

2 Ask students what audience Vallejo is trying to reach and what the poem's purpose is. How does he intend for the audience to change history?

3 Ask students to explain the poem's ideas regarding the masses and social solidarity.

4 Ask students to compare their opinions with Vallejo's. Ask whether Vallejo's ideas are universal or whether they were shaped by the ideological currents of his time.

Antes de leer

Dos palabras
Isabel Allende

Conexión personal
¿Crees que expresarse con elocuencia es una forma de poder? ¿Has estado en alguna situación en la que sólo te salvó tu capacidad de persuasión? ¿Conoces a alguien que haya estado en una situación así? Describe la situación a la clase.

Contexto cultural
Long before universal education programs, the majority of Latin Americans were either illiterate or had only rudimentary literacy skills. Because of this, the **escribano público** *(public scribe)* played an important role in society. The role of the **escribano** was to fill out legal documents or write letters for people who could not do so themselves. **Escribanos** worked in open-air markets or at tables outside of public buildings. Their role was reduced in the twentieth century, thanks to many literacy campaigns in Latin America. The literacy movements in Cuba and Nicaragua have received worldwide acclaim for their success in reducing the illiteracy rate in their respective countries.

Análisis literario: el realismo mágico
Magical realism (**el realismo mágico**) is a literary technique made famous by Latin American writers of the mid-twentieth century, especially Gabriel García Márquez. Unlike fantasy, where strange and unworldly events amaze characters and readers alike, magical realism incorporates fantastic and magical details into everyday life.

Estrategia de lectura: los detalles
Paying close attention to details (**los detalles**) in a literary work will deepen your understanding and enrich your appreciation of the work. As you read "Dos palabras," jot down examples of details that you recognize as fantastic, magical, and impossible, but which are presented by the narrator as unremarkable parts of ordinary life in the fictional context of the story. What is the cumulative effect of these details?

Vocabulario

adivinar *to guess*	**enterrar** *to bury*
atar *to tie (up)*	**espantar** *to scare*
el bautismo *baptism*	**el/la guerrero/a** *warrior*
la cosecha *harvest*	**mojar** *to moisten*
el cura *priest*	**la multitud** *crowd*
desatar *to untie*	**el sillón** *armchair*
destrozar *to destroy*	**suelto/a** *loose*
el/la dueño/a *owner*	

Isabel Allende

Hoja de vida

1942 Nace en Lima, Perú
1982 *La casa de los espíritus* (novela)
1984 *De amor y de sombra* (novela)
1985 Premio a la Mejor Novela, México
1988 *Cuentos de Eva Luna* (cuentos)
1999 *Hija de la fortuna* (novela)
2000 *Retrato en sepia* (novela)

Sobre el autor

La escritora y periodista chilena **Isabel Allende** huyó de Chile tras el asesinato de su tío Salvador Allende, presidente del país, durante el golpe de estado del general Pinochet. Su primera novela, *La casa de los espíritus,* fue publicada en el exilio y tuvo una gran aceptación por parte de la crítica y de los lectores. En su obra, en muchas ocasiones, se refleja la técnica usada en el realismo mágico. La familia, el amor y el poder son algunos de los temas recurrentes que aparecen en sus escritos.

Suggestion: Ensure that students understand Isabel Allende's circumstances in Chile. Provide information about the political context there in the 1970s.

Dos palabras

1 Tenía el nombre de Belisa Crepusculario, pero no por fe de bautismo° o acierto° de su madre, sino porque ella misma lo buscó hasta encontrarlo y se vistió con él. Su oficio era vender palabras. Recorría el país, desde las regiones más altas y frías
5 hasta las costas calientes, instalándose en las ferias y en los mercados, donde montaba cuatro palos con un toldo de lienzo°, bajo el cual se protegía del sol y de la lluvia para atender a su clientela. No necesitaba pregonar° su mercadería y cuando aparecía por la aldea° con su atado° bajo el brazo hacían cola
10 frente a su tenderete°. Vendía a precios justos. Por cinco centavos entregaba versos de memoria, por siete mejoraba la calidad de los sueños, por nueve escribía cartas de enamorados, por doce inventaba insultos para enemigos irreconciliables.

baptismal certificate / good decision

poles with a canvas awning

hawk, call out

village / pack

stall

También vendía cuentos, pero no eran cuentos de fantasía, sino
15 largas historias verdaderas que recitaba de corrido, sin saltarse
nada°. Así llevaba las nuevas de un pueblo a otro. La gente le
pagaba por agregar una o dos líneas: nació un niño, murió
fulano°, se casaron nuestros hijos, se quemaron las cosechas.
En cada lugar se juntaba una pequeña multitud a su alrededor
20 para oírla cuando comenzaba a hablar y así se enteraban de las
vidas de otros, de los parientes lejanos, de los pormenores° de la
Guerra Civil. A quien le comprara cincuenta centavos, ella le
regalaba una palabra secreta para espantar la melancolía. No era
la misma para todos, por supuesto, porque eso habría sido un
25 engaño colectivo. Cada uno recibía la suya con la certeza de que
nadie más la empleaba para ese fin en el universo y más allá.

Belisa Crepusculario había nacido en una familia tan mísera,
que ni siquiera poseía nombres para llamar a sus hijos. Vino al
mundo y creció en la región más inhóspita, donde algunos años
30 las lluvias se convierten en avalanchas de agua que se llevan
todo, y en otros no cae ni una gota del cielo, el sol se agranda
hasta ocupar el horizonte entero y el mundo se convierte en un
desierto. Hasta que cumplió doce años no tuvo otra ocupación
ni virtud que sobrevivir al hambre y la fatiga de siglos. Durante
35 una interminable sequía° le tocó enterrar a cuatro hermanos
menores y cuando comprendió que llegaba su turno, decidió
echar a andar por las llanuras en dirección al mar, a ver si en el
viaje lograba burlar a la muerte. La tierra estaba erosionada,
partida en profundas grietas°, sembrada° de piedras, fósiles de
40 árboles y de arbustos espinudos, esqueletos de animales
blanqueados por el calor. De vez en cuando tropezaba con
familias que, como ella, iban hacia el sur siguiendo el espejismo
del agua. Algunos habían iniciado la marcha llevando sus
pertenencias al hombro o en carretillas°, pero apenas podían
45 mover sus propios huesos y a poco andar debían abandonar sus
cosas. Se arrastraban penosamente, con la piel convertida en
cuero de lagarto° y los ojos quemados por la reverberación de la

without skipping anything

so-and-so

details

Suggestion: Break the
story into sections and
have students work in
pairs to write the main
ideas of one section
at a time, including
references to magical
and real elements.

drought

cracks / sown

wheelbarrows

alligator

luz. Belisa los saludaba con un gesto al pasar, pero no se detenía, porque no podía gastar sus fuerzas en ejercicios de compasión.

50 Muchos cayeron por el camino, pero ella era tan tozuda° que   *stubborn*
consiguió atravesar el infierno y arribó por fin a los
primeros manantiales°, finos hilos de agua, casi invisibles, que   *springs*
alimentaban una vegetación raquítica, y que más adelante se
convertían en riachuelos y esteros. Belisa Crepusculario salvó
55 la vida y además descubrió por casualidad la escritura. Al llegar
a una aldea en las proximidades de la costa, el viento colocó a
sus pies una hoja de periódico. Ella tomó aquel papel amarillo
y quebradizo y estuvo largo rato observándolo sin adivinar su
uso, hasta que la curiosidad pudo más que su timidez. Se acercó
60 a un hombre que lavaba un caballo en el mismo charco turbio°   *murky puddle*
donde ella saciara° su sed.   *had satisfied*

—¿Qué es esto? —preguntó.

—La página deportiva del periódico —replicó el hombre sin
dar muestras de asombro ante su ignorancia.

65 La respuesta dejó atónita a la muchacha, pero no quiso
parecer descarada° y se limitó a inquirir el significado de las   *shameless*
patitas de mosca° dibujadas sobre el papel.   *fly specks*

—Son palabras, niña. Allí dice que Fulgencio Barba noqueó°   *knocked out*
al Negro Tiznao en el tercer *round.*

70 Ese día Belisa Crepusculario se enteró de que las palabras
andan sueltas sin dueño y cualquiera con un poco de maña°   *skill*
puede apoderárselas° para comerciar con ellas. Consideró su   *take possession of them*
situación y concluyó que aparte de prostituirse o emplearse
como sirvienta en las cocinas de los ricos, eran pocas las
75 ocupaciones que podía desempeñar°. Vender palabras le   *carry out; practice*
pareció una alternativa decente. A partir de ese momento
ejerció esa profesión y nunca le interesó otra. Al principio
ofrecía su mercancía sin sospechar que las palabras podían
también escribirse fuera de los periódicos. Cuando lo supo
80 calculó las infinitas proyecciones de su negocio, con sus ahorros
le pagó veinte pesos a un cura para que le enseñara a leer y

escribir y con los tres que le sobraron se compró un diccionario.
Lo revisó desde la A hasta la Z y luego lo lanzó al mar, porque
no era su intención estafar° a los clientes con palabras   *cheat*
85 envasadas°.   *packaged*

Varios años después, en una mañana de agosto, se encontraba
Belisa Crepusculario en el centro de una plaza, sentada bajo su
toldo vendiendo argumentos de justicia a un viejo que solicitaba
su pensión desde hacía diecisiete años. Era día de mercado y
90 había mucho bullicio° a su alrededor. Se escucharon de pronto   *racket*
galopes y gritos; ella levantó los ojos de la escritura y vio
primero una nube de polvo y enseguida un grupo de jinetes°   *riders; horsemen*
que irrumpió° en el lugar. Se trataba de los hombres del   *burst*
Coronel, que venían al mando del Mulato, un gigante
95 conocido en toda la zona por la rapidez de su cuchillo y la
lealtad hacia su jefe. Ambos, el Coronel y el Mulato, habían
pasado sus vidas ocupados en la Guerra Civil y sus nombres
estaban irremisiblemente unidos al estropicio° y la calamidad.   *mess; havoc*
Los guerreros entraron al pueblo como un rebaño en
100 estampida°, envueltos en ruido, bañados de sudor y dejando a   *stampede*
su paso un espanto de huracán. Salieron volando las gallinas,
dispararon a perderse los perros, corrieron las mujeres con sus
hijos y no quedó en el sitio del mercado otra alma viviente que
Belisa Crepusculario, quien no había visto jamás al Mulato y
105 por lo mismo le extrañó que se dirigiera a ella.

—A ti te busco —le gritó señalándola con su látigo enrollado
y antes que terminara de decirlo, dos hombres cayeron encima
de la mujer atropellando° el toldo y rompiendo el tintero°,   *knocking over / inkwell*
la ataron de pies y manos y la colocaron atravesada como un
110 bulto de marinero° sobre la grupa° de la bestia del Mulato.   *seaman's bag; duffle bag / hindquarters*
Emprendieron galope en dirección a las colinas.

Horas más tarde, cuando Belisa Crepusculario estaba a punto
de morir con el corazón convertido en arena por las sacudidas
del caballo, sintió que se detenían y cuatro manos poderosas la
115 depositaban en tierra. Intentó ponerse de pie y levantar la

cabeza con dignidad, pero le fallaron las fuerzas y se desplomó° *collapsed*
con un suspiro, hundiéndose en un sueño ofuscado. Despertó
varias horas después con el murmullo de la noche en el campo,
pero no tuvo tiempo de descifrar esos sonidos, porque al abrir
120 los ojos se encontró ante la mirada impaciente del Mulato,
arrodillado a su lado.

—Por fin despiertas, mujer —dijo alcanzándole su
cantimplora° para que bebiera un sorbo de aguardiente con *canteen*
pólvora y acabara de recuperar la vida.

125 Ella quiso saber la causa de tanto maltrato y él le explicó que
el Coronel necesitaba sus servicios. Le permitió mojarse la cara
y enseguida la llevó a un extremo del campamento, donde el
hombre más temido del país reposaba en una hamaca colgada
entre dos árboles. Ella no pudo verle el rostro°, porque tenía *face*
130 encima la sombra incierta del follaje y la sombra imborrable de
muchos años viviendo como un bandido, pero imaginó que
debía ser de expresión perdularia° si su gigantesco ayudante se *ne'er-do-well*
dirigía a él con tanta humildad. Le sorprendió su voz, suave y
bien modulada como la de un profesor.

135 —¿Eres la que vende palabras? —preguntó.

—Para servirte —balbuceó° ella oteando° en la penumbra *stammered / scanning*
para verlo mejor.

El Coronel se puso de pie y la luz de la antorcha° que llevaba *torch*
el Mulato le dio de frente. La mujer vio su piel oscura y sus
140 fieros° ojos de puma y supo al punto que estaba frente al *fierce*
hombre más solo de este mundo.

—Quiero ser Presidente —dijo él.

Estaba cansado de recorrer esa sierra maldita en guerras
inútiles y derrotas que ningún subterfugio podía transformar en
145 victorias. Llevaba muchos años durmiendo a la intemperie°, *the elements*
picado de mosquitos, alimentándose de iguanas y sopa de
culebra, pero esos inconvenientes menores no constituían razón
suficiente para cambiar su destino. Lo que en verdad le
fastidiaba era el terror en los ojos ajenos. Deseaba entrar a los

150 pueblos bajo arcos de triunfo, entre banderas de colores y
flores, que lo aplaudieran y le dieran de regalo huevos frescos y
pan recién horneado. Estaba harto de comprobar cómo a su
paso huían los hombres, abortaban de susto las mujeres y
temblaban las criaturas°; por eso había decidido ser Presidente.   *babies*

155 El Mulato le sugirió que fueran a la capital y entraran
galopando al Palacio para apoderarse del gobierno, tal como
tomaron tantas otras cosas sin pedir permiso, pero al Coronel
no le interesaba convertirse en otro tirano; de ésos ya habían
tenido bastantes por allí y, además, de ese modo no obtendría

160 el afecto de las gentes. Su idea consistía en ser elegido por
votación popular en los comicios de diciembre.

   —Para eso necesito hablar como un candidato. ¿Puedes
venderme las palabras para un discurso? —preguntó el
Coronel a Belisa Crepusculario.

165   Ella había aceptado muchos encargos, pero ninguno como
ése; sin embargo no pudo negarse, temiendo que el Mulato le
metiera un tiro° entre los ojos o, peor aún, que el Coronel se   *would shoot her*
echara a llorar. Por otra parte, sintió el impulso de ayudarlo,
porque percibió un palpitante calor en su piel, un deseo

170 poderoso de tocar a ese hombre, de recorrerlo con sus manos,
de estrecharlo entre sus brazos.

   Toda la noche y buena parte del día siguiente estuvo Belisa
Crepusculario buscando en su repertorio las palabras
apropiadas para un discurso presidencial, vigilada° de cerca por   *watched*

175 el Mulato, quien no apartaba los ojos de sus firmes piernas de
caminante y sus senos° virginales. Descartó las palabras ásperas°   *breasts / harsh*
y secas, las demasiado floridas°, las que estaban desteñidas° por   *flowery / faded*
el abuso, las que ofrecían promesas improbables, las carentes°   *lacking*
de verdad y las confusas, para quedarse sólo con aquéllas

180 capaces de tocar con certeza el pensamiento de los hombres y la
intuición de las mujeres. Haciendo uso de los conocimientos
comprados al cura por veinte pesos, escribió el discurso en una
hoja de papel y luego hizo señas al Mulato para que desatara la

cuerda con la cual la había amarrado por los tobillos a un árbol.
La condujeron nuevamente donde el Coronel, y al verlo ella
volvió a sentir la misma palpitante ansiedad del primer
encuentro. Le pasó el papel y aguardó, mientras él lo miraba
sujetándolo con la punta de los dedos.

—¿Qué carajo dice aquí°? —preguntó por último.

What the hell does this say?

—¿No sabes leer?

—Lo que yo sé hacer es la guerra —replicó él.

Ella leyó en alta voz el discurso. Lo leyó tres veces, para que
su cliente pudiera grabárselo en la memoria. Cuando terminó
vio la emoción en los rostros de los hombres de la tropa que se
juntaron para escucharla y notó que los ojos amarillos del
Coronel brillaban de entusiasmo, seguro de que con esas
palabras el sillón presidencial sería suyo.

—Si después de oírlo tres veces los muchachos siguen con la
boca abierta, es que esta vaina° sirve, Coronel —aprobó el
Mulato.

thing, stuff, business

—¿Cuánto te debo por tu trabajo, mujer? —preguntó el Jefe.

—Un peso, Coronel.

—No es caro —dijo él abriendo la bolsa que llevaba colgada
del cinturón con los restos del último botín.

—Además tienes derecho a una ñapa°. Te corresponden dos
palabras secretas —dijo Belisa Crepusculario.

small amount of goods given free

—¿Cómo es eso?

Ella procedió a explicarle que por cada cincuenta centavos
que pagaba un cliente, le obsequiaba° una palabra de uso

would give as a gift

exclusivo. El jefe se encogió de hombros, pues no tenía ni el
menor interés en la oferta, pero no quiso ser descortés con
quien lo había servido tan bien. Ella se aproximó sin prisa al
taburete° de suela donde él estaba sentado y se inclinó para

stool

entregarle su regalo. Entonces el hombre sintió el olor de
animal montuno° que se desprendía de esa mujer, el calor de

wild, untamed

incendio que irradiaban sus caderas°, el roce terrible de sus

hips

cabellos, el aliento de yerbabuena susurrando en su oreja las dos palabras secretas a las cuales tenía derecho.

—Son tuyas, Coronel —dijo ella al retirarse—. Puedes
220 emplearlas cuanto quieras.

El Mulato acompañó a Belisa hasta el borde del camino sin
dejar de mirarla con ojos suplicantes de perro perdido pero
cuando estiró la mano para tocarla, ella lo detuvo con un
chorro° de palabras inventadas que tuvieron la virtud de   *spurt*
225 espantarle el deseo, porque creyó que se trataba de alguna
maldición irrevocable.

En los meses de septiembre, octubre y noviembre el Coronel
pronunció su discurso tantas veces, que de no haber sido hecho
con palabras refulgentes y durables el uso lo habría vuelto
230 ceniza. Recorrió el país en todas direcciones, entrando a las
ciudades con aire triunfal y deteniéndose también en los
pueblos más olvidados, allá donde sólo el rastro de basura
indicaba la presencia humana, para convencer a los electores
de que votaran por él. Mientras hablaba sobre una tarima° al   *platform*
235 centro de la plaza, el Mulato y sus hombres repartían caramelos
y pintaban su nombre con escarcha dorada° en las paredes,   *golden frost*
pero nadie prestaba atención a esos recursos de mercader,
porque estaban deslumbrados por la claridad de sus
proposiciones y la lucidez poética de sus argumentos,
240 contagiados de su deseo tremendo de corregir los errores de la
historia y alegres por primera vez en sus vidas. Al terminar la
arenga° del Candidato, la tropa lanzaba pistoletazos° al aire y   *rousing speech / pistol shots*
encendía petardos° y cuando por fin se retiraban, quedaba atrás   *firecrackers*
una estela de esperanza que perduraba muchos días en el aire,
245 como el recuerdo magnífico de un cometa. Pronto el Coronel
se convirtió en el político más popular. Era un fenómeno
nunca visto, aquel hombre surgido de la Guerra Civil, lleno de
cicatrices° y hablando como un catedrático, cuyo prestigio se   *scars*
regaba por el territorio nacional conmoviendo el corazón de
250 la patria. La prensa se ocupó de él. Viajaron de lejos los
periodistas para entrevistarlo y repetir sus frases, y así creció

el número de sus seguidores y de sus enemigos.

—Vamos bien, Coronel —dijo el Mulato al cumplirse doce semanas de éxitos.

255 Pero el candidato no lo escuchó. Estaba repitiendo sus dos palabras secretas, como hacía cada vez con mayor frecuencia. Las decía cuando lo ablandaba la nostalgia, las murmuraba dormido, las llevaba consigo sobre su caballo, las pensaba antes de pronunciar su célebre discurso y se sorprendía 260 saboreándolas en sus descuidos. Y en toda ocasión en que esas dos palabras venían a su mente, evocaba la presencia de Belisa Crepusculario y se le alborotaban° los sentidos con el *stirred up* recuerdo del olor montuno, el calor de incendio, el roce terrible y el aliento de yerbabuena, hasta que empezó a andar como un 265 sonámbulo y sus propios hombres comprendieron que se le terminaría la vida antes de alcanzar el sillón de los presidentes.

—¿Qué es lo que te pasa, Coronel? —le preguntó muchas veces el Mulato, hasta que por fin un día el jefe no pudo más y le confesó que la culpa de su ánimo eran esas dos palabras que 270 llevaba clavadas en el vientre.

—Dímelas, a ver si pierden su poder —le pidió su fiel ayudante.

—No te las diré, son sólo mías —replicó el Coronel.

Cansado de ver a su jefe deteriorarse como un condenado a 275 muerte, el Mulato se echó el fusil al hombro y partió en busca de Belisa Crepusculario. Siguió sus huellas por toda esa vasta geografía hasta encontrarla en un pueblo del sur instalada bajo el toldo de su oficio, contando su rosario de noticias. Se le plantó delante con las piernas abiertas y el arma empuñada.

280 —Tú te vienes conmigo —ordenó.

Ella lo estaba esperando. Recogió su tintero, plegó° el lienzo *folded up* de su tenderete, se echó el chal sobre los hombros y en silencio trepó al anca° del caballo. No cruzaron ni un gesto en todo el *climbed onto the haunches* camino, porque al Mulato el deseo por ella se le había 285 convertido en rabia y sólo el miedo que le inspiraba su lengua

le impedía destrozarla a latigazos°. Tampoco estaba dispuesto a
comentarle que el Coronel andaba alelado°, y que lo que no
había logrado tantos años de batallas lo había conseguido un
encantamiento° susurrado al oído. Tres días después llegaron al
290 campamento y de inmediato condujo a su prisionera hasta el
candidato, delante de toda la tropa.

    —Te traje a esta bruja para que le devuelvas sus palabras,
Coronel, y para que ella te devuelva la hombría° —dijo
apuntando el cañón de su fusil a la nuca de la mujer.

295   El Coronel y Belisa Crepusculario se miraron largamente,
midiéndose desde la distancia. Los hombres comprendieron
entonces que ya su Jefe no podía deshacerse del hechizo° de
esas dos palabras endemoniadas, porque todos pudieron ver
los ojos carnívoros del puma tornarse mansos cuando ella
300 avanzó y le tomó la mano. 🪟

lashes of a whip

spellbound

enchantment

manhood, manliness

spell; witchcraft

Después de leer

Dos palabras
Isabel Allende

① Ask students to read each sentence aloud chronologically. Have them add more information from that particular part of the story.

① Comprensión Indica con números el orden cronológico en que ocurrieron los hechos *(events)* en el cuento.

    9   a. El Coronel recorrió el país para convencer a todos para que votaran por él.

    4   b. El Mulato la llevó a las colinas para que viera al Coronel.

    7   c. Belisa leyó el discurso tres veces.

    1   d. Belisa enterró a sus cuatro hermanos, y pensó que iba a morir.

    12   e. Belisa y el Coronel se miraron y los ojos de él se volvieron mansos.

    10   f. El Coronel repetía las dos palabras y se acordaba de Belisa.

    2   g. Al llegar a una aldea, el viento colocó una hoja de periódico a sus pies.

    11   h. El Mulato se cansó de ver así a su jefe y volvió a buscar a Belisa.

    5   i. A Belisa le sorprendió la voz del Coronel, suave y modulada.

    8   j. Belisa le regaló al Coronel dos palabras.

    6   k. El Coronel le dijo que quería ser Presidente y necesitaba su ayuda.

    3   l. Belisa le pagó veinte pesos al cura para aprender a leer.

 ② Explicar En parejas, lean las siguientes frases del cuento y explíquenlas con sus propias palabras.

1. "Belisa Crepusculario había nacido en una familia tan mísera, que ni siquiera poseía nombres para llamar a sus hijos."
2. "Al Coronel no le interesaba convertirse en otro tirano."
3. "Las palabras andan sueltas sin dueño y cualquiera con un poco de maña puede apoderárselas para comerciar con ellas."
4. "Ella había aceptado muchos encargos, pero ninguno como ése; sin embargo no pudo negarse, temiendo que el Mulato le metiera un tiro entre los ojos o, peor aún, que el Coronel se echara a llorar."

③ Have students look at the last paragraph of the story and point out which words support their guess.

③ Imaginar En parejas, expliquen lo que ocurrió cuando Belisa y el Coronel se vieron por segunda vez. Después, imaginen cuáles eran las dos palabras que Belisa le regaló al Coronel.

④ If students cannot think of two words, ask them to think of a phrase or a slogan.

④ Escribir No sabemos si el Coronel llegó a ganar las elecciones, pero sabemos que consiguió muchos seguidores gracias al discurso. En parejas, imagínense que quieren ser presidentes de su país y escriban un discurso político que sea diferente al que normalmente ofrecen los políticos. Den alternativas nuevas y diferentes. ¿Qué dos palabras mágicas utilizarían en su discurso?

Atando cabos

1 **Opiniones** Decidan, en parejas, si se consideran pesimistas u optimistas sobre los siguientes temas y expliquen en qué basan su respuesta.

¿Qué va a pasar con…?

Acontecimientos	Optimista	Pesimista	Porque...
la pobreza en el mundo			
la posibilidad de vivir en otros planetas			
el futuro de la tierra			
las guerras			
la clonación *(cloning)*			

2 **Escribir** En las dos lecturas de esta lección, ocurren hechos excepcionales. Imagina que trabajas para un periódico y tienes que escribir un pequeño artículo sobre un suceso extraño.

Plan de redacción

Organización de los hechos Piensa o inventa un suceso extraño relacionado con un personaje conocido del mundo de la política. Decide el orden cronológico de la historia. Prepara un esquema respondiendo a las siguientes preguntas.

1. ¿Quién es este personaje?
2. ¿Cuándo y dónde ocurrieron los hechos?
3. ¿Quiénes participaron en el suceso?
4. ¿Qué es lo que resultó extraño?
5. ¿Qué sucedió al final?

Título Después de decidir lo que vas a escribir, ponle al artículo un título atractivo y breve que atraiga al lector.

Escribir Para narrar este suceso, no olvides utilizar la voz pasiva, el pronombre **se** y, al menos una vez, un participio con el verbo **estar.**

① Ask each pair to read their chart aloud and have the class react to it, stating whether opinions are logical and based on facts.

② Ask a few volunteers to read their articles to the class. Have each one stop after reading the title and have the class anticipate the article's content. The class should decide whether the strange elements in the article are similar to or different from Allende's story.

Tercer Mundo, 1966.
Wifredo Lam. Cuba.

El poderoso no es el que quita sino el que da.
— Anónimo

Antes de leer

PERFIL

Rubén Blades

Conexión personal

Si pudieras ser un personaje conocido, ¿en qué área te gustaría trabajar? ¿La música, la política, el deporte…? ¿Por qué? Compara tu respuesta con la de un(a) compañero/a.

Contexto cultural

Panama is not just a country with a canal. Just for fun, take this quiz to test your knowledge of "the crossroads of the world."

1. Panama is
   a. an island.
   b. an isthmus.
   c. a peninsula.
   d. a cay.

2. A **mola** is a type of
   a. song.
   b. drink.
   c. dialect.
   d. textile.

3. Panama gained its independence from _____ in 1903.
   a. Colombia
   b. Nicaragua
   c. The United States
   d. Spain

4. The most common second language in Panama is
   a. Choco.
   b. Guaymi.
   c. English.
   d. Bokota.

Vocabulario

lanzar *to launch*   **el rechazo** *rejection, refusal*

Cultura opener (previous page):

See the **VENTANAS** Instructor's Resource Manual for teaching suggestions.

Conexión personal: Have students work in pairs to ask each other who they would like to be and why.

Contexto cultural: Before doing the exercise, ask general questions about Panama. Ex: **¿Dónde está? ¿Qué han oído en los medios de comunicación? ¿Qué tipo de economía tiene?**

Rubén Blades

José Arteaga

1   Rubén Blades no aparenta° ser un músico, ni
mucho menos tiene pinta de gran estrella.
Tampoco tiene apariencia de actor, ni es la
viva imagen de un candidato presidencial.
5   Tal vez a lo que más se aproxima es a su
propia profesión, a la de abogado, aunque,
a simple vista, pocas personas se arriesgarían
a dejar un caso importante en sus manos.
En 1975, cuando su nombre apareció por primera vez
10 anunciado en la contracarátula° del disco de Willie Colón,
El bueno, el malo y el feo, nada hacía suponer que este hombre
pudiera ser cualquiera de las cuatro cosas que ahora es. Ni siquiera
se pensó eso cuando fue invitado a engrosar las filas° de la *Fania
All Stars* un año después, ni cuando anunció su independencia de
15 Colón para dedicarse a cantar como solista en 1983.
El músico Blades tiene en su haber más de veinticuatro discos
como solista y quince como invitado estelar de diferentes
orquestas. El cineasta Blades recoge los frutos de veinte
apariciones en y detrás de la pantalla como actor y como
20 compositor de bandas sonoras°. El abogado Blades guarda en
su haber el diploma que le otorgó° la Universidad de Harvard
por su especialización en Derecho Internacional. El político
Blades recuerda su movimiento Papá Egoró *(Madre Tierra),* que
lo llevó a ser candidato a la presidencia de Panamá en 1994.
25 Pero un nuevo Blades, diferente al músico, al actor, al abogado y
al político, sale a flote°. Su deseo interno es hacer una especie de
fundación que pueda canalizar proyectos culturales de América

doesn't look

back of a record jacket

joined the ranks

soundtracks

awarded

is back on his feet

Latina. Aquellos trabajos que nunca salen a flote, aquellos talentos
que no se dan a conocer. Un trabajo descomunal° en una tierra
30   donde hay todo por hacer.

Para Blades, que reanudó su amistad con Willie Colón para
grabar el disco *Contra viento y marea,* la música moderna necesita
continuos contactos con varios géneros y ritmos de diferentes
regiones. "Hay una idea de globalizar la música y eso es lo que se
35   debe rescatar°, aunque persiste, sobre todo en la salsa actual, una
fórmula que se repite y que sacrifica la individualidad. Lo que
buscamos con Colón es reafirmar la falta que eso hace".

La realización de su trabajo con Sony Music, *La rosa de los
vientos,* hizo que su nombre sirviera como pretexto para
40   promocionar nuevos músicos panameños. El disco viaja entre el
bolero° y el vallenato°, rindiendo homenajes sonoros° a leyendas
de la salsa como Richie Ray y Bobby Cruz, y también dejando
verdaderas joyas como la canción "Amándote".

Rubén Blades pasa sus días en medio de gran agitación.
45   Proyectos culturales como éste no lo dejan descansar, y sus otras
actividades han terminado con su tiempo libre. "Mi representante
nunca sabe dónde estoy", explica. Sin embargo, de vez en cuando,
vuelve a anclarse° por un tiempo en su casa de Times Square. "Allí
trazo mis planes y me siento parte de la tela de Nueva York".

50   Blades, con su calvicie° prematura y rostro semiovalado y fresco,
ha sufrido en carne propia el rechazo social de los latinos. Su
primera incursión en Nueva York en 1971 fue tan desafortunada
que regresó con el rabo entre las piernas jurando no volver a salir
de Panamá. Su segunda visita acabó con aquellos sueños idealistas
55   que tenía, al no poder conseguir más que un puesto de cartero en
las oficinas de Fania Records de la Séptima Avenida.

huge

rescue

*romantic song / dance
music typical of Colombia /
paying musical tribute*

to be anchored

baldness

Luego, lo experimentó con el cine, un lugar que, según él, es la fuente más grande de estereotipos del mundo. "Las oportunidades en el cine de hoy son difíciles", dice. "Primero porque hay mucho

60 artista de calidad y segundo porque en el cine te llaman de acuerdo con la nacionalidad. Nunca falta para nosotros un papel de traficante de droga, por ejemplo. No hay para el latino papeles con sustancia y eso se da también en la televisión. Eso sólo se puede cambiar estando allí, poco a poco. Aunque, por ahora, a mí me

65 matan en todas las películas".

No obstante, Blades se confiesa ilusionado° con los proyectos de *hopeful* cine, al igual que con los de música. Reconoce sin inconvenientes, que la razón para hacer tantas cosas es esa capacidad para ilusionarse. Al fin y al cabo, él no las ve como incompatibles,

70 aunque reconoce que confunden y enervan a ciertas personas puristas.

"Yo vengo de una familia trabajadora", recuerda. "Mi abuela era vegetariana en los 30, hacía yoga en los 40, se casó dos veces y se divorció dos veces, fue educadora, feminista, rebelde y la

75 metieron presa. A través de ella vi que las cosas son posibles de realizar, por encima de ese concepto general que imposibilita hacer más de dos cosas, aunque reconozco que, a veces, ha sido un impedimento".

Cuando Blades lanzó la campaña de su movimiento Papá Egoró,

80 mucha gente no lo tomó en serio. Los medios de comunicación lo veían como un divertimento para las elecciones, el público como un "agringado comodón°", los comunistas como un agente de la *well-off, Americanized* CIA, los norteamericanos como un comunista y sus rivales como un *person* irrespetuoso ante la política.

85 A tanto llegó, que tuvo que hacer un examen antidopaje y sólo

tras los debates televisados, la situación cambió. Blades pudo
entonces tomar la revancha° de las acusaciones y menosprecios°.   *revenge / scorn*
Había llegado el turno para que hablara. Con la palabra, como
con sus canciones, Rubén Blades es capaz de todo, incluso de
90   convencer en poco tiempo al 17% de la población votante de
Panamá y alcanzar así el tercer lugar en esas reñidas° elecciones.   *hard-fought*

     Cuando Pérez Balladares fue electo en 1994, Blades anunció con
cierto humor que, como los panameños no habían querido darle
empleo como presidente, volvería a cantar y componer. "Yo cometí
95   un error", confiesa. "Mi candidatura era inevitable, pues yo era la
persona más conocida del grupo. Pero un compromiso de esa
magnitud requiere estar al frente 365 días al año, trabajando
veinticuatro horas al día. Si vuelvo alguna vez, lo haré de esa forma
y no de otra".

100   "Yo veo la política como un ejercicio cívico, donde puedan
participar todas las personas, sobre todo aquellas que no tienen
representación, como los niños". Blades, que hará un disco para
niños con el compositor puertorriqueño Tite Curet Alonso, piensa
que a los chicos hay que cantarles porque "la música puede acercar
105   lo que la política separa".

     "De manera que no me vean la música que hago como música
política o salsa protesta", insiste. "¡No! Eso es lo que la ha tratado
de llamar alguna gente que no sabe cómo llamarla. Mi música es
una canción urbana. Punto. Y todo lo que hago ahora con estos
proyectos nuevos es urbanizar cosas que poco se conocen". ⌂

Después de leer

PERFIL

Rubén Blades

① Comprensión De las siguientes respuestas, indica la incorrecta.

1. Rubén Blades tiene varias profesiones, algunas de ellas son:

   a. músico
   b. político
   c. escritor

2. Algunos de los proyectos que Rubén Blades ha completado a lo largo de su carrera son:

   a. 24 discos como solista
   b. un diploma de abogado en la universidad de Columbia
   c. 20 apariciones en la pantalla como actor

3. Algunos de los objetivos que quiere lograr son:

   a. hacer una gira por Norteamérica promocionando la cultura latina
   b. hacer una especie de fundación que canalice proyectos culturales de América Latina
   c. promocionar la música de Panamá

4. Blades ha sufrido el rechazo social hacia los latinos en varias ocasiones.

   a. Cuando llegó a Nueva York en 1971, sólo conseguía trabajo como cartero.
   b. Una vez, lo confundieron con otra persona y no lo dejaron entrar en su concierto.
   c. En las películas sólo le ofrecían ser traficante de droga.

5. La abuela de Rubén influyó positivamente en él.

   a. A los 30 era vegetariana.
   b. A los 40 hacía yoga.
   c. Se casó tres veces.

6. Rubén Blades insiste en que

   a. su música es política y de protesta.
   b. su música es urbana.
   c. con su música él intenta renovar la música pop.

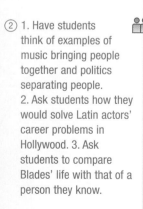

② Analizar En parejas, respondan a las siguientes preguntas.

1. ¿Qué es lo que el músico quiso decir con la frase: "La música acerca lo que la política separa"? Compara esta idea con la frase "Encadenados por el comunismo, liberados por el ritmo."

2. En este artículo, se habla de la dificultad de los actores latinos para poder acceder a la televisión o al cine norteamericano. ¿Creen que esto es cierto? ¿Por qué? ¿Conocen a algún actor o actriz que represente siempre al mismo tipo de personaje en las películas? ¿Cómo son estos personajes?

3. ¿Cuáles son las ventajas y los inconvenientes de trabajar en diferentes áreas? ¿Conocen a alguien que tenga varias profesiones al mismo tiempo? ¿Qué profesiones son?

Antes de leer

La nostalgia de Dios
Carlos Cortés

Conexión personal
¿Has observado o participado en una fiesta religiosa o cultural en tu comunidad? ¿Qué se celebraba en la fiesta? ¿Cómo fue?

Contexto cultural
Holy Week (**Semana Santa**) is celebrated with great fervor throughout the Spanish-speaking world. This celebration is particularly enthusiastic in Antigua, Guatemala, the colonial capital of what was the Kingdom of Guatemala. The Good Friday procession features thousands of participants, including some dressed as Roman soldiers and cavalry, Pontius Pilate, and the two thieves of the Christian biblical tradition. Massive wooden platforms carry statues of Christ, the Virgin Mary, and various saints along the route, swaying on the shoulders of bearers, who stagger under the weight.

The streets are decorated with Antigua's famous **alfombras**, brightly-dyed sawdust and flower petal carpets. The procession takes a full eight hours to pass any given point on the route. The emotional climax is reached when the statue of Christ carrying the cross, which has been taken from the church of La Merced on the shoulders of 80 bearers and paraded through the streets of Antigua, is returned to the church where it will remain until the next Good Friday procession.

Vocabulario

afortunado/a *lucky*

el altoparlante *loudspeaker*

el amanecer *sunrise; morning*

atraer *to attract*

borrar *to erase*

dar una vuelta *to take a walk/stroll*

milagro *miracle*

sagrado/a *holy, sacred*

vestido/a de negro *dressed in black*

La nostalgia de Dios
Carlos Cortés

1   *La Cuaresma° es un período del año muy importante para la religión católica. Conmemora los cuarenta días en que, según la Biblia, Jesucristo se retiró al desierto para ser tentado por el diablo. Los católicos dedican estos días para la meditación en la*

      Lent

5   *miseria de la condición humana. Durante la Cuaresma, se ayuna, se hacen ofrendas especiales y se preparan espiritualmente para la Pascua°. Las comunidades católicas celebran rituales dedicados a recordar el sufrimiento de Jesucristo y, en definitiva, de todos los seres humanos. En este*

      Easter

10   *artículo se describe la muy conocida Cuaresma en Antigua, Guatemala.*

Los tambores son lo que inventaron los hombres para comunicarse con los dioses y después entre sí mismos. La respiración del corazón humano. El alma del ritual.

15   Es viernes veintidós de febrero en Antigua, Guatemala, a las once de la noche, víspera del segundo sábado de Cuaresma°, y somos afortunados. Durante horas han sonado marchas fúnebres desde un altoparlante, frente a la catedral, y la atmósfera es un tanto espeluznante° y opresiva. Me

      Lent

      horrific

20   siento en Sicilia y no en Latinoamérica, pero en el fondo es lo mismo. Me atrae aquel mundo primitivo que borra las diferencias entre la vida cotidiana y lo sagrado y que antes

reglaba° la existencia desde el nacimiento hasta la muerte.
La magia se transformó en milagro y en fiesta, en sacrificio

25 y en juego, después en folklore y ahora en turismo.

used to regulate

De pronto todo se suspende y la tierra retumba° al son de
unos tambores°.

rumbles

to the beat of drums

La procesión se detiene frente a nosotros, recompone sus
sombras y luego continúa con paso ceremonioso, precedida

30 por una cruz y un letrero: "Hermandad° del Cristo
Resucitado, 150 años fuertes en la fe". Hace siglo y medio
la Cofradía del Cristo Morto° de los Padres Dominicos, que
venía de la Colonia española, se transformó en una
asociación de hermanos penitentes.

Brotherhood

Muerto

35 De un lado van las mujeres vestidas de negro, portando
velas, y del otro, los famosos cucuruchos° de la Hermandad,
pero no con las túnicas medievales de Semana Santa sino en
trajes enteros de color negro. Como la mayoría de los ritos
católicos, la marcha procesional es de un patetismo°

40 conmovedor.

type of pointed hat

pathos

En el centro, cargado por una docena de hombres, un
impresionante Cristo yacente°, que debe pesar una tonelada,
si no dos. La imagen, en andas°, da una vuelta a la plaza y
avanza con el compás de un solo cuerpo, en un ritual

45 perfeccionado desde el siglo XVII en Sevilla.

reclining

on a portable platform

Es un vaivén° rítmico muy lento, como una danza, que
permite distribuir las fuerzas entre los que cargan la imagen,
los cuales se van turnando para soportar el peso de acuerdo
con una secuencia de pasos puntuada° por una flauta dulce y

50 un tambor. Pum, pum, pum, se escucha, y luego el

swaying

punctuated

redoblante°, y el chasquido° metálico de las insignias de la
Hermandad. Son cruces vacías, pero con un badajo° en el
centro. Cuando se mueven, a la manera de alcancías°, se
produce un estruendo° que resuena contra las calles
55 empedradas°. Son de plástico crudo, pero hasta el siglo
XIX eran de plata.

    Sigo el cortejo° mudo. El peso se traslada de un lado al
otro de las dos filas de cargadores y a veces incluso dan la
impresión de retroceder un par de pasos para tomar
60 aliento y reanudar el vaivén. Pum, pum, pum. Llevan
bastones° en los brazos libres, para apoyarse en el suelo.
Luego se intercambian, se escucha la flauta y más tarde el
pum, pum, pum, y siguen. Siguen por siempre. Es el eterno
retorno, como un ciclo sin fin.

65   Pienso en la "rompida de la hora" en el pueblo español
de Calanda, Aragón. Miles de personas redoblan° desde la
primera campanada° de las 12 del mediodía del Viernes
Santo hasta la misma hora del sábado. Los que lo han visto
dicen que es una experiencia inolvidable, de otro mundo.

70   Luis Buñuel, el cineasta, quien nació en Calanda, lo cuenta
así: "Los tambores, fenómeno asombroso, arrollador°,
cósmico, que roza° el inconsciente colectivo, hacen temblar
el suelo bajo nuestros pies. Basta poner la mano en la pared
de una casa para sentirla vibrar. Al amanecer, la membrana
75 de los tambores se mancha de sangre: las manos sangran de
tanto redoblar".

    Vuelvo a Guatemala. Vuelvo a ahora y ahora es siempre.
Es medianoche y corre el ulular° helado de los volcanes.

rumbling / snapping

clapper

collection boxes

thunderous crash

cobbled

procession

canes

hammer, beat drums

stroke (of a bell)

overwhelming

touch

wailing

El cielo está sucio. Para el día siguiente, aunque no sea

80 Semana Santa, se anuncian las célebres alfombras de aserrín

coloreado°, el cielo se despejará° y la ciudad se llenará de   *colored sawdust / will clear*

gente.

   Ya no se oye nada, pero sigo escuchando los tambores.

Pum, pum, pum.

85   Contemplo mi propia extrañeza ante aquel mundo que

ya no existe y que, sin embargo, sigue retumbando con

melancolía. El tiempo sigue su curso. ▨

Después de leer

La nostalgia de Dios
Carlos Cortés

1 **Comprensión** Después de leer el ensayo *(essay)* de Carlos Cortés, contesta las siguientes preguntas.

1. ¿Qué sucede el 22 de febrero en Antigua, Guatemala? *Es la víspera del segundo sábado de cuaresma y durante dos horas suenan marchas fúnebres desde un altoparlante, frente a la catedral.*
2. ¿Cómo describe la atmósfera Carlos Cortés? *La atmósfera es un tanto espeluznante y opresiva.*
3. ¿A qué mundo le recuerda todo esto?
   A un mundo primitivo que borra las diferencias entre la vida cotidiana y lo sagrado.
4. ¿De dónde viene la asociación la Cofradía del Cristo Morto de los Padres Dominicos?
   La asociación de los Padres Dominicos viene de la Colonia española.
5. ¿Cómo desfilan en la procesión?
   De un lado van las mujeres vestidas de negro y con velas, y del otro, los famosos cucuruchos de la Hermandad.
6. ¿Qué hay en el centro?
   En el centro, cargado por una docena de hombres, hay un impresionante Cristo.
7. ¿Qué hacen con el Cristo?
   En un vaivén rítmico muy lento, y turnándose para soportar el peso, los hombres dan una vuelta a la plaza.
8. ¿Qué instrumentos ayudan a los hombres a dar pasos unísonos?
   Una flauta dulce y un tambor.

2 **Analizar** En parejas, respondan a las siguientes preguntas.

1. El autor dice: "Me atrae aquel mundo primitivo que borra las diferencias entre la vida cotidiana y lo sagrado, y que antes reglaba la existencia desde el nacimiento hasta la muerte". ¿De qué mundo "primitivo" crees que habla?
2. Ya sea en Guatemala o en España, los tambores son una parte muy importante del ritual católico. Cuando los tambores suenan, ¿a qué le recuerdan al narrador?
3. ¿Desde qué perspectiva creen que habla el autor: desde el fervor religioso, el escepticismo o desde un punto de vista objetivo?
4. Definan el término *nostalgia* con sus propias palabras. ¿Por qué creen que el artículo se titula "Nostalgia de Dios"*?*

3 **Opinar** El catolicismo, como otras muchas religiones, tiene una serie de rituales para recordar o conmemorar la devoción que tiene por su dios. En parejas, discutan con su compañero por qué creen que a la gente le gusta participar en estos actos. ¿Creen que las personas que participan son más creyentes que las que no lo hacen?

4 **Ampliar** Escribe una composición de unas diez líneas sobre una tradición popular que conozcas o que te interese. Usa al menos tres términos de la lista.

celebrado/a	se celebra	no sólo… sino
se visten	se come	pero

② 1. Ask students for examples of societies where divine rule governs people's lives.
2. Have students research the role of drums in different religions.
3. Have students compare the author's religious feelings with Mario Benedetti's on p.188.
4. Ask students if readers today would agree with Cortés on such a title for the description of a religious ceremony.

④ Ask students to share their writings in class. Have them keep a list of the countries where the traditions described take place and think of why they occur in some places and not others.

Abriendo ventanas

Política y religión

Trabajen en grupos pequeños para preparar una presentación sobre un político o un líder religioso que les interese.

Elegir el tema

Pueden preparar una presentación sobre Rubén Blades, o pueden elegir un personaje famoso que les interese más. Decidan en grupo de quién quieren hablar en su presentación.

Elegir el tema: Have the groups tell how they came to choose their celebrity.

Preparar

Investiguen a través de su computadora o en la biblioteca. Pueden visitar el sitio *www.vistahigherlearning.com* para buscar enlaces relacionados con este tema. Una vez que tengan la información necesaria, elijan los puntos más importantes y ayúdense con material auditivo o audiovisual, para ofrecer una visión más amplia de lo que quieren comentar en clase.

Organizar

Una vez que hayan recopilado la información necesaria, preparen un esquema que les ayude a clarificar y planear con mayor exactitud su presentación. Pueden guiarse respondiendo a las siguientes preguntas.
1. ¿De dónde es este personaje?
2. ¿Cuál es su profesión?
3. ¿Qué consiguió hacer este personaje famoso?
4. ¿Qué efectos han tenido sus acciones en su país o en el mundo?

Ayuda para Internet

Pueden intentar acceder a la información utilizando las siguientes palabras clave: **Ernesto Cardenal / César Chávez / Vicente Fox / Felipe González / Rigoberta Menchú / Juan Perón / Evita Perón / Óscar Romero**

Estrategia de comunicación

Cómo hablar de una persona célebre
Las siguientes frases pueden ayudarles a expresarse de forma más adecuada.
1. Se eligió a este personaje porque…
2. Se dice que él/ella...
3. Tampoco se puede...
4. Él/ella fue elegido/a para....
5. Este personaje no sólo... sino

Presentar

Antes de su presentación, cada grupo entregará una copia de su esquema al profesor. Usen medios audiovisuales (música, fotografías, fotocopias, etc.) para mostrar las obras de la persona que eligieron.

Suggestion: Have students react to the presentation by asking questions.

La política: ¿Un mal necesario?

(1) La clase se divide en cinco grupos; cada uno tiene que pensar y anotar sus ideas sobre uno de
5 min. los siguientes temas.

Todos los políticos son iguales.

La democracia es la dictadura de la mayoría.

La religion y la política deben estar separadas.

Es mejor una mala democracia que una buena dictadura.

Los políticos trabajan para defender a los ciudadanos.

Suggestion: After the debate, have students imagine the context and the people that might produce each of the statements.

(2) Cada grupo tiene que preparar un breve esquema con sus opiniones sobre la frase elegida. En el
10 min. caso de que no todos opinen lo mismo sobre el tema, pueden mencionar que no todos los integrantes del grupo piensan lo mismo.

(3) Los diferentes grupos presentan sus ideas a la clase, mientras todos toman nota.
25 min.

(4) Cuando todos los grupos hayan terminado de presentar sus ideas, toda la clase debe participar
10 min. haciendo preguntas y/o defendiendo sus opiniones.

Naturaleza muerta con carta de Torres García, 1919.
Rafael Barradas. Uruguay.

*No me he planteado grabar en inglés porque
quiero traspasar las fronteras con nuestro idioma
y defenderlo, porque además es el más bonito.*

— Luis Miguel

Antes de leer

Tiempo libre
Guillermo Samperio

Conexión personal
¿Lees el periódico? ¿Lo lees todos los días o sólo ocasionalmente? ¿Ves el noticiero de la televisión? ¿Escuchas los programas de noticias en la radio? ¿Consideras que estás bien informado/a? Comenta estas cuestiones con un(a) compañero/a.

Contexto cultural
Spanish-language newspapers published in the United States are becoming more and more influential. In 1970, there were 232 such newspapers circulating one million copies; by 2000, the number of Spanish-language newspapers had reached 543 publications circulating approximately 14.1 million copies.

Some of the most important publications are Miami's *El Nuevo Herald*, which prints about one hundred thousand copies daily, and Los Angeles' *La Opinión*, which circulates an average of one hundred twenty thousand copies daily.

Análisis literario: el símbolo
A symbol (**el símbolo**) is anything that stands for or represents something else. We encounter and interpret symbols every day. A dove with an olive branch in its beak, for instance, is a widely recognized symbol of peace. As you read "Tiempo libre," identify the symbolism of the event described.

Estrategia de lectura: sacar conclusiones
Active readers draw conclusions (**sacar conclusiones**) about what they are reading by combining pieces of information to make an inference. This information can come from the details the writer presents in the work, on previous inferences the reader has made about the text, or the reader's prior knowledge of the subject, genre, or writer's literary style. As you read "Tiempo libre," try to draw conclusions using the details the author presents, as well as what you know about newspapers, mass media, and newspaper reading.

Vocabulario

colgar *to hang up*	**la hormiga** *ant*
enterarse de *to find out about;*	**la mancha** *spot; mark; stain*
to learn about	**manchar** *to stain*
estar al día *to be up-to-date*	**el suelo** *floor*

Guillermo Samperio

Hoja de vida

1948 Nace en México, D.F.

1977 Premio Casa de las Américas, Cuba

1982 *De este lado y del otro* (poesía)

1985 *Gente de la Ciudad* (cuentos)

1988 Premio Nacional de Periodismo Literario, México

1994 *Anteojos para la abstracción* (novela)

1995 *¿Por qué Colosio?* (ensayo)

2000 Premio Instituto Cervantes de París

Sobre el autor

El escritor mexicano **Guillermo Samperio** ha sido acreedor de muchas distinciones en el ámbito literario. Sus relatos se caracterizan por una sobresaliente narración detallada de los sucesos. Con su particular sentido del humor, Samperio ha realizado importantes aportaciones literarias. El autor también se ha destacado por su participación como promotor cultural, columnista de varios periódicos y especialista en las artes plásticas.

Tiempo libre

1   Todas las mañanas compro el periódico y todas las mañanas, al leerlo, me mancho los dedos de tinta. Nunca me ha importado ensuciármelos con tal de estar al día en las noticias. Pero esta mañana sentí un gran malestar apenas

5   toqué el periódico. Creí que solamente se trataba de uno de mis acostumbrados mareos°. Pagué el importe del diario y regresé a mi casa. Mi esposa había salido de compras. Me acomodé en mi sillón favorito, encendí un cigarro y me puse a leer la primera página. Luego de enterarme de que un jet se

10   había desplomado°, volví a sentirme mal; vi mis dedos y los

Suggestion: When students reread the story, they should focus on the details containing information about the time period when the narration took place.

dizziness

plunged, plummeted

encontré más tiznados° que de costumbre. Con un dolor de   *blackened*
cabeza terrible, fui al baño, me lavé las manos con toda calma
y, ya tranquilo, regresé al sillón. Cuando iba a tomar mi
cigarro, descubrí que una mancha negra cubría mis dedos.

15 De inmediato retorné al baño, me tallé con zacate°, piedra   *scourer, scrubber*
pómez°, y, finalmente, me lavé con blanqueador°; pero el   *pumice stone / bleach*
intento fue inútil, porque la mancha creció y me invadió
hasta los codos. Ahora, más preocupado que molesto, llamé
al doctor y me recomendó que lo mejor era que tomara unas

20 vacaciones, o que durmiera. En el momento en que hablaba
por teléfono, me di cuenta de que, en realidad, no se trataba
de una mancha, sino de un número infinito de letras
pequeñísimas, apeñuzcadas°, como una inquieta multitud de   *crammed*
hormigas negras. Después, llamé a las oficinas del periódico

25 para elevar mi más rotunda protesta°; me contestó una voz   *to raise an emphatic protest*
de mujer, que solamente me insultó y me trató de loco.
Cuando colgué, las letritas habían avanzado ya hasta mi
cintura. Asustado, corrí hacia la puerta de entrada; pero,
antes de poder abrirla, me flaquearon° las piernas y caí   *began to weaken*

30 estrepitosamente°. Tirado bocarriba° descubrí que, además   *with a crash / stretched out face-up*
de la gran cantidad de letras hormiga que ahora ocupaban
todo mi cuerpo, había una que otra fotografía. Así estuve
durante varias horas hasta que escuché que abrían la puerta.
Me costó trabajo hilar° la idea, pero al fin pensé que había   *string together*

35 llegado mi salvación. Entró mi esposa, me levantó del suelo,
me cargó bajo el brazo, se acomodó en mi sillón favorito, me
hojeó° despreocupadamente y se puso a leer. ▣   *leafed through*

Después de leer

Tiempo libre
Guillermo Samperio

1 Comprensión Contesta las siguientes preguntas con frases completas.

1. ¿Qué hace el protagonista todas las mañanas?
   El protagonista compra el periódico todas las mañanas y lo lee.
2. ¿Qué le pasa siempre que lee el periódico?
   Siempre que lee el periódico se mancha los dedos de tinta.
3. Al leer la primera página, ¿de qué se enteró el narrador?
   Al leer la primera página, el protagonista se enteró de que un jet se había desplomado.
4. ¿Cómo se sintió después?
   Después de enterarse del accidente, el protagonista se sintió mal.
5. ¿Qué hizo luego?
   Fue al baño y se lavó las manos porque sus dedos estaban tiznados.
6. Cuando iba a tomar su cigarro, ¿qué descubrió?
   Descubrió que una mancha negra cubría sus dedos.
7. Después, ¿adónde regresó y para qué?
   Regresó al baño para tratar de quitarse la mancha.
8. ¿De qué se dio cuenta cuando hablaba con el médico? *Cuando hablaba con el médico, se dio cuenta de que no se trataba de una mancha sino de un número infinito de letras.*
9. ¿Cómo eran las letras y qué parecían?
   Las letras eran pequeñas, apeñuzcadas, como una multitud de hormigas negras.
10. ¿Adónde llamó para protestar?
    Llamó al periódico para protestar.
11. Al colgar el teléfono, ¿qué le pasó al protagonista?
    Al colgar el teléfono ya las letritas habían avanzado hasta su cintura.
12. ¿En qué se convirtió el protagonista al final del cuento?
    Al final de cuento el protagonista se convirtió en un periódico.

2 Interpretar Contesta las siguientes preguntas.

1. ¿Por qué crees que el protagonista siente un gran malestar cuando lee la prensa? Razona tu respuesta.

2. Según tu opinión, ¿por qué al final el protagonista se convierte en un periódico?

3. ¿Qué crees que simbolizan las manchas en las manos?

4. ¿Está relacionado el título del cuento "Tiempo libre" con el desenlace de la historia? Explica tu respuesta.

3 Ampliar En parejas, analicen las diferentes actitudes que el doctor y el protagonista tienen ante el problema. ¿Con cuál de los dos se identifican más? ¿Por qué?

Doctor	Protagonista

4 Escribir Piensa en una noticia que leíste en el periódico o que viste en la televisión, que te causó mucha tristeza o alegría. Escribe un párrafo corto en el que describes lo que hacías y dónde estabas cuando te enteraste de la noticia. Describe también cómo influyó en tu vida esa noticia.

2 In groups, have students think of another ending that would affect the entire reading, as does the original ending, and convey a different message to the reader.

4 Ask students to consider the tone of the news item that made them sad or happy. Does the presentation style of the news affect the reader more than the actual facts?

Antes de leer

La indiferencia de Eva
Soledad Puértolas

Conexión personal
Llena la siguiente tabla. Luego, comenta los resultados con un(a) compañero/a.

	Con frecuencia	A veces	Nunca
La apariencia física es la primera cosa que noto de una persona.			
Mis primeras impresiones de una persona suelen ser acertadas.			
Si no me gusta una persona al principio, intento conocerla mejor.			
Separo mi vida profesional de mi vida personal.			

Contexto cultural
National radio stations in the Spanish-speaking world are not limited to broadcasting current events. For example, by law in Mexico, all radio programs are interrupted every Sunday at 10 p.m., to transmit a special hour-long program called *La hora nacional*, which broadcasts regional music and talks about Mexican history. There is little to no advertising in these broadcasts.

Análisis literario: la caracterización
Character development (**la caracterización**) is the creation and evolution of characters in a narrative. Writers develop characters through details such as the character's words and actions, the character's thoughts, descriptions of the character's appearance, and descriptions of what others think about the character. As you read "La indiferencia de Eva," try to form a coherent concept of the two main characters.

Estrategia de lectura: resumir
A good way of understanding and internalizing a piece of writing is by summarizing it (**resumir**) or parts of it. In a summary, the reader expresses the main ideas of a work in his or her own words, by including all important details and leaving out those that are not.

Contexto cultural: Ask students to consider what elements influence the choices made by radio stations when selecting book reviews or lectures to recommend. Are they truly objective, or do they have any vested interests when selecting specific items?

Estrategia de lectura: Ask students to write a summary sentence as they read each paragraph. Later have them compile all the individual sentences to create a summary of the selection.

Vocabulario

abrirse paso *to make one's way*

acoger *to take in; to receive*

arrancar *to start (moving)*

dar con (alguien) *to run into (somebody)*

dar la vuelta *to turn (over/around)*

dar paso a *to give way to*

el despacho *office*

destacar *to emphasize; to point out*

la entrega *delivery*

el matiz *subtlety*

Soledad Puértolas

Hoja de vida

1947 Nace en Zaragoza, España

1979 Premio Sésamo con *El bandido doblemente armado* (novela)

1989 Premio Planeta con *Queda la noche* (novela)

1993 Premio Anagrama de Ensayo con *La vida oculta* (ensayo)

1997 *Una vida inesperada* (novela)

1999 *La rosa de plata* (novela)

2000 *Adiós a las novias* (cuentos)

Sobre el autor

Las obras de la escritora española **Soledad Puértolas** han sido reconocidas en numerosas ocasiones, colocando a la autora en un lugar importante en el mundo literario contemporáneo. A través de la narración en primera persona, Puértolas ha logrado establecer una relación íntima con sus lectores. Un elemento que caracteriza las obras de Puértolas es la repetida presencia de la soledad en sus personajes.

Suggestion: Ask students how a woman writing from a man's perspective impacts the text. Does the author use stereotypes about men to create the character? Can a member of one sex write as a member of the opposite sex?

La indiferencia de Eva

1   Eva no era una mujer guapa. Nunca me llegó a gustar, pero
en aquel primer momento, mientras atravesaba el umbral°
de la puerta de mi despacho y se dirigía hacia mí, me horrorizó.
Cabello corto y mal cortado, rostro exageradamente pálido,
5   inexpresivo, figura nada esbelta y lo peor de todo para un
hombre para quien las formas lo son todo: pésimo° gusto en
la ropa. Por si fuera poco°, no fue capaz de percibir mi
desaprobación. No hizo nada por ganarme. Se sentó al otro lado
de la mesa sin dirigirme siquiera una leve sonrisa, sacó unas gafas
10 del bolsillo de su chaqueta y me miró a través de los cristales con
una expresión de miopía mucho mayor que antes de ponérselas.

while she was crossing the threshold

very bad

If that weren't enough

Dos días antes, me había hablado por teléfono. En tono firme y a una respetable velocidad me había puesto al tanto de sus intenciones: pretendía llevarme a la radio, donde dirigía un programa cultural de, al parecer, gran audiencia. Me aturden° las personas muy activas y, si son mujeres, me irritan. Si son atractivas, me gustan.

— daze me

—¿Bien? —pregunté yo, más agresivo que impaciente.

Eva no se alteró°. Suspiró profundamente, como invadida de un profundo desánimo°. Dejó lentamente sobre la mesa un cuaderno de notas y me dirigió otra mirada con gran esfuerzo. Tal vez sus gafas no estaban graduadas adecuadamente y no me veía bien. Al fin, habló, pero su voz, tan terminante° en el teléfono, se abría ahora paso tan arduamente como su mirada, rodeada de puntos suspensivos°. No parecía saber con certeza por qué se encontraba allí ni lo que iba a preguntarme.

— Eva didn't get angry
— discouragement
— categorical
— ellipsis marks

—Si a usted le parece —dijo al fin, después de una incoherente introducción que nos desorientó a los dos—, puede usted empezar a explicarme cómo surgió la idea de… —no pudo terminar la frase.

Me miró para que yo lo hiciera, sin ningún matiz de súplica° en sus ojos. Esperaba, sencillamente, que yo le resolviera la papeleta°.

— entreaty, plea
— that I would get her out of the fix.

Me sentía tan ajeno y desinteresado como ella, pero hablé. Ella, que miraba de vez en cuando su cuaderno abierto, no tomó ninguna nota. Para terminar con aquella situación, propuse que realizáramos juntos un recorrido por la exposición, idea que, según me pareció apreciar, acogió con cierto alivio. Los visitantes de aquella mañana eran, en su mayor parte, extranjeros, hecho que

40 comenté a Eva. Ella ni siquiera se tomó la molestia de asentir°. *nod "yes"*
Casi me pareció que mi observación le había incomodado.
Lo miraba todo sin verlo. Posaba° levemente su mirada sobre las *She rested her gaze*
vitrinas, los mapas colgados en la pared, algunos cuadros
ilustrativos que yo había conseguido de importantes museos
45 y alguna colección particular.

    Por primera vez, desde la inauguración la exposición me gustó.
Me sentí orgulloso de mi labor y la consideré útil. Mi voz fue
adquiriendo un tono de entusiasmo creciente y conforme su
indiferencia se consolidaba, más crecía mi entusiasmo. Se había
50 establecido una lucha. Me sentía superior a ella y deseaba
abrumarla° con profusas explicaciones. Estaba decidido a que *overwhelm her*
perdiese su precioso tiempo. El tiempo es siempre precioso para
los periodistas. En realidad, así fue. La mañana había pasado. Lo
advertí, satisfecho, pero Eva no se inmutó°. Nunca se había *didn't get perturbed*
55 inmutado. Con sus gafas de miope a través de las cuales no debía
de haberse filtrado ni una mínima parte de la información allí
expuesta, me dijo, condescendiente y remota:

    —Hoy ya no podremos realizar la entrevista. Será mejor que la
dejemos para mañana. ¿Podría usted venir a la radio a la una?

60   En su tono de voz no se traslucía° ningún rencor°. Si acaso *didn't reveal / resentment*
había algún desánimo, era el mismo con el que se había
presentado, casi dos horas antes, en mi despacho. Su bloc de
notas, abierto en sus manos, seguía en blanco. Las únicas y escasas
preguntas que me había formulado no tenían respuesta. Preguntas
65 que son al mismo tiempo una respuesta, que no esperan del
interlocutor más que un desganado asentimiento°. *lethargic agreement*

Y, por supuesto, ni una palabra sobre mi faceta de novelista. Acaso ella, una periodista tan eficiente, lo ignoraba. Tal vez, incluso, pensaba que se trataba de una coincidencia. Mi nombre no es muy

70 original y bien pudiera suceder que a ella no se le hubiese ocurrido relacionar mi persona con la del escritor que había publicado dos novelas de relativo éxito.

Cuando Eva desapareció, experimenté cierto alivio. Enseguida fui víctima de un ataque de mal humor. Me había propuesto que

75 ella perdiese su tiempo, pero era yo quien lo había perdido. Todavía conservaba parte del orgullo que me había invadido al contemplar de nuevo mi labor, pero ya lo sentía como un orgullo estéril, sin trascendencia: La exposición se desmontaría° y mi   *would be dismantled*
pequeña gloria se esfumaría°. Consideré la posibilidad de no acudir   *would vanish*

80 a° la radio al día siguiente, pero, desgraciadamente, me cuesta   *of not going to*
evadir un compromiso.

Incluso llegué con puntualidad. Recorrí los pasillos laberínticos del edificio, pregunté varias veces por Eva y, al fin, di con ella. Por primera vez, sonrió. Su sonrisa no se dirigía a mí, sino a sí misma. No estaba contenta de verme, sino de verme allí. Se

85 levantó de un salto, me tendió una mano° que yo no recordaba   *extended her hand*
haber estrechado nunca y me presentó a dos compañeros que me acogieron con la mayor cordialidad, como si Eva les hubiera hablado mucho de mí. Uno de ellos, cuando Eva se dispuso a llevarme a la

90 sala de grabación, me golpeó la espalda y pronunció una frase de ánimo°. Yo no me había quejado, pero todo iba a salir bien. Tal   *words of encouragement*
vez había en mi rostro señales de estupefacción y desconcierto. Seguí a Eva por un estrecho pasillo en el que nos cruzamos con gentes apresuradas y simpáticas, a las que Eva dedicó las frases

95 ingeniosas°, y nos introdujimos al fin en la cabina. En la habitación — *witty remarks*
de al lado, que veíamos a través de un panel de cristal, cuatro técnicos,
con los auriculares° ajustados a la cabeza, estaban concentrados en — *headphones*
su tarea. Al fin, todos nos miraron y uno de ellos habló a Eva.
Había que probar la voz. Eva, ignorándome, hizo las pruebas y,
100 también ignorándome, hizo que yo las hiciera. Desde el otro lado
del panel, los técnicos asintieron. Me sentí tremendamente solo
con Eva. Ignoraba cómo se las iba a arreglar.

Repentinamente, empezó a hablar. Su voz sonó fuerte, segura,
llena de matices. Invadió la cabina y, lo más sorprendente de todo:
105 hablando de mí. Mencionó la exposición, pero enseguida añadió
que era mi labor lo que ella deseaba destacar, aquel trabajo difícil,
lento, apasionado. Un trabajo, dijo, que se correspondía con la
forma en que yo construía mis novelas. Pues eso era yo, ante todo,
un novelista excepcional. Fue tan calurosa, se mostró tan entendida,
110 tan sensible, que mi voz, cuando ella formuló su primera pregunta,
había quedado sepultada y me costó trabajo sacarla de su abismo.
Había tenido la absurda esperanza, la seguridad, de que ella
seguiría hablando, con su maravillosa voz y sus maravillosas ideas.
Torpemente°, me expresé y hablé de las dificultades con que me — *Clumsily*
115 había encontrado al realizar la exposición, las dificultades de
escribir una buena novela, las dificultades de compaginar° un trabajo — *combine*
con otro. Las dificultades, en fin, de todo. Me encontré
lamentándome de mi vida entera, como si hubiera errado en mi
camino y ya fuera tarde para todo y, sin embargo, necesitara
120 pregonarlo°. Mientras Eva, feliz, pletórica°, me ensalzaba° y convertía — *proclaim it / brimming (with happiness) / extolled, praised*
en un héroe. Abominable. No su tarea, sino mi papel. ¿Cómo se
las había arreglado para que yo jugara su juego con tanta

precisión? A través de su voz, mis dudas se magnificaban y yo era
mucho menos aún° de lo que era. Mediocre y quejumbroso°. *still / full of complaints*

125 Pero la admiré. Había conocido a otros profesionales de la radio;
ninguno como Eva. Hay casos en los que una persona nace con un
destino determinado, Eva era uno de esos casos. La envidié. Si yo
había nacido para algo, y algunas veces lo creía así, nunca con
aquella certeza, esa entrega. Al fin, ella se despidió de sus oyentes, se

130 despidió de mí, hizo una señal de agradecimiento a sus compañeros
del otro lado del cristal y salimos fuera.

En aquella ocasión no nos cruzamos con nadie. Eva avanzaba
delante de mí, como si me hubiera olvidado, y volvimos a su oficina.
Los compañeros que antes me habían obsequiado con frases

135 alentadoras° se interesaron por el resultado de la entrevista. Eva no *had presented me with*
se explayó°. Yo me encogí de hombros°, poseído por mi papel de *encouraging words /*
escritor insatisfecho. Me miraron desconcertados mientras ignoraban *didn't unburden herself /*
a Eva, que se había sentado detrás de su mesa y, con las gafas *I shrugged*
puestas y un bolígrafo en la mano, revolvía papeles. Inicié un gesto

140 de despedida, aunque esperaba que me sugirieran una visita al bar,
como habitualmente sucede después de una entrevista. Yo necesitaba
esa copa. Pero nadie me la ofreció, de forma que me despedí
tratando de ocultar mi malestar.

Era un día magnífico. La primavera estaba próxima. Pensé

145 que los almendros° ya habrían florecido y sentí la nostalgia de un *almond trees*
viaje. Avanzar por una carretera respirando aire puro, olvidar el
legado del pasado que tan pacientemente yo había reunido y, al fin,
permanecía demasiado remoto, dejar de preguntarme si yo ya había
escrito cuanto tenía que escribir y si llegaría a escribir algo más. Y,

150 sobre todo, mandar a paseo a Eva. La odiaba. El interés y ardor que

mostraba no eran ciertos. Y ni siquiera tenía la seguridad de que fuese perfectamente estúpida o insensible. Era distinta a mí.

Crucé dos calles y recorrí dos manzanas° hasta llegar a mi coche. Vi un bar a mi izquierda y decidí tomar la copa que no me había ofrecido. El alcohol hace milagros en ocasiones así. Repentinamente, el mundo dio la vuelta. Yo era el único capaz de comprenderlo y de mostrarlo nuevamente a los ojos de los otros. Yo tenía las claves° que los demás ignoraban. Habitualmente, era una carga, pero de pronto cobraron esplendor. Yo no era el héroe que Eva, con tanto aplomo°, había presentado a sus oyentes, pero la vida tenía, bajo aquel resplandor, un carácter heroico. Yo sería capaz de transmitirlo. Era mi ventaja sobre Eva. Miré la calle a través de la pared de cristal oscuro del bar. Aquellos transeúntes° se beneficiarían alguna vez de mi existencia, aunque ahora pasaran de largo, ignorándome. Pagué mi consumición y me dirigí a la puerta.

Eva, abstraída, se acercaba por la calzada°. En unos segundos se habría de cruzar conmigo. Hubiera podido detenerla, pero no lo hice. La miré cuando estuvo a mi altura. No estaba abstraída, estaba triste. Era una tristeza tremenda. La seguí. Ella también se dirigía hacia su coche, que, curiosamente, estaba aparcado° a unos metros por delante del mío. Se introdujo en él. Estaba ya decidido a abordarla°, pero ella, nada más sentarse frente al volante, se tapó° la cara con las manos y se echó a llorar. Era un llanto destemplado°. Tenía que haberle sucedido algo horrible. Tal vez la habían amonestado y, dado el entusiasmo que ponía en su profesión, estaba rabiosa. No podía acercarme mientras ella continuara llorando, pero sentía una extraordinaria curiosidad y esperé. Eva dejó de llorar. Se sonó estrepitosamente la nariz, sacudió su cabeza y puso en marcha el

Marginal glosses: blocks / clues; keys / composure / passers-by / pavement / parked / accost her / she covered / harsh sobbing

Line numbers: 155, 160, 165, 170, 175

motor del coche. Miró hacía atrás, levantó los ojos, me vio.

180   Fui hacia ella. Tenía que haberme reconocido, porque ni siquiera había transcurrido una hora desde nuestro paso por la cabina, pero sus ojos permanecieron vacíos unos segundos. Al fin, reaccionó:

—¿No tiene usted coche? —preguntó, como si ésa fuera la explicación de mi presencia allí.

185   Negué. Quería prolongar el encuentro.

—Yo puedo acercarle a su casa —se ofreció, en un tono que no era del todo amable.

Pero yo acepté. Pasé por delante de su coche y me acomodé a su lado. Otra vez estábamos muy juntos, como en la cabina. Me

190 preguntó dónde vivía y emprendió la marcha°. Como si el asunto le   *started to move* interesara, razonó en alta voz sobre cuál sería el itinerario más conveniente. Tal vez era otra de sus vocaciones. Le hice una sugerencia, que ella desechó°.   *discounted, rejected*

—¿Le ha sucedido algo? —irrumpí con malignidad—. Hace

195 un momento estaba usted llorando.

Me lanzó una mirada de odio. Estábamos detenidos frente a un semáforo rojo. Con el freno echado, pisó el acelerador.

—Ha estado usted magnífica —seguí—. Es una entrevistadora excepcional. Parece saberlo todo. Para usted no hay secretos.

200   La luz roja dio paso a la luz verde y el coche arrancó. Fue una verdadera arrancada, que nos sacudió a los dos. Sin embargo, no me perdí su suspiro, largo y desesperado.

—Trazó usted un panorama tan completo y perfecto que yo no tenía nada que añadir.

205   —En ese caso —replicó suavemente, sin irritación y sin interés—, lo hice muy mal. Es el entrevistado quien debe hablar.

Era, pues, más inteligente de lo que parecía. A lo mejor, hasta era más inteligente que yo. Todo era posible. En aquel momento no me importaba. Deseaba otra copa. Cuando el coche enfiló° mi *entered*
210   calle, se lo propuse. Ella aceptó acompañarme como quien se doblega a un insoslayable° deber. Dijo: *unavoidable*

—Ustedes, los novelistas, son todos iguales.

La frase no me gustó, pero tuvo la virtud de remitir a Eva al punto de partida. Debía de haber entrevistado a muchos
215   novelistas. Todos ellos bebían, todos le proponían tomar una copa juntos. Si ésa era su conclusión, tampoco me importaba. Cruzamos el umbral del bar y nos acercamos a la barra. Era la hora del almuerzo y estaba despoblado°. El camarero me saludó y echó una *deserted* ojeada a Eva, decepcionado. No era mi tipo, ni seguramente el
220   suyo. Eva se sentó en el taburete° y se llevó a los labios su vaso, *stool* que consumió con rapidez, como si deseara concluir aquel compromiso cuanto antes. Pero mi segunda copa me hizo mucho más feliz que la primera y ya tenía un objetivo ante el que no podía detenerme.
225   —¿Cómo se enteró usted de todo eso? —pregunté—, Tuve la sensación de que cuando me visitó en la Biblioteca no me escuchaba.

A decir verdad, la locutora brillante e inteligente de hacía una hora me resultaba antipática y no me atraía en absoluto, pero aquella mujer que se había paseado entre los manuscritos que
230   documentaban las empresas heroicas del siglo XVII con la misma atención con que hubiese examinado un campo yermo°, me *barren* impresionaba.

—Soy una profesional —dijo, en el tono en que deben decirse esas cosas.
235   —Lo sé —admití—. Dígame, ¿por qué lloraba?

Eva sonrió a su vaso vacío. Volvió a ser la mujer de la Biblioteca.

—A veces lloro —dijo, como si aquello no tuviera ninguna importancia—. Ha sido por algo insignificante. Ya se me ha pasado.

240 —No parece usted muy contenta —dije, aunque ella empezaba a estarlo.

Se encogió de hombros.

—Tome usted otra copa —sugerí, y llamé al camarero, que, con una seriedad desacostumbrada, me atendió.

245 Eva tomó su segunda copa más lentamente. Se apoyó en la barra con indolencia y sus ojos miopes se pusieron melancólicos. Me miró, al cabo de una pausa.

—¿Qué quieres? —dijo.

—¿No lo sabes? —pregunté.

250 —Todos los novelistas... —empezó, y extendió su mano.

Fue una caricia breve, casi maternal. Era imposible saber si Eva me deseaba. Era imposible saber nada de Eva. Pero cogí la mano que me había acariciado° y ella no la apartó. El camarero me dedicó una mirada de censura. Cada vez me entendía menos. Pero

255 Eva seguía siendo un enigma. Durante aquellos minutos —el bar vacío, las copas de nuevo llenas, nuestros cuerpos anhelantes°— mi importante papel en el mundo se desvaneció°. El resto de la historia fue vulgar°. 🪟

caressed

full of longing

vanished

common, ordinary

Después de leer

La indiferencia de Eva
Soledad Puértolas

1 Comprensión Decide si lo que se afirma es **cierto** o **falso**. Corrige las frases falsas.

	Cierto	Falso
1. Eva era periodista y directora de un programa en la radio.	☑	☐
2. Según el narrador, Eva se vestía muy bien.	☐	☑
Según el narrador, Eva se vestía muy mal.		
3. La mayoría de los visitantes de la exposición eran extranjeros.	☑	☐
4. Eva le pidió una entrevista al narrador.	☑	☐
5. El protagonista no se sentía a gusto con Eva.	☑	☐
6. El narrador no admiró la manera en que Eva hablaba de él.	☐	☑
El narrador admiró la manera en que Eva hablaba de él.		
7. Hacía buen tiempo cuando se terminó la entrevista.	☑	☐
8. Cuando Eva se sentó en el coche, comenzó a llorar.	☑	☐
9. Eva no se ofreció a acercarlo a su casa.	☐	☑
Eva se ofreció a acercarlo a su casa.		
10. El narrador la invitó a tomar una copa.	☑	☐
11. Eva no tomó ninguna copa.	☐	☑
Eva se tomó dos copas.		
12. Eva dijo que todos los de la profesión del narrador eran iguales.	☑	☐

2 Interpretar Contesta las siguientes preguntas con frases completas.

1. ¿Qué tipo de mujer le gustaba al narrador?
2. El narrador hace la siguiente afirmación: "Me aturden las personas muy activas y, si son mujeres, me irritan. Si son atractivas, me gustan". ¿Qué nos indica esto de su forma de ser?
3. ¿Cómo se portaba Eva con el narrador? Da ejemplos del texto.
4. Según tu opinion, ¿qué tipo de mujer es Eva? Presenta ejemplos del cuento.
5. Al narrador no le gusta Eva al principio. ¿Crees que cambió de idea más tarde?
6. ¿Por qué se titula el cuento "La indiferencia de Eva"?

3 Ampliar Según declara el protagonista "el resto de la historia fue vulgar". En parejas, imaginen cómo fue el final de la historia. Luego compártanlo con la clase.

4 Escribir Escribe un párrafo de unas diez líneas, en primera persona, como si fueras Eva. Describe, usando el pasado, lo que pensabas del narrador. Puedes hablar de tus primeras impresiones y luego de lo que pensabas de él durante y después de la entrevista.

2 In groups, ask students to think about how Eva manipulated the novelist. Would the novelist have treated Eva differently had she shown interest in him and his work?

4 Have students write down the points in the plot that would have been altered had the gender of both characters been reversed.

Atando cabos

 1 **Semejanzas y diferencias** En parejas, contesten las preguntas siguientes con frases completas.

1. Los dos cuentos tratan del periodismo desde diferentes perspectivas. En "Tiempo libre", el narrador es lector de noticias y en "La indiferencia de Eva", el narrador es el protagonista de la noticia. ¿Creen que los personajes de las historias reflejan diferentes posturas ante la vida? Razonen sus respuestas.

2. ¿En qué lado de la noticia les gustaría estar a ustedes: como lectores, como protagonistas o como periodistas? Expliquen por qué.

 2 **Imaginar** En parejas, preparen una entrevista entre un(a) periodista y un personaje famoso que les interese. Cuando hayan terminado, interprétenla en frente de la clase.

3 **Escribir** Eres un(a) periodista que trabaja en la sección cultural de un periódico muy conocido. Sigue el **Plan de Redacción** para escribir una reseña de una película o de un libro.

Plan de redacción

Introducción Contesta las siguientes preguntas: ¿De qué es la reseña? ¿Es de una película o de un libro? Si es de una película, tienes que incluir la fecha de su estreno, el nombre del director y de los actores principales y los papeles que éstos representan. Si es de un libro, pon la fecha de su publicación y el autor. También debes incluir el argumento de la obra.

Crítica Escribe tu evaluación de la obra.
- ¿Qué piensas de la película o del libro y por qué?
- ¿Qué es lo que hace bien el/la director(a) o el/la autor(a)?
- ¿Qué hace mal?
- ¿Recomiendas la obra?
No olvides usar **o... o, ni... ni** y, al menos una vez, el presente perfecto de subjuntivo.

Conclusión Resume brevemente tu evaluación de la obra. También debes decir por qué vale la pena *(it's worthwhile)* ver la película o leer el libro o por qué no vale la pena hacerlo.

---

① Ask students to determine which medium (i.e., print, radio, etc.) most easily conveys the personal perspective of a journalist. What are the advantages of radio over print, and vice versa?

③ For **Crítica**, students should think about the influence that media critics' opinions have. What is the validity of their comments? Are they truly better equipped to judge the quality of books and movies?

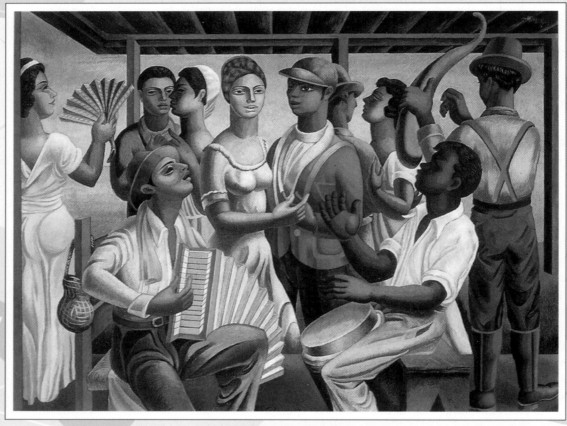

Merengue, 1937.
Jaime Colsan. República Dominicana.

*Modestamente, la televisión no es culpable
de nada. Es un espejo en el que nos miramos
todos, y al mirarnos nos reflejamos.*

— Manuel Campo Vidal

Antes de leer

PERFIL

Carmen Maura

Conexión personal

¿Quiénes son tu actor y actriz favoritos? ¿Por qué? Compara tus preferencias con las de tres compañeros/as.

Contexto cultural

Spanish cinema has flourished in the past quarter of a century, attracting critical attention from around the world. Movies by Spanish filmmakers have won the Academy Award for Best Foreign Film on three occasions. Pedro Almodóvar was awarded the Oscar in 2000 for *Todo sobre mi madre,* while José Luis Garci's *Volver a empezar* won the award in 1983; Fernando Truebas's *Belle Epoque* won in 1993. Meanwhile, Hollywood is now home to two very well-known film stars who began their acting careers in their native Spain. Can you name them? *Antonio Banderas and Penélope Cruz*

Pedro Almodóvar

Vocabulario

empeño *determination; undertaking; effort*

hacerle gracia (a alguien) *to be funny (to someone)*

hasta la fecha *up until now*

Carmen Maura
Sergio Burstein

Suggestion: In pairs, have students explain to their partner what their reaction would be if asked "Why aren't you doing what you enjoy most for a living?" Ask students to share their partner's answer with the class.

1 En 1969, nada hacía presagiar° que Carmen Maura, de 24 años, se convertiría con el transcurso de los años en una de las actrices más notables y
5 arriesgadas del cine español. Descendiente del político conservador Antonio Maura, estaba casada desde hacía cinco años, y dirigía una galería de arte en su
10 Madrid natal. Pero súbitamente le entró el bichito de la actuación°, y decidió cambiar su aburrida comodidad por lo que entonces se le planteaba como una verdadera aventura.

"Fue como un regalo del cielo, 20 minutos de lucidez",
15 ha declarado ella misma. "Yo era una inconsciente°. Y todo tras una conversación con el crítico de teatro Alfredo Marquerie, que me llevó a la realidad y me dijo: '¿Por qué no haces lo que más te gusta en la vida?'. Llegué a casa, lo dije y se armó la de San Quintín°. Y a partir de ahí, claro, soy tan
20 cabezota° que bastó que se enfrentaran conmigo mi familia y mi marido para que yo me cabreara° más al darme cuenta de que no era libre, no podía hacer lo que me daba la gana°".

nothing would have predicted

she was bitten by the acting bug

irresponsible person

there was a tremendous fight
pig-headed

would get infuriated

I couldn't do just as I pleased

La decisión no sólo le costó la ruptura de su matrimonio, sino también la separación de sus hijos, a los que no pudo ver

25 ni visitar en años. Pero la senda° artística ya estaba marcada.   *path*

Empezó con actuaciones en clubes nocturnos hasta debutar en la pantalla grande con *Los gatos tienen frío* (1969), aunque llamó realmente la atención con *Tigre de papel* (1977), una película dirigida por Fernando Colomo.

30 Pero el verdadero detonante° de su carrera fue su encuentro   *the thing that really set off*
con el director manchego° Pedro Almodóvar, quien le dio el   *from La Mancha*
papel principal de su ópera prima°, *Pepi, Lucy, Bom y otras*   *first work*
chicas del montón (1980). Carmen aceptó el proyecto, aunque
resultaba evidente que no se trataba de nada precisamente

35 convencional.

Sólo la buena preparación y empeño de Maura logró
sacar adelante lo que parecía ser una comedia disparatada° y   *outrageous, absurd*
absolutamente plagada de excesos post-franquistas°.   *riddled with post-Franco*
    excesses

"Cuando conocí a Pedro, no teníamos nada que ver: él

40 era supermoderno, y yo era una niña bien° que hacía teatro,   *rich girl*
pero inmediatamente conectamos", ha dicho la española.
"En un rodaje, con 40 personas, Pedro decía algo y de
repente yo era la única a la que le hacía gracia, mientras
los otros 40 se quedaban callados".

45 La colaboración ya estaba establecida: en los años
siguientes, Maura se convertiría en la actriz favorita del
nuevo prodigio del cine español, participando en cintas°   *films*
como *Entre tinieblas* (1983), *¿Qué he hecho yo para merecer*
esto? (1985), *La ley del deseo* (1987). A esas alturas, Carmen

50 ya era comparada por la prensa internacional con Anna

Magnani y Bette Midler, y se incorporaba al reparto de exitosas comedias dirigidas por otro celebrado director, Fernando Trueba, como *Sal gorda* (1984) y *Sé infiel y no mires con quién* (1985).

55   La cumbre de su trabajo con Almodóvar llegó en 1988 con *Mujeres al borde de un ataque de nervios,* divertido filme que alcanzó una inusitada° difusión internacional y que le permitió compartir la pantalla con Fernando Guillén, María Barranco, la actriz de indescriptible rostro Rossy de Palma y

60   el aún° jovencito Antonio Banderas.

Curiosamente, la película marcó el fin de la relación entre Maura y el director de *Tacones lejanos,* que no han vuelto a trabajar juntos hasta la fecha. Sin embargo, la actriz no ha negado nunca la posibilidad de volver a colaborar con

65   el cineasta que la lanzó a la fama: "Eso podría suceder algún día, pero él tiene que tener un personaje que le apetezca° que haga yo. Yo, desde luego, no iré detrás de él, ni me haré la encontradiza°. Si un día a él le apetece y a mí me gusta lo que quiere que haga para él, lo haré, pero no es fácil.

70   Tampoco sé lo que pasa por su mente porque hace mucho tiempo que no hablo con él. No es que yo me niegue, pero no ha surgido la ocasión".

Carmen Maura tiene una filosofía de vida que la define como una verdadera luchadora°, y no se preocupa en exagerar

75   sus pesares° frente a la prensa. "Cada uno tiene sus propios problemas", ha asegurado. "Uno tiene vecinos insoportables, a otro le persigue Hacienda°, el de más allá tiene problemas con su novia que es una borde°". Sus perspectivas familiares

unusual

still

he might want

nor will I pretend to just bump into him

fighter

sorrows, regrets

tax collector

jerk

también están mejorando: hace poco se volvió a encontrar

80 con su hijo Pablo, de 28 años, con quien no convivía° desde
que éste era un bebé.

Además, los últimos años han visto el resurgimiento de
su carrera profesional, algo que ya se veía venir desde su
participación en *Sombras de una batalla* (1993), filme de

85 Mario Camus por el que recibió un premio Goya, equivalente
español del Oscar. Pero su verdadero lanzamiento internacional
se produjo en los últimos años con *La Comunidad* (2000),
excelente largometraje de comedia-suspense dirigido por
Álex de la Iglesia, una de las mayores revelaciones del cine

90 fantástico europeo.

La cosa no ha quedado allí, porque actualmente Maura,
que vive entre su país y Francia, se encuentra en pleno rodaje°
de *800 balas,* el nuevo largometraje de Álex de la Iglesia, que
se filma en Almería, España. Todo parece indicar que, a rey

95 muerto, rey puesto°; en otras palabras, a falta de Pedro,
bueno es Álex.

with whom she had not lived

in the middle of filming

"The (old) king is dead; long live the (new) king!

Después de leer

PERFIL

Carmen Maura

1 **Comprensión** Pongan los acontecimientos de la vida del Carmen Maura en orden del uno al diez.

-   6   a. Conoció a Pedro Almodóvar.
- 10 b. Se volvió a encontrar con su hijo.
-   3   c. Tuvo una conversación que le cambió la vida.
-   7   d. Actuó en *La ley del deseo.*
-   1   e. Se crió en un ambiente acomodado y conservador.
-   5   f. Trabajó en clubes nocturnos.
-   8   g. Actuó en *Mujeres al borde de un ataque de nervios.*
-   2   h. Se casó.
-   9   i. Recibió un premio Goya.
-   4   j. Se separó de su esposo.

② Ask for volunteers to share a pivotal moment in their lives and any decisions they made at that point.

2 **Interpretar** Contesta las siguientes preguntas.

1. ¿Cómo se consideraba Carmen Maura a los veinticuatro años de edad?
2. ¿Cómo cambió su vida personal después de hacerse actriz?
3. Carmen Maura se caracterizó a sí misma como "una niña bien". ¿Qué crees que significa esto?
4. ¿Cómo era y cómo es en la actualidad la relación entre Carmen Maura y Almodóvar?
5. ¿Cuándo y con qué película se hizo internacionalmente famosa?
6. ¿Cómo describirías la personalidad de la actriz? Pon ejemplos del texto.
7. Explica, en tus propias palabras, qué significa la expresión "a rey muerto, rey puesto".

 3 **Ampliar** Carmen Maura decidió hacer realidad sus sueños y para ello se enfrentó a su familia. ¿Harías tú lo mismo? En parejas, comenten qué harían si estuvieran en la misma situación que la actriz española. Luego, compartan sus ideas con la clase.

> **MODELO**   Si yo estuviera en la misma situación, intentaría explicarle a mi familia que lo más importante para mí es trabajar en lo que me gusta.

④ Ask students to search on the Internet for more information on the dictatorship and the transition to democracy.

4 **Conversar** En grupos pequeños, digan lo que sepan de la historia reciente de España. ¿Quién fue Franco y cómo llegó al poder? Después de su muerte, ¿cómo cambió la sociedad española? ¿Cómo fue la época post-franquista?

Antes de leer

Los *talk shows*: fascinación o rechazo
Jorge Acevedo Rojas

Conexión personal
¿En qué piensas cuando oyes el término *talk show*? En tu opinión, ¿tiene un significado positivo o negativo? ¿Tienes un *talk show* favorito? ¿Cuál es? ¿Por qué te gusta?

Contexto cultural
Although the **telenovela** (soap opera) has traditionally been a mainstay of daytime television in the Spanish-speaking world, talk shows are becoming increasingly popular. Occasionally they address issues of the day in an intelligent and objective manner. There are also talk shows with a specific religious or political focus.

Conexión personal: Have students work in groups to discuss the attraction of TV talk shows. What do they offer to viewers? Ask students to share their opinions with the class.

Cristina Saralegui

Laura Bozzo

Padre Alberto Cutie

Vocabulario

a cambio *in exchange*

contar con *to count on*

no caber duda *not to be doubt*

particular *personal; private; particular*

proveniente de *coming from*

provenir de *to come from; to originate from*

el sello *seal; stamp*

ubicarse *to be located*

Los *talk shows*: fascinación o rechazo
Jorge Acevedo Rojas

1   Infidelidades, odio, violencia, alcoholismo, mentiras y
traiciones, entre otras debilidades° humanas, han pasado a   weaknesses
formar parte de las programaciones de televisión en América
Latina a través de programas *talk show.* Las intimidades y
5   confesiones de personas, generalmente provenientes de
sectores socioeconómicos bajos, exhibidas públicamente a
través de la televisión, captan° la atención de millones de   capture; attract
televidentes en diversos países de la región y en la población
latina de los Estados Unidos.

10   ¿Por qué la exhibición pública de la vida íntima, enredada°   tangled; complicated
y turbulenta de algunas personas, puede generar la atención
de millones de televidentes? ¿Qué hay detrás de la
producción y emisión de los *talk shows?* ¿Qué origina que°   What is the cause that . .
algunos de estos programas cometan excesos y degraden la
15   dignidad de las personas? ¿Por qué este género de
producción puede resultar atractivo e interesante para
muchos y repulsivo para otros?

    Las cadenas hispanas de televisión con sede en los
Estados Unidos y las estaciones de TV en América Latina
20   ofrecen diversos programas del género *talk show,* cada uno
con sus respectivas particularidades, dependiendo del
contexto político, económico y cultural en el que se ubican.

Las diferencias provienen también de las características y objetivos de los productores y de la personalidad y el estilo
25 de los conductores o conductoras°. A continuación *hosts and hostesses* presentamos algunas reflexiones sobre tres programas del género *talk show,* bastante conocidos entre el público latinoamericano: *El show de Cristina, Laura en América* y *Padre Alberto.*

30 **Cristina Saralegui y los inicios del *talk show* latinoamericano**
Cristina Saralegui es la iniciadora de los *talk shows* con tinte° *color, tone* latinoamericano. Las historias presentadas en sus programas, los protagonistas, sus problemas y los modos de resolverlos han tenido un ineludible sello latino, hecho que le ha valido
35 encabezar° durante años los primeros lugares de audiencia, *a fact that has merited her being at the top* entre las cadenas de televisión hispana de los Estados Unidos y en los países de América Latina en los que se transmite el programa.

    Las razones del éxito de Cristina podrían explicarse, en
40 buena parte, por la necesidad de la población hispana de verse reflejada en las pantallas de televisión, de ver expresados sus problemas cotidianos, sus diferentes maneras de sentir y pensar, en el contexto de un país que, sin embargo, les es cada vez menos extraño.

45   Con estos ingredientes, el éxito de un *talk show,* con inconfundible sello latinoamericano está asegurado. El problema es que las historias y los protagonistas dispuestos a ir a la televisión pueden ser cada vez menos y, de manera inversamente proporcional, puede aumentar° la demanda *increase*

50 del público por apreciar vidas y personas cada vez más
complicadas, en enredos cargados de pasión°, violencia y *in affairs charged with passion*
vicios° de diversa índole°. Y si a todo ello sumamos la *vices / kind, nature*
aparición de programas del mismo género, para público
de habla hispana en diferentes países de América Latina,
55 es indudable que *El show de Cristina* ha tenido que realizar
grandes esfuerzos por mantenerse en los primeros lugares de
las preferencias.

Estos esfuerzos, sin embargo, se habrían traducido en un
acrecentamiento° del espectáculo durante el desarrollo de *growth*
60 sus programas y, según algunas versiones periodísticas, en el
falseo° de historias y la contratación° de actores. *falsification; fabrication / hiring*

Televisión basura (o *Laura en América*) al servicio del poder

La segunda semana del mes de julio de 2001 se difundió en
Lima un *vladivideo* en el que se mostró una conversación
65 entre Vladimiro Montesinos°, hoy en día recluido en una *Peruvian spy master said to have been the power behind the autocratic presidency (1990–2000) of Alberto Fujimori*
prisión militar, y el propietario de América Televisión, José
Francisco Crousillat. En la reunión se dialogó sobre los
contenidos y algunos aspectos de la producción de
programas especiales que la conductora, estrella de dicho
70 canal, Laura Bozzo, debía grabar como parte del apoyo de
América Televisión a la segunda reelección del ingeniero
Alberto Fujimori.

No era la primera vez que Montesinos conversaba con
mucha familiaridad con propietarios de canales de televisión
75 sobre Laura Bozzo. En realidad, entre los años 1998 y 2000,
en virtud a un arreglo económico, bastante ventajoso para

América Televisión, una parte significativa de los libretos° de *Laura en América* se diseñaban en las oficinas de Vladimiro Montesinos. Hay entonces un componente político muy particular que diferencia a *Laura en América* de otros programas del mismo género.

scripts

Abogada de profesión, Laura Bozzo ha conducido el programa más popular en el Perú y uno de los *talk shows* más sintonizados en diversos países de América Latina. En estos años, Bozzo no sólo ha logrado éxitos económicos y conseguido encumbrarse° como conductora estrella en el género, sino que también ha sido objeto de duras críticas, debido a los excesos cometidos repetidamente en sus programas, a la puesta en duda° de la veracidad de las historias y los protagonistas presentados, y a su apoyo expreso al régimen autoritario del ex presidente Alberto Fujimori.

make it to the top

placing in doubt

Investigaciones periodísticas han revelado que algunos casos presentados en el programa *Laura en América* eran falsos y que las personas encargadas de ofrecer los testimonios habían recibido un incentivo económico a cambio.

Como ha señalado el crítico de televisión Fernando Vivas, programas como el de Laura Bozzo han contribuido a instalar en la televisión peruana un discurso demagógico y regalón°, ofreciendo dádivas° además de entretenimiento. Hoy en día, conocidos los vínculos entre América Televisión y el poder cívico militar (mafioso) que gobernó el Perú durante la década de 1990, es posible identificar con mayor claridad la relación de simbiosis entre el discurso populista

demogogic and spoiled discourse / gifts

105 de *Laura en América* y el régimen fujimorista, entre los
"éxitos" y "primicias°" del programa y la consolidación de   *scoops*
un sistema autoritario.

El Padre Alberto: "Venid a mí, dice el Señor, y yo os aliviaré°"   *Come unto me, says the Lord, and I will give you rest.*
A pesar de su insistencia en señalar que los sermones
110 y las confesiones se producen en las iglesias, es imposible
desligar° al sacerdote cubano Alberto Cutie de su misión de   *disconnect*
"pescador de hombres". Con un carisma singular, el padre
Alberto ha logrado niveles de audiencia significativos en su
programa transmitido por la cadena Telemundo.

115　　　A diferencia de los programas de Cristina Saralegui
y Laura Bozzo, los invitados del sacerdote no siempre
provienen de sectores socioeconómicos bajos. Tampoco hay
violencia física en el *set,* aunque los problemas son tan
diversos y complejos como los que se presentan en los
120 espacios referidos°. Además, *Padre Alberto* cuenta con la   *In the programs referred to*
asistencia de especialistas para analizar los casos presentados
y tener opiniones profesionales que puedan contribuir a
"cambiar la vida" de los invitados.

　　　Hay mucho menos espectáculo en *Padre Alberto*.
125 El conductor es un consejero, también juzga y cuestiona
a sus invitados, pero con menos dureza que Cristina
Saralegui y Laura Bozzo. Alberto Cutie es, qué duda cabe,
protagonista, pero no hace denodados° esfuerzos para serlo.   *tireless*
Cabe anotar° que no se han tejido° especulaciones sobre la   *It is fitting to note / have not been spun out*
130 veracidad de los casos presentados, como sí ha ocurrido con
El show de Cristina y *Laura en América.*

¿Es el programa del padre Alberto un *talk show* ideal?
Seguramente no. Para empezar, tiene poco más de un
tercio de la audiencia que mantiene el programa de Cristina
135   Saralegui. Además, intencionalmente o no, se percibe un
aire religioso, un ingrediente de homilía° y conversión, para   homily, sermon
algunos poco recomendable en una cadena de televisión
laica° como Telemundo. Sin embargo, *Padre Alberto,*   lay
como otros *talk shows* producidos en América Latina, ha
140   confirmado que no hay género o formato perverso por
naturaleza, sino que son las cadenas de televisión, los
conductores y la propia sociedad quienes les imprimen un
sello particular. ⊞

Después de leer

Los *talk shows*: fascinación o rechazo
Jorge Acevedo Rojas

(1) Comprensión Decide si lo que afirma la frase es **cierto** o **falso.** Corrige las oraciones falsas.

	Cierto	Falso
1. Cristina tiene uno de los *talk shows* más populares de la televisión hispana.	☑	☐
2. Según Acevedo Rojas, Cristina ha utilizado el espectáculo y la falsificación de historias para mantenerse en los primeros lugares de audiencia.	☑	☐
3. Según el autor, muchos libretos de *Laura en América* se crearon para apoyar la reelección de Alberto Fujimori en Perú.	☑	☐
4. El artículo dice que en el programa *Laura en América* no se da dinero a los invitados. *Según el artículo, los invitados reciben incentivos económicos.*	☐	☑
5. Según el autor, el aire religioso de *Padre Alberto* es una buena contribución a la televisión laica. *Según el autor, Padre Alberto no es recomendable para una cadena de televisión laica.*	☐	☑

(2) Interpretar Contesta las siguientes preguntas con frases completas.

1. ¿Crees que al autor del artículo le gustan los *talk shows* en general? Pon ejemplos del texto.
2. ¿Cuál de los tres *talk shows* crees que le gusta más al autor? ¿Por qué?
3. ¿En qué sentido *Laura en América* es diferente de otros *talk shows*?
4. ¿Por qué *Padre Alberto* no es un *talk show* ideal?
5. Según tu opinión, ¿por qué le interesan los *talk shows* a la población hispana de Estados Unidos?
6. ¿Qué piensas tú sobre este tipo de programas? ¿Por qué?

(3) Comunicar En grupos pequeños, comparen los *talk shows* que conocen, como los programas de Jerry Springer, Oprah Winfrey, Maury Povich, Montel Williams y Ricky Lake. ¿Hay violencia en ellos? ¿Son verdaderos los casos que se presentan? ¿Usan actores o se inventan las historias? ¿Por qué creen que son tan populares? Luego, presenten sus conclusiones al resto de la clase.

(4) Ampliar En parejas, inventen un diálogo entre un(a) presentador de un *talk show* y un(a) invitado/a. La persona invitada tiene un problema particular con dos posibles soluciones. El problema puede ser con alguien en su familia o con su pareja. El/la conductor(a) del programa debe presentar el problema a la clase y luego los dos hablan sobre él. Al final, la clase vota sobre lo que debe hacer el/la invitado/a para resolver su problema.

(2) Ask students to describe someone drawn to each type of show mentioned; i.e., what differences there are between a viewer who watches *Padre Alberto* and one who prefers *Laura en América*.

(4) Ask students to work in groups to develop the ideal talk show. What would it include? To what audience would it be geared? What kind of host would lead it? Have them share their ideas with the class.

Abriendo ventanas

Una noticia de interés

Trabajen en grupos pequeños para presentar una noticia de interés a la clase.

Elegir el tema

Pueden preparar su presentación sobre alguna noticia relacionada con el mundo hispano que hayan escuchado recientemente. Si no conocen ninguna, repartan la tarea de búsqueda entre todos los miembros del grupo.

Preparar

Compren periódicos en español, vayan a la biblioteca o investiguen en Internet. Pueden visitar el sitio *www.vistahigherlearning.com* para buscar enlaces relacionados con los medios de comunicación. Busquen una noticia que despierte su interés y tomen nota de lo que consideren interesante. No se olviden de recoger *(collect)* información audiovisual para mostrar a la clase.

Organizar

Su presentación debe incluir una pequeña introducción sobre la noticia: el país donde ocurrió, cuándo, antecedentes políticos o sociales que pueden explicar las causas, etc. Organicen la información recogida en un esquema *(outline)*. Tengan en cuenta que cada presentación durará unos 10 minutos. No se olviden de citar las fuentes *(the sources)* que han utilizado para preparar su presentación.

Estrategia de comunicación

Estas frases les pueden ayudar a hacer una buena presentación.
1. La noticia que hemos elegido trata de…
2. Ni los testigos *(witnesses)* ni las víctimas saben cómo pudo ocurrir…
3. El presidente del país espera que el peligro haya pasado…
4. La policía piensa que el cupable o es el/la esposo/a…
5. Para terminar, todavía no se sabe cuáles van a ser las consecuencias…

Presentar

Antes de su presentación, cada grupo entregará una copia de su esquema al profesor. Usen medios audiovisuales (carteles, fotografías, mapas, etc.) para que el resto de la clase pueda comprender mejor la noticia.

Elegir el tema: Bring in some newspapers or Internet pages with stories related to the Spanish-speaking world to help students generate ideas for this project.

Organizar: Ensure that each group divides the preparation tasks equally among its members and that all students understand the role that their participation will play in the project's success.

Ayuda para Internet

Aquí tienen unas palabras clave para buscar información en Internet:
noticias / El País España / Semana Colombia / política internacional / sucesos / Clarín Argentina / La Tercera Chile / El Nacional Venezuela / Reforma México

---

Instructional Resource IRM (general teaching suggestion)

Cortometraje:
El milagro (México; 15 minutos)
Synopsis:
The inhabitants of a small village have been invited to participate in a miracle, an extraordinary event that will not happen again for another 1000 years. Margarita, like everyone else, wants to attend, but her husband, Alfonso, thinks that it is all a farce.

El milagro

país México   **director** Ernesto Contreras Flores
duración 15 minutos   **protagonistas** Margarita, Alfonso, Faustina, Juanita (la hija de Faustina)

Vocabulario

el argüende *gossip*	**necio/a** *stupid*
chulo/a *pretty*	**tarugo/a** *blockhead*
méndigo/a *stingy*	**zoquete** *dimwit*

Antes de ver el corto

1 Comentar En Latinoamérica, los milagros son una parte muy importante de la cultura popular. Los milagros se relacionan principalmente con la religión, los astros y la santería. Las personas hacen ofrendas, promesas y oraciones para que el milagro que tanto desean se haga realidad. ¿Qué sabes sobre este tema? Comparte tus conocimientos con un(a) compañero/a.

Mientras ves el corto

2 Ordenar Numera del uno al ocho los sucesos según van ocurriendo en la historia.

_7_ a. Alfonso toma la invitación y corre buscando a Margarita.

_5_ b. Margarita está llorando.

_8_ c. Alfonso y Margarita están juntos en el Cerro Azul.

_4_ d. Faustina y Juanita están subiendo al Cerro Azul.

_3_ e. Margarita le da su canasta con comida a Faustina.

_6_ f. Un turista pasa corriendo.

_2_ g. Faustina y Juanita llegan a casa de Margarita.

_1_ h. Margarita lee la invitación.

Después de ver el corto

3 Comprensión Decide si lo que afirma la frase es **cierto** o **falso**.

	Cierto	Falso
1. Todo el pueblo recibió una invitación.	☑	☐
2. Margarita no quiere ir a ver el milagro.	☐	☑
3. Faustina va con su hija al evento.	☑	☐
4. Juanita, la hija de Faustina, lleva puesto un vestido azul.	☐	☑
5. Todo el pueblo va al Cerro Azul.	☐	☑
6. Faustina quiere que Margarita también vaya.	☑	☐
7. Alfonso tiene muchas ganas de ir a ver el milagro.	☐	☑
8. Margarita le da su canasta con comida a Faustina.	☑	☐
9. Todos saben quién envió las invitaciones.	☐	☑
10. Alfonso y Margarita nunca suben al Cerro Azul.	☐	☑

4 Escribir ¿Cuál crees que es el tema del cortometraje *El milagro?* En parejas, hagan una lista de ideas sobre el tema de *El milagro* y al terminar, seleccionen uno. Luego, compartan su trabajo con el resto del grupo y decidan entre todos cuál es el tema principal de esta historia.

5 Comentar Contesta las siguientes preguntas con frases completas.

1. ¿Por qué Alfonso no quiere ir a ver el milagro?
2. ¿Por qué no deja que Margarita vaya?
3. ¿Por qué está llorando Margarita?
4. ¿Por qué Alfonso finalmente decide ir al Cerro Azul?
5. ¿Qué se puede concluir de la última conversación entre Margarita y Faustino?
6. ¿Quién crees que ha mandado las invitaciones?

6 Analizar Discutan, en parejas y luego en grupos, las diferentes interpretaciones que tiene el final del corto. Expliquen también el significado de la pregunta de Margarita: "¿Nos salvamos?".

7 Imaginar En el cortometraje, todo el pueblo está contento porque el día 14 habrá un milagro. Imagina que en este momento se te pueden cumplir tres deseos. ¿Cuáles escogerías?

8 Interpretar En parejas, imaginen y escriban un final diferente que le dé otro significado a la historia. Al terminar, representen el nuevo final para el resto de la clase.

9 Inventar En parejas, piensen en algún evento comunidades al que a sus comunidades les interesaría asistir. Luego, escriban una invitación formal como la que recibió Margarita en *El milagro.* Al final, muestren su trabajo a la clase explicando por qué decidieron seleccionar ese tipo de evento.

El poder de los medios

Suggestion: Allow students to select different points for their discussion, as long as they are valid and related to the theme. Encourage them to take sides and approach this project as a debate.

 1

5 min. La clase se divide en cinco grupos y cada uno tiene que pensar y anotar sus ideas sobre uno de los siguientes temas.

1. Los medios de comunicación surgieron hace muchos años con el objetivo de informar. ¿Creen que hoy en día los medios de comunicación siguen teniendo el mismo objetivo?

2. ¿Amarillismo (*sensationalism*) que vende o información que aburre? Al final de cuentas, los medios de comunicación son empresas que necesitan vender sus productos, ya sean periódicos o tiempo de televisión. ¿Somos los receptores los culpables de la pobreza del contenido de los medios de comunicación? ¿Es cierto que buscamos el amarillismo?

3. ¿Creen que el papel de los medios de comunicación en los procesos electorales políticos es importante? ¿Consideran que los medios de comunicación influyen en los resultados de las elecciones? ¿Creen que es justo?

4. Con la llegada de Internet, ¿consideran que está en peligro la vida de los medios de comunicación tradicionales como la televisión o el periódico?

5. ¿Creen que hay que censurar el contenido de los programas y noticias para proteger a los niños y jóvenes?

2

10 min. Cada grupo tiene que preparar una breve presentación sobre uno de los temas. En el caso de que no todos opinen lo mismo, pueden mencionar que dentro del grupo hay distintas opiniones.

3

25 min. Los diferentes grupos presentan sus ideas a la clase, mientras todos toman nota.

4

10 min. Cuando todos los grupos han terminado de presentar sus ideas, toda la clase debe participar haciendo preguntas y/o defendiendo sus opiniones.

La literatura y el arte

Cantata, 1985.
Armando Barrios. Venezuela.

La literatura nace del paso entre lo que el hombre es y lo que quisiera ser.

— Mario Vargas Llosa

Antes de leer

La mejor tinta
Armando Valladares

Literatura opener
(previous page):

See the **VENTANAS**
Instructor's Resource Manual
for teaching suggestions.

Conexión personal
Piensa en cinco cosas de las que no podrías prescindir *(do without)*. Escríbelas en una hoja de papel. ¿Crees realmente que son imprescindibles? ¿Qué harías si te fueran prohibidas? Comparte tus ideas con un(a) compañero/a.

Conexión personal:
Have a student write on the board the things the class mentions as essential. Ask the class to write a general statement about what human beings cannot do without, based on the list.

Contexto cultural
Many authoritarian regimes in the Spanish-speaking world, both of the left and the right, have found writers and their ideas threatening and have tried to control them. Sometimes control is accomplished by co-opting writers: creating and subsidizing literary prizes, grants, and positions to reward writers who reflect the regime's agenda. When they cannot be co-opted, writers may be harassed and even thrown into prison. Many writers with views contrary to the regime have found it necessary to go into exile in order to continue speaking their minds.

Contexto cultural:
Ask students if they know of writers or artists who have suffered harassment, repression, or persecution around the world, including in the U.S.

Análisis literario: el verso libre
Poetry without a regular pattern of rhyme and rhythm is called free verse **(el verso libre).** Poets use free verse to capture the sounds and rhythms of ordinary speech. Although free verse poems shun regular meter and rhyme scheme, they may employ other poetic techniques, such as repetition, alliteration, onomatopoeia, internal rhyme, and imagery. As you read *La mejor tinta,* notice Valladares' use of free verse and other poetic conventions.

Estrategia de lectura: leer poesía
The meaning of a poem is usually not as immediately accessible to the reader as is that of a piece of prose, as poems often have several different levels of meaning. Poetry is generally meant to be read aloud, and doing so can significantly help to reveal meaning. When you read a poem aloud, you should bear in mind that poets often do not end their thoughts at the end of a verse. Pausing at the end of a verse, unless the sense of the line stops there as well, may obscure the meaning.

Vocabulario

ahogarse *to smother; to drown* **la madera** *wood*

la celda *cell* **la pluma** *pen*

el castigo *punishment* **la rebeldía** *rebelliousness*

hundir *to sink; to submerge* **la tinta** *ink*

Armando Valladares

Hoja de vida

1937 Nace en Cuba
1976 *Desde mi silla de ruedas*
1980 *El corazón con que vivo*
1983 *Cavernas del silencio*
1985 *Contra toda esperanza*
1988 *El alma de un poeta*

Sobre el autor

A los 23 años de edad, **Armando Valladares** fue condenado a 30 años de prisión, por manifestar públicamente sus ideas en contra del régimen de Castro. Valladares pasó 22 años en una prisión cubana. A consecuencia de la mala alimentación, los últimos ocho años de prisión los pasó en una silla de ruedas. De dicha experiencia surgió su primer libro de poesías, *Desde mi silla de ruedas,* que Valladares escribió a escondidas dentro de su celda en papel de cigarrillos. Valladares, activista de los derechos humanos, expresa a través de sus poesías el poder del espíritu humano en la lucha por la supervivencia.

La mejor tinta

1   Me lo han quitado todo

las plumas

los lápices

la tinta

5   porque ellos no quieren

que yo escriba

Suggestion: In groups, ask students to make a list of the elements of Castro's regime they think Valladares opposed. Have groups compare the lists and share their thoughts with the class.

Suggestion: Give students a few minutes to read the poem to themselves. Then ask them to take turns reading it aloud with a partner.

y me han hundido

en esta celda de castigo

pero ni así ahogarán mi rebeldía°.   *rebelliousness*

10   Me lo han quitado todo

—bueno, casi todo—

porque me queda la sonrisa

el orgullo de sentirme un hombre libre

y en el alma° un jardín   *soul*

15   de eternas florecitas.

Me lo han quitado todo

las plumas

los lápices

pero me queda la tinta de la vida

20   —mi propia sangre—

y con ella escribo versos todavía.

Original escrito con mi sangre y una
astillita° de madera en abril de 1981   *little sliver*
en las celdas de castigo de la cárcel del
25   *Combinado del Este, en La Habana.*
De Alma de un poeta *(1988).*

Después de leer

La mejor tinta
Armando Valladares

1 **Comprensión** Después de leer el poema de Armando Valladares, decide cuáles de las siguientes respuestas son correctas.

1. Al poeta le han quitado todos sus instrumentos de trabajo porque
   a. es malo para su salud.
   b. no quieren que él escriba.
   c. no quiere lápices ni plumas.

2. Después le han llevado a
   a. un lugar exótico.
   b. un hospital.
   c. una celda de castigo.

3. No obstante, el poeta dice que no le han quitado todo porque
   a. todavía sueña.
   b. se siente libre.
   c. le queda su memoria.

4. Además, el poeta dice que él todavía puede escribir versos con
   a. sus lápices.
   b. su sangre.
   c. sus plumas.

2 **Interpretar** Contesta las siguientes preguntas.

1. En el verso quinto, se lee "porque ellos no quieren". ¿De quién crees que está hablando el poeta cuando escribe "ellos"?
2. Al final del poema, se da a entender que el autor sigue escribiendo versos. ¿Puedes explicar cómo?
3. El poeta está en una cárcel y, sin embargo, afirma que se siente libre. ¿En qué consiste la libertad de la que habla? Razona tu respuesta.
4. ¿Crees que Armando Valladares habla literalmente cuando escribe que "la mejor tinta" es la de su propia sangre? Explica qué otros significados puede tener esa afirmación.

3 **Ampliar** En parejas, escriban dos listas: una con las palabras del poema que tienen una connotación positiva, y otra con las que tienen una connotación negativa. ¿Cuáles son las más frecuentes? ¿Qué efecto tienen? ¿Creen que el poema refleja una visión positiva de la vida?

4 **Analizar** En parejas, hablen de la importancia de los intelectuales que luchan por sus ideas a pesar de los regímenes políticos de sus países. ¿Creen que estas personas son importantes para la sociedad? ¿Por qué?

Antes de leer

Continuidad de los parques
Julio Cortázar

Conexión personal
¿Has leído alguna vez una novela tan interesante y fascinante que simplemente no la podías dejar de leer? ¿Qué novela era? ¿Tenías ganas de ser uno de los personajes?

Contexto cultural
The interweaving of fiction and reality has become a recurring device in Latin American literature. It is particularly prevalent in the work of writers such as Argentineans Jorge Luis Borges and Julio Cortázar. Latin American literature frequently expresses different dimensions of a character's experiences by reflecting them in mirrors facing one another. The true image of the character gazing into the figurative mirrors is left to the reader's interpretation.

Análisis literario: las imágenes
Figurative language that appeals to the senses is called imagery **(las imágenes)**. Imagery is visual, inviting the reader to form a mental picture of what he or she is reading, but imagery can also appeal to other senses. As you read "Continuidad de los parques," note the images that Cortázar uses to bring his story to life.

Estrategia de lectura: visualizar
When you form a mental picture based on a written or oral description, you are visualizing **(visualizar)**. Active readers use the details provided by writers to picture characters, settings, and events in their minds. As you read "Continuidad de los parques," use the sensory details Cortázar provides to create a mental image of the characters and the setting.

Análisis literario:
Ask students to work in groups to discuss the effects the images in "Continuidad de los parques" have on them. Do they remind them of experiences in their own lives? Can they be eliminated without sacrificing the storyline? Do they motivate the reader to continue?

Vocabulario

acariciar *to caress*	**la mejilla** *cheek*
al alcance *within reach*	**el pecho** *breast; chest*
el arroyo *stream*	**el testigo** *witness*
el azar *chance*	**la trama** *plot*

Julio Cortázar

Hoja de vida

1914 Nace en Bruselas, Bélgica
1963 *Rayuela* (novela)
1966 *Todos los fuegos al fuego* (cuentos)
1973 Premio Médicis, París
1980 *Queremos tanto a Glenda* (cuentos)
1984 Muere en París, Francia

Sobre el autor

A pesar de haber vivido más de treinta años en Francia, **Julio Cortázar** siempre se mostró preocupado por la situación política y social de Latinoamérica, especialmente de Argentina. En sus textos representa al mundo como un gran laberinto del que el ser humano debería escapar. Se le considera uno de los creadores de la corriente literaria denominada "realismo fantástico", en la que la realidad se confunde con la fantasía.

Suggestion: Warn students that the story's plot is not self-evident. Remind them to read "Continuidad de los parques" several times to maximize their comprehension.

Continuidad de los parques

Había empezado a leer la novela unos días antes. La abandonó por negocios urgentes, volvió a abrirla cuando regresaba en tren a la finca°; se dejaba interesar lentamente por la trama, por el dibujo de los personajes. Esa tarde, después de escribir una carta a su
5 apoderado° y discutir con el mayordomo° una cuestión de aparcerías°, volvió al libro en la tranquilidad del estudio que miraba hacia el parque de los robles°. Arrellanado° en su sillón favorito, de espaldas a la puerta que lo hubiera molestado como una irritante posibilidad de intrusiones, dejó que su mano
10 izquierda acariciara una y otra vez el terciopelo° verde y se puso a leer los últimos capítulos. Su memoria retenía sin esfuerzo los nombres y las imágenes de los protagonistas; la ilusión novelesca lo ganó casi enseguida. Gozaba del placer casi perverso de irse desgajando° línea a línea de lo que lo rodeaba, y sentir a la vez
15 que su cabeza descansaba cómodamente en el terciopelo del alto respaldo°, que los cigarrillos seguían al alcance de la mano, que más allá de los ventanales danzaba el aire del atardecer bajo los

farm

agent / foreman
sharecroppers
oak trees / Settled

velvet

tearing off

back (of chair or sofa)

robles. Palabra a palabra, absorbido por la sórdida disyuntiva° de *dilemma*
los héroes, dejándose ir hacia las imágenes que se concertaban y
20   adquirían color y movimiento, fue testigo del último encuentro en
la cabaña del monte°. *the cabin in the woods*

     Primero entraba la mujer, recelosa°; ahora llegaba el amante, *suspicious(ly)*
lastimada la cara por el chicotazo de una rama°. Admirablemente *his face stung by the lash of a branch*
restañaba° ella la sangre con sus besos, pero él rechazaba sus *staunched*
25   caricias, no había venido para repetir las ceremonias de una pasión
secreta, protegida por un mundo de hojas secas y senderos
furtivos. El puñal se entibiaba° contra su pecho y debajo latía° la *The dagger was becoming warm / was beating*
libertad agazapada°. Un diálogo anhelante° corría por las páginas *crouched (in wait) / eager; yearning*
como un arroyo de serpientes, y se sentía que todo estaba decidido
30   desde siempre. Hasta esas caricias que enredaban° el cuerpo del *were entangling*
amante como queriendo retenerlo y disuadirlo, dibujaban
abominablemente la figura de otro cuerpo que era necesario
destruir. Nada había sido olvidado: coartadas°, azares, posibles *alibis*
errores. A partir de esa hora cada instante tenía su empleo
35   minuciosamente atribuido. El doble repaso despiadado° se *pitiless*
interrumpía apenas para que una mano acariciara una mejilla.
Empezaba a anochecer.

Suggestion: Ask students to read the text again as a whole, noting any fantastic elements. Have them explain where and how they are used.

     Sin mirarse ya, atados rígidamente a la tarea que los esperaba,
se separaron en la puerta de la cabaña. Ella debía seguir por la
40   senda que iba al norte. Desde la senda opuesta él se volvió un
instante para verla correr con el pelo suelto. Corrió a su vez,
parapetándose° en los árboles y los setos°, hasta distinguir en la *taking cover / hedges*
bruma malva del crepúsculo la alameda° que llevaba a la casa. Los *violet mist of twilight the cottonwood-lined path bark*
perros no debían ladrar°, y no ladraron. El mayordomo no estaría
45   a esa hora, y no estaba. Subió los tres peldaños° del porche y *steps*
entró. Desde la sangre galopando° en sus oídos le llegaban las *pounding*
palabras de la mujer: primero una sala azul, después una galería,
una escalera alfombrada°. En lo alto, dos puertas. Nadie en la *carpeted*
primera habitación, nadie en la segunda. La puerta del salón, y
50   entonces el puñal en la mano, la luz de los ventanales, el alto
respaldo de un sillón de terciopelo verde, la cabeza del hombre en
el sillón leyendo una novela. ▪

Suggestion: Encourage students to read the text section by section, underlining sensory details for later discussion.

Después de leer

Continuidad de los parques
Julio Cortázar

① In groups, have students discuss why Cortázar might have chosen not to present the story in chronological order.

1 **Comprensión** Ordena de forma cronológica lo que sucede en el cuento.

     2   a. Sentado en su sillón de terciopelo verde, volvió al libro en la tranquilidad del estudio.

     5   b. Finalmente, ella se fue hacia el norte y él llegó hasta la casa del bosque.

     1   c. Un hombre regresó a su finca después de haber terminado unos negocios urgentes.

     8   d. Llegó hasta el salón y apuñaló al hombre que, sentado en el sillón de terciopelo verde, estaba leyendo una novela.

     6   e. Ese día los perros no ladraron y el mayordomo no estaba.

     3   f. En la novela, una mujer y su amante se encontraban en una cabaña.

     7   g. Él subió los tres peldaños del porche y entró en la casa.

     4   h. Se habían reunido allí para terminar de planear un asesinato.

2 **Interpretar** Contesta las preguntas.

② Ask students if the fantastic elements of the story are believable. Ask if they have ever read fiction that resembled an experience in their life or that of someone they know. Have them share their stories with the class.

1. Según se deduce de sus costumbres, ¿cómo crees que es la personalidad del hombre que estaba sentado en el sillón? Presenta ejemplos del cuento.
2. ¿Quiénes se reúnen en la cabaña del monte y para qué?
3. Describe con tus propias palabras cómo es la personalidad de la pareja de la cabaña.
4. ¿Por qué crees que el mayordomo no trabajaba ese día?
5. ¿Qué relación hay entre la pareja de la cabaña y el hombre que está leyendo la novela?
6. ¿Quién crees que es la víctima? Haz una lista de las claves que hay en el cuento que te ayudan a saberlo.
7. ¿Cómo logra el escritor mantener la atención de sus lectores?

3 **Analizar** En "Continuidad de los parques", Julio Cortázar mezcla la realidad con la ficción. En parejas, contesten las siguientes preguntas.

1. ¿Qué habría pasado si el hombre del sillón hubiera cerrado el libro antes?
2. Imaginen que la novela que está leyendo el hombre es de otro género *(genre)*: humor, romance, ciencia ficción, etc. ¿Cuál hubiera sido el final en ese caso? Escríbanlo y luego, compártanlo con la clase.
3. Expliquen por qué creen que este cuento se titula "Continuidad de los parques".

4 **Escribir** Escribe un breve resumen del cuento con los hechos más importantes. Después, escribe un párrafo en el que cuentes qué habrías hecho de forma diferente si tú hubieras sido la persona que estaba leyendo la novela en el sillón verde.

Atando cabos

1 **Diferentes perspectivas** Reflexiona y señala qué lecturas de la lista son tus favoritas. Después, en parejas, compartan sus opiniones.

	Tú	Tu compañero/a
un *best seller*		
una novela histórica		
una revista de chismes		
un periódico		
un cómic		
un libro de poemas		
una historia de amor		
una novela de ciencia ficción		

2 **Escribir** Imagínate que eres un escritor de prestigio y que tienes que escribir un cuento para una editorial importante. Escríbelo y no olvides incluir el condicional perfecto, una oración con **si** con tiempos perfectos y la perífrasis **llegar a ser**.

Plan de redacción

Organización de los hechos Piensa en una historia en la que intervienen uno o dos personajes. Haz un esquema respondiendo a las siguientes preguntas.

1. ¿Quién es el protagonista de la historia?
2. ¿A qué se dedica? ¿Dónde vive? ¿Con quién?
3. ¿Qué le sucedió?
4. ¿Cómo y dónde ocurrieron los hechos?
5. ¿Quiénes participaron?
6. ¿Qué sucedió al final?

Título Después de saber con exactitud sobre lo que vas a escribir, es muy importante que escojas un título breve que atraiga al lector.

Explicar y concluir Una vez que hayas contado los hechos, intenta explicar por qué sucedió el acontecimiento. En caso de que no se pueda dar una explicación lógica a la historia, explica cómo afectó este hecho a los demás personajes.

① Ask students to use this table to categorize the readings they have done so far in class.

② If students have a hard time finding a topic, ask them to write about a real story they know and add some fantastic elements to it. They could also add a puzzling ending that readers would never imagine.

② Tell students that sometimes the title is the only clue readers have to understand a story. Encourage them to write the title after writing the story or after deciding the title's function.

El libron, 1913.
Juan Gris. España.

Pintar un cuadro es muy sencillo o imposible.

— Salvador Dalí

Antes de leer

PERFIL

Wifredo Lam

Conexión personal

¿Hay un(a) artista hispano/a cuya obra te guste especialmente? ¿Quién es? ¿Por qué te gusta tanto? ¿Cuáles son los temas característicos de este/a artista? Comparte tus respuestas con la clase.

Contexto cultural

Since the sixteenth century, the Caribbean has been the meeting place of many cultures. Here, Native American, African, Spanish, French, and English influences have come into contact (and often into conflict), and have created a rich, varied, and uniquely Caribbean culture. This mixing is certainly true of Cuba, whose culture fuses those of the native Taíno people, conquering Spaniards, enslaved Africans, French colonials and immigrants from Corsica, France, Italy, and China.

Wifredo Lam

Vocabulario

a causa de *because of*

el/la anciano/a *elderly gentleman; elderly lady*

la etapa *stage; phase*

el reconocimiento *recognition*

el respeto *respect*

el taller *workshop*

Wifredo Lam
Milko A. García Torres

1   Wifredo Lam nació en la aldea° cubana de Sagua la Grande.   *village*

Era hijo de Lam Yam, un escribano° chino afincado° en la   *court clerk / settled*

isla caribeña, y de Ana Serafina Castilla, mulata por cuyas   **Suggestion:** Ask

venas corría también sangre india. Además del anciano padre   students to jot down

5   —que cuando nace Lam cuenta ochenta y cuatro años—, un   the highlights of the

curioso personaje ejercerá una poderosa influencia en la   painter's life as they

infancia del pintor. Se trata de su madrina°, Mantonica   read. Have pairs

Wilson, una curandera y sacerdotisa de la santería°.   compare notes in class.

Contradiciendo° los deseos de su madrina, que auguraba°   *godmother*

10 para él un brillante futuro como hechicero°, el joven es   *a folk healer and a*

enviado a La Habana a estudiar Derecho° y, al mismo   *priestess of santería*

tiempo, desarrollará sus inclinaciones artísticas en la   *(Afro-Cuban religion*

Academia de San Alejandro. Poco interesado en las leyes,   *combining aspects of*

Lam se concentra en la pintura y, aunque soporta con cierta   *Catholicism and African*

15 resignación el rancio academicismo dominante°, prefiere   *animism) / contradicting /*

dibujar la frondosa° vegetación del jardín botánico a los   *predicted / witch doctor /*

motivos clásicos que sus maestros le imponen°.   *Law*

     El limitado horizonte cultural de la capital cubana pronto

despierta en Lam el deseo de viajar a Europa y, en 1923, con   *dominant old-fashioned*

20 veintiún años, se embarca hacia España gracias a una beca°   *academic painting*

del Ayuntamiento° de Sagua la Grande. En Madrid, donde el   *leafy*

panorama de la pintura oficial apenas difiere° del que deja en   *the classic motifs that his*

Cuba, entra en el taller de Álvarez de Sotomayor, un pintor   *teachers required of him*

académico que dirigía, además, el Museo del Prado. Al

25 mismo tiempo, asiste a la Academia Libre del Pasaje de la   *scholarship*

Alhambra, centro de reunión de pintores jóvenes e inquietos,   *town hall*

                                              differs

y, sobre todo, visita el Prado, donde sus preferencias se
inclinan por la obra de pintores como Brueghel o Goya°. La
afinidad lingüística y los lazos afectivos° hacen que lo que en
30   un principio no debía ser más que una etapa de su viaje hacia
París, se convierta en una estancia° de catorce años. De esta
época es una serie de dibujos de gentes del campo, de
factura° convencional, en los que el pintor muestra ya su
interés por cuestiones sociales. Poco a poco, su pintura va
35   asumiendo un lenguaje moderno que combina una estructura
geometrizante° con cierta vena surrealista°. En 1929 se casa
con su primera mujer, Eva Píriz, y al año siguiente nace su
hijo Wifredo; ambos morirán en 1931 de tuberculosis.

Su compromiso con el país que lo acoge lo lleva a
40   defender la causa republicana tras el estallido° de la Guerra
Civil, llegando a trabajar en una fábrica de armamento,
donde se encarga de instalar las espoletas en las granadas
antitanque°. Sin embargo, una enfermedad intestinal lo
obliga a dejar esta actividad y ha de ser internado en el
45   sanatorio de la localidad de Caldes de Montbui; allí conoce
al escultor Manolo Hugué, quien, ante el deseo manifestado
por el pintor cubano de viajar a París, le da una carta de
presentación para Picasso. Lam, que había tenido ocasión de
asistir a la exposición de Picasso que se celebró en Madrid en
50   1936, definió esta experiencia como "una conmoción". Su
relación personal con el artista malagueño° será muy intensa:
desde que, en 1938, ambos se conocen en París, recién
instalado Lam en la ciudad, la sintonía afectiva se ve
reforzada por el mutuo respeto ante sus trabajos. Entre los
55   amigos que Picasso presentó a su "primo cubano" se

*Jan Brueghel (1568–1625),
Francisco Goya
(1746–1828), painters
who dealt with violent and
sometimes grotesque
subject matter / bonds of
affection / stay*

construction

*"geometrizing" / a certain
surrealist vein*

outbreak

*install detonators in
anti-tank grenades*

Suggestion: Make sure
that students understand
the social and political
circumstances during
Lam's life. Have them
research information
about the Spanish Civil
War and Batista's regime
to present to the class.
*of Málaga (the city where
Picasso was born)*

encontraba Pierre Loeb, un marchante que le brinda° la
posibilidad de exponer su obra en julio de 1939. De nuevo la
guerra irrumpe bruscamente en la vida de Lam. El color de
su piel y su condición de luchador antifascista le hacen temer
60 por su integridad° y, ante la inminente entrada de las tropas
alemanas en París, se dirige hacia el sur, dejando sus obras al
cuidado de Picasso. Tras un azaroso° viaje llega a Marsella°,
ciudad en la que se encuentra una nutrida representación de
la vanguardia artística francesa esperando para embarcar con
65 destinos diversos. Allí se estrecha su relación con el círculo
de los surrealistas, especialmente con André Breton°, quien,
fascinado por la obra pictórica del cubano, le pide que ilustre
su poema *Fata Morgana*.

    Tras unos meses en Marsella y ante el hostigamiento° de
70 las autoridades de Vichy, Lam se embarca, en compañía de
otros trescientos intelectuales y artistas, con destino a La
Martinica°. Después de un pintoresco° viaje —donde las
penosas° condiciones de vida no impiden que los pasajeros
mantengan elevadas discusiones sobre arte y estética°— y de
75 permanecer internado durante cuarenta días en un campo de
concentración de la isla caribeña, Lam llega a Cuba en 1941;
el viaje había durado siete meses. Paradójicamente, el
reencuentro con su país es muy amargo: al sentimiento de
desarraigo° que le provocan los diecisiete años de ausencia,
80 se une la indignación por las lamentables condiciones en que
se desarrolla la vida de sus gentes, especialmente la de sus
hermanos de raza. Este sentimiento le lleva a superar la
postración inicial y a iniciar una actividad artística basada
en las raíces de un pueblo que, en opinión de Lam, debía

a merchant who offers him

fear for his well-being

risky; turbulent / Marseille (French port on the Mediterranean Sea)

André Breton (1896–1966) French theorist of Surrealism

harassment

Martinique (French Caribbean island) picturesque / terrible, awful aesthetics

feeling of being separated from one's roots

85   recuperar su dignidad. De esta forma, los referentes
autóctonos se funden con el lenguaje formal aprendido en
Europa para producir obras tan importantes como *La jungla*
(1942–1943), donde aparecen ya los personajes del panteón
yoruba° que poblarán gran parte de su producción posterior.

Yoruban pantheon (refers to the gods of the Afro-Cuban religion)

90   En la segunda mitad de la década de los cuarenta, Lam
alterna su residencia entre Cuba, Nueva York y París, ciudad
en la que se instala en 1952. El alejamiento de su país no le
impide implicarse en los acontecimientos políticos que allí se
suceden: apoya los movimientos de oposición al régimen de

95   Batista y recibe con entusiasmo la caída del dictador y el
triunfo de la revolución en 1959. Lam, que en ningún
momento deja de pintar, goza ya de un reconocimiento
internacional. Desde 1964, pasa largas temporadas en
Albisola Mare; en este pueblecito italiano, cercano a

100   Génova°, el artista danés Asger Jorn, creador del grupo
COBRA, lo inicia en la cerámica. Sin embargo, Lam no
perdió el contacto con París, donde fallece en 1982, año en el
que se muestra una importante retrospectiva de su obra. ▉

Genoa (Italian port city)

Suggestion: Bring in examples of Lam's work.

Después de leer

① Ask students what events in Lam's life are most impressive, surprising, or unique.

PERFIL

Wifredo Lam

1 **Comprensión** Elige cuál de las respuestas es la correcta.

1. Un personaje que ejerció mucha influencia en su vida fue
   - (a.) su madrina.
   - b. su abuelo.
   - c. su padre.

2. En 1923, decide dejar Cuba para avanzar con sus estudios de pintura y se va a
   - a. París, Francia.
   - b. Milán, Italia.
   - (c.) Madrid, España.

3. En España se siente tan cómodo que se queda por
   - a. dos años.
   - b. nueve años.
   - (c.) catorce años.

4. Durante la Guerra Civil apoya al bando republicano, pero una enfermedad intestinal lo obliga a internarse en un hospital. Allí conocerá a
   - (a.) Manolo Hugué.
   - b. Pablo Picasso.
   - c. Joan Miró.

5. En París, conoce a muchos artistas, entre ellos a Picasso y a
   - a. André Breton.
   - (b.) Pierre Loeb.
   - c. Salvador Dalí.

6. Debido a la Segunda Guerra Mundial decide volver a su país, y en este período produce una de sus obras más importantes:
   - a. *La selva.*
   - b. *La persistencia de la memoria.*
   - (c.) *La jungla.*

7. En 1952 ya había adquirido prestigio internacional y vivía entre Cuba, Nueva York y Europa. Muere en 1982 en
   - a. La Habana.
   - b. Albisola Mare.
   - (c.) París.

2 **Analizar** En parejas, hablen de dos hechos que consideren que marcaron profundamente la vida de Lam y la obra de este pintor cubano. Expliquen de forma lógica sus respuestas.

③ Have a few groups perform their dialogues for the class.

3 **Ampliar** En parejas, imaginen que son parte del grupo de artistas que estaba en el viaje a La Martinica. Preparen un diálogo en el que hablan de sus vidas. Expliquen por qué están en el barco y qué les habría gustado hacer en sus vidas, si no hubieran sido artistas. Utilicen oraciones con **si**, con tiempos compuestos, y al menos una de las siguientes expresiones: **hacerse, llegar a ser, volverse** o **convertirse en.**

Antes de leer

Arte latinoamericano

Conexión personal

¿Qué sabes del arte latinoamericano? ¿Cuáles son los temas que relacionas con él? Comparte tus respuestas con un(a) compañero/a.

Contexto cultural:
Ask volunteers to summarize in Spanish the information in **Contexto cultural,** without consulting the English text. Have one student write the volunteers' main ideas on the board.

Contexto cultural

Although Latin American art, particularly painting, only became widely popular outside of Latin America in the twentieth century, it has had a long and illustrious history. The many indigenous cultures of Latin America produced objects of striking beauty, using materials such as stone, precious metals and gems, and brightly colored feathers. Some of these artifacts have survived and can be appreciated at museums throughout Latin America.

During the colonial period, missionaries taught their indigenous charges European styles of painting and sculpture. Many of the works that decorate the interiors of Latin American colonial buildings were created by anonymous Native American artists. During the nineteenth century, with the emergence of the independent Latin American nations, criollo artists set out to create a national art based on national subjects. Recently, Latin American artists have come under international influences and have begun to incorporate ideas from Europe and the rest of the world with national themes.

Vocabulario

la antigüedad *antiquity; ancient times*

la mezcla *mixture*

precolombino/a *pre-Columbian*

el rasgo *characteristic*

el rincón *(interior) corner*

La literatura y el arte

Arte latinoamericano: con raíces propias

Suggestion: Ask students to make a list of words to describe Latin American art as they read the selection. In class, have them work in pairs to compare their lists.

1　El continente americano es heterogéneo en casi todos los aspectos: geográfico, étnico, social e histórico y, por lo tanto, su arte también es diverso. Eso porque a pesar de ciertos rasgos comunes, cada país ha tenido distintas realidades que se han

5　plasmado° de una u otra forma en la creación artística.

that have expressed themselves

En la antigüedad, el arte del continente se caracterizó por sus raíces autóctonas° precolombinas, y en la época de la colonización por la mezcla de las dos culturas; la local y la europea. Más tarde, sin perder su identidad indígena, la

10　creación de estos países fue influenciada por los movimientos artísticos que surgieron en Europa.

autochthonous, native

El concepto de arte latinoamericano, que se suele utilizar en la actualidad, comienza a tener validez en los primeros años del siglo XX y con él se ha aunado° a creadores tan distintos como

15　los pintores brasileños y los muralistas mexicanos, con el compromiso social que los caracterizó; a los surrealistas chilenos y cubanos y a los constructivistas uruguayos; a los cinéticos venezolanos, a los instaladores°, realistas y los abstractos informales y geométricos. Todas esas corrientes se han dado°

20　en Latinoamérica, incluso el muy norteamericano Arte Pop, pero más que hablar de tendencias es mejor referirse a artistas con nombre y apellido, ya que según dicen "Latinoamérica es una enorme pinacoteca° de grandes maestros".

have brought together

installers

have occurred

art gallery

A pesar de que muchos intelectuales y teóricos° del arte

25　aseguran que esta variedad de estilos imposibilita° hablar de un arte latinoamericano como una sola forma de creación, otros manifiestan que sí hay aspectos comunes. Entre ellos,

theoreticians

makes it impossible

la reinterpretación y la revalorización de lo autóctono, la
participación sin complejos ni servilismos° en la escena

30 internacional del arte y el sentido de la libertad.

without either complexes or servility

En las últimas décadas, el trabajo de los artistas del
continente ha aumentado su presencia a nivel mundial y eso se
ha notado en la participación del continente en ferias° y eventos
mundiales, además de una alza de precios de las obras de los

35 considerados maestros. Para los entendidos°, esta revalorización
de la creatividad de la región se debe a que se trata de un arte
heterogéneo, fresco, lleno de color y con propuestas° nuevas.

fairs

connoisseurs

proposals

Es así como hemos visto, por ejemplo, que cada edición de
la concurrida° Feria de Arte Contemporáneo de Madrid tiene

40 más participación latina. Tanto, que en una versión pasada se
habló de un *boom* ya que no sólo se registró interés de visitas y
espectadores europeos sino de compradores. Vemos también
cómo se organizan en todos los rincones del mundo concurridas
retrospectivas y exposiciones donde los artistas tienen en

45 común haber nacido al sur del Río Grande; cómo se editan
estudios y libros sobre la vida de esos grandes maestros que
han contribuido a esta revalorización y cómo en los remates°
que se realizan en las grandes ciudades, los latinoamericanos
son los protagonistas.

well-attended

auctions

50 Esta importancia que ha proyectado al arte de la región a
niveles jamás vistos, no sólo lo ha revaluado sino ha hecho que
los ojos del mundo se fijen más seriamente en el trabajo de sus
artistas y, de paso, que muchos vaticinen que el porvenir es aún
más auspicioso°.

many predict that the future is even more auspicious

El Violinista, 1967.
Óleo sobre tela.
Oswaldo Guayasamín
(1919–1999), ecuatoriano.

55 Oswaldo Guayasamín tomó una posición
bien definida ante las injusticias y la
discriminación sufridas por la sociedad
indígena. La denuncia social fue uno de los
temas constantes de su obra y es considerado
60 como uno de los mejores ejemplos del
llamado "expresionismo indigenista".

Mona Lisa, 1977.
Óleo sobre tela.
Fernando Botero
(1932–), colombiano.

Las formas exuberantes y el aire ingenuo de
sus obras son parte del característico estilo
de Fernando Botero, y hacen que sus cuadros
65 y esculturas se reconozcan al instante. Como
el mismo pintor afirma: "soy una protesta
contra la pintura moderna y, sin embargo,
utilizo todo lo que se oculta tras sus
espaldas°: el juego irónico con todo lo que
70 es absolutamente conocido por todos".

everything that is hidden behind its back

Autorretrato con mono, 1938.
Óleo sobre tela.
Frida Kahlo
(1907–1954), mexicana.

La obra de Frida Kahlo se ha caracterizado
como introspectiva, intensa y visionaria.
Marcada por un cuerpo enfermo, sus cuadros
y numerosos autorretratos muestran, con un
75 estilo muy personal, sus limitaciones físicas y
su intensa vida.

México prehispánico.
El antiguo mundo indígena,
1929–1935. Fresco.
Diego Rivera
(1886–1957), mexicano.

Diego Rivera es uno de los artistas más
conocidos dentro del muralismo mexicano,
uno de los movimientos artísticos más
80 relevantes de América. Con su estilo realista,
el uso de colores vivos y simplicidad de formas,
Rivera buscaba poner su obra al alcance° de   *within reach*
todo el mundo. Sus temas y motivos tienen un
gran contenido social: pintaba trabajadores,
85 héroes de la Revolución Mexicana y temas
claves de la historia de su país.

Drago, 1927. Acuarela.
Xul Solar
(1887–1963), argentino.

Xul Solar es el seudónimo de Oscar Schultz
Solari. Xul es la inversión de *lux,* que
significa "luz" en latín. Solar, del latín *solaris,*
90 hace referencia al sol. Solar, además de pintor,
es inventor, escritor y astrólogo. Sus pinturas
tienen un cierto aire infantil, y en ellas
aparecen con frecuencia señales esotéricas y
signos solares.

El vertigo de Eros, 1994.
Óleo sobre tela.
Roberto Matta
(1911–), chileno.

95 Roberto Matta, nacido en Santiago, es
uno de los pintores más cosmopolitas de
Latinoamérica. Ha vivido en Inglaterra,
Francia e Italia. Durante los años cuarenta
participó en exposiciones colectivas con
100 artistas como Picasso, Matisse y Léger.
También perteneció al grupo surrealista
formado por André Breton. A pesar de
su cosmopolitismo, Matta tiene sus raíces
firmemente arraigadas° en la poesía y   *rooted*
105 en el arte latinoamericano. 📖

Suggestion: Have
groups comment on the
paintings they see as if
visiting a Latin American
art exhibit. Circulate
among the groups
asking what they think.

NATIONAL communication STANDARDS

① Ask students if they would use this article for a research project about Latin American art. Why? Ask what information they would use and what aspects of the subject matter require more research.

Después de leer

Arte latinoamericano

① Comprensión Responde a las siguientes preguntas.

1. ¿Cuáles son las razones que se dan en el artículo para afirmar que el arte latinoamericano es diverso?
2. ¿Cómo era el arte del continente americano en la antigüedad?
3. ¿A qué grupos artísticos se ha aunado con el concepto de "arte latinoamericano"?
4. Según algunos intelectuales, ¿cuáles son algunos de los aspectos comunes del arte latinoamericano?
5. En los últimos años, el arte latinoamericano se ha dado a conocer de forma más rotunda. ¿A qué se debe esto?
6. ¿De qué se habló en la Feria de Arte Contemporáneo de Madrid?
7. Según este artículo, ¿cómo es el futuro del arte latinoamericano?

② Analizar En parejas, observen las obras de los pintores que se presentan en el artículo. Relacionen la primera columna con la segunda, explicando cuáles son los rasgos que mejor caracterizan a cada uno de los artistas.

1. Oswaldo Guayasamín   _1_ a. Se caracteriza por representar las injusticias sociales y la discriminación.

2. Xul Solar   _3_ b. Presenta formas exuberantes en sus pinturas.

3. Fernando Botero   _6_ c. Pintó autorretratos.

4. Diego Rivera   _4_ d. Es famoso por sus murales y por el contenido social de su arte.

5. Roberto Matta   _2_ e. Presenta elementos infantiles y figuras solares en sus obras.

6. Frida Kahlo   _5_ f. Es uno de los pintores chilenos más cosmopolitas y formó parte del grupo surrealista parisino.

③ Ampliar En parejas, miren las diferentes obras que aparecen en el artículo y comenten las similitudes o diferencias que encuentran en ellas. Razonen sus respuestas.

④ Opinar En parejas, comenten cuál de las pinturas presentadas es la que más le gusta a cada uno/a. Expliquen sus preferencias y, luego, compártanlas con el resto de la clase.

Abriendo ventanas

Literatura y arte

Trabajen en grupos pequeños para preparar una presentación sobre un escritor, un escultor o un pintor que les interese.

Suggestion: Have the class ask questions after each presentation.

Elegir el tema

Pueden preparar una presentación sobre alguno de los escritores o pintores famosos de esta lección, o pueden elegir otro que les agrade más. En grupo, decidan de quién quieren hablar en su presentación.

Preparar

Investiguen en Internet o en la biblioteca. Pueden visitar el sitio *www.vistahigherlearning.com* para buscar enlaces relacionados con este tema. Una vez que tengan la información sobre el/la artista, elijan los puntos más importantes a tratar. Ayúdense de material auditivo o audiovisual para ofrecer una visión más amplia del tema.

Organizar

Una vez que hayan recopilado la información necesaria, escriban un esquema que les ayude a organizar su presentación. Pueden guiarse respondiendo a las siguientes preguntas.

1. ¿Dónde nació este personaje?
2. ¿A qué se dedicó o dedica?
3. ¿Cómo llegó a ser conocido?
4. ¿Qué logros alcanzó con su obra?

Estrategia de comunicación

Cómo hablar de arte

Las siguientes frases pueden ayudarles a expresarse de forma más adecuada.

1. No habríamos elegido a este artista si su obra no fuera...
2. Se hizo famoso/a gracias a…
3. A veces, los temas que trata llegan a ser un poco….
4. Uno de los rasgos que caracteriza a este/a artista es…
5. En esta obra podemos ver ciertos rasgos del movimiento cubista/surrealista/indigenista…

Ayuda para Internet

Pueden intentar acceder a la información utilizando las siguientes palabras clave:
**Eduardo Chillida /
Jorge Luis Borges /
Elena Poniatowska /
Pablo Neruda /
Antoni Tàpies /
Jacobo Borges /
Alejandra Pizarnik**

Presentar

Antes de su presentación, cada grupo entregará una copia de su esquema al profesor. No olviden usar medios audiovisuales.

¿Es importante el arte?

Suggestion: Have students write an essay about one or a few of the aspects of art discussed in this lesson.

(1) La clase se divide en cinco grupos y cada uno tiene que pensar y contestar una de las
5 min. siguientes preguntas.

1. ¿Se debe de considerar al arte como una parte importante de la educación de una persona? ¿Por qué?

2. ¿Es el arte un entretenimiento de ricos? ¿De qué manera se puede conseguir que el arte llegue a toda la población?

3. La categoría social que se le ha dado a los artistas a través de los tiempos ha cambiado. En las sociedades tradicionales se les daba un rango muy alto a los artistas, de hecho estaban considerados como personas superiores. En cambio, en las sociedades modernas a los artistas se les ha definido como locos, bohemios y hasta perezosos. ¿Por qué se ha dado este gran cambio?

4. A través de la literatura podemos conocer las costumbres y tradiciones de un país. ¿Cuáles son los libros que consideran que representan a Estados Unidos y por qué?

5. ¿Crees que los libros más vendidos son la mejor literatura del momento? ¿Por qué? ¿De qué manera influye la publicidad en lo que se lee?

(2) Cada grupo tiene que preparar un pequeño resumen de su respuesta. En el caso de que no todos
10 min. opinen lo mismo, mencionen todas las opiniones de los integrantes del grupo.

(3) Los diferentes grupos presentan sus respuestas a la clase, mientras todos toman nota.
25 min.

(4) Cuando todos los grupos han terminado de presentar sus ideas, toda la clase debe participar
10 min. haciendo preguntas y/o defendiendo sus opiniones.

La tecnología y la ciencia

Composición Constructiva, 1943.
Joaquín Torres García. Uruguay.

El verdadero heroísmo está en transformar los deseos en realidades y las ideas en hechos.

— Alfonso Rodríguez

Antes de leer

Primer encuentro
Álvaro Menen Desleal

**Literatura opener
(previous page):**

See the **VENTANAS**
Instructor's Resource
Manual for teaching
suggestions.

Conexión personal

La llegada a la Tierra de seres extraterrestres, sobre todo a partir de la carrera espacial de los años cincuenta, se ha convertido en el tema favorito de la ciencia ficción. Las novelas, las películas, los programas de televisión y las tiras cómicas han familiarizado al público con imágenes de extraterrestres. ¿Cómo crees tú que son estos seres? ¿Qué aspecto tienen? Escribe diez características que tiene un ser extraterrestre según la cultura popular. Después, comparte tus ideas con la clase.

Conexión personal:
In groups, ask students
to discuss what factors
influence how we
portray extraterrestrials.
Why are they usually
depicted as unsightly?

Características de los seres extraterrestres	
1. _____	6. _____
2. _____	7. _____
3. _____	8. _____
4. _____	9. _____
5. _____	10. _____

Contexto cultural

Several Hispanic astronauts from countries outside the United States have participated in NASA space missions. These astronauts include Michael E. López Alegría and Pedro Duque from Spain, Costa Rican Dr. Franklin Chang-Díaz, and Carlos Noriega from Peru. Dr. Ellen Ochoa from Los Angeles was the first Hispanic from the United States to be chosen as a NASA astronaut.

Análisis literario: un final inesperado

A surprise ending (**un final inesperado**) is a sudden and unexpected plot twist at the end of a narrative. Such an ending is a surprise in the sense that the reader does not anticipate it, but not because the writer has not prepared for it. Throughout the text, the writer plants details that make the surprise ending the logical and consistent outcome of what has preceded.

Estrategia de lectura: predecir

Active readers gather information as they read and combine it with prior knowledge to predict (**predecir**) upcoming events in a story. As you read "Primer encuentro," pause occasionally to think about what you have read and what you already know about the conventions of science fiction. Can you predict the ending of the story?

Vocabulario	
el gesto *gesture*	**la suavidad** *smoothness*
herir *to wound; to hurt*	**la superficie** *surface*

Álvaro Menen Desleal

Hoja de vida

1931 Nace en Santa Ana, El Salvador
1963 *Cuentos breves y maravillosos* (cuentos)
1964 *El extraño habitante* (poesía)
1965 *Luz Negra* (obra de teatro)
1965 Premio de Juegos Florales de Quetzaltenango
(Guatemala)
1968 Premio Nacional de Cultura (El Salvador)
1970 Premio Miguel Ángel Asturias (Guatemala)
1972 *La ilustre familia androide* (cuentos)
2000 *La bicicleta al pie de la muralla* (obra de teatro)
2000 Muere en San Salvador, El Salvador

Sobre el autor

Aunque su nombre de cuna es Álvaro Menéndez Leal, este escritor salvadoreño decidió cambiarse su nombre y llamarse a sí mismo **Álvaro Menen Desleal**. Su más reconocida obra es *Luz Negra,* pieza teatral representada con mucho éxito en diferentes regiones del mundo. Menen estudió en España y trabajó en universidades en Argelia, Francia, Alemania y los Estados Unidos. Además de sus obras teatrales, Menen también publicó cuentos, poesías y algunos ensayos, experimentando siempre con temas relacionados con mitos y leyendas universales.

Suggestion: Have students pay attention to the differences in the two names used by this writer. Pronounce both versions with the class, asking students to focus on the word play. Why would the writer choose *disloyal* as part of his name?

Primer encuentro

1   No hubo explosión alguna. Se encendieron, simplemente, los retrocohetes, y la nave se acercó a la superficie del planeta. Se apagaron los retrocohetes y la nave, entre polvo y gases, con suavidad poderosa, se posó°.   *landed*

5   Fue todo.

    Se sabía que vendrían. Nadie había dicho cuándo; pero la visita de habitantes de otros mundos era inminente. Así, pues, no fue para él una sorpresa total. Es más: había sido entrenado, como todos, para recibirlos. "Debemos estar preparados", le instruyeron

10 en el Comité Cívico; "un día de éstos (mañana, hoy mismo...),
pueden descender de sus naves. De lo que ocurra en los primeros
minutos del encuentro dependerá la dirección de las futuras
relaciones interespaciales… Y quizás nuestra supervivencia. Por
eso, cada uno de nosotros debe ser un embajador dotado del más

15 fino tacto°, de la más cortés de las diplomacias".   *endowed with the finest tact*
       Por eso caminó sin titubear° el medio kilómetro necesario para   *hesitate*
llegar hasta la nave. El polvo que los retrocohetes habían levantado
le molestó un tanto; pero se acercó sin temor alguno, y sin temor
alguno se dispuso a esperar la salida de los lejanos visitantes,

20 preocupado únicamente por hacer de aquel primer encuentro un
trance grato° para dos planetas, un paso agradable y placentero°.   *agreeable time / pleasant*
       Al pie de la nave pasó un rato de espera, la vista fija en el
metal dorado que el sol hacía destellar° con reflejos que le herían   *sparkle*
los ojos; pero ni por eso parpadeó°.   *blinked*

25   Luego se abrió la escotilla° por la que se proyectó sin   *hatch*
tardanza° una estilizada escala de acceso.   *delay*
       No se movió de su sitio, pues temía que cualquier movimiento
suyo, por inocente que fuera, lo interpretaran los visitantes como
un gesto hostil. Hasta se alegró de no llevar sus armas consigo.

30   Lentamente, oteando°, comenzó a insinuarse°, al fondo de la   *scanning / appear*
escotilla, una figura.
       Cuando la figura se acercó a la escala para bajar, la luz del sol
le pegó de lleno. Se hizo entonces evidente su horrorosa, su
espantosa forma.

35   Por eso, él no pudo reprimir un grito de terror.
       Con todo°, hizo un esfuerzo supremo y esperó, fijo en su sitio,   *Nevertheless*
el corazón al galope. La figura bajó hasta el pie de la nave, y se
detuvo frente a él, a unos pasos de distancia.
       Pero él corrió entonces. Corrió, corrió y corrió. Corrió hasta

40 avisar a todos, para que prepararan sus armas: no iban a dar la
bienvenida a un ser con dos piernas, dos ojos, una cabeza, una
boca... ⛫

Después de leer

Primer encuentro
Álvaro Menen Desleal

① Comprensión Contesta las siguientes preguntas.

1. ¿Cómo esperaba el Comité Cívico que se portaran sus ciudadanos en esas circunstancias? *El Comité Cívico esperaba que cada uno de ellos fuera un embajador dotado del más fino tacto, de la más cortés de las diplomacias.*
2. ¿Qué hizo el protagonista cuando vio la nave? *Cuando vio la nave, el protagonista se acercó sin temor alguno a esperar la salida de los visitantes.*
3. ¿Cómo era la figura que comenzó a bajar de la escala? *La figura que comenzó a bajar de la escala tenía una forma espantosa.*
4. ¿Qué hizo el protagonista cuando la figura se detuvo frente a él? *Cuando la figura se detuvo frente a él, el protagonista corrió, corrió y corrió.*
5. Al final del cuento, ¿de qué quería avisar a toda la población? *Al final del cuento, quería avisarle a todos de que tendrían que preparar sus armas.*

② In groups, ask students to discuss why we pass judgements based on appearances.

② Interpretar Contesta las siguientes preguntas con frases completas.

1. ¿Por qué creía el Comité Cívico que debían estar preparados para la visita?
2. ¿Por qué no se movió de su sitio?
3. ¿Por qué se asustó el protagonista?
4. Explica, con tus propias palabras, qué pasa al final del cuento.
5. ¿Qué piensas de la manera en que el autor habla de los seres humanos?

③ Imaginar Según el autor, la historia ocurre en el planeta Venus. El protagonista, por lo tanto, es venusiano. En grupos, imaginen cómo eran estos seres. ¿Cómo era la vida allí? ¿Cómo se comunicaban entre ellos? ¿Cómo eran sus armas? Cuando todos los grupos hayan terminado, un(a) estudiante de cada grupo compartirá sus ideas con el resto de la clase.

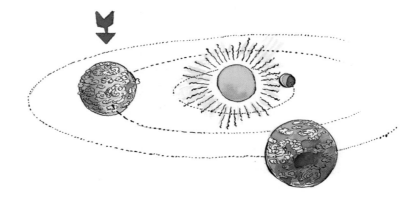

④ Ask students to keep in mind each party's body language and its impact on the outcome of the conversation. Are there universal forms of body language that we could rely on if we found ourselves in a similar situation?

④ Conversar En parejas, imaginen la conversación que habrían tenido los dos seres del cuento si el venusiano no hubiera salido corriendo. Utilicen los verbos **pedir, preguntar, conocer, saber** y algunos diminutivos y aumentativos. Cuando hayan terminado, interprétenla en frente de la clase.

Antes de leer

Lorena X301
Amparo Arróspide

Conexión personal
¿Te interesa la ciencia ficción? ¿Cuál es la novela, película o serie televisiva de ciencia ficción que más te gusta? ¿Por qué?

Contexto cultural
While science fiction writers may consider themselves to be only speculating, some of their predictions for the future are already being tested. Environmental issues like the hole in the ozone layer are becoming less like something out of a science fiction story in recent years. The hole in the ozone layer at the South Pole, for example, regularly overlaps parts of South America, exposing some densely populated areas, such Punta Arenas, a Chilean city of 120,000 people, to harmful UV rays.

Authorities there have set up a system of alerts and public safety advisories to help the population deal with this menace. When an ozone hole overlap is predicted, authorities put out a coded alert, corresponding to the severity of the threat. An orange alert indicates that skin will burn in seven minutes; a red alert means skin will burn in five. To prevent damage to the eyes and skin, residents are advised not to leave their homes during the sun's strongest hours (11a.m. to 3 p.m.), and to wear sunscreen, long sleeves, sunglasses, and wide-brimmed hats. Perhaps due to these precautions, scientists have yet to identify any lasting health ailments in the population of Punta Arenas.

Análisis literario: la ciencia ficción
Science fiction (**la ciencia ficción**) is fiction based on real or imaginary scientific and technological developments. It has been an important genre of popular culture since technological advances began to occur at a rate that made it clear that the future was unlikely to be like the past. Science fiction is not so much about science as it is a speculation on how advances in technology will affect human life and society; it is at least as sociological as it is scientific.

Estrategia de lectura: aclarar
Clarifying (**aclarar**) means checking your own understanding of a reading. Active readers often pause during their reading to think about what they know so far, to make inferences about this information, and draw conclusions or make predictions. As you read "Lorena X301," pause to clarify as you finish each section. Clarifying will help you understand and retain what you read.

Vocabulario

antes que nada *first and foremost*

arrastrar *to drag*

el asco *nausea; revulsion*

ausente *absent*

el equipaje *luggage*

ligero/a *light*

la palmera *palm tree*

revolver *to stir; to mix up*

el susto *shock, fright*

la tapa *lid, cover*

Amparo Arróspide

Hoja de vida

1954 Nace en Buenos Aires, Argentina
1967 *Presencia en el misterio* (poesía)
1991 *Mosaicos bajo la hiedra* (poesía)
1997 *Alucinación en dos actos y algunos poemas* (poesía)
1998 Premio Jean Arthur Rimbaud (Argentina)
1999 Premio León Felipe (Argentina)

Sobre el autor

Amparo Arróspide, nacida en Argentina de padres españoles emigrantes, vive desde hace varios años en España. Sus poemas y cuentos originales han sido premiados en varias ocasiones. La narración fantástica es uno de sus temas favoritos. Arróspide participa como colaboradora en diversas revistas impresas y electrónicas. Como traductora, tiene inédita la versión al castellano del libro *Morning in the Burned House* de Margaret Atwood.

Expansion: When students reread the text, suggest they unmask the biases that the narrator might have included in a seemingly objective description of what took place.

Lorena X301

I

1 Mercedes no sabía qué hacer con el cadáver de Lorena. Yacía encerrado en el armarito trastero° de su despacho, a pocos centímetros de la silla donde ella misma, Mercedes Sánchez, se

5 repetía su nombre una y otra vez.

—Soy Mercedes, soy programadora humana.

No vio el cielo azul que resplandecía del otro lado del ventanal. Hacía años que funcionaba el escudo protector del sol°, porque el agujero de ozono° se había agrandado tanto a partir del

10 2010 que el efecto fue imparable y creciente. Pueblos, países enteros menos afortunados habían sucumbido a la catástrofe. Hacía un tiempo indefinible en su ciudad, Megapolandia, donde las estaciones se perpetuaban unas en otras sin alteración apenas,

She was laying shut up in the junk closet

The sun protector shield had been working for years / hole in the ozone

gracias al avance tecnológico.

15   —Soy la Sra. Sánchez, programadora de tercer grado, humana,
convivo con Raúl, 34 y 36 años respectivamente, un hijo de corta
edad°.

young

   Una y otra vez se lo repetía, mientras alguna otra parte de su
cerebro mecánicamente efectuaba sus funciones, observaba la señal
20 de sustituir batería en el videoteléfono, catalogaba y barría
información, compulsivamente... como si fuesen a someterla a un
interrogatorio°.

*subject her to an
interrogation*

   Pero antes que nada, habría que deshacerse del cadáver°. Sobre
la pantalla resplandecían° los racimos° de letras... ristra tras ristra°

*get the cadaver off her
hands*
*were shining / bunches /
line after line*

25 de páginas electrónicas. Sonó el videoteléfono y lo dejó sonar una,
dos, cuatro veces. Podría venderla como chatarra°. Porque aún°

scrap / still

estaba Lorena en buen estado... ¿o no? Fin de semana libre, Raúl
ausente en uno de sus viajes de negocios... ¿por qué sentía
entonces que no había tiempo y de repente ese abismo detrás del
30 segundero°, asegurándole que no, que no había porvenir°?

second hand (clock) / future

   —Para Lorena ya no hay porvenir.

   Y este pensamiento la tranquilizó.

   En el despacho —como en la ciudad— no hacía ni frío ni calor.
Avanzó hacia el armario trastero y, al abrirlo, las piernas de la
35 autómata saltaron como un muelle°. Había tenido que doblarla

spring

en dos porque el armario no era grande; ahora tiró de los pies
descalzos° para contemplarla a gusto, en el centro del cuarto. Le

*she gave a tug on the bare
feet*

pareció que había crecido unos centímetros (tal vez algún efecto
secundario) y que seguía tan delgada como siempre: sus costillas°

ribs

40 eran una diminuta cordillera bajo la piel translúcida.

   Entonces la asaltó un barullo° de impresiones indefinibles,

jumble

confusas, que precisamente dejaban de organizarse de modo
coherente cuando más necesitaba que su cerebro trabajase con

lucidez, sin interferencia del miedo o la piedad°. Raúl podría · *pity*
45 volver en cualquier momento y ella aún no tenía las palabras
para explicarle que Lorena ya no existía, que su ciclo vital había
concluido, por ejemplo, podría decirle, pero ¿no habían leído
ambos en la ficha técnica° que la esperanza media de vida de ese · *technical specifications*
tipo de androides era 20 años? La habían adquirido hacía dos. Y
50 volvió a ver la escena que había ocurrido hacía dos años en el
centro comercial. La misma Lorena se vendió a sí misma en una
demostración práctica de inteligencia (según Raúl) y de astucia
(según Mercedes).

—¿Querrían un modelo como yo? —les había preguntado—.
55 Física y mentalmente, quiero decir. Aquí tienen el catálogo.

Entre otros posibles autómatas que considerar, allí estaba su
atractiva vendedora, Lorena X301, con su fecha de fabricación y
caducidad°, peso máximo y mínimo, altura media, instrucciones de · *manufacture and expiration date*
uso y mantenimiento.

60 ¡Y Mercedes había insistido tanto! Tanto que no pudo echarse
atrás en el último momento cuando, vencida la resistencia de Raúl,
éste subrayó la conveniencia de comprar a quien ostentaba° la · *showed*
suficiente autoestima como para promocionarse con éxito.

—Podrá ayudarnos en muchas situaciones difíciles, Mercedes.
65 No sólo con la casa y el niño.

Y ella accedió°. · *accepted*

Volvió al presente porque el videoteléfono sonaba otra vez (que
no sea Raúl, rogó) en la casa donde no había más que ella y un
cuerpo sin vida.

70 —¿Aló, Mercedes?... ¿Qué tal...?

A Fernando, antiguo compañero de trabajo de Raúl, fue fácil
despacharlo sin traicionar nerviosismo°. El videoteléfono zumbó° · *get rid of him without revealing nervousness / buzzed / sucking up the face*
antes de apagarse sorbiendo el rostro° de un hombre sin afeitar. Y

entonces recordó que por algún anaquel° estaría aún guardado el — shelf

75 embalaje° del cobertor sueco. Sería perfecto para esconder a — packaging
Lorena.

El cobertor sueco lo habían usado para su propia cama
de matrimonio hacía tiempo, antes de haberse mudado al piso
funcional con regulación térmica avanzada. Antes, cuando aún

80 dormían juntos noche tras noche y el deseo podía abrirse cauce° — channel
entre los dos como un río bullicioso°. Si se ponía a revolver aquí y — noisy
allá en busca del cobertor sueco, le entraría una gran tristeza por
lo que estaba recordando. Llevaban más de diez años juntos, y la
primera fisura aprendieron a soldarla° racionalmente, gracias a — weld it

85 sesiones de terapia de pareja, horas extra de trabajo para los dos y
un cursillo para ella de solidaridad feminista transhumana, también
recomendado por el terapeuta; luego, la solidaridad plantó semillas
de escrúpulos, Lorena fue bienvenida a la casa muy solidariamente
y se plantó entre los dos no como un río, ni siquiera como un

90 puente sino tal vez como una ortiga°. — nettle

¡Cuántas cosas sabía hacer Lorena! ¡Qué eficiente! ¡Cuántas
cosas que a ella, a Mercedes, no le habían enseñado o desdeñó
aprender!... ajedrez°, poesía, reflexología, papiroflexia°, — chess / origami
jardinería... ¡qué sé yo! Sin contar sus artes culinarias y su destreza

95 y encanto con los niños, porque eso se daba por supuesto.
¡Maldita sea, dónde la metería!

Mercedes volvió al cuarto donde yacía la autómata.

—¿Y por qué —se preguntó—, por qué la había tratado
siempre como si ella, Mercedes Sánchez, fuese una perfecta

100 imbécil?

¿Llevo al niño, Mercedes? ¿Traigo al niño, Mercedes?
¿Seco/baño/visto/peino/juego con/enseño al niño, Mercedes?
¿Le hago la manicura°, Mercedes? ¿Se teñirá mañana°? — Shall I give you a manicure? / Would you like to dye your hair tomorrow?

¿Compruebo si hay provisiones para los siete/quince/
105 *veintiún/treinta días siguientes, Mercedes?*

¿Concierto cita con el médico/el terapeuta de pareja/el
pediatra?

¡Dios, qué pesada°! ¡Qué concienzudamente° aburrida, qué   *pain, pest / painstakingly*
eficiencia mecánica tan plomo°, aunque no hubiese ni un átomo de   *lead*
110 plomo entre sus materiales de fabricación y de hecho fuese ligera
como una adolescente!

Volvía a oír su vocecita tan dulce y bien modulada, que repetía
con obediencia:

¿Programo la temperatura del baño para el niño/para el Sr.
115 *Raúl/para usted?*

¿Encargo las tele-entradas para el espectáculo benéfico?
¿Encargo los tele-billetes para la excursión a Disneyland?

Y a Raúl, sin embargo, ¡ …a Raúl le recitaba versos! ¡Le
cantaba sus canciones favoritas! ¡Le enseñaba el vocabulario
120 básico para entenderse en sus viajes de negocios en cuarenta y
ocho idiomas con once dialectos!

Un sol pálido transparentó° las miles de motas de polvo° que se   *revealed / dust motes*
habían desprendido de la mortaja° y que escapaban oblicuas por   *shroud*
las ranuras de las persianas° hasta el suelo. Al fin había encontrado   *slots in the blinds*
125 el embalaje del cobertor sueco y metido en él a Lorena, doblada en
dos. No sonaban cláxones° desde la calle porque era día de ocio   *horns*
colectivo. Comenzó a arrastrar por el suelo su fúnebre envoltorio°.   *funeral wrapping*
No pesaba mucho. Ahí dentro parecía una muñeca grande para
jugar sin palabras. Y al pasar por el salón comedor hacia el
130 dormitorio, vio su rostro sonriente en el marco de plata, entre Raúl
y el niño, con las cimbreantes° palmeras de Hawaii al fondo. ¡Qué   *swaying*
encantadoras vacaciones, gracias a Lorena! ¡Qué suerte también
para Mercedes, que así pudo asistir a su centésimo cursillo sobre

lenguaje máquina, mientras el niño seguía perfectamente cuidado,
135 y el señor Raúl no sacrificaba ese viaje de placer!

La levantó y la tiró sobre la cama, sin miramientos°. Con
seguridad, tomó luego una pluma láser para escribir la nota que
leería Raúl a su regreso: "Lo creas o no, Lorena ya cumplió su
ciclo y ha dejado de funcionar. Recíclala si quieres, pero a mí, no.
140 Chaucito°."

Por firma dejó la impronta° de sus labios cubiertos de rouge. Y,
con cierto alivio, se puso entonces a preparar el equipaje.

II

Cuando el taconeo° de Mercedes se desvaneció del todo° por el
145 pasillo rumbo a la puerta, Lorena abrió sus todavía bellos
párpados y se incorporó°. Estaba envuelta de pies a cabeza en
una especie de espuma sintética, que rajó° con las uñas. Con
grandes dificultades, se movió entonces en dirección al borde de la
cama, bajó las piernas, primero una y luego otra, a continuación las
150 extremidades superiores, primero un brazo, luego otro, y así, a
cuatro patas, penosamente avanzó por la moqueta° hasta la hoja
del espejo del armario entreabierto°. Situándose de perfil, llevó
uno de sus brazos a la espalda, y allí tanteó°, mirándose de reojo°,
en busca de la tapa de su mecanismo, casi perfectamente
155 disimulada por la piel. Logró al fin palpar su reborde° y abrirla
para examinar los desperfectos° que había causado Mercedes...
¡cuánto odio! Algo en Lorena le había permitido sobrevivir no
sólo a este incidente sino a muchos más, incluso peores… Como la
vez en que la echaron a un horno para cerámicas, también por
160 celos de la ceramista… La habían recuperado entonces,
escaldadísima y casi fundida°, pero capaz aún de vivir… Con sus
dedos aun ágiles pinzó° y unió° como pudo un par de hilitos° de

without any consideration

bye

impression

the sound of her heels / totally vanished

sat up

ripped

wall-to-wall carpet

partially open

groped around / out of the corner of the eye

edge

damage

melted

pinched / connected / little wires

metal y se sintió algo mejor. Pero tendría que verla un especialista, con urgencia. Se acercó al videoteléfono, unos pasos más allá, y

165 pulsó° el botón rojo.   *pressed*

Luego se tendió° nuevamente en la cama, a esperar. Aún   *stretched herself out*
vibraban en el aire los pensamientos de aquella humana a quien
había servido dos años de su vida fielmente. Cuánto se alegraba de
ser una androide y no una mujer, al menos tal como eran ahora.

170 Las había conocido diferentes, sí, pero desde hacía unas décadas
todas ellas se iban pareciendo cada vez más, y le resultaba cada
vez más difícil entenderlas y convivir con sus caprichos y su
irresponsabilidad. Esta misma Mercedes, por ejemplo, (¡enferma
de celos, unos celos insoportables, por lo visto!) jamás supo

175 agradecerle lo bien que ella, Lorena, había cumplido su misión.
La muy idiota se había imaginado una aventura pasional° entre   *affair*
ella, Lorena, y el humano Raúl; las vacaciones en Hawaii
acicatearon° esa imaginación ociosa y calenturienta. La verdad   *spurred on*
es que si no pasó nada esa vez entre los dos fue porque Lorena

180 no quiso. No le gustaba Raúl lo suficiente como para hacer el amor
con él. Aunque amantes humanos sí que los había tenido.
Ella no era racista, no le hacía ascos a sus demostraciones de afecto
y expansiones sexuales: había sido, por lo general, otro modo de
aprender algo más de sus extrañas reacciones.

185 Se perdió entre placenteros° recuerdos de abrazos de unos y   *pleasant*
otros, y ya iba a quedarse dormida cuando oyó pasos, voces y, por
fin, los ruidos de herramientas para abrir los cerrojos° de la puerta   *bolts (to lock a door)*
principal.

Entraron, y enseguida supieron qué hacer.

III

190   Yo no estaba cuando todo eso pasó, quiero decir, cuando
echaron a Lorena o se fue ella por propia voluntad, ya que
tampoco se aclaró esta cuestión. Por medio —me dijeron— hubo
alguna enfermedad, casi un susto de muerte. Lo bueno es que los

195 androides no mueren, sino que se reciclan una y otra vez, así que
siempre me quedó la esperanza y el deseo de volver a encontrarme
con Lorena, aunque ella y mi madre no se llevasen demasiado bien,
ya que las dos me querían mucho, cada una a su manera. Fueron
celos de mujeres lo que las separó, y que a pesar de lo mucho que

200 superficialmente las diferenciaba, se parecían en eso que a mí más
me importaba: su interés por mí. Supongo también que si recuerdo
a Lorena con nostalgia aún es porque entonces Raúl y Mercedes,
mis padres biológicos, vivían juntos (relativamente) y se amaban
(relativamente), buen caldo de cultivo° para que una criatura   *favorable environment*

205 humana, como yo mismo, se desarrollase. Estamos viviendo una
revolución, más o menos silenciosa... y el mundo que surja° será   *arises*
diferente. Se borran las fronteras entre humanos y androides, cada
vez más, esto es imparable°. Historias como la de Lorena y mi   *unstoppable*
madre, Mercedes, sonarán raras de aquí a unos pocos años.

210 En cuanto a mí, yo sí he tenido amantes androides, a algunas
las recuerdo con cariño y a otras incluso con pasión... pero ésa
es otra historia. 🪟

Después de leer

Lorena X301
Amparo Arróspide

1 **Comprensión** Decide si lo que se afirma es **cierto** o **falso**. Corrige las frases falsas.

		Cierto	Falso
1.	Los cambios de clima eran muy drásticos en Megapolandia.	☐	☑
	En Megapolandia las estaciones se perpetuaban unas en otras sin alteración.		
2.	Lorena era una autómata que ayudaba en la casa de Mercedes.	☑	☐
3.	La esperanza de vida de los androides como Lorena era de dos años.	☐	☑
	La esperanza de vida de los androides era de 20 años.		
4.	Mientras Raúl estaba de viaje, Mercedes intentó destruir a Lorena.	☑	☐
5.	Al irse Mercedes, Lorena pidió ayuda por el videoteléfono.	☑	☐
6.	Lorena quería ser una mujer y no una androide.	☐	☑
	Lorena se alegraba de ser una androide y no una mujer.		
7.	Lorena nunca había tenido relaciones amorosas con hombres.	☐	☑
	Lorena había tenido amantes humanos.		
8.	Nadie acudió a salvar *(to save)* a Lorena.	☐	☑
	Alguien acudió a salvar a Lorena.		
9.	El hijo de Raúl y Mercedes siempre quiso volver a ver a Lorena.	☑	☐
10.	Raúl y Mercedes se separaron después de irse Lorena de casa.	☑	☐
11.	Según la historia, en el futuro habrá poca diferencia entre humanos y androides.	☑	☐

2 **Interpretar** Contesta las siguientes preguntas con frases completas.

1. ¿Qué cualidad de Lorena mencionó Raúl cuando la compró?
2. ¿Se llevaban bien Raúl y Mercedes?
3. ¿Por qué tenía celos Mercedes? Explica tu respuesta.
4. ¿Por qué esperó Lorena para incorporarse hasta que Mercedes se hubiera ido de casa?
5. Según el hijo de Mercedes y Raúl, ¿qué tenían en común Lorena y su madre?
6. ¿A qué se refiere el hijo de Mercedes y Raúl cuando dice: "Estamos viviendo una revolución"?

3 **Ampliar** En parejas, imaginen que tienen un(a) androide en casa. ¿Cómo les gustaría que los/las ayudara? Escriban una lista de cinco cosas diferentes para cada uno de ustedes. Comiencen cada frase de una forma diferente. Por ejemplo: **Sería importante que…, Insistiría en que..., Le ordenaría que….**

4 **Opinar** La creación de robots ha sido un tema muy polémico en las últimas décadas. Para muchas personas, la invención de criaturas controladas con sistemas computacionales significa un retroceso en el desarrollo del ser humano. Trabajen en parejas para discutir si creen que la creación de robots ayuda al desarrollo de la humanidad.

(2) Ask students to consider whether there could be such a thing as an autonomous automaton. Is Lorena guided by her programming, or does she make her own decisions?

(4) In groups, ask students to make a list of the changes that have to be implemented in society so that robots could be developed without causing the general public to feel threatened by them.

Atando cabos

1 **Temas** Escribe una lista de los temas de "Primer encuentro" y de "Lorena X301". ¿Cuáles son? ¿Tienen algo en común? Razona tu respuesta.

Primer encuento	Lorena X301

2 **Imaginar** En parejas, imaginen una conversación entre el extraterrestre y Lorena en la que hablan de los seres humanos. ¿Qué dirían? Cuando hayan terminado, interprétenla en frente de la clase.

3 **Ampliar** En grupos pequeños, conversen sobre la posibilidad de vida extraterrestre. Las siguientes preguntas les pueden ayudar. Después, una persona del grupo presentará un resumen a la clase.

1. ¿Creen en la posibilidad de la vida extraterrestre? ¿Por qué?
2. ¿Piensan que el gobierno nos debe preparar para un primer encuentro? ¿Por qué?
3. ¿Qué harían si encontraran a un extraterrestre?

4 **Escribir** Sigue el plan de redacción para escribir un cuento muy corto sobre tu encuentro con un(a) extraterrestre. No olvides incluir diminutivos y aumentativos y los verbos **pedir, preguntar, conocer** y **saber** en el cuento.

Plan de redacción

Marco Decide el marco *(setting)*: el lugar, la hora, y el año en que ocurrió el encuentro. Piensa en lo que hacías tú en ese momento. ¿Cuántos años tenías entonces? ¿Cómo era el/la extraterrestre?

Encuentro ¿Cómo reaccionó el/la extraterrestre? ¿Cómo reaccionaste tú? ¿Cómo se comunicaron? ¿Se entendieron?

Desenlace ¿Qué pasó después del encuentro? ¿Cuál fue el resultado? ¿Cómo termina el cuento?

Sidebar:
2 Ask students to think about the possibility of building a robot with any attributes they wanted. How would they go about determining the qualities they would give this robot?

3 Ask students to consider how the possibility of extraterrestrial life conflicts with many religious beliefs.

Automóvil vestido, 1941.
Salvador Dalí. España.

*Ninguna ciencia, en cuanto a ciencia, engaña;
el engaño está en quien no sabe.*
— Miguel Cervantes

Antes de leer

PERFIL

Jeff Bezos

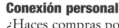

Conexión personal

¿Haces compras por Internet? ¿Qué compras? Con tres compañeros/as, comenten las ventajas y desventajas de las compras electrónicas.

Contexto cultural

The respect for reading as a cultural activity is reflected in the national, regional, and local **ferias del libro** held annually throughout the Spanish-speaking world. Showcasing new publications by both native authors and international writers, these events allow people access to books of all types in a casual and social street setting. In Barcelona, **el Día de San Jorge** (St. George's Day), is celebrated with the exchange of books and flowers between sweethearts. The annual book fair in Guadalajara, Mexico, is renouned throughout the world and is the largest publishing event in the Spanish-speaking world.

Vocabulario

los beneficios *benefits*	**la empresa** *business*
disponer de *to have available*	**la informática** *computing*
disponible *available*	**el/la propietario/a** *(property) owner*

PERFIL

Jeff Bezos
Felipe Cuna y Olalla Cernuda

1   Empezó su emprendedora° carrera hace *enterprising*
pocos años, vendiendo libros por correo
desde el sótano° de su casa, que él *basement*
mismo empaquetaba° y distribuía en su *packed*
5   viejo carro. Una pequeña página Web, un
almacén donde guardar los pedidos y… el
comercio de libros por Internet no había hecho más que
empezar. Hoy ha logrado que medio mundo piense instintiva-
mente en su empresa cuando se habla de comercio electrónico.

10   Jeff Bezos, creador y presidente de Amazon.com, fue
elegido "Hombre del Año" en 1999 por la revista *Time,*
galardón° que recibió por "reunir en sí mismo las dos palabras *award, prize*
de moda: comercio electrónico y 'puntocommanía'".

Este empresario° estadounidense, hijo de un emigrante *businessman*
15   cubano, tiene hoy en día una fortuna personal valorada en
unos 10.000 millones de dólares y es el propietario de la
empresa de más renombre° de la Red, con más de cinco *fame*
millones de visitantes semanales.

Después de graduarse *cum laude* en Princeton en Ciencias
20   de la Computación, Bezos trabajó unos años en Nueva York
para diversas compañías. Hasta el año 1995, fecha en que
decidió sacarse de la manga° el mejor negocio de los albores° *pull out of the top of his head / dawn*
del siglo XXI: la venta de libros por Internet. ¿Y por qué
libros? Él mismo aseguraba, en una entrevista publicada por *El*
25   *Mundo,* los motivos de su elección: "Con más de tres millones

Suggestion: As they read the article, ask students to pay attention to the writer's perspective. What factors determine success? Are fame and fortune indicators of a successful life?

de títulos en venta y disponibles a través de todo el mundo, la categoría libros dispone de más artículos que cualquier otra. Las mayores librerías físicas tienen sólo 170.000 libros, y que conste que no hay muchas de este tamaño". Pero un catálogo en

30 Internet no tiene límites, se pueden tener todos los títulos, y el costo es mínimo, tanto que se pueden abaratar° mucho los *lower* precios. No hace falta almacenamiento°, sólo un buen sistema *warehousing* de distribución, contactos con las editoriales y un almacén donde empaquetar y distribuir los pedidos.

35 Tres estaciones de trabajo de Sun°, 300.000 dólares y 300 *Sun work stations,* clientes-conejillos de indias° bastaron para dar vida a Amazon *guinea pigs* en un suburbio de Seattle. Costos mínimos, inversión ridícula y un negocio que en sólo tres años desbancó° en Estados Unidos *displaced* al líder del comercio mundial de libros: Barnes and Noble. Hoy

40 tienen 13 millones de clientes fijos.

En el año 1999, cuando sus competidores comprendieron que por haber llegado tarde a la Red les correspondería el eterno papel de segundones°, Bezos decidió la salida a la Bolsa *second–raters* de su compañía. Esta decisión fue fuertemente criticada, puesto

45 que se trataba de una empresa que hasta la fecha nunca había obtenido beneficios, pero significó el comienzo de las astronómicas cotizaciones de las compañías relacionadas con Internet.

Pese a su fama en la Red y fuera de ella, Bezos ha procurado

50 siempre mantener su imagen de chico amable°, cercano y *nice guy* emprendedor. Tanto, que le valió que la revista *Upside* lo incluyera en la lista de los veinte hombres más influyentes del mundo de la informática, las telecomunicaciones y las nuevas tecnologías. Y su carrera, como él mismo aseguraba, no había

55 hecho más que empezar. ▦

Después de leer

PERFIL

Jeff Bezos

(1) Comprensión Numera los acontecimientos de la vida de Jeff Bezos del uno al seis, para ponerlos en orden cronológico.

_____2_____ a. Se graduó en Princeton en Ciencias de la Computación.

_____5_____ c. Fue elegido "Hombre del Año" por la revista *Time*.

_____4_____ d. Decidió fundar Amazon.

_____1_____ e. Su padre emigró de Cuba a Estados Unidos.

_____3_____ f. Trabajó en Nueva York para diversas compañías.

_____6_____ g. La revista *Upside* lo nombró uno de los veinte hombres más influyentes del mundo de la informática.

(2) Interpretar Contesta las siguientes preguntas con frases completas.

1. ¿Por qué pensó Jeff Bezos en vender libros?
2. ¿Con qué recursos (*resources*) empezó Bezos su negocio?
3. ¿Qué decisión importante tomó en 1999?
4. ¿Por qué criticaron su decisión?
5. ¿Por qué crees que se le ha considerado uno de los veinte hombres más influyentes del mundo de la informática?
6. Según afirma él mismo, ¿en qué punto de su carrera está?

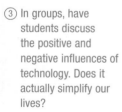

(3) In groups, have students discuss the positive and negative influences of technology. Does it actually simplify our lives?

(3) Ampliar En parejas, contestan las siguientes preguntas.

1. ¿Qué productos tecnológicos usas?
2. ¿Qué importancia tienen estos productos en tu vida personal y profesional? Explica tu respuesta.
3. ¿Piensas que sabes lo suficiente del mundo de la computación? ¿Qué más te gustaría saber?
4. ¿Qué avances tecnológicos piensas que habrá en el futuro?

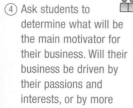

(4) Ask students to determine what will be the main motivator for their business. Will their business be driven by their passions and interests, or by more economic concerns?

(4) Crear En grupos pequeños, inventen su propio negocio por Internet. Tienen que ponerse de acuerdo sobre lo siguiente.

1. ¿Qué producto o servicio quieren vender?
2. ¿Por qué creen que tendrá éxito? ¿Será más barato, más asequible (*accessible*), de mejor calidad?
3. ¿Cómo será la página Web? ¿Tendrá un eslogan o lema (*motto*)?
4. ¿Qué recursos van a necesitar para poder comenzar?

Antes de leer

Pioneros en busca de un gen
Debbie Ponchner

Conexión personal
¿Conoces o has leído sobre alguien que haya sido beneficiado gracias a alguna investigación médico-científica? Comparte esta información con la clase.

Contexto cultural
Modern day networking and technological advances have aided Latin American scientists to pool their information and their talents through programs such as the United Nations University and the Howard Hughes Medical Institute. Latin American researchers have recently contributed valuable research in the fields of biotechnology and biomedicine.

Contexto cultural:
Ask students to think about the distribution of economic resources and its impact on quality of life worldwide. What should be the role of scientific research vis-à-vis global issues like poverty and hunger?

Vocabulario

ambos/as *both*   la habilidad *skill*

el gen *gene*

Pioneros
en busca de un gen
Debbie Ponchner

1 Cuando el reloj marcó la medianoche que separaba el 31 de
diciembre del 2000 del primer día del 2001, un grupo de
científicos ticos° y sus colaboradores alemanes celebraron por   *Costa Rican (nickname)*
partida doble: además de festejar el Año Nuevo, ese día la
5 revista científica *American Journal of Human Genetics* hacía
público su hallazgo° sobre la ubicación de un gen responsable   *discovery*
de una forma del mal neurodegenerativo Charcot- Marie-Tooth
(CMT). El CMT es un síndrome que causa atrofia muscular.
Afecta el sistema nervioso de la persona y la lleva a perder
10 habilidades motoras y sensitivas en sus extremidades.

Para ellos la noticia era vieja. Desde hacía algunos meses
Alejandro Leal, genetista costarricense que forma parte
del equipo, había logrado descifrar° la ubicación del gen que   *decode, decipher*
se encuentra en el cromosoma 19. "Encontré la ubicación
15 sólo un mes y medio después de haber llegado a Alemania",
recuerda Leal. Mas la publicación del hallazgo fue una gran
satisfacción para el equipo que había invertido° horas   *invested*
incontables buscando respuestas para un mal que afectaba
a tres familias del Valle Central°.   *Central Valley of Costa Rica*
20 Aunque Leal dio con el gen en poco tiempo, la investigación
de los ticos llevaba años. Todo empezó cuando Bernal Morera,
también genetista costarricense, decidió empezar en serio una
investigación que tenía en su mente. Él había observado la
presencia de este mal neurodegenerativo en una familia. En el
25 camino, se encontró con el genealogista Ramón Villegas, quien,
por su cuenta, había iniciado una genealogía de otra familia

que presentaba características similares. Al comparar los
árboles genealógicos, se percataron de° que ambas familias   *they noticed*
eran una sola: todos descendientes del mismo colonizador. Más

30   tarde, Milagro Méndez, también genealogista, aportó° una   *contributed*
nueva familia al estudio y ésta también resultó estar
emparentada°.   *related*

     El equipo de especialistas salía de gira para realizar el
diagnóstico médico de los pacientes y en esas oportunidades

35   también se les extraían muestras de sangre a ellos y a sus
familiares. Después surgió la necesidad de actuar más aprisa°.   *rapidly*
"Buscamos la colaboración de Alemania para tener acceso a
equipos más rápidos", explica Barrantes, director del proyecto.
Fue así como Alejandro Leal se trasladó hasta allá para

40   trabajar junto a un equipo de científicos especialistas en el
CMT. Los alemanes también vinieron a Costa Rica para
efectuar sus propios diagnósticos y reafirmar lo hecho por
los investigadores nacionales.

     El resto del trabajo ha estado en manos de Leal. En un

45   laboratorio en Alemania él continúa buscando la mutación
del gen. "Tenemos la ubicación del gen, pero aún no tenemos
la mutación", precisó en una entrevista telefónica. Identificarla
es esencial para poder dar el paso siguiente, que es explicar la
forma en que se desarrolla este mal e intentar buscarle un

50   tratamiento o cura. "Lo hacemos por la gente. Las generaciones
futuras de estas familias se verán beneficiadas", afirma Leal.
Sin embargo, el trabajo de este equipo multidisciplinario no
terminará con el CMT. "Tenemos otros proyectos en mente",
dice Morera. Y, a juzgar por sus frutos, seguirán dando de qué

55   hablar en el ámbito científico costarricense. ■

Después de leer

Pioneros en busca de un gen
Debbie Ponchner

(1) Comprensión Decide si lo que se afirma es **cierto** o **falso.** Corrige las frases falsas.

	Cierto	Falso
1. CMT es un síndrome que afecta el movimiento y la sensibilidad de las piernas y los brazos.	☑	☐
2. Alejandro Leal descubrió que el gen se encuentra en el cromosoma 21.	☐	☑
Alejandro Leal descubrió que el gen se encuentra en el cromosoma 19.		
3. El síndrome afectaba a tres familias costarricenses no emparentadas.	☐	☑
El síndrome afectaba a tres familias costarricenses, todas ellas descendientes del mismo colonizador.		
4. Alemania buscó la colaboración del equipo costarricense.	☐	☑
El equipo costarricense buscó la colaboración de Alemania para tener acceso a equipos más rápidos.		
5. Alejandro Leal continúa buscando la mutación del gen.	☑	☐
6. Cuando se haya identificado la mutación del gen que causa CMT, se podrá buscar una cura.	☑	☐

(2) Interpretar Contesta las siguientes preguntas con frases completas.

1. ¿A qué se dedican los genealogistas?
2. ¿Por qué trabajaron juntos los científicos de Alemania y de Costa Rica?
3. ¿Por qué fue Costa Rica el país más interesado en comenzar con este estudio?
4. ¿Cuándo y en qué forma se hizo pública la noticia del hallazgo de la ubicación del gen que causa una forma de CMT?

(3) Ampliar En parejas, contesten las siguientes preguntas.

1. ¿Qué enfermedades hay todavía en el mundo sin cura o tratamiento?
2. ¿Qué papel puede jugar la ingeniería genética en el tratamiento o cura de ciertas enfermedades?

(4) Escribir ¿Crees que va a ser posible la clonación humana? ¿Crees que es un avance necesario? Escribe un párrafo en el que das tu opinión sobre el tema. Luego, comparte tus ideas con la clase.

③ In groups, ask students to consider whether a day will ever come when disease is a thing of the past. What factors influence their opinions?

④ Ask students to consider what it means that we humans would want to clone ourselves when we can create new life. Is this desire an example of our self-centered view of our role in the world?

Abriendo ventanas

Un científico o un inventor hispano

Trabajen en grupos pequeños para preparar una presentación sobre un(a) científico/a o un(a) inventor(a) hispano/a que les interese.

Elegir el tema

Reúnanse y elijan al personaje que quieren presentar a la clase y repartan las tareas entre todos los miembros del grupo.

Preparar

Vayan a la biblioteca o investiguen en Internet. Pueden visitar el sitio *www.vistahigherlearning.com* para buscar enlaces relacionados con el tema. Busquen información sobre el/la científico/a o inventor(a) elegido/a y tomen nota de lo que consideren interesante. No se olviden de recoger información audiovisual para mostrar a la clase.

Organizar

Organicen la información recogida en un esquema *(outline)*. Recuerden que cada presentación durará unos 10 minutos. No se olviden de citar las fuentes *(the sources)* que han utilizado para su presentación.

Estrategia de comunicación

Cómo hablar de un(a) inventor(a) o un(a) científico/a

Estas frases les pueden ayudar a hacer una buena presentación.

1. Voy/Vamos a hablar de alguien a quien seguramente conocen…
2. Ya, desde muy joven, él/ella…
3. Su descubrimiento/invento cambió la forma en que nosotros…

Presentar

Antes de su presentación, cada grupo entregará una copia de su esquema al profesor. No olviden usar medios audiovisuales.

Suggestion: Encourage students to choose someone directly connected with a discovery or invention important in their lives, so that they can fully explain its impact to the class.

Ayuda para Internet

Aquí tienen unas palabras clave para buscar información en Internet:
inventores hispanos / científicos / descubrimientos / Guillermo González Camarena / Ladislao Biro / Severo Ochoa

Suggestion: Ask students to learn some interesting aspects about the personal life of the scientist they chose and make a connection between their personal circumstances and professional ambitions.

Instructional Resource IRM
(general teaching suggestion)

Cortometraje:
Lluvia (España; 23:27 minutos)
Synopsis:
Three young couples at different stages of their relationships (one has just met; another has been together for a long time, but is having problems; and the other ended the relationship a year earlier but may consider rekindling the flame) find their emotions and viewpoints influenced by a nocturnal meteor shower.

Lluvia

país España   **director** Roberto Pérez

duración 23:27 minutos   **protagonistas** Marian, Alberto, Emma, Jorge, Verónica, Dani

---

Vocabulario

angustioso/a *distressing*   **echar a correr** *to take off running*

cundir *to grow*   **poner los cuernos** *to cuckold*

dar asco *to be disgusting*   **rebuscado/a** *complicated*

Antes de ver el corto

1 **Comentar** En parejas, contesten las siguientes preguntas.

1. ¿Han visto alguna vez una lluvia de estrellas o algún otro fenómeno similar?

2. ¿Creen que los fenómenos naturales influyen en nuestras vidas? ¿Pueden nombrar alguno?

3. ¿Piensan que este tipo de creencia está basado en la ciencia o en la superstición? Razonen sus respuestas.

2 **Anticipar** Mira los fotogramas. ¿De qué crees que va a tratar la historia?

Mientras ves el corto

3 **Conectar** Conecta cada pareja con la historia correspondiente.

  _c_ 1. Marian y Alberto   a. Se reconcilian.

  _a_ 2. Emma y Jorge   b. Se conocen.

  _b_ 3. Verónica y Dani   c. Rompen su relación.

Después de ver el corto

(4) **Comprensión** Decide si lo que afirman estas oraciones es **cierto** o **falso**.

		Cierto	Falso
1.	El fenómeno de Las Leónidas es una lluvia de estrellas.	☑	☐
2.	En 1833, el pánico se apoderó de la población mundial.	☑	☐
3.	Marian quiere ser la novia de Alberto.	☐	☑
4.	Alberto piensa que Marian es muy complicada.	☑	☐
5.	Verónica y Dani se conocen desde hace mucho tiempo.	☐	☑
6.	Dani sintió que había estado casado con Verónica en otra vida.	☑	☐
7.	Emma y Jorge siempre se han llevado muy bien.	☐	☑
8.	Jorge sabía que Emma iba a estar en casa de Marian.	☐	☑

(5) **Analizar** En parejas, lean las siguientes citas del corto y comenten su contenido y la importancia que tienen en el cortometraje.

> **MARIAN** "Las Leónidas son en realidad una metáfora rebuscada *(over-elaborate)* de nuestras relaciones amorosas. Destinadas a brillar intensamente al principio para luego caer en picada, desintegrándose".

> **NARRADOR** "Si tienes suerte y a tu lado está la persona a la que quieres, abrázala fuerte, muy fuerte y, cuando lo hayas hecho, pide un deseo, si es que acaso eres capaz de desear algo más".

(6) **Desarrollar** En parejas, elijan una de las parejas y escriban un diálogo que ocurre al día siguiente de la lluvia de estrellas. Después, represéntenlo delante de la clase.

(7) **Escribir** Jorge le pregunta a Emma cómo cree que será ella dentro de diez años. Escribe una pequeña composición hablando de cómo te imaginas que serás tú dentro de diez años.

¿Qué futuro nos espera?

1 La clase se divide en cuatro grupos y cada uno tiene que pensar y anotar sus opiniones sobre uno
5 min. de los siguientes titulares.

Clonación de animales

¿Sabían que la Administración Federal de Alimentos y Fármacos de Estados Unidos (FDA según su sigla en inglés) está considerando permitir la comercialización de productos de animales clonados?¿Cuál es su opinión al respecto? ¿Les importaría que la carne que comen sea de un animal clonado?

Clonación de seres humanos

Si les dieran a escoger, ¿votarían a favor o en contra de la clonación de seres humanos? Cada día son más comunes las empresas que están haciendo embriones humanos clonados. También se ha sabe que hay empresas que quieren usar los embriones para realizar estudios médicos que puedan ayudar a encontrar tratamientos y curas de enfermedades. ¿Están de acuerdo con estos métodos? ¿Por qué?

¿Vida en Marte?

Algunos astrónomos creen que, en algún momento, el planeta rojo Marte ha tenido agua. La existencia del agua nos hace pensar en la posibilidad de que en Marte se hayan dado tipos de vida similares a los de la Tierra. ¿Qué piensan sobre la posibilidad de vida en otros planetas? ¿Creen que el gobierno debe asignar una parte del presupuesto para investigar si hay vida en otros planetas?

Sin cura

Existen muchas enfermedades que no tienen cura. Algunos científicos anuncian en los medios de comunicación los avances de sus investigaciones, pero se encuentran ante procesos muy lentos requeridos por las agencias del gobierno, como la FDA. Otro factor que entra en juego son los intereses de las compañías farmacéuticas que compiten por las patentes de las medicinas. En su opinión, ¿quiénes creen que son los responsables de este problema? ¿Cómo creen que se puede resolver?

2 Cada grupo tiene que preparar una breve presentación sobre el tema asignado. En el caso de que
10 min. no todos los miembros del grupo estén de acuerdo, pueden mencionar que dentro del grupo hay
distintas opiniones.

3 Los diferentes grupos presentan sus ideas a la clase, mientras todos toman nota.
25 min.

4 Cuando todos los grupos terminen sus presentaciones, toda la clase debe participar haciendo
10 min. preguntas y/o defendiendo sus opiniones.

La historia y la civilización

El indio mayor de Chinceros: Varayoc, 1925.
José Sabogal. Perú.

> *Los que no creen en la inmortalidad creen*
> *en la historia.*
>
> — José Martí

Antes de leer

El eclipse
Augusto Monterroso

Conexión personal
¿Hasta qué punto te guías por los astros *(heavenly bodies)*? ¿Crees que la posición de los astros afecta nuestra vida personal? Comenta el tema con un(a) compañero/a.

Contexto cultural
The Mayans, like other pre-Columbian indigenous peoples, were excellent astronomers. Their studies of the sky and astral phenomena led them to develop a calendar that was both sophisticated and extraordinarily accurate. In turn, their calendar allowed them to predict solar eclipses and the revolutions of Venus with astounding accuracy. The margin of error of their predictions was one day in six thousand years.

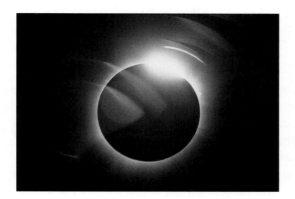

Análisis literario: el ambiente
The setting (**el ambiente**) of a literary work is the place and time where the action occurs. Aspects of setting are geographic location, historical period, the season of the year, the time of day, and the beliefs, customs, and standards of a society. Setting often plays an important role in the decisions and actions of characters. As you read "El eclipse," try to identify each of the aspects of the setting mentioned above.

Estrategia de lectura: los conocimientos previos
Active readers draw from their own knowledge and experience (**los conocimientos previos**) to help them understand a story and make connections. When you are reading a story with a historical setting, for example, you might use what you already know about that period history to make inferences and draw conclusions. What information that you already know helps you understand the decisions and actions of the characters in "El eclipse"?

Vocabulario

aislado/a *isolated*   digno/a *worthy; dignified*

Literatura opener (previous page):

See the **VENTANAS** Instructor's Resource Manual for teaching suggestions.

Conexión personal: Ask each pair to prepare two statements, one positive and the other negative, about the influence of heavenly bodies on our lives. Have pairs share their statements with another pair for discussion.

Análisis literario: Ask students to discuss the settings of previous readings they have studied in **VENTANAS.** Have them comment on how setting affects the decisions and actions of the characters and vice versa.

Estrategia de lectura: Ask students if they have ever read a book without having any knowledge of the historical period. In groups, have them comment on this experience.

Augusto Monterroso

Hoja de vida

1921 Nace en Tegucigalpa, Honduras
1959 *Obras completas (y otros cuentos)* (cuentos)
1969 *La oveja negra y demás fábulas* (cuentos)
1972 *Movimiento perpetuo* (cuentos)
1983 *La palabra mágica* (ensayo)
1988 Condecoración Águila Azteca, México
1993 Premio IILA, Instituto Ítalo-Latinoamericano, Italia
1996 Premio Juan Rulfo, México
2000 Premio Príncipe de Asturias de las Letras, España

Sobre el autor

Augusto Monterroso se destaca por el lenguaje humorístico, irónico y hasta sarcástico de sus obras. Monterroso ha publicado varios libros de cuentos, fábulas y prosas. Le gusta escribir sobre la vida de hombres y mujeres dedicados a la literatura, siempre en tono de parodia y con su particular humor negro. A pesar de haber nacido en Honduras, Monterroso se considera de Guatemala, el país donde nació su padre. Por razones políticas, Monterroso dejó su país en 1944 y se trasladó a México, donde vive actualmente.

El eclipse

1   Cuando fray° Bartolomé Arrazola se sintió perdido, aceptó que ya nada podría salvarlo. La selva poderosa de Guatemala lo había apresado°, implacable y definitiva. Ante su ignorancia topográfica se sentó con tranquilidad a esperar la muerte. Quiso
5   morir allí, sin ninguna esperanza, aislado, con el pensamiento fijo en la España distante, particularmente en el convento de Los Abrojos, donde Carlos Quinto° condescendiera una vez a bajar de su eminencia para decirle que confiaba en el celo° religioso de su labor redentora°.

Brother (title given to a monk)

captured

Charles of Hapsburg (1500–1558), King of Spain and Holy Roman Emperor / zeal

redemptive

10   Al despertar se encontró rodeado por un grupo de indígenas
de rostro° impasible que se disponían° a sacrificarlo ante un altar,   *face / were preparing*
un altar que a Bartolomé le pareció como el lecho° en que   *bed*
descansaría, al fin, de sus temores, de su destino, de sí mismo.

      Tres años en el país le habían conferido un mediano dominio
15 de las lenguas nativas. Intentó algo. Dijo algunas palabras que
fueron comprendidas.

      Entonces floreció° en él una idea que tuvo por digna de su   *blossomed*
talento y de su cultura universal y de su arduo conocimiento de
Aristóteles. Recordó que para ese día se esperaba un eclipse total
20 de sol. Y dispuso, en lo más íntimo, valerse de aquel conocimiento
para engañar a sus opresores y salvar la vida.

      —Si me matáis —les dijo— puedo hacer que el sol se
oscurezca en su altura.

      Los indígenas lo miraron fijamente y Bartolomé sorprendió la
25 incredulidad en sus ojos. Vio que se produjo un pequeño consejo°,   *counsel*
y esperó confiado, no sin cierto desdén.

      Dos horas después el corazón de fray Bartolomé Arrazola
chorreaba° su sangre vehemente sobre la piedra de los sacrificios   *was gushing*
(brillante bajo la opaca luz de un sol eclipsado), mientras uno de
30 los indígenas recitaba sin ninguna inflexión de voz, sin prisa, una
por una, las infinitas fechas en que se producirían eclipses solares y
lunares, que los astrónomos de la comunidad maya habían previsto
y anotado en sus códices sin la valiosa ayuda de Aristóteles.

Suggestion: Ask students to think about the setting of the story as they read. Ask them to consider the following categories: geographic location, historical period, time of day, and time of year. For each category, have groups discuss what they came in knowing before reading the story, and what they learned from it. Summarize their answers on the board in a table.

Después de leer

El eclipse
Augusto Monterroso

(1) Comprensión Responde a las siguientes preguntas.

1. ¿Dónde se encontraba Fray Bartolomé?
   Él se encontraba en la selva de Guatemala.
2. ¿En qué pensaba Fray Bartolomé cuando ya no tenía ninguna esperanza?
   Él pensaba en su patria y en el convento de Los Abrojos.
3. ¿Conocía el protagonista la lengua de los indígenas?
   Sí, conocía varias lenguas nativas.
4. ¿Qué querían hacer los indígenas con Fray Bartolomé?
   Ellos querían sacrificarlo.
5. ¿Qué les advirtió el cura a los indígenas?
   Él les advirtió que si lo mataban iba a hacer que el sol se oscureciera.
6. ¿Qué quería Fray Bartolomé que los indígenas creyeran?
   Él quería que los indígenas creyeran que tenía poderes sobrenaturales.
7. ¿Qué sucedió al final del cuento?
   Al final del cuento, los indígenas decidieron sacrificar a Fray Bartolomé.
8. ¿Qué recitaba un indígena mientras el corazón del fraile sangraba? *Un indígena recitaba las fechas en que se producirían eclipses solares y lunares.*

(2) Interpretar Contesta las siguientes preguntas.

1. ¿Por qué crees que Fray Bartolomé pensaba en el convento de Los Abrojos antes de morir?
2. ¿Cuál había sido la misión de Fray Bartolomé en Guatemala?
3. ¿Quién le había encomendado esa misión?
4. A pesar de los conocimientos de Aristóteles, ¿por qué el protagonista no consiguió salvarse?

(3) Ampliar En este cuento, Augusto Monterroso cuestiona la figura del fraile conquistador que subestima *(to undervalue)* la sabiduría de la cultura maya. En parejas, expliquen qué ideología representa Fray Bartolomé y comenten si conocen algún acontecimiento histórico en el que se haya subestimado la cultura indígena.

(4) Escribir Desde el comienzo del mundo, todas las culturas y países han estado, alguna vez, sometidos al poder de otros pueblos o civilizaciones. ¿Crees que esto ha cambiado hoy en día? Escribe un párrafo de cinco o seis líneas explicando cómo conquistan los países desarrollados a otros países en el mundo contemporáneo.

Antes de leer

El prócer
Cristina Peri Rossi

Conexión personal
Escribe una lista de cinco personas a las que consideras héroes/heroínas históricos/as. En grupos de tres, comenten sus elecciones.

Contexto cultural
Throughout the Spanish-speaking world, one finds monuments built to national heroes. National heroes, however, are seldom free of controversy. Some honored individuals are listed below in the first column. Can you match them with the information in the second column?

___a___ 1. Simón Bolívar

___d___ 2. Ernesto Guevara

___c___ 3. El Cid Campeador

___b___ 4. Emiliano Zapata

a. Key figure in the independence of Bolivia, Panama, Colombia, Ecuador, Peru, and Venezuela

b. Leader of the Mexican Revolution

c. Legendary hero of Spain

d. Argentine by birth, but national hero of Cuba

Contexto cultural: Ask students to match these national figures from Latin America with American counterparts. You might find it useful first to provide more information about the figures listed.

Análisis literario: la ironía

Irony **(la ironía)** refers to literary techniques that involve contradictions. In verbal irony, words are used to suggest the opposite of their usual meanings. In dramatic irony, there is a contradiction between what a character thinks and what the reader knows to be true. In situation irony, an event occurs that contradicts the expectations of the characters or the reader. As you read "El prócer," identify the types of irony present.

Análisis literario: To help students understand the concept of irony, ask them how they use irony when they speak or write. Encourage them to provide examples.

Estrategia de lectura: interpretar

Interpreting **(interpretar)** literature refers to the restatement of the writer's story and message by the reader. As you read "El prócer," stop at key points in the story to ask yourself what the author has written and what the author is trying to tell you.

Vocabulario

avergonzado/a *ashamed; embarassed*

harto/a *fed up*

el/la guerrero/a *warrior*

inconveniente *trouble, difficulty*

el marinero *sailor*

el/la mendigo/a *beggar*

pelear *to fight*

el prócer *hero*

el retrato *portrait*

sabio/a *wise*

Cristina Peri Rossi

Hoja de vida

1941 Nace en Montevideo, Uruguay
1963 *Viviendo* (novela)
1971 *Evohé* (poesía)
1984 *La nave de los locos* (novela)
1987 *Europa después de la lluvia* (poesía)
1994 *Otra vez Eros* (poesía)
1997 *Desastres íntimos* (cuentos)

Sobre el autor

Por razones políticas, **Cristina Peri Rossi** dejó su país de origen y se exilió en España, hecho que marcó un antes y un después en su producción literaria. En sus primeros años, Peri Rossi escribió sobre las injusticias y las opresiones sociales, mientras que en sus obras literarias posteriores, llenas de simbolismos, empezó a tratar temas más intimistas.

Suggestion: Ask students to point out similarities in Peri Rossi's and Monterroso's lives. Have them investigate similarities between Uruguay and Guatemala.

El prócer

1 Era un enorme caballo con un héroe encima. Los visitantes
y los numerosos turistas solían detenerse a contemplarlos.
La majestuosidad del caballo, su tamaño descomunal°, la — *out of the ordinary*
perfección de sus músculos, el gesto, la cerviz°, todo era — *neck*
5 motivo de admiración en aquella bestia magnífica.

Había sido construido por un escultor profesional
subvencionado° varias veces por el gobierno y que se había — *subsidized*
especializado en efemérides°. El caballo era enorme y casi — *commemorations*
parecía respirar. Sus magníficas ancas° suscitaban siempre — *haunches*
10 el elogio. Los guías hacían reparar al público en la tensión
de sus músculos, sus corvas°, el cuello, las mandíbulas — *back of the knee*
formidables. El héroe, entre tanto, empequeñecía.

—Estoy harto de estar aquí —le gritó, por fin, una mañana. Miró hacia abajo, hacia el lomo° del caballo que

15 lo sostenía y se dio cuenta cuán° mínimo, diminuto, disminuido, insignificante había quedado él. Sobre el magnífico animal, verde, él parecía una uva. El caballo no dio señales de oírlo: continuó en su gesto aparatoso°, avanzando el codo y el remo°, en posición de marcha. El

20 escultor lo había tomado de un libro ilustrado que relataba las hazañas de Julio César, y desde que el caballo se enteró de cuál había sido su modelo, trataba de estar en posición de marcha el mayor tiempo posible.

—Schttttttttttt —llamó el prócer.

25 El caballo miró hacia arriba. Arqueó las cejas° y elevó los ojos, un puntito negro, muy alto, muy por encima de él parecía moverse. Se lo podía sacudir de encima apenas con uno de esos estremecimientos de piel con los cuales suelen espantarse las moscas y los demás insectos. Estaba

30 ocupado en mantener el remo hacia adelante, sin embargo, porque a las nueve de la mañana vendría una delegación nipona° a depositar una ofrenda floral y tomar fotografías. Esto lo enorgullecía mucho. Ya había visto varias ampliaciones, con él en primer plano ancho,

35 hermoso, la plataforma del monumento sobre el césped muy verde, la base rodeada de flores, flores naturales y flores artificiales regaladas por los oficiales, los marineros, los ministros, las actrices francesas, los boxeadores norteamericanos, los bailarines checoslovacos, el embajador

40 pakistaní, los pianistas rusos, la misión Por La Paz y La

back

how

flamboyant, showy

stretching in front of him his knee and leg

He arched his eyebrows

Suggestion: Ask students to guess the identity of the national figure in the sculpture and where it might be found. If students cannot guess after the first page, they should try to do so after each of the following pages.

Japanese

Suggestion: Have students point out the fantastic elements in the story that help the author relay her message.

Amistad de los Pueblos, la Cruz Roja, Las Juventudes
Neofascistas, el Mariscal del Aire y del Mar y el Núcleo
de los Pieles Rojas Sobrevivientes. Esta interrupción en el
momento justo de adelantar el remo le cayó muy mal.

45   —Schtttt —insistió el héroe.

El caballo al fin se dio por aludido°.   *quit pretending not to hear*

—¿Qué desea usted? —interrogó al caudillo° con   *leader*
tono imperioso y algo insolente.

—Me gustaría bajar un rato y pasearme por ahí, si
50   fuera posible —contestó con humildad el prócer.

—Haga lo que quiera. Pero le advierto —le reconvino°   *scolded*
el caballo— que a las nueve de la mañana vendrá la
delegación nipona.

—Ya lo sé. Lo he visto en los diarios —dijo el caudillo—.
55   Pero tantas ceremonias me tienen un poco harto.

El caballo se negó a considerar una respuesta tan poco
protocolar°.   *formal*

—Es por los huesos, ¿sabe? —se excusó el héroe—.
Me siento un poco duro. Y las fotografías, ya no sé qué
60   gesto poner —continuó.

—La gloria es la gloria —filosofó baratamente el
caballo. Éstas frases tan sabias las había aprendido de los
discursos oficiales. Año a año los diferentes gobernantes,
presidentes, ministros, secretarios, se colocaban delante
65   del monumento y pronunciaban sus discursos. Con el
tiempo, el caballo se los aprendió de memoria, y además,
casi todos eran iguales, de manera que eran fáciles de
aprender hasta para un caballo.

Suggestion: In groups, have students discuss how Peri Rossi uses irony. What type of irony does she use?

Suggestion: Have students discuss how the time element in the story explains the character's feelings and values.

—¿Cree que si me bajo un rato se notará? —preguntó
el héroe.

La pregunta satisfacía la vanidad del caballo.

—De ninguna manera. Yo puedo ocupar el lugar de
los dos. Además, en este país, nadie mira hacia arriba.
Todo el mundo anda cabizbajo°. Nadie notará la ausencia   *head down*
de un prócer; en todo caso, debe estar lleno de aspirantes°   *contenders*
a subirse a su lugar.

Alentado, el héroe descendió con disimulo y dejó al
caballo solo. Ya en el suelo, lo primero que hizo fue mirar
hacia arriba —cosa que nadie hacía en el país—, y observar
el lugar al que durante tantos años lo habían relegado.
Vio que el caballo era enorme, como el de Troya, pero
no estaba seguro si tenía guerreros adentro o no. En
todo caso, de una cosa estaba seguro: el caballo estaba
rodeado de soldados. Éstos, armados hasta los dientes,
formaban dos o tres filas alrededor del monumento, y él
se preguntó qué cosa protegerían. ¿Los pobres? ¿El
derecho? ¿La sabiduría? Tantos años en el aire lo tenían un
poco mareado°: hasta llegó a pensar que lo habían   *dizzy*
colocado tan lejos del suelo para que no se diera cuenta
de nada de lo que sucedía allá abajo. Quiso acercarse
para interrogar a uno de los soldados (¿Cuál es su
función? ¿A quién sirve? —le preguntaría) pero no bien
avanzó unos metros en esa dirección, los hombres de la
primera fila apuntaron° todos hacia él y comprendió que   *aimed their guns*
lo acribillarían° si daba un paso más. Desistió de su idea.   *would riddle him with bullets*
Seguramente, con el tiempo, y antes de la noche,

averiguaría por qué estaban allí los soldados, en la plaza
pública, qué intereses defendían, al servicio de quién
estaban. Por unos instantes tuvo nostalgias de su
100 regimiento, integrado voluntariamente por civiles que se
plegaron a sus ideas° y avanzaban con él, peleando hasta
con las uñas. En una esquina compró un diario pero su
lectura le dio asco.

composed of civilians who enlisted voluntarily because they supported his ideas

Él pensaba que la policía estaba para ayudar a cruzar
105 la calle a los ancianos, pero bien se veía en la foto que
traía el diario a un policía apaleando° a un estudiante. El
estudiante esgrimía° un cartel con una de las frases que él
había pronunciado una vez, pero algo había pasado con
su frase, que ahora no gustaba; durante años la había
110 oído repetir como un sonsonete° en todas las ceremonias
oficiales que tenían lugar frente a su monumento, pero
ahora se veía que había caído en desuso, en sospecha o
algo así. A lo mejor era que pensaban que en realidad él
no la había pronunciado, que era falsa, que la había
115 inventado otro y no él. "Fui yo, fui yo, la dije, la repito"
tuvo ganas de gritar, pero quién lo iba a oír, mejor no la
decía, era seguro que si se ponía a gritar eso en medio de
la calle terminaba en la cárcel, como el pobre muchacho
de la fotografía. ¿Y qué hacía su retrato, su propio retrato
120 estampado° en la puerta de ese ministerio? Eso no estaba
dispuesto a permitirlo. Un ministerio acusado de tantas
cosas y su retrato, el único legítimo, el único que le hacía
justicia colocado en la puerta...

Esta vez los políticos habían colmado la medida°.

beating

brandished

monotonous refrain

printed

had gone too far

125 Estaba dispuesto a que su retrato encabezara° las hojas de   *would be at the top of*
cuaderno, las tapas° de los libros, mejor aún le parecía   *covers*
que apareciera en las casas de los pobres, de los humildes,
pero en ese ministerio, no. ¿Ante quién podría protestar?
Ahí estaba la dificultad. Era seguro que tendría que

130 presentar la reclamación en papel sellado, con timbres de
biblioteca° en una de esas enormes y atiborradas° oficinas.   *on official paper bearing the national library's stamps / stuffed / party leader*
Luego de algunos años es posible que algún jerarca° se
ocupara del caso, si él le prometía algún ascenso°, pero   *promotion*
bien se sabía que él no estaba en condiciones de ofrecer

135 nada a nadie, ni nunca lo había estado en su vida. Dio
unos pasos por la calle y se sentó en el cordón de la vereda°,   *on the curb*
desconsolado. Desde arriba, nunca había visto la cantidad
de pobres y mendigos que ahora podía encontrar en la
calle. ¿Qué había sucedido en todos estos años? ¿Cómo se

140 había llegado a esto? Algo andaba muy mal, pero desde
arriba no se veía bien. Por eso es que lo habían subido
allí. Para que no se diera cuenta de nada, ni se enterara
de cómo eran las cosas, y pudieran seguir pronunciando
su nombre en los discursos en vano, ante la complacencia

145 versallesca° de los hipócritas extranjeros de turno°.   *royal complacency / of the moment*

Caminó unas cuantas cuadras y a lo largo de todas
ellas se encontró con varios tanques y vehículos del
ejército que patrullaban° la ciudad. Esto lo alarmó   *were patrolling*
muchísimo. ¿Es que estaría su país —su propio país, el

150 que había contribuido a forjar°— a punto de ser   *forge*
invadido? La idea lo excitó. Sin embargo, se dio cuenta de
su error: había leído prolijamente el diario de la mañana y

no se hablaba de eso en ninguna parte. Todos los países
—por lo menos aquéllos de los que se sabía algo—
155 mantenían buenas relaciones con el suyo; claro que uno
explotaba a casi todos los demás, pero esto parecía ser
natural y aceptado sin inconvenientes por los otros
gobiernos, los gobiernos de los países explotados.

Desconcertado, se sentó en un banco de otra plaza.
160 No le gustaban los tanques, no le gustaba pasearse por la
ciudad —una vez que se había animado a descender del
monumento— y hallarla así, constantemente vigilada,
maniatada°, oprimida°. ¿Dónde estaba la gente, su gente?   *restrained / oppressed*
¿Es que no habría tenido descendientes?

165 Al poco tiempo, un muchacho se sentó a su lado.
Decidió interrogarlo, le gustaba la gente joven, estaba
seguro que ellos sí podrían responder todas esas
preguntas que quería hacer desde que había bajado,
descendido de aquel monstruoso caballo.

170 —¿Para qué están todos esos tanques entre nosotros,
joven? —le preguntó al muchacho.

El joven era amable y se veía que había sido
recientemente rapado°.   *with hair cut to the skin*

—Vigilan el orden° —contestó el muchacho.   *They're guarding the order*

175 —¿Qué orden? —interrogó el prócer.

—El orden oficial —contestó rápidamente el otro.

—No entiendo bien, discúlpeme —el caudillo se
sentía un poco avergonzado de su ignorancia— ¿por qué
hay que mantener ese orden con los tanques?

180 —De lo contrario, señor, sería difícilmente aceptado°   *would be unlikely to be accepted*

—respondió el muchacho con suma amabilidad.

—¿Y por qué no sería aceptado? —el héroe se sintió protagonista de una pieza° absurda de Ionesco°. En las vacaciones había tenido tiempo de leer a ese autor. Fue en el verano, cuando el gobierno trasladaba° sus oficinas y sus ministros hacia el este, y por suerte, a nadie se le ocurría venir a decir discursos delante del monumento. Él había aprovechado el tiempo para leer un poco. Los libros que todavía no habían sido decomisados°, que eran muy pocos. La mayoría ya habían sido o estaban a punto de ser censurados.

—Porque es un orden injusto —respondió el joven.

El héroe se sintió confundido.

—Y si es injusto, ¿no sería mejor cambiarlo? Digo, revisarlo un poco, para que dejara de serlo.

—Ja —el joven se había burlado° por primera vez—. Usted debe estar loco o vivir en alguna isla feliz.

—Hace un tiempo me fui de la patria y recién he regresado, discúlpeme —se turbó el héroe.

—La injusticia siempre favorece a algunos, eso es — explicó el joven.

El prócer había comprendido para qué estaban los tanques. Decidió cambiar de tema.

—¿A qué se dedica usted? —le preguntó al muchacho.

—A nada —fue la respuesta tajante° del joven.

—¿Cómo a nada? —el héroe volvió a sorprenderse.

—Antes estudiaba —accedió a explicarle—, pero ahora el gobierno ha decidido clausurar° indefinidamente los cursos en los colegios, los liceos y las universidades.

210 Sospecha que la educación se opone al orden, por lo cual, nos ha eximido° de ella. Por otra parte, para ingresar° a la administración sólo será necesario aprobar examen de integración al régimen°. Así se proveerán° los puestos públicos; en cuanto a los privados, no hay problemas:

215 jamás emplearán a nadie que no sea de comprobada solidaridad con el sistema.

exempted / to enter; to join

to pass the test of being an adherent of the regime / will be provided

—¿Qué harán los otros? —preguntó alarmado el héroe.

—Huirán del país o serán reducidos por el hambre. Hasta ahora, este último recurso ha sido de gran

220 utilidad, tan fuerte, quizás, y tan poderoso, como los verdaderos tanques.

El caudillo deseó ayudar al joven; pensó en escribir una recomendación para él, a los efectos de obtenerle algún empleo, pero no lo hizo porque, a esa altura, no

225 estaba muy seguro de que una tarjeta con su nombre no enviara directamente al joven a la cárcel.

—Ya he estado allí —le dijo el joven, que leyó la palabra cárcel en el pensamiento de ese hombre maduro vuelto a su patria—. Por eso me han cortado el pelo —

230 añadió.

—No le entiendo bien. ¿Qué tiene que ver el pelo con la cárcel?

—El cabello largo se opone al régimen, por lo menos eso es lo que piensa el gobierno.

235 —Toda mi vida usé el cabello largo —protestó el héroe.

—Serían otras épocas —concluyó serenamente el joven.

Hubo un largo silencio.

—¿Y ahora qué hará? —interrogó tristemente el viejo.

—Eso no se lo puedo decir a nadie —contestó el joven;
240 se puso de pie, lo saludó con la mano y cruzó la plaza.

Aunque el diálogo lo había llenado de tristeza, la
última frase del joven lo animó bastante. Ahora estaba
seguro de que había dejado descendientes. ▪

Después de leer

El prócer
Cristina Peri Rossi

1 **Comprensión** Numera los siguientes acontecimientos del uno al ocho, para ponerlos en orden cronológico.

   _5_   a. El joven le explica que el orden oficial es injusto.

   _3_   b. El prócer se sienta en un banco de la plaza.

   _1_   c. El caudillo quiere bajar del caballo.

   _6_   d. El joven dice que ya no estudia porque se han cancelado las clases.

   _8_   e. El caudillo se siente animado por la frase del joven.

   _4_   f. El caudillo le pregunta al joven por qué hay tantos tanques.

   _2_   g. El caudillo ve que el caballo está rodeado de soldados.

   _7_   h. El joven se despide sin explicar lo que va a hacer.

② Have students analyze the author's message. Ask them to analyze the differences between the hero and the student. Which of these two characters represents the author's voice? Whom is she criticizing? What are the author's values?

2 **Interpretar** Responde a las siguientes preguntas con frases completas.

1. ¿Qué régimen político crees que se ha establecido en el país? Razona tu respuesta con ejemplos del texto.

2. ¿Por qué crees que el gobierno clausuró las clases?

3. Al ver cómo estaba el país, al héroe le pareció insólito que en el ministerio usaran su imagen. ¿Por qué?

4. ¿Cuál es la esperanza del héroe al despedirse del estudiante?

5. ¿Qué similitudes encuentras entre el héroe y el estudiante?

③ In groups, have students discuss how the author would like to change her country.

3 **Ampliar** En parejas, discutan y expliquen qué quiere expresar Christina Peri Rossi con las siguientes frases.

1. "Miró hacia abajo, hacia el lomo del caballo que lo sostenía y se dio cuenta cuán mínimo, diminuto, disminuido, insignificante había quedado él. Sobre el magnífico animal, verde, él parecía una uva".

2. "Con el tiempo, el caballo se los aprendió de memoria [los discursos de los políticos], y además, casi todos eran iguales, de manera que eran fáciles de aprender hasta para un caballo".

3. "Era seguro que tendría que presentar la reclamación en papel sellado, con timbres de biblioteca en una de esas enormes y atiborradas oficinas. Luego de algunos años es posible que algún jerarca se ocupara del caso, si él le prometía algún ascenso, pero bien se sabía que él no estaba en condiciones de ofrecer nada a nadie, ni nunca lo había estado en su vida".

Atando cabos

1 **Los personajes y sus ideas** En las lecturas de "El eclipse" y "El prócer" aprendiste sobre las ideas que los personajes tienen sobre ciertos aspectos de la vida. Une el nombre del personaje con las ideas que crees que le corresponden. Al terminar, comparte tus opciones con tus compañeros.

① Ask students to paraphrase the sentences in the second column.

_b_ 1. Fray Bartolomé Arrazola

   a. El gobierno ha censurado nuestra libertad, necesitamos un cambio político.

_d_ 2. Grupo de indígenas

   b. Los conocimientos de la cultura occidental son superiores.

_c_ 3. El prócer

   c. Sé que hay héroes entre nosotros que lucharán por un mundo mejor.

_e_ 4. Los soldados

   d. Para nosotros, la ciencia está ligada (*linked*) a la religión.

_a_ 5. El joven rapado

   e. Si queremos vivir bien, tenemos que proteger los intereses del gobierno.

2 **Escribir** Imagínate que eres un escritor de prestigio y que un periódico importante te ha pedido que escribas un artículo sobre un acontecimiento histórico. Escribe el artículo utilizando verbos en modo indicativo y subjuntivo y las preposiciones **entre**, **hasta** y **sin**.

② Ask one or two students to read their articles to the class. Have them answer questions from the class.

Plan de redacción

Organización de los hechos Piensa en un acontecimiento histórico que te interese especialmente. Usa las siguientes preguntas para organizar tu artículo.

1. ¿Quiénes fueron los protagonistas de la historia?
2. ¿Cómo y dónde ocurrieron los hechos?
3. ¿Qué sucedió?
4. ¿Cómo terminó?
5. ¿Cuál es la conclusión de la historia?

Título Después de saber con exactitud sobre qué vas a escribir, es muy importante darle al artículo un título conciso que atraiga al lector. Ponle un título a tu artículo y comienza a escribir.

Explicar y concluir Una vez que hayas expuesto los hechos, intenta explicar por qué sucedió el acontecimiento, y si crees que va a volver a ocurrir algo parecido en el futuro.

Retrato ecuestre de Hernán Cortés
Daniel Vásquez Díaz. España.

El tema del desarrollo está intimamente ligado al de nuestra identidad: ¿quién, qué y cómo somos? Repetiré que no somos nada, excepto una relación: algo que no se define sino como parte de una historia.

— Octavio Paz

Antes de leer

PERFIL

Malintzin

Conexión personal

Piensa en una ocasión en la que tu vida cambió por la decisión de otra(s) persona(s). ¿Tuvo consecuencias positivas o negativas?

Contexto cultural

In popular Mexican culture, "La Malinche" is the contemptuous name given to the woman whose fate was to become the interpreter for Hernán Cortés, leader of the Spanish invaders, as he encountered different groups of indigenous peoples. Some historical versions establish that La Malinche's abilities allowed Cortés to garner the native people's support and overthrow the powerful Aztec Empire, a feat his small band of adventurers would never have been able to accomplish on its own.

Other versions affirm that La Malinche became Cortés' concubine and one of his more powerful lieutenants. For these reasons, La Malinche represents the native people who were violated by the Spaniards; she became a symbol, in the popular mind, of one who prostitutes herself to foreigners and betrays her own people.

In the past 50 years, however, through a rethinking of Mexican history and experience, La Malinche's role has been reconsidered. Instead of seeing her as a symbol of betrayal, La Malinche is now seen by some as a bridge between two cultures, the Spanish and the indigenous people, that fused to become modern Mexican culture.

Vocabulario

atrapar *to catch; to trap*   **desalentado/a** *discouraged*

el/la esclavo/a *slave*   **más bien** *rather*

Cultura opener
(previous page):

See the **VENTANAS** Instructor's Resource Manual for teaching suggestions.

Contexto cultural: Ask students to talk about their impressions of Mexico. If they have visited the country, ask them if they noticed two different cultures. If so, ask them to describe these cultures with examples. How can two prevailing cultures affect the identity of a country and its social and political systems?

Malintzin

Sonia García y Rayo Luengo

1   Su vida antes de la llegada de los españoles constituye un
misterio. Un misterio que se inicia con su nacimiento en
Painala, región de Coatzacoalcos°. Lo que sí parece estar   *city on the Gulf of Mexico*
claro es el punto de arranque° que la va a llevar a su destino, la   *starting point*
5   piedra que moverá el molino de su existencia: su compra-venta.
Pero en este apartado°, al igual que en otros de su vida, los   *section*
historiadores no se ponen de acuerdo o no coinciden; existen
diversas versiones acerca de quién y cómo la vendió.

Una primera versión nos aclara que el padre de Malinalli —
10   voz náhuatl°— era un cacique feudatario de Tenochtitlán° y   *Nahuatl word / Feudal chief from Tenochtitlan (the Aztec capital)*
que, al morir éste, su madre contrajo segundas nupcias con un
hombre que vendió a la regia india como esclava en una
localidad maya, en Tabasco. El motivo era preservar la herencia°   *inheritance*
de poder para el medio hermano de Malinalli —hijo de su
15   madre y de su padrastro°— ya que en el Nuevo Mundo las   *stepfather*
mujeres tenían la preponderancia que les era negada en el Viejo,
pudiendo llegar incluso a ser cacicas°.   *female chiefs*

Pero existe otra versión que apunta a que fue su propia
madre quien la vendió con tan sólo ocho años, al morir su padre
20   —el cual, según esta versión, era el cacique de Oluta— a unos
mercaderes° de Tabasco. Y aún queda una tercera y última   *traders*
narración de los hechos en la que se afirma que fue el mismo
progenitor° de la niña quien la entregó a unos mercaderes.   *father*

Obviamente, la verdad se encuentra en una de estas tres
25   historias o en una mezcolanza° de las mismas. Pero, en este   *mixture*

caso, da igual. Ninguna de las tres narraciones acerca del
origen de la leyenda de Malinalli nos alivia, sosiega° o gusta.   *calms*
Sólo vemos a una niña, de unos ocho años más o menos,
asustada y confusa. Debió de sentirse muy poco querida o
30   valorada al verse vendida a tan temprana edad con el
consentimiento —o iniciativa— de su madre. Y éste, sin lugar a
dudas, es el capítulo más importante, la pieza clave de la vida de
esta mujer: el germen de la posterior traición que Malinalli
infringió a su pueblo° lo encontramos aquí, en su infancia. El   *infringed upon her people*
35   hecho de verse traicionada por los suyos, su propia familia,   *would consolidate*
asentaría° en la pequeña Malinalli la nociva° idea de que la   *noxious*
traición es, cuando menos, algo natural.

    Su existencia, a partir de este momento, será una odiosa°   *hateful*
repetición, a modo de estribillo°, de aquel suceso en el que   *refrain*
40   ella fue vendida como esclava. Y como rememorando aquella
cita que reza° que "seremos lo que fuimos", Malinalli estará   *recalling that quotation that goes*
condenada a ser lo que desde un principio fue: un objeto de
intercambio.

    El segundo gran trueque° del que ella será de nuevo víctima   *trade*
45   tiene lugar el 12 de marzo de 1519. Malintzin —la desinencia
tzin revela rango y respeto°— es ofrecida, en esta ocasión, como   *the ending -tzin reveals rank and respect*
"presente" junto con otras veinte esclavas. Los destinatarios de
tan peculiar regalo son Cortés y sus hombres, y los emisores, los
caciques de Tabasco que, con este "premio", pretendían calmar
50   los ánimos de un Cortés bravucón y pretencioso°.   *swaggering and pretentious*

    Así nace Malinalli, por segunda vez, a la leyenda y, para este
bautizo histórico contará con dos nombres: doña Marina, el
nombre oficial tras su bautizo cristiano, siempre conservando
el *doña,* indicador de nobleza y rango; y el segundo nombre,

55 Malinche, voz desvirtuada° de Malintzin, usada por los   *distorted*
    españoles.

        El conquistador español, en un primer momento, no debió
    de darle mucha importancia a ese "presente" ya que se apresuró
    a regalar a la que sería su futura compañera desde 1519 hasta
60 1524, a un hidalgo de nombre Puertocarrero. Sin embargo,
    pasados cuatro meses, Puertocarrero regresa a España y doña
    Marina pasa a ser de nuevo un regalo sin dueño. Pero no por
    mucho tiempo.

        Los españoles se percatan° de la habilidad de La Malinche   *notice*
65 para los idiomas y para ganarse el respeto y la confianza de
    su pueblo. No hay que olvidar que era una princesa india,
    poseedora de una vasta cultura, que dominaba a la perfección
    las lenguas maya y náhuatl, y que, en poco tiempo, llegó a
    dominar el idioma español. Ahora pasa a ser de Cortés, quien
70 la utiliza en su Conquista de México, como su intérprete, su
    "lengua", probablemente excelente diplomática en las
    relaciones entre las dos culturas y, finalmente, como su
    amante, en un principio enamorada.

        A pesar del amor que los cronistas dicen que ella le
75 profesaba al español, a estas alturas, doña Marina ya debe de
    estar bastante cansada de ser moneda de intercambio. Entre el
    ocaso° de una civilización que muere y el asentamiento°, a la   *decline / settlement*
    fuerza, de otra, queda atrapada° esta mujer, de la que se ha   *caught*
    llegado a decir que todo lo que hizo tenía su base en la pasión
80 hacia Cortés. Pero los hechos no pueden tener una explicación
    tan simplista. Más bien, imagino a una Malinalli desalentada por
    el escaso amor que su hombre le devolvía, demasiado
    ensimismado° consigo mismo y con su epopeya°.   *(self) absorbed / epic*

Tal vez sería más acertado afirmar que se necesitaban. A
85 Cortés le era muy útil el prestigio y respeto de que Marina
gozaba entre los suyos, los indígenas. Por otra parte, ella, al
convivir con el enemigo invasor, había iniciado un viaje sin
retorno posible a una vida normal, con su gente y su pueblo. La
india y el español tuvieron un hijo, Martín, el único fruto de
90 una relación de intereses.

En 1524, el conquistador la casó con Juan Jaramillo, uno de
sus capitanes. Cuentan las crónicas que Cortés estaba
borracho°. O puede que demasiado lúcido, una vez consumada   *drunk*
la Conquista de México, La Malinche estaba de más°.   *was superfluous*
95 Curiosamente a partir de este momento, de este "deshacerse°"   *to get rid of*
de Malinalli, Cortés, sin saberlo, se deshizo también de su
buena suerte: sus fuerzas comienzan a mermar°. Al cabo del   *diminish*
tiempo regresa a España y muere a los 62 años de edad en
Castilleja de la Cuesta (Sevilla), pero su cuerpo descansa en
100 México.

¿Y ella? Se cree que fue feliz junto a Juan Jaramillo, para
el que fue una buena esposa, y con él tuvo una hija, María.
En 1527, con tan sólo 23 años, muere La Malinche. No se sabe
con seguridad de que murió, quizás de viruela°, un mal común   *smallpox*
105 de la época. Sea como fuere°, tengo la certeza de que afrontó   *Be that as it may*
la muerte con la misma elegancia y dignidad con que afrontó
su difícil y azarosa° vida: con una actitud digna de   *eventful*
una princesa. ⊞

Después de leer

PERFIL

Malintzin

1 Comprensión Elige cuál de la siguientes respuestas es la correcta.

1. Malintzin nace en
   a. Tenochtitlán.
   b. Painala.
   c. Tabasco.

2. Su padre era un
   a. cacique de Tenochtitlán.
   b. jefe indio de Coatzacoalcos.
   c. mercader de Tabasco.

3. La primera versión que hay sobre la compra-venta de la Malinche es que
   a. su padre la vendió.
   b. su hermano la vendió.
   c. el hombre que contrajo matrimonio con su madre la vendió.

4. El segundo gran trueque sucedió el 12 de marzo de 1519 donde Malintzin es ofrecida
   a. a unos caciques de Puertocarreño.
   b. a Cortés y a sus hombres.
   c. a los caciques de Tabasco.

5. A partir de ahora, Malintzin va a tener dos nombres:
   a. Malina, nombre cristiano, y Malinalli.
   b. Marina, nombre cristiano, y Malincha.
   c. Marina, nombre cristiano, y Malinche.

6. Malinche tuvo una gran facilidad para los idiomas y hablaba
   a. maya, quechua y español.
   b. náhuatl, guaraní y español.
   c. maya, náhuatl y español.

7. Finalmente, Cortés se volvió a España y la casó
   a. en 1523 con Alberto Jaramillo.
   b. en 1524 con Juan Jaramillo.
   c. en 1522 con Juan Jaramillo.

8. Aunque Malintzin fue feliz con su último marido, ella
   a. murió en 1527 a los 43 años.
   b. murió en 1527 a los 22 años.
   c. murió en 1527 a los 23 años.

2 Analizar Discutan, en parejas y luego en grupos, qué es lo que los autores de esta historia quisieron decir con la frase "El hecho de verse traicionada por los suyos, su propia familia, asentaría en la pequeña Malinalli la nociva idea de que la traición es, cuando menos, algo natural". ¿Están de acuerdo con ese análisis?

3 Dialogar En parejas, imaginen que le pueden hacer una entrevista a la Malinche. Inventen la entrevista y después represéntenla en la clase.

4 Escribir Imagina que tu país está en guerra y que estás enamorado/a de una persona del país enemigo. Escribe una breve composición explicando qué harías si tuvieras que elegir entre la lealtad *(loyalty)* a tu pueblo en guerra y el amor de tu vida.

2 Ask students why the story of La Malinche is symbolic of the problems facing the people of Mexico today regarding their national identity. Have students write down their ideas and debate this topic in groups.

3 Ask the class if La Malinche was directly responsible for the fall of indigenous societies in Mexico and their domination by Europeans. If she was not, who was? How would the author answer this question?

Antes de leer

Momias: guardan la clave del pasaje inca
Yves Briceño

Conexión personal

¿Qué sabes de las culturas prehispánicas de América del Sur y en particular de la historia de los incas? Comparte tus conocimientos con dos compañeros/as.

Contexto cultural

Between the beginning of the thirteenth century until 1535, when Cusco fell to Spanish invaders, Inca warriors extended their territories until they created the largest Native American empire in the Western Hemisphere. The heartland of Inca society was the central Andean region of present-day southern Peru. At its height, the Inca Empire made tributaries of peoples along the entire Pacific coast and Andean region of South America, from Ecuador to central Chile.

The Incas excelled at architecture. Without the aid of the wheel, they built massive fortress cities on mountaintops, an extensive and well-maintained road system, suspension bridges over gorges of the Andes, and irrigation systems that made agriculture possible in an otherwise inhospitable terrain. The Inca Empire fell to a small band of Spaniards, who took advantage of internal dissention and dynastic struggles that weakened the seeming invincibility of the Inca warriors and their genius for organization.

Vocabulario

la búsqueda *search*	**la muestra** *sample; example*
fastidiar *to annoy*	**el recurso** *resource*

Conexión personal:
Have groups divide the information they know into these categories: **gobierno, estructura social, religión, economía, costumbres,** and **familia.** Have them share their information with the class.

Contexto cultural:
Have students write down questions they have about the Inca Empire not answered in this paragraph. Pick a few students to read the questions aloud. If no one in class can answer a question, have students research the answer.

Momias: guardan la clave del pasaje inca
Yves Briceño

1   En el área Puruchuco-Huaquerones°, la pobreza y la aridez de
la tierra contrastan con la riqueza de los restos arqueológicos
que han permanecido ocultos en el subsuelo°. Hoy, en sus calles
aún se encuentran residuos de huesos, tejidos° y cerámica de
5   cinco siglos de antigüedad. En una colina, con vista panorámica
del lugar, el arqueólogo Guillermo Cock, artífice° de la
aventura, reveló que momias°, fardos funerarios° y artesanía
inca componen la muestra arqueológica rescatada entre 1999
y 2001 en este barrio de emergencia, otrora zona roja°, lugar
10   de operación y refugio de grupos terroristas.

En 1999, el arqueólogo, escritor y especialista en las culturas
andinas, conformó un equipo multidisciplinario para emprender
la búsqueda de estos "tesoros" incas de gran relevancia
histórica, cultural y científica que yacían° —y aún yacen— bajo
15   su superficie urbana.

El arqueólogo contó detalles del hallazgo y guió a los
periodistas extranjeros por las zonas claves de la excavación:
su aproximación al tema fue científica. Luego de 20 años de
trabajo, el investigador, que ha gastado casi la totalidad de sus
20   recursos económicos en esta empresa, explicó que el nuevo
descubrimiento podría cambiar la historia y aportar nuevas
luces para la comprensión de la cultura Inca, en el período
de expansión, auge° y caída del Imperio del Tahuantinsuyo°.
Restos humanos intactos y fragmentados de 2.200 momias, 40
25   fardos adornados por falsas cabezas, objetos utilitarios y
ornamentales forman parte de esta colección sin precedentes. Se

suburb of Lima, Peru

subsoil

fabrics

author, mastermind

mummies / funerary bundles

formerly a red (i.e. Marxist) zone

lay buried

peak / Name of the Inca Empire during its peak (ca. 1476–1525 C.E.)

estima que se ha logrado salvar el 40%; el resto yace en las
profundidades.

      La mayoría de las momias "urbanas" encontradas pertenece

30 al período Horizonte Tardío° o Incaico. Llevará años despejar°
los misterios del reciente descubrimiento. "Esperamos ver el
Período Inca de otra manera. Desde la perspectiva local,
queremos aprender cómo esta expansión de la cultura incaica
afectó a las diferentes regiones del Perú. También, cómo se llevó

35 a cabo la conquista inca. Ésta es una oportunidad única de
estudiar un período famoso, pero al mismo tiempo poco
conocido", señala el arqueólogo.

      Guillermo Cock y su equipo no eligieron el lugar de
excavación. En 1999, el Gobierno del Perú, consciente de la

40 riqueza arqueológica de Puruchuco-Huaquerones —fotografías
aéreas tomadas en 1942 ya reflejaban la existencia de un
cementerio saqueado°— solicitó al grupo de investigadores
una evaluación del sitio, con el fin de determinar la existencia
de restos arqueológicos. Muchos dudaban de la existencia de

45 restos arqueológicos en esas áridas tierras que, a pesar de
estar protegidas por ley, habían sido invadidas en 1989, a raíz
de las migraciones que azotaron las urbes peruanas° durante la
década de los ochenta. "Las investigaciones en el cementerio
de Puruchuco-Huaquerones tienen su motivación original en
un hecho trágico: la invasión del sitio por un grupo de personas

50 de bajos recursos, estafadas por traficantes de terrenos°",
cuenta Cock.

      Al principio, Cock y su equipo pensaron que recuperarían
restos de individuos y tumbas, fragmentados y mezclados
en la tierra. La tarea era ardua: el cementerio estaba emplazado°

55 justo debajo del poblado° en una extensión de cuatro

Name for the period when the Inca Empire reached its maximum extent (ca. 1476–1525 C.E.) / to clear up

looted

afflicted Peruvian cities

swindled by land traffickers

located

settlement; village

hectáreas°. Sólo en Lima, existen 186 barrios recientes fundados sobre yacimientos arqueológicos°.

four hectares (about 10 acres)
archaeological sites

60   Ese año, durante la evaluación del lugar, los arqueólogos excavaron 75 tumbas y los restos de 350 individuos. Tras abrir 69 pozos de prueba°, determinaron que, al menos, en 8 áreas del lugar existían restos de vital importancia. Se estableció un período de excavación inicial de cuatro meses. A los tres meses, en la segunda de las ocho áreas, el equipo contaba con 286
65   tumbas exploradas. Se habían rebasado todas las expectativas°.

test holes

All expectations had been lowered.

  Según Cock, no existe probablemente en toda América una muestra tan representativa para estudiar el período Inca: Puruchuco es el cementerio más grande que se haya excavado con ocupación de individuos y objetos de un solo período.
70   "Probablemente es cuatro veces mayor y con el triple de capacidad que cualquier otra necrópoli° Inca, Chimu, Moche o Huari", aclara Cock. "Cuenta con individuos de todas las clases sociales, desde los más pobres hasta los más ricos, y momias de todas las edades: desde fetos° hasta ancianos, todos con sus
75   objetos asociados". Ancón es el cementerio más extenso del Perú, pero los restos arqueológicos corresponden a varios períodos históricos.

cemetery

fetuses

  Cock y su equipo han iniciado un inventario del material encontrado y estudios antropológicos iniciales. Se analiza la
80   afinidad, las vinculaciones° étnicas, el parentesco, las causas de muerte, las enfermedades, la alimentación, sexo, crecimiento, desarrollo y actividades productivas de momias de distintas edades, adultos y niños. "Algunos arqueólogos sólo se preocupan por los objetos, sin tener conciencia de que la
85   cultura la producen los hombres. El foco principal de nuestra investigación es el ser humano. Algunos sólo estudian la

connections

cerámica; los huesos les fastidian. Excavan tumbas y no miran los cadáveres, sólo piensan cómo habrán utilizado sus distintos objetos".

90 Los arqueólogos y antropólogos dirigidos por Cock han centrado su investigación en determinar quiénes eran y qué hacían los incas. "A algunos antropólogos les sorprende mi aproximación", cuenta Cock. "No son sólo el prendedor° de *brooch* plata, el calero° y la hoja de coca los únicos que cuentan la *lime kiln*
95 historia", explica el arqueólogo. "Partimos de las personas, su evolución física, sus características, sus enfermedades, su alimentación y sus heridas, para entender su importancia dentro de la sociedad".

"¿Qué habría pasado si este cementerio se hubiese hallado
100 antes de la ocupación de los pobladores del Asentamiento° *Settlement* Túpac Amaru? ¿Qué restos arqueológicos nunca conoceremos?", se pregunta Cock. "Más allá del valor de los hallazgos°, hay que enfatizar que es necesario promover *discoveries* la protección, la conservación y la investigación del patrimonio
105 cultural de nuestros países, porque ello es —hoy más que nunca— piedra angular para la consolidación de nuestra identidad nacional, en un mundo cada vez más 'globalizado'", puntualiza Cock. En la realidad, el rescate° de los restos *rescue* arqueológicos no es una película de Indiana Jones. 🪟

Después de leer

Momias: guardan la clave del pasaje inca
Yves Briceño

① **Comprensión** Responde a las siguientes preguntas.

1. ¿Qué encontró el arqueólogo Guillermo Cock en el área de Puruchuco-Huaquerones? *Él encontró restos arqueológicos con momias, fardos funerarios y artesanía inca.*

2. ¿Entre qué años consiguió rescatar este arqueólogo esta importante muestra arqueológica? *La muestra arqueológica fue rescatada entre 1999 y 2001.*

3. ¿Cuál era la visión del arqueólogos con respecto al descubrimiento? *Él creía que el nuevo descubrimiento podría cambiar la historia y aportar nuevas luces para la comprensión de la cultura inca.*

4. ¿Qué tanto por ciento de los restos arqueológicos se estima que todavía yace en las profundidades? *Se estima que en las profundidades yace todavía un 60% de los restos.*

5. ¿Quién solicitó el servicio de Guillermo Cock? *El gobierno peruano estaba consciente de la riqueza arqueológica de esta área del Perú, y solicitó al grupo de investigadores una evaluación del sitio.*

6. ¿Por qué razón tuvo tanta relevancia esta excavación en comparación con otras que ya se habían hecho? *Porque Puruchuco es el cementerio más grande que se haya excavado, con ocupación de individuos y objetos de un solo período.*

7. ¿Cuáles son algunos de los aspectos que los investigadores analizan en estas excavaciones? *Se analiza la afinidad, las vinculaciones étnicas, el parentesco, las causas de muerte, las enfermedades, la alimentación, sexo, crecimiento, desarrollo y actividades productivas de momias.*

8. Para los investigadores de Guillermo Cock, ¿cuál era uno de los principales focos de estudio? *El foco principal de su investigación, en definitiva, era el ser humano.*

② **Analizar** Reflexiona sobre las siguientes preguntas y contesta con oraciones completas.

1. En este artículo, el narrador explica la visión personal de Guillermo Cock sobre la arqueología. Explica qué quiso decir el arqueólogo con la siguiente frase: "Algunos arqueólogos sólo se preocupan por los objetos, sin tener conciencia de que la cultura la producen los hombres".

2. Según Guillermo Cock, "más allá del valor de los hallazgos, es necesario promover la protección, la conservación y la investigación del patrimonio cultural de nuestros países". ¿Crees que tiene razón? ¿Por qué? Razona tu respuesta.

3. ¿Qué intenta explicarnos el autor al decir que: "el rescate de los restos arqueológicos no es una película de Indiana Jones"?

③ **Ampliar** En parejas, discutan por qué creen que a la gente le interesan las películas de Indiana Jones y qué importancia tiene el hecho de que este personaje de ficción sea arqueólogo. ¿Creen que a una inmensa mayoría de la gente le interesa la historia de sus antepasados? ¿Por qué?

Abriendo ventanas

Historia y civilización

Trabajen en grupos pequeños para preparar la presentación.

Elegir el tema

Preparen una presentación sobre un personaje o un acontecimiento histórico que esté relacionado con el mundo hispano. Decidan en grupo de qué o de quién quieren hablar en su presentación.

Preparar

Investiguen sobre el tema elegido en la biblioteca o en Internet. Pueden visitar el sitio *www.vistahigherlearning.com* para buscar enlaces relacionados con este tema. Elijan los puntos más importantes y ayúdense de material audiovisual para ofrecer una visión más amplia de lo que quieren comentar en clase.

Organizar

Escriban un esquema que los ayude a clarificar y planear con mayor exactitud su presentación. Pueden guiarse respondiendo a las siguientes preguntas:

Sobre un personaje
1. ¿De dónde es este personaje?
2. ¿Cuál es/fue su profesión?
3. ¿Qué consiguió hacer este personaje famoso?

Sobre un acontecimiento
1. ¿Dónde ocurrió el acontecimiento?
2. ¿Quiénes intervinieron?
3. ¿Qué consecuencias ha tenido ese acontecimiento en la historia?

Estrategia de comunicación

Cómo hablar de la historia
Las siguientes frases pueden ayudarles a expresarse de forma más adecuada.
1. El personaje histórico que hemos elegido hoy es…
2. La labor que este personaje realizó en…
3. Creemos que uno de los acontecimientos históricos más importantes de la historia de… fue…
4. Para finalizar, nos gustaría comentar que…

Presentar

Antes de su presentación, cada grupo entregará un esquema al profesor. Usen medios audiovisuales (fotografías, fotocopias, películas, etc.) para dar a conocer el personaje o acontecimiento histórico que eligieron.

Ayuda para Internet

Pueden intentar acceder a la información utilizando las siguientes palabras claves:
Pancho Villa / Simón Bolívar / Evita Perón / Rey Juan Carlos I / Hernán Cortés / La Malinche / Lempira / Rigoberta Menchú

¿La misma historia de siempre…?

Suggestion: As students watch the presentations, they should listen and think about the message of each one. Have them summarize it in one sentence and propose it to the group presenting, who will then confirm or revise it.

1 La clase se divide en cinco grupos y cada uno tiene que pensar y anotar sus ideas sobre uno de los
5 min. siguientes temas.

1. El 12 de Octubre de 1492, Cristóbal Colón pisó por primera vez tierras americanas y, con su conquista, cambió la historia del mundo. Si Colón nunca hubiera llegado a América, ¿cuál creen que hubiera sido la historia de este continente? ¿Por qué?

2. Además de sus conocimientos astrales, los diferentes grupos indígenas han pasado de generación en generación sus conocimientos sobre plantas medicinales. Existen muchos rituales que los indígenas practican con estas plantas para curar diferentes enfermedades. Si estuvieran enfermos/as, ¿se atreverían a ponerse en las manos de un médico indígena para que los/las curara? ¿Por qué?

3. Desde los tiempos de las grandes conquistas, los grupos de indígenas han luchado por su propia subsistencia. En la actualidad, todavía existe una gran polémica sobre la creación de leyes que reconozcan los derechos de los diferentes grupos indígenas. ¿Creen que los grupos de indígenas deben tener sus propias leyes que los rijan? ¿Por qué?

4. ¿Qué piensan de las personas que reniegan de su propia cultura, pero se maravillan con las extranjeras? ¿Conocen a alguien así? ¿Cuáles creen queson las razones de su comportamiento?

5. Al descubrir una pequeña pieza de cerámica, los arqueólogos son capaces de explicar cómo era la vida en la época en la que esa pieza de cerámica estuvo en uso. ¿Creen que el estudio de restos arqueológicos es importante? ¿Por qué?

2 Cada grupo tiene que preparar una breve presentación sobre uno de los temas. En el caso de que
10 min. no todos opinen lo mismo, pueden mencionar que dentro del grupo hay distintas opiniones.

3 Los diferentes grupos presentan sus ideas a la clase, mientras todos toman nota.
25 min.

4 Cuando todos los grupos han terminado de presentar sus ideas, toda la clase debe participar
10 min. haciendo preguntas y/o defendiendo sus opiniones.

Verb conjugation tables

Guide to the Verb Lists and Tables

Below you will find the infinitive of the verbs introduced as active vocabulary in **VENTANAS**. Each verb is followed by a model verb conjugated on the same pattern. The number in parentheses indicates where in the verb tables, pages 352-359, you can find the conjugated forms of the model verb.

abrirse like vivir (3) *except* past participle is abierto
aburrir(se) like vivir (3)
acariciar like hablar (1)
acercarse (c:qu) like tocar (43)
acoger (g:j) like proteger (42)
acordar(se) (o:ue) like contar (24)
acostarse (o:ue) like contar (24)
acudir like vivir (3)
adelgazar (z:c) like cruzar (37)
adivinar like hablar (1)
administrar like hablar (1)
admirar like hablar (1)
adorar like hablar (1)
afligirse (g:j) like proteger (42)
agitar like hablar (1)
ahogarse (g:gu) like hablar (1)
ahorrar like hablar (1)
alcanzar (z:c) like empezar (26)
alejarse like hablar (1)
alojarse like hablar (1)
amanecer (c:zc) like conocer (35)
amar like hablar (1)
amarrar like hablar (1)
añadir like vivir (3)
andar like hablar (1)
animar like hablar (1)
aplaudir like vivir (3)
apostar (o:ue) like contar (24)
apreciar like hablar (1)
aprobar (o:ue) like contar (24)
aprovechar like hablar (1)
arrancar (c:qu) like tocar (43)
arrastrar like hablar (1)

arreglarse like hablar (1)
arriesgar(se) (g:gu) like llegar (41)
ascender like comer (2)
asegurar(se) like hablar (1)
asomarse like hablar (1)
asombrar(se) like hablar (1)
atar like hablar (1)
aterrizar (z:c) like cruzar (37)
atraer like traer (21)
atrapar like hablar (1)
atreverse like comer (2)
atropellar like hablar (1)
averiguar like hablar (1)
avisar like hablar (1)
bailar like hablar (1)
barrer like comer (2)
besar like hablar (1)
borrar like hablar (1)
bostezar (z:c) like cruzar (37)
brindar like hablar (1)
bromear like hablar (1)
burlarse like hablar (1)
caber (4)
caer (5)
caducar (c:qu) like tocar (43)
calentar (e:ie) like pensar (30)
callarse like hablar (1)
cancelar like hablar (1)
clonar like hablar (1)
cobrar like hablar (1)
cocinar like hablar (1)
coger (g:j) like proteger (42)
coleccionar like hablar (1)
colgar (o:ue) like jugar (28)
colocar (c:qu) like tocar (43)
comer(se) (2)
comprobar (o:ue) like contar

(24)
conducir (c:zc) (6)
confesar (e:ie) like pensar (30)
confundir like vivir (3)
congeniar like hablar (1)
conocer (c:zc) (35)
conquistar like hablar (1)
considerar like hablar (1)
consultar like hablar (1)
contagiarse like hablar (1)
contar (o:ue) (24)
contentarse like hablar (1)
contratar like hablar (1)
contribuir (y) like destruir (38)
convertirse (e:ie) like vivir (3)
corresponder like comer (2)
coquetear like hablar (1)
creer (y) (36)
cruzar (z:c) (37)
cuidar(se) like hablar (1)
cultivar like hablar (1)
cumplir like vivir (3)
curarse like hablar (1)
dar(se) (7)
decir (e:i) (8)
dejar(se) like hablar (1)
demorar like hablar (1)
derramar like hablar (1)
derribar like hablar (1)
derrotar like hablar (1)
desafiar (desafío) like enviar (39)
desanimarse like hablar (1)
desaparecer (c:zc) like conocer (35)
desarrollar like hablar (1)
desatar like hablar (1)
descansar like hablar (1)

descargar (g:gu) like llegar (41)
descolgar (o:ue) (g:gu) like jugar (28)
descubrir like vivir (3) *except* past participle is descubierto
desembarcar (c:qu) like tocar (43)
desempeñar like hablar (1)
desmayarse like hablar (1)
despedir(se) (e:i) like pedir (29)
destacar (c:qu) like tocar (43)
destrozar (z:c) like cruzar (37)
destruir (y) (38)
dirigir (g:j) like proteger (42)
discutir like vivir (3)
diseñar like hablar (1)
disfrutar like hablar (1)
disimular like hablar (1)
disminuir (y) like destruir (38)
disponer like poner (15)
divertirse (e:ie) like sentir (33)
doblar like hablar (1)
doler (o:ue) like volver (34) *except* past participle is regular
dormir(se) (o:ue) (25)
echar like hablar (1)
educar (c:qu) like tocar (43)
elegir (g:j) like proteger (42)
embarcar (c:qu) like tocar (43)
emitir like vivir (3)
empeñarse like hablar (1)
empeorar like hablar (1)
empezar (e:ie) (z:c) (26)
emprender like comer (2)
empujar like hablar (1)
enamorarse like hablar (1)
encabezar like cruzar (37)

encantar like hablar (1)

encender (e:ie) like entender (27)

enfrentar like hablar (1)

engañar like hablar (1)

engordar like hablar (1)

enrojecer like conocer (35)

ensayar like hablar (1)

entender(se) (e:ie) (27)

enterarse like hablar (1)

enterrar (e:ie) like pensar (30)

entretenerse (e:ie) like tener (20)

enviar (envío) (39)

equivocarse (c:qu) like tocar (43)

esbozar like cruzar (37)

esclavizar like cruzar (37)

espantar like hablar (1)

estar (9)

exigir (g:j) like proteger (42)

experimentar like hablar (1)

explotar like hablar (1)

expulsar like hablar (1)

extinguir like destruir (38)

extrañar(se) like hablar (1)

extraer like traer (21)

fabricar (c:qu) like tocar (43)

fallecer like conocer (35)

faltar like hablar (1)

fastidiar like hablar (1)

festejar like hablar (1)

financiar like hablar (1)

firmar like hablar (1)

formular like hablar (1)

freír (e:i) (frío) like reír (31)

ganar(se) like hablar (1)

generar like hablar (1)

gobernar (e:ie) like pensar (30)

golpear like hablar (1)

gozar (z:c) like cruzar (37)

grabar like hablar (1)

graduar(se) (gradúo) (40)

gustar like hablar (1)

haber (10)

hablar (1)

hacer(se) (11)

heredar like hablar (1)

herir (e:ie) like sentir (33)

hervir (e:ie) like sentir (33)

hojear like hablar (1)

hospedarse like hablar (1)

huir (y) like destruir (38)

hundir like vivir (3)

impedir (e:i) like pedir (29)

importar like hablar (1)

impresionar like hablar (1)

imprimir like vivir (3)

inclinar(se) like hablar (1)

informarse like hablar (1)

ingresar like hablar (1)

inscribirse like vivir (3)

invadir like vivir (3)

inventar like hablar (1)

investigar (g:gu) like llegar (41)

ir (12)

jubilarse like hablar (1)

jugar (u:ue) (g:gu) (28)

lanzar (z:c) like cruzar (37)

lastimar(se) like hablar (1)

levantar(se) like hablar (1)

limitar like hablar (1)

limpiar like hablar (1)

llegar (g:gu) (41)

llevar(se) like hablar (1)

lograr like hablar (1)

luchar like hablar (1)

madrugar (g:gu) like llegar (41)

malgastar like hablar (1)

manchar like hablar (1)

mantenerse (e:ie) like tener (20)

marcharse like hablar (1)

masticar (c:qu) like tocar (43)

mejorar like hablar (1)

merecer (c:zc) like conocer (35)

meterse like comer (2)

mojar(se) like hablar (1)

morirse (o:ue) like dormir (25) *except* past participle is muerto

narrar like hablar (1)

navegar (g:gu) like llegar (41)

nombrar like hablar (1)

oír (y) (13)

olvidarse like hablar (1)

opinar like hablar (1)

oprimir like vivir (3)

parecer(se) (c:zc) like conocer (35)

pasar(se) like hablar (1)

pedir (e:i) (29)

pelear like hablar (1)

pensar (e:ie) (30)

perdonar like hablar (1)

permanecer (c:zc) like conocer (35)

perseguir like seguir (32)

planificar (c:qu) like tocar (43)

poblar (o:ue) like contar (24)

poder (o:ue) (14)

poner(se) (15)

portarse like hablar (1)

preguntarse like hablar (1)

premiar like hablar (1)

preocupar(se) like hablar (1)

presentarse like hablar (1)

prevenir like venir (22)

promover (o:ue) like volver (34) *except* past participle is regular

pronunciar like hablar (1)

proponer like poner (15)

proporcionar like hablar (1)

proteger (g:j) (42)

provenir (e:ie) like venir (22)

publicar (c:qu) like tocar (43)

quedar(se) like hablar (1)

quejarse like hablar (1)

querer (e:ie) (16)

quitar(se) like hablar (1)

rechazar (z:c) like cruzar (37)

recordar (o:ue) like contar (24)

recorrer like comer (2)

recuperarse like hablar (1)

reducir (c:zc) like conducir (6)

reír(se) (e:i) (río) (31)

regresar like hablar (1)

relajarse like hablar (1)

rendirse (e:i) like pedir (29)

renovarse (o:ue) like contar (24)

rescatar like hablar (1)

reservar like hablar (1)

residir like vivir (3)

retrasar like hablar (1)

reunirse like vivir (3)

revolver (o:ue) like volver (34)

rezar like cruzar (37)

rociar like hablar (1)

rodear like hablar (1)

romper like comer (2) *except* past participle is roto

rozar (z:c) like cruzar (37)

saber (17)

salir (18)

salvar like hablar (1)

seguir (e:i) (g:gu) (32)

señalar like hablar (1)

sentir(se) (e:ie) (33)

ser (19)

sintonizar (z:c) like cruzar (37)

sobrevivir like vivir (3)

soñar (o:ue) like contar (24)

soplar like hablar (1)

soportar like hablar (1)

suceder like comer (2)

sufrir like vivir (3)

superar like hablar (1)

suprimir like vivir (3)

tener (20)

tirar like hablar (1)

titularse like hablar (1)

tocar (c:qu) (43)

tomar like hablar (1)

traer (21)

transmitir like vivir (3)

trasnochar like hablar (1)

tratar like hablar (1)

trazar like cruzar (37)

tropezar (z:c) like hablar (1)

vencer (c:z) like comer (2)

venir (22)

ver(se) (23)

vigilar like hablar (1)

vivir (3)

volver (o:ue) (34)

Regular verbs: simple tenses

		INDICATIVE					SUBJUNCTIVE		IMPERATIVE
Infinitive	**Present**	**Imperfect**	**Preterite**	**Future**	**Conditional**		**Present**	**Past**	
1 hablar	hablo	hablaba	hablé	hablaré	hablaría		hable	hablara	
	hablas	hablabas	hablaste	hablarás	hablarías		hables	hablaras	habla tú (no hables)
	habla	hablaba	habló	hablará	hablaría		hable	hablara	hable Ud.
Participles:	hablamos	hablábamos	hablamos	hablaremos	hablaríamos		hablemos	habláramos	hablemos
hablando	habláis	hablabais	hablasteis	hablaréis	hablaríais		habléis	hablarais	hablad (no habléis)
hablado	hablan	hablaban	hablaron	hablarán	hablarían		hablen	hablaran	hablen Uds.
2 comer	como	comía	comí	comeré	comería		coma	comiera	
	comes	comías	comiste	comerás	comerías		comas	comieras	come tú (no comas)
	come	comía	comió	comerá	comería		coma	comiera	coma Ud.
Participles:	comemos	comíamos	comimos	comeremos	comeríamos		comamos	comiéramos	comamos
comiendo	coméis	comíais	comisteis	comeréis	comeríais		comáis	comierais	comed (no comáis)
comido	comen	comían	comieron	comerán	comerían		coman	comieran	coman Uds.
3 vivir	vivo	vivía	viví	viviré	viviría		viva	viviera	
	vives	vivías	viviste	vivirás	vivirías		vivas	vivieras	vive tú (no vivas)
	vive	vivía	vivió	vivirá	viviría		viva	viviera	viva Ud.
Participles:	vivimos	vivíamos	vivimos	viviremos	viviríamos		vivamos	viviéramos	vivamos
viviendo	vivís	vivíais	vivisteis	viviréis	viviríais		viváis	vivierais	vivid (no viváis)
vivido	viven	vivían	vivieron	vivirán	vivirían		vivan	vivieran	vivan Uds.

All verbs: compound tenses

PERFECT TENSES

INDICATIVE

Present Perfect		Past Perfect		Future Perfect		Conditional Perfect	
he		había		habré		habría	
has	hablado	habías	hablado	habrás	hablado	habrías	hablado
ha	comido	había	comido	habrá	comido	habría	comido
hemos	vivido	habíamos	vivido	habremos	vivido	habríamos	vivido
habéis		habíais		habréis		habríais	
han		habían		habrán		habrían	

SUBJUNCTIVE

Present Perfect		Past Perfect	
haya		hubiera	
hayas	hablado	hubieras	hablado
haya	comido	hubiera	comido
hayamos	vivido	hubiéramos	vivido
hayáis		hubierais	
hayan		hubieran	

PROGRESSIVE TENSES

	INDICATIVE				SUBJUNCTIVE	
	Present Progressive	Past Progressive	Future Progressive	Conditional Progressive	Present Progressive	Past Progressive
	estoy	estaba	estaré	estaría	esté	estuviera
	estás	estabas	estarás	estarías	estés	estuvieras
	está hablando	estaba hablando	estará hablando	estaría hablando	esté hablando	estuviera hablando
	estamos comiendo	estábamos comiendo	estaremos comiendo	estaríamos comiendo	estemos comiendo	estuviéramos comiendo
	estáis viviendo	estabais viviendo	estaréis viviendo	estaríais viviendo	estéis viviendo	estuvierais viviendo
	estan	estaban	estarán	estarían	estén	estuvieran

Irregular verbs

Infinitive	INDICATIVE					SUBJUNCTIVE		IMPERATIVE
	Present	Imperfect	Preterite	Future	Conditional	Present	Past	
4 caber	**quepo**	cabía	**cupe**	**cabré**	**cabría**	**quepa**	**cupiera**	
	cabes	cabías	**cupiste**	**cabrás**	**cabrías**	**quepas**	**cupieras**	cabe tú (no **quepas**)
	cabe	cabía	**cupo**	**cabrá**	**cabría**	**quepa**	**cupiera**	quepa Ud.
Participles:	cabemos	cabíamos	**cupimos**	**cabremos**	**cabríamos**	**quepamos**	**cupiéramos**	**quepamos**
cabiendo	cabéis	cabíais	**cupisteis**	**cabréis**	**cabríais**	**quepáis**	**cupierais**	cabed (no **quepáis**)
cabido	caben	cabían	**cupieron**	**cabrán**	**cabrían**	**quepan**	**cupieran**	**quepan** Uds.
5 caer(se)	**caigo**	caía	**caí**	caeré	caería	**caiga**	**cayera**	
	caes	caías	**caíste**	caerás	caerías	**caigas**	**cayeras**	cae tú (no **caigas**)
	cae	caía	**cayó**	caerá	caería	**caiga**	**cayera**	**caiga** Ud. (no **caiga**)
Participles:	caemos	caíamos	**caímos**	caeremos	caeríamos	**caigamos**	**cayéramos**	**caigamos**
cayendo	caéis	caíais	**caísteis**	caeréis	caeríais	**caigáis**	**cayerais**	caed (no **caigáis**)
caído	caen	caían	**cayeron**	caerán	caerían	**caigan**	**cayeran**	**caigan** Uds.
6 conducir	**conduzco**	conducía	**conduje**	conduciré	conduciría	**conduzca**	**condujera**	
(c:zc)	conduces	conducías	**condujiste**	conducirás	conducirías	**conduzcas**	**condujeras**	conduce tú (no **conduzcas**)
	conduce	conducía	**condujo**	conducirá	conduciría	**conduzca**	**condujera**	**conduzca** Ud. (no **conduzca**)
Participles:	conducimos	conducíamos	**condujimos**	conduciremos	conduciríamos	**conduzcamos**	**condujéramos**	**conduzcamos**
conduciendo	conducís	conducíais	**condujisteis**	conduciréis	conduciríais	**conduzcáis**	**condujerais**	conducid (no **conduzcáis**)
conducido	conducen	conducían	**condujeron**	conducirán	conducirían	**conduzcan**	**condujeran**	**conduzcan** Uds.

INDICATIVE / SUBJUNCTIVE / IMPERATIVE

7. dar — Participles: dando, dado

	Present	Imperfect	Preterite	Future	Conditional	Subj. Present	Subj. Past	Imperative
	doy	daba	di	daré	daría	dé	diera	
	das	dabas	diste	darás	darías	des	dieras	da tú (no des)
	da	daba	dio	dará	daría	dé	diera	dé Ud.
	damos	dábamos	dimos	daremos	daríamos	demos	diéramos	demos
	dais	dabais	disteis	daréis	daríais	deis	dierais	dad (no deis)
	dan	daban	dieron	darán	darían	den	dieran	den Uds.

8. decir (e:i) — Participles: diciendo, dicho

	Present	Imperfect	Preterite	Future	Conditional	Subj. Present	Subj. Past	Imperative
	digo	decía	dije	diré	diría	diga	dijera	
	dices	decías	dijiste	dirás	dirías	digas	dijeras	di tú (no digas)
	dice	decía	dijo	dirá	diría	diga	dijera	diga Ud.
	decimos	decíamos	dijimos	diremos	diríamos	digamos	dijéramos	digamos
	decís	decíais	dijisteis	diréis	diríais	digáis	dijerais	decid (no digáis)
	dicen	decían	dijeron	dirán	dirían	digan	dijeran	digan Uds.

9. estar — Participles: estando, estado

	Present	Imperfect	Preterite	Future	Conditional	Subj. Present	Subj. Past	Imperative
	estoy	estaba	estuve	estaré	estaría	esté	estuviera	
	estás	estabas	estuviste	estarás	estarías	estés	estuvieras	está tú (no estés)
	está	estaba	estuvo	estará	estaría	esté	estuviera	esté Ud.
	estamos	estábamos	estuvimos	estaremos	estaríamos	estemos	estuviéramos	estemos
	estáis	estabais	estuvisteis	estaréis	estaríais	estéis	estuvierais	estad (no estéis)
	están	estaban	estuvieron	estarán	estarían	estén	estuvieran	estén Uds.

10. haber — Participles: habiendo, habido

	Present	Imperfect	Preterite	Future	Conditional	Subj. Present	Subj. Past	Imperative
	he	había	hube	habré	habría	haya	hubiera	
	has	habías	hubiste	habrás	habrías	hayas	hubieras	
	ha	había	hubo	habrá	habría	haya	hubiera	
	hemos	habíamos	hubimos	habremos	habríamos	hayamos	hubiéramos	
	habéis	habíais	hubisteis	habréis	habríais	hayáis	hubierais	
	han	habían	hubieron	habrán	habrían	hayan	hubieran	

11. hacer — Participles: haciendo, hecho

	Present	Imperfect	Preterite	Future	Conditional	Subj. Present	Subj. Past	Imperative
	hago	hacía	hice	haré	haría	haga	hiciera	
	haces	hacías	hiciste	harás	harías	hagas	hicieras	haz tú (no hagas)
	hace	hacía	hizo	hará	haría	haga	hiciera	haga Ud.
	hacemos	hacíamos	hicimos	haremos	haríamos	hagamos	hiciéramos	hagamos
	hacéis	hacíais	hicisteis	haréis	haríais	hagáis	hicierais	haced (no hagáis)
	hacen	hacían	hicieron	harán	harían	hagan	hicieran	hagan Uds.

12. ir — Participles: yendo, ido

	Present	Imperfect	Preterite	Future	Conditional	Subj. Present	Subj. Past	Imperative
	voy	iba	fui	iré	iría	vaya	fuera	
	vas	ibas	fuiste	irás	irías	vayas	fueras	ve tú (no vayas)
	va	iba	fue	irá	iría	vaya	fuera	vaya Ud.
	vamos	íbamos	fuimos	iremos	iríamos	vayamos	fuéramos	vamos
	vais	ibais	fuisteis	iréis	iríais	vayáis	fuerais	id (no vayáis)
	van	iban	fueron	irán	irían	vayan	fueran	vayan Uds.

13. oír (y) — Participles: oyendo, oído

	Present	Imperfect	Preterite	Future	Conditional	Subj. Present	Subj. Past	Imperative
	oigo	oía	oí	oiré	oiría	oiga	oyera	
	oyes	oías	oíste	oirás	oirías	oigas	oyeras	oye tú (no oigas)
	oye	oía	oyó	oirá	oiría	oiga	oyera	oiga Ud.
	oímos	oíamos	oímos	oiremos	oiríamos	oigamos	oyéramos	oigamos
	oís	oíais	oísteis	oiréis	oiríais	oigáis	oyerais	oíd (no oigáis)
	oyen	oían	oyeron	oirán	oirían	oigan	oyeran	oigan Uds.

14 poder (o:ue) — Participles: pudiendo, podido

	INDICATIVE					SUBJUNCTIVE		IMPERATIVE
Infinitive	Present	Imperfect	Preterite	Future	Conditional	Present	Past	
poder (o:ue)	puedo	podía	pude	podré	podría	pueda	pudiera	
	puedes	podías	pudiste	podrás	podrías	puedas	pudieras	puede tú (no puedas)
	puede	podía	pudo	podrá	podría	pueda	pudiera	pueda Ud.
Participles:	podemos	podíamos	pudimos	podremos	podríamos	podamos	pudiéramos	podamos
pudiendo	podéis	podíais	pudisteis	podréis	podríais	podáis	pudierais	poded (no podáis)
podido	pueden	podían	pudieron	podrán	podrían	puedan	pudieran	puedan Uds.

15 poner — Participles: poniendo, puesto

	INDICATIVE					SUBJUNCTIVE		IMPERATIVE
Infinitive	Present	Imperfect	Preterite	Future	Conditional	Present	Past	
poner	pongo	ponía	puse	pondré	pondría	ponga	pusiera	
	pones	ponías	pusiste	pondrás	pondrías	pongas	pusieras	pon tú (no pongas)
	pone	ponía	puso	pondrá	pondría	ponga	pusiera	ponga Ud.
Participles:	ponemos	poníamos	pusimos	pondremos	pondríamos	pongamos	pusiéramos	pongamos
poniendo	ponéis	poníais	pusisteis	pondréis	pondríais	pongáis	pusierais	poned (no pongáis)
puesto	ponen	ponían	pusieron	pondrán	pondrían	pongan	pusieran	pongan Uds.

16 querer (e:ie) — Participles: queriendo, querido

	INDICATIVE					SUBJUNCTIVE		IMPERATIVE
Infinitive	Present	Imperfect	Preterite	Future	Conditional	Present	Past	
querer (e:ie)	quiero	quería	quise	querré	querría	quiera	quisiera	
	quieres	querías	quisiste	querrás	querrías	quieras	quisieras	quiere tú (no quieras)
	quiere	quería	quiso	querrá	querría	quiera	quisiera	quiera Ud.
Participles:	queremos	queríamos	quisimos	querremos	querríamos	queramos	quisiéramos	queramos
queriendo	queréis	queríais	quisisteis	querréis	querríais	queráis	quisierais	quered (no queráis)
querido	quieren	querían	quisieron	querrán	querrían	quieran	quisieran	quieran Uds.

17 saber — Participles: sabiendo, sabido

	INDICATIVE					SUBJUNCTIVE		IMPERATIVE
Infinitive	Present	Imperfect	Preterite	Future	Conditional	Present	Past	
saber	sé	sabía	supe	sabré	sabría	sepa	supiera	
	sabes	sabías	supiste	sabrás	sabrías	sepas	supieras	sabe tú (no sepas)
	sabe	sabía	supo	sabrá	sabría	sepa	supiera	sepa Ud.
Participles:	sabemos	sabíamos	supimos	sabremos	sabríamos	sepamos	supiéramos	sepamos
sabiendo	sabéis	sabíais	supisteis	sabréis	sabríais	sepáis	supierais	sabed (no sepáis)
sabido	saben	sabían	supieron	sabrán	sabrían	sepan	supieran	sepan Uds.

18 salir — Participles: saliendo, salido

	INDICATIVE					SUBJUNCTIVE		IMPERATIVE
Infinitive	Present	Imperfect	Preterite	Future	Conditional	Present	Past	
salir	salgo	salía	salí	saldré	saldría	salga	saliera	
	sales	salías	saliste	saldrás	saldrías	salgas	salieras	sal tú (no salgas)
	sale	salía	salió	saldrá	saldría	salga	saliera	salga Ud.
Participles:	salimos	salíamos	salimos	saldremos	saldríamos	salgamos	saliéramos	salgamos
saliendo	salís	salíais	salisteis	saldréis	saldríais	salgáis	salierais	salid (no salgáis)
salido	salen	salían	salieron	saldrán	saldrían	salgan	salieran	salgan Uds.

19 ser — Participles: siendo, sido

	INDICATIVE					SUBJUNCTIVE		IMPERATIVE
Infinitive	Present	Imperfect	Preterite	Future	Conditional	Present	Past	
ser	soy	era	fui	seré	sería	sea	fuera	
	eres	eras	fuiste	serás	serías	seas	fueras	sé tú (no seas)
	es	era	fue	será	sería	sea	fuera	sea Ud.
Participles:	somos	éramos	fuimos	seremos	seríamos	seamos	fuéramos	seamos
siendo	sois	erais	fuisteis	seréis	seríais	seáis	fuerais	sed (no seáis)
sido	son	eran	fueron	serán	serían	sean	fueran	sean Uds.

20 tener (e:ie) — Participles: teniendo, tenido

	INDICATIVE					SUBJUNCTIVE		IMPERATIVE
Infinitive	Present	Imperfect	Preterite	Future	Conditional	Present	Past	
tener (e:ie)	tengo	tenía	tuve	tendré	tendría	tenga	tuviera	
	tienes	tenías	tuviste	tendrás	tendrías	tengas	tuvieras	ten tú (no tengas)
	tiene	tenía	tuvo	tendrá	tendría	tenga	tuviera	tenga Ud.
Participles:	tenemos	teníamos	tuvimos	tendremos	tendríamos	tengamos	tuviéramos	tengamos
teniendo	tenéis	teníais	tuvisteis	tendréis	tendríais	tengáis	tuvierais	tened (no tengáis)
tenido	tienen	tenían	tuvieron	tendrán	tendrían	tengan	tuvieran	tengan Uds.

	INDICATIVE					SUBJUNCTIVE		IMPERATIVE
Infinitive	Present	Imperfect	Preterite	Future	Conditional	Present	Past	
21 traer **Participles:** **trayendo** **traído**	**traigo** traes trae traemos traéis traen	traía traías traía traíamos traíais traían	**traje** **trajiste** **trajo** **trajimos** **trajisteis** **trajeron**	traeré traerás traerá traeremos traeréis traerán	traería traerías traería traeríamos traeríais traerían	**traiga** **traigas** **traiga** **traigamos** **traigáis** **traigan**	**trajera** **trajeras** **trajera** **trajéramos** **trajerais** **trajeran**	trae tú (no **traigas**) **traiga** Ud. **traigamos** traed (no **traigáis**) **traigan** Uds.
22 venir (e:ie) **Participles:** **viniendo** venido	**vengo** **vienes** **viene** venimos venís **vienen**	venía venías venía veníamos veníais venían	**vine** **viniste** **vino** **vinimos** **vinisteis** **vinieron**	**vendré** **vendrás** **vendrá** **vendremos** **vendréis** **vendrán**	**vendría** **vendrías** **vendría** **vendríamos** **vendríais** **vendrían**	**venga** **vengas** **venga** **vengamos** **vengáis** **vengan**	**viniera** **vinieras** **viniera** **viniéramos** **vinierais** **vinieran**	**ven** tú (no **vengas**) **venga** Ud. **vengamos** venid (no **vengáis**) **vengan** Uds.
23 ver **Participles:** viendo **visto**	**veo** ves ve vemos veis ven	**veía** **veías** **veía** **veíamos** **veíais** **veían**	vi viste vio vimos visteis vieron	veré verás verá veremos veréis verán	veía veías veía veíamos veíais veían	**vea** **veas** **vea** **veamos** **veáis** **vean**	**viera** **vieras** **viera** **viéramos** **vierais** **vieran**	**ve** tú (no **veas**) **vea** Ud. **veamos** ved (no **veáis**) **vean** Uds.

Stem changing verbs

	INDICATIVE					SUBJUNCTIVE		IMPERATIVE
Infinitive	Present	Imperfect	Preterite	Future	Conditional	Present	Past	
24 contar (o:ue) **Participles:** contando contado	**cuento** **cuentas** **cuenta** contamos contáis **cuentan**	contaba contabas contaba contábamos contabais contaban	conté contaste contó contamos contasteis contaron	contaré contarás contará contaremos contaréis contarán	contaría contarías contaría contaríamos contaríais contarían	**cuente** **cuentes** **cuente** contemos contéis **cuenten**	contara contaras contara contáramos contarais contaran	**cuenta** tú (no **cuentes**) **cuente** Ud. contemos contad (no **contéis**) **cuenten** Uds.
25 dormir (o:ue) **Participles:** **durmiendo** dormido	**duermo** **duermes** **duerme** dormimos dormís **duermen**	dormía dormías dormía dormíamos dormíais dormían	dormí dormiste **durmió** dormimos dormisteis **durmieron**	dormiré dormirás dormirá dormiremos dormiréis dormirán	dormiría dormirías dormiría dormiríamos dormiríais dormirían	**duerma** **duermas** **duerma** durmamos durmáis **duerman**	**durmiera** **durmieras** **durmiera** **durmiéramos** **durmierais** **durmieran**	**duerme** tú (no **duermas**) **duerma** Ud. **durmamos** dormid (no **durmáis**) **duerman** Uds.
26 empezar (e:ie) (c) **Participles:** empezando empezado	**empiezo** **empiezas** **empieza** empezamos empezáis **empiezan**	empezaba empezabas empezaba empezábamos empezabais empezaban	**empecé** empezaste empezó empezamos empezasteis empezaron	empezaré empezarás empezará empezaremos empezaréis empezarán	empezaría empezarías empezaría empezaríamos empezaríais empezarían	**empiece** **empieces** **empiece** **empecemos** **empecéis** **empiecen**	empezara empezaras empezara empezáramos empezarais empezaran	**empieza** tú (no **empieces**) **empiece** Ud. **empecemos** empezad (no **empecéis**) **empiecen** Uds.

27. entender (e:ie) — Participles: entendiendo, entendido

	INDICATIVE					SUBJUNCTIVE		IMPERATIVE
	Present	Imperfect	Preterite	Future	Conditional	Present	Past	
	entiendo	entendía	entendí	entenderé	entendería	entienda	entendiera	
	entiendes	entendías	entendiste	entenderás	entenderías	entiendas	entendieras	entiende tú (no entiendas)
	entiende	entendía	entendió	entenderá	entendería	entienda	entendiera	entienda Ud.
	entendemos	entendíamos	entendimos	entenderemos	entenderíamos	entendamos	entendiéramos	entendamos
	entendéis	entendíais	entendisteis	entenderéis	entenderíais	entendáis	entendierais	entended (no entendáis)
	entienden	entendían	entendieron	entenderán	entenderían	entiendan	entendieran	entiendan Uds.

28. jugar (u:ue) (gu) — Participles: jugando, jugado

	INDICATIVE					SUBJUNCTIVE		IMPERATIVE
	Present	Imperfect	Preterite	Future	Conditional	Present	Past	
	juego	jugaba	jugué	jugaré	jugaría	juegue	jugara	
	juegas	jugabas	jugaste	jugarás	jugarías	juegues	jugaras	juega tú (no juegues)
	juega	jugaba	jugó	jugará	jugaría	juegue	jugara	juegue Ud.
	jugamos	jugábamos	jugamos	jugaremos	jugaríamos	juguemos	jugáramos	juguemos
	jugáis	jugabais	jugasteis	jugaréis	jugaríais	juguéis	jugarais	jugad (no juguéis)
	juegan	jugaban	jugaron	jugarán	jugarían	jueguen	jugaran	jueguen Uds.

29. pedir (e:i) — Participles: pidiendo, pedido

	INDICATIVE					SUBJUNCTIVE		IMPERATIVE
	Present	Imperfect	Preterite	Future	Conditional	Present	Past	
	pido	pedía	pedí	pediré	pediría	pida	pidiera	
	pides	pedías	pediste	pedirás	pedirías	pidas	pidieras	pide tú (no pidas)
	pide	pedía	pidió	pedirá	pediría	pida	pidiera	pida Ud.
	pedimos	pedíamos	pedimos	pediremos	pediríamos	pidamos	pidiéramos	pidamos
	pedís	pedíais	pedisteis	pediréis	pediríais	pidáis	pidierais	pedid (no pidáis)
	piden	pedían	pidieron	pedirán	pedirían	pidan	pidieran	pidan Uds.

30. pensar (e:ie) — Participles: pensando, pensado

	INDICATIVE					SUBJUNCTIVE		IMPERATIVE
	Present	Imperfect	Preterite	Future	Conditional	Present	Past	
	pienso	pensaba	pensé	pensaré	pensaría	piense	pensara	
	piensas	pensabas	pensaste	pensarás	pensarías	pienses	pensaras	piensa tú (no pienses)
	piensa	pensaba	pensó	pensará	pensaría	piense	pensara	piense Ud.
	pensamos	pensábamos	pensamos	pensaremos	pensaríamos	pensemos	pensáramos	pensemos
	pensáis	pensabais	pensasteis	pensaréis	pensaríais	penséis	pensarais	pensad (no penséis)
	piensan	pensaban	pensaron	pensarán	pensarían	piensen	pensaran	piensen Uds.

31. reír(se) (e:i) — Participles: riendo, reído

	INDICATIVE					SUBJUNCTIVE		IMPERATIVE
	Present	Imperfect	Preterite	Future	Conditional	Present	Past	
	río	reía	reí	reiré	reiría	ría	riera	
	ríes	reías	reíste	reirás	reirías	rías	rieras	ríe tú (no rías)
	ríe	reía	rió	reirá	reiría	ría	riera	ría Ud.
	reímos	reíamos	reímos	reiremos	reiríamos	riamos	riéramos	riamos
	reís	reíais	reísteis	reiréis	reiríais	riáis	rierais	reíd (no riáis)
	ríen	reían	rieron	reirán	reirían	rían	rieran	rían Uds.

32. seguir (e:i) (gu) — Participles: siguiendo, seguido

	INDICATIVE					SUBJUNCTIVE		IMPERATIVE
	Present	Imperfect	Preterite	Future	Conditional	Present	Past	
	sigo	seguía	seguí	seguiré	seguiría	siga	siguiera	
	sigues	seguías	seguiste	seguirás	seguirías	sigas	siguieras	sigue tú (no sigas)
	sigue	seguía	siguió	seguirá	seguiría	siga	siguiera	siga Ud.
	seguimos	seguíamos	seguimos	seguiremos	seguiríamos	sigamos	siguiéramos	sigamos
	seguís	seguíais	seguisteis	seguiréis	seguiríais	sigáis	siguierais	seguid (no sigáis)
	siguen	seguían	siguieron	seguirán	seguirían	sigan	siguieran	sigan Uds.

33. sentir (e:ie) — Participles: sintiendo, sentido

	INDICATIVE					SUBJUNCTIVE		IMPERATIVE
	Present	Imperfect	Preterite	Future	Conditional	Present	Past	
	siento	sentía	sentí	sentiré	sentiría	sienta	sintiera	
	sientes	sentías	sentiste	sentirás	sentirías	sientas	sintieras	siente tú (no sientas)
	siente	sentía	sintió	sentirá	sentiría	sienta	sintiera	sienta Ud.
	sentimos	sentíamos	sentimos	sentiremos	sentiríamos	sintamos	sintiéramos	sintamos
	sentís	sentíais	sentisteis	sentiréis	sentiríais	sintáis	sintierais	sentid (no sintáis)
	sienten	sentían	sintieron	sentirán	sentirían	sientan	sintieran	sientan Uds.

	INDICATIVE					SUBJUNCTIVE		IMPERATIVE
Infinitive	**Present**	**Imperfect**	**Preterite**	**Future**	**Conditional**	**Present**	**Past**	
34 volver (o:ue)	**vuelvo**	volvía	volví	volveré	volvería	**vuelva**	volviera	
	vuelves	volvías	volviste	volverás	volverías	**vuelvas**	volvieras	**vuelve** tú (no **vuelvas**)
	vuelve	volvía	volvió	volverá	volvería	**vuelva**	volviera	**vuelva** Ud.
Participles:	volvemos	volvíamos	volvimos	volveremos	volveríamos	volvamos	volviéramos	volvamos
volviendo	volvéis	volvíais	volvisteis	volveréis	volveríais	volváis	volvierais	volved (no **volváis**)
vuelto	**vuelven**	volvían	volvieron	volverán	volverían	**vuelvan**	volvieran	**vuelvan** Uds.

Verbs with spelling changes only

	INDICATIVE					SUBJUNCTIVE		IMPERATIVE
Infinitive	**Present**	**Imperfect**	**Preterite**	**Future**	**Conditional**	**Present**	**Past**	
35 conocer	**conozco**	conocía	conocí	conoceré	conocería	**conozca**	conociera	
(c:zc)	conoces	conocías	conociste	conocerás	conocerías	**conozcas**	conocieras	conoce tú (no **conozcas**)
	conoce	conocía	conoció	conocerá	conocería	**conozca**	conociera	**conozca** Ud.
Participles:	conocemos	conocíamos	conocimos	conoceremos	conoceríamos	**conozcamos**	conociéramos	**conozcamos**
conociendo	conocéis	conocíais	conocisteis	conoceréis	conoceríais	**conozcáis**	conocierais	conoced (no **conozcáis**)
conocido	conocen	conocían	conocieron	conocerán	conocerían	**conozcan**	conocieran	**conozcan** Uds.
36 creer (y)	creo	creía	**creí**	creeré	creería	crea	**creyera**	
	crees	creías	**creíste**	creerás	creerías	creas	**creyeras**	cree tú (no creas)
Participles:	cree	creía	**creyó**	creerá	creería	crea	**creyera**	crea Ud.
creyendo	creemos	creíamos	**creímos**	creeremos	creeríamos	creamos	**creyéramos**	creamos
creído	creéis	creíais	**creísteis**	creeréis	creeríais	creáis	**creyerais**	creed (no creáis)
	creen	creían	**creyeron**	creerán	creerían	crean	**creyeran**	crean Uds.
37 cruzar (c)	cruzo	cruzaba	**crucé**	cruzaré	cruzaría	**cruce**	cruzara	
	cruzas	cruzabas	cruzaste	cruzarás	cruzarías	**cruces**	cruzaras	cruza tú (no **cruces**)
Participles:	cruza	cruzaba	cruzó	cruzará	cruzaría	**cruce**	cruzara	**cruce** Ud.
cruzando	cruzamos	cruzábamos	cruzamos	cruzaremos	cruzaríamos	**crucemos**	cruzáramos	**crucemos**
cruzado	cruzáis	cruzabais	cruzasteis	cruzaréis	cruzaríais	**crucéis**	cruzarais	cruzad (no **crucéis**)
	cruzan	cruzaban	cruzaron	cruzarán	cruzarían	**crucen**	cruzaran	**crucen** Uds.
38 destruir (y)	**destruyo**	destruía	destruí	destruiré	destruiría	**destruya**	**destruyera**	
	destruyes	destruías	destruiste	destruirás	destruirías	**destruyas**	**destruyeras**	**destruye** tú (no **destruyas**)
Participles:	**destruye**	destruía	**destruyó**	destruirá	destruiría	**destruya**	**destruyera**	**destruya** Ud.
destruyendo	destruimos	destruíamos	destruimos	destruiremos	destruiríamos	**destruyamos**	**destruyéramos**	**destruyamos**
destruido	destruís	destruíais	destruisteis	destruiréis	destruiríais	**destruyáis**	**destruyerais**	destruid (no **destruyáis**)
	destruyen	destruían	**destruyeron**	destruirán	destruirían	**destruyan**	**destruyeran**	**destruyan** Uds.
39 enviar	**envío**	enviaba	envié	enviaré	enviaría	**envíe**	enviara	
(envío)	**envías**	enviabas	enviaste	enviarás	enviarías	**envíes**	enviaras	**envía** tú (no **envíes**)
	envía	enviaba	envió	enviará	enviaría	**envíe**	enviara	**envíe** Ud.
Participles:	enviamos	enviábamos	enviamos	enviaremos	enviaríamos	**enviemos**	enviáramos	enviemos
enviando	enviáis	enviabais	enviasteis	enviaréis	enviaríais	**enviéis**	enviarais	enviad (no **enviéis**)
enviado	**envían**	enviaban	enviaron	enviarán	enviarían	**envíen**	enviaran	**envíen** Uds.

	Infinitive	INDICATIVE Present	Imperfect	Preterite	Future	Conditional	SUBJUNCTIVE Present	Past	IMPERATIVE
40	graduarse (gradúo) **Participles:** graduando graduado	gradúo gradúas gradúa graduamos graduáis gradúan	graduaba graduabas graduaba graduábamos graduabais graduaban	gradué graduaste graduó graduamos graduasteis graduaron	graduaré graduarás graduará graduaremos graduaréis graduarán	graduaría graduarías graduaría graduaríamos graduaríais graduarían	gradúe gradúes gradúe graduemos graduéis gradúen	graduara graduaras graduara graduáramos graduarais graduaran	gradúa tú (no gradúes) gradúe Ud. graduemos graduad (no graduéis) gradúen Uds.
41	llegar (gu) **Participles:** llegando llegado	llego llegas llega llegamos llegáis llegan	llegaba llegabas llegaba llegábamos llegabais llegaban	**llegué** llegaste llegó llegamos llegasteis llegaron	llegaré llegarás llegará llegaremos llegaréis llegarán	llegaría llegarías llegaría llegaríamos llegaríais llegarían	**llegue** **llegues** **llegue** **lleguemos** **lleguéis** **lleguen**	llegara llegaras llegara llegáramos llegarais llegaran	llega tú (no **llegues**) **llegue** Ud. **lleguemos** llegad (no **lleguéis**) **lleguen** Uds.
42	proteger (j) **Participles:** protegiendo protegido	**protejo** proteges protege protegemos protegéis protegen	protegía protegías protegía protegíamos protegíais protegían	protegí protegiste protegió protegimos protegisteis protegieron	protegeré protegerás protegerá protegeremos protegeréis protegerán	protegería protegerías protegería protegeríamos protegeríais protegerían	**proteja** **protejas** **proteja** **protejamos** **protejáis** **protejan**	protegiera protegieras protegiera protegiéramos protegierais protegieran	protege tú (no **protejas**) **proteja** Ud. **protejamos** proteged (no **protejáis**) **protejan** Uds.
43	tocar (qu) **Participles:** tocando tocado	toco tocas toca tocamos tocáis tocan	tocaba tocabas tocaba tocábamos tocabais tocaban	**toqué** tocaste tocó tocamos tocasteis tocaron	tocaré tocará tocarás tocaremos tocaréis tocarán	tocaría tocarías tocaría tocaríamos tocaríais tocarían	**toque** **toques** **toque** **toquemos** **toquéis** **toquen**	tocara tocaras tocara tocáramos tocarais tocaran	toca tú (no **toques**) **toque** Ud. **toquemos** tocad (no **toquéis**) **toquen** Uds.

Guide to Vocabulary

Active vocabulary

This glossary contains the words and expressions presented as active vocabulary in **VENTANAS.** A numeral following the entry indicates the lesson of **VENTANAS: Lengua** where the word or expression was introduced. The abbreviation *Lect.* plus lesson number indicates words and expressions introduced in **VENTANAS: Lecturas.**

Abbreviations used in this glossary

adj.	adjective	*fam.*	familiar	*prep.*	preposition
adv.	adverb	*form.*	formal	*pron.*	pronoun
conj.	conjunction	*m.*	masculine	*sing.*	singular
f.	feminine	*pl.*	plural	*v.*	verb

Note on alphabetization

In the Spanish alphabet **ñ** is a separate letter following **n.** Therefore in this glossary you will find that number **añadir** follows **anuncio.**

Spanish-English

A

abadesa *f.* abbess (Lect. 4)
abrir(se) *v.* to open; **abrirse paso** to make one's way 9
abrocharse *v.* to fasten 4; **abrocharse el cinturón de seguridad** to fasten one's seatbelt 4
abogado/a *m., f.* lawyer 7
aburrir *v.* to bore 2
aburrirse *v.* to be bored; to get bored 2
acá *adv.* here
acantilado *m.* cliff 6
acariciar *v.* to caress 10 (Lect. 10)
accidente *m.* accident 4
acción *f.* stock 7
acercarse (c:qu) (a) *v.* to approach 2
acoger (g:j) *v.* to welcome; to take in; to receive 9 (Lect. 9)
acogido/a *adj.* taken in; received; **bien acogido/a** *adj.* received favorably 7
aconsejar *v.* to advise; to suggest; **Le aconsejo que vaya a casa.** I advise you to go home. (*form.*) 5; **Te aconsejo que vayas a casa.** I advise you to go home. (*fam.*) 5
acontecimiento *m.* event (Lect. 4)
acordar (o:ue) *v.* to agree (Lect. 4);
acordarse (de) *v.* to remember 2
acostarse (o:ue) *v.* to go to bed 2
acostrumbrado/a *adj.* accustomed to 5; **estar acostumbrado/a a** to be used to 5 (Lect. 5)
acto: en el acto immediately; on the spot 3
actor *m.* actor 9

actriz *f.* actress 9
actualidad *f.* current affairs 9
actualizado/a *adj.* updated 9; **estar actualizado/a** to be up-to-date 9
actualmente *adv.* currently 7
acuarela *f.* watercolor 10
acudir (a) *v.* to come to the aid of (Lect. 8)
adelgazar (z:c) *v.* to lose weight 5
adivinar *v.* to guess (Lect. 3)
administrar *v.* to manage 7
admirar *v.* to admire 4
ADN (ácido desoxirribonucleico) *m.* DNA (deoxyribonucleic acid) 11
adorar *v.* to adore 1
aduana *f.* customs 4
afeitarse *v.* to shave 2
afición *f.* love, liking, hobby 2
aficionado/a *adj.* be a fan of 2
afligirse *v.* to get upset (Lect. 3)
afortunado/a *adj.* lucky 8
agarrar *v.* to grab, to hold fast 3
agente *m., f.* agent; officer 4; **agente de aduanas** customs agent 4
agitar *v.* to wave 2 (Lect. 2)
agobiado/a *adj.* overwhelmed 1
agradecimiento *m.* gratitude 8
águila *m.* eagle 6
agujero *m.* hole 11; **agujero en la capa de ozono** the hole in the ozone layer 11; **agujero negro** black hole 11
agujerito *m.* small hole 11 (Lect. 11)
ahogarse (g:gu) *v.* to smother, to drown 10 (Lect. 10)
ahorrar *v.* to save 7
ahorros *m.* savings 7
aire libre (al) outdoors 6
aislado/a *adj.* isolated 12 (Lect. 12)
aislamiento *m.* isolation 5 (Lect. 5)
ajedrez *m.* chess 2
ajeno/a *adj.* somebody else's 3

ala *m.* wing 6
alcalde/alcaldesa *m., f.* mayor 8
alcance *m.* reach; range 10; **al alcance de** within reach 10 (Lect. 10)
alcanzar (z:c) *v.* to reach; to achieve; to succeed in 4 (Lect. 4)
aldea *f.* small village 12
alejado/a *adj.* distant (Lect. 4)
alejarse *v.* to move away (Lect. 7)
alimentación *f.* diet, nutrition 5
allá *adv.* there
alma (el) *f.* soul 6 (Lect. 1)
alojarse *v.* to lodge; to stay at 4
alrededores *m., pl.* outskirts 12
alterar *v.* to modify; to alter 11
altoparlante *m.* loudspeaker (Lect. 8)
alumbrado/a *adj.* lit 11
amable *adj.* nice, kind; **Si es tan amable, déme una firma por favor.** Be (*form. sing.*) so kind as to sign here, please. 11
amado *adj.* the loved one, sweetheart (Lect. 1)
amar *v.* to love (Lect. 1)
amanecer *m.* sunrise; morning (Lect. 8)
amarrar *v.* to tie (Lect. 7)
ambos/as *pron., adj.* both (Lect. 11)
amenaza *f.* menace 3 (Lect. 3)
amor *m.* love 1; **amor (no) correspondido** (un)requited love 1
amueblado/a *adj.* furnished 3
anciano/a *adj.* elderly 10
anciano/a *m., f.* elderly gentleman; elderly lady (Lect. 10)
andar *v.* to walk 3; **andar** + *pres. participle* to be (doing something) 3
angustioso/a *adj.* distressing (Lect. 11)

animar *v.* to cheer up; to encourage; **¡Anímate!** Cheer up! (*sing.*) **2**; **¡Anímense!** Cheer up! (*pl.*) **2**

ánimo *m.* spirit **1**

anorexia *f.* anorexia **5**

ansia *f.* anxiety **1**

ansioso/a *adj.* anxious **1**

antemano: **de antemano** beforehand **4** (Lect. 4)

antena *f.* antenna **11**; **antena parabólica** satellite dish **11**

antes que nada first and foremost (Lect. 11)

antigüedad *f.* antiquity; ancient times **10** (Lect. 10)

antiguo/a *adj.* antique **10**

antipático/a *adj.* mean, unpleasant **1**

anuncio *m.* advertisement; announcement **9**

añadir *v.* to add (Lect. 7)

apagar (g:gu) *v.* to turn off **3**

apenas *adv.* hardly; scarcely **3**

aplaudir *v.* to applaud **2**

aportación *f.* contribution **8**

apostar (o:ue) *v.* to bet **2**

apoyarse (en) *v.* to lean (on) **3**

apreciado/a *adj.* appreciated, valued **1**

apreciar *v.* to appreciate **1**

aprendizaje *m.* learning; training period (Lect. 4)

aprobación *f.* approval **9**

aprobar (o:ue) *v.* to approve; to pass (a class); **aprobar una ley** to approve a law; to pass a law **8**

aprovechar *v.* to make good use of, to take advantage of **2**

apuesta *f.* bet **2**

apuro *m.* fix, jam; rush; **tener apuro** to be in a hurry; to be in a rush (Lect. 7)

araña *f.* spider **6**

árbitro *m.* referee **2**

árbol *m.* tree **6**

archivo *m.* file **7**

argumento *m.* plot **10**

argüende *m.* gossip (Lect. 9)

arma *m.* weapon **11**

armado/a *adj.* armed **12**

arqueología *f.* archaeology **12**

arqueólogo/a *m., f.* archaeologist **7**

arrancar (c:qu) *v.* to start (a car) **9** (Lect. 9)

arrastrar *v.* to drag (Lect. 7)

arreglarse *v.* to get ready **3**

arrepentirse (e:ie) (de) *v.* to repent (of) **2**

arriesgado/a *adj.* risky **4** (Lect. 6)

arriesgar (g:gu) *v.* to risk **6** (Lect. 6)

arriesgarse (g:gu) *v.* to risk, to take a risk **8**

arroyo *m.* stream **10** (Lect. 10)

arruga *f.* wrinkle **7**

ascender *v.* to rise; to be promoted **7**

asco *m.* nausea; revulsion (Lect. 11)

asegurar *v.* to assure; to guarantee (Lect. 3)

asegurarse *v.* to make sure **3** (Lect. 3)

aseo *m.* cleanliness; hygene **3**; **aseo personal** *m.* personal hygene **3**

así *adv.* like this; so **3**

asiento *m.* seat **2** (Lect. 3)

asomarse *v.* to show one's face (at a window or door) (Lect. 7)

asombrar *v.* to amaze (Lect. 3)

asombrarse *v.* to be astonished **3**

asombro *m.* amazement; astonishment **3**

asombroso/a *adj.* astonishing **3**

aspecto *m.* appearance **5**; **tener buen aspecto** to look okay **5**; **tener mal aspecto** to look ill **5**

aspirina *f.* aspirin **5**

astronauta *m., f.* astronaut **11**

asunto *m.* matter, topic **3** (Lect. 6)

asustado/a *adj.* startled **7** (Lect. 7)

atar *v.* to tie (up) **8** (Lect. 8)

ateísmo *m.* atheism **8**

aterrizar (z:c) *v.* to land (an airplane) **11**

atleta *m., f.* athelete **2**

atletismo *m.* track-and-field events **2**

atracción *f.* attraction **1**

atraer *v.* to attract **1**

atrapar *v.* to catch, to trap **6** (Lect. 12)

atreverse (a) *v.* to dare (to) **2**

atropellar *v.* to run over (Lect. 7)

audiencia *f.* audience (television) **9**

aumento *m.* increase; **aumento de sueldo** raise in salary **7**

ausente *adj.* absent (Lect. 11)

auténtico/a *adj.* real; genuine **3**

autoestima *f.* self-esteem **5**

autoritario/a *adj.* authoritarian, stern **1**

autorretrato *m.* self-portrait **10**

auxiliar de vuelo *m., f.* flight attendant **4**

auxilio *m.* help; **primeros auxilios** first aid **5**

avance *m.* advance **11**; **avance tecnológico** technological progress; technological advancement **11**

avanzado/a *adj.* advanced **11**

avaro/a *m., f.* miser (Lect. 7)

aventura *f.* adventure **4**

aventurero/a *m., f.* adventurer **4**

avergonzado/a *adj.* ashamed; embarassed (Lect. 12)

averiguar *v.* to find out; to check **3** (Lect. 1)

avisar *v.* to inform; to warn **8**

aviso *m.* notice; warning **4**

azar *m.* (random) chance **10** (Lect. 10)

B

bahía *f.* bay **6**

bailar *v.* to dance **2**

bailarín, bailarina *m., f.* dancer **10**

bajar *v.* to lower **9**; **bajar un archivo** download a file **9**

balcón *m.* balcony **3**

bancario/a *adj.* banking **7**

banda sonora *f.* soundtrack **9**

bandera *f.* flag **2** (Lect. 2)

bañarse *v.* to take a bath **2**

bar *m.* bar **2**

barato/a *adj.* cheap **3**

barrer *v.* to sweep **3**

barrio *m.* neighborhood **12** (Lect. 4)

bastante *adj., adv.* enough, sufficiently; rather **3**

batalla *f.* battle **8** (Lect. 8)

bautismo *m.* baptism **8** (Lect. 8)

beneficios *m. pl.* benefits (Lect. 11)

besar *v.* kiss (Lect. 1)

bien acogido/a *adj.* well received **7**

bienestar *m.* well-being **1**

bienvenida *f.* welcome **4**

billar *m.* pool **2**

bioquímica *f.* biochemistry **11**

boleto *m.* admission ticket **2**

boliche *m.* bowling **2**

bolsa *f.* bag; sack; stock market; **bolsa de valores** stock market **7**

bondad *f.* goodness **¿Tendría usted la bondad de** + *inf.*...? Could you please . . . ? (*form.*) **6**; **¿Tendrías la bondad de** + *inf.*...? Could you please . . . ? (*fam.*) **6**; **Tenga la bondad de firmar aquí, por favor.** Be (*form. sing.*) so kind as to sign here please. **11**

bordo: **a bordo** on board **4**

borrar *v.* to delete; to erase **11**

bosque *m.* forest **6**

bostezar (z:c) *v.* to yawn **3**

botar *v.* to throw away (Lect. 3)

bravo/a *adj.* wild, untamed **6**

brindar *v.* to make a toast **2**; **Brindemos por nuestro éxito.** Let's toast our success. **7**; **Brindo por nuestra revista.** A toast for our magazine. **7**

broma *f.* joke (Lect. 1)

bromear *v.* to joke **5** (Lect. 5)

buceo *m.* scuba-diving **4**

Buen provecho. Enjoy your meal. **6**

bueno/a *adj.* good; **¿Sería tan bueno/a de poner la caja aquí?** Would you be so nice as to put the box here? 11; **¿Sería usted tan bueno/a para** + *inf....*? Would you be so good as to . . . ? (*form.*) 6; **¿Serías tan bueno/a para** + *inf....*? Would you be so good as to . . . ?. (*fam.*) 6; **estar bueno** to (still) be good (i.e. fresh) 5; **ser bueno** to be good (by nature)

búfalo *m.* buffalo 6

burla *f.* mockery (Lect. 7)

burlarse (de) *v.* to make fun of 5 (Lect. 5)

burocracia *f.* bureaucracy 7

buscador *m.* (web) browser; search engine 9

búsqueda *f.* search (Lect. 12)

buzón *m.* mailbox 3

C

caber (*irreg.*) *v.* to fit; **no caber duda** to be no doubt 9 (Lect. 9)

cabo *m.* cape (geography) 6; end (rope, string); **al fin y al cabo** sooner or later, after all 8 (Lect. 6); **llevar a cabo** to carry out (an activity) 4 (Lect. 4)

cabra *f.* goat 6

cadena de televisión *f.* televisión network 2 (Lect. 2)

caducar *v.* to expire 11

caer (*irreg.*) *v.* to fall; **caer bien/mal** to (not) get along well with; to (not) suit 2

caja *f.* box 3; **caja de herramientas** toolbox 3

cajero/a *m., f.* cashier 3

calentamiento global *m.* global warming 6

calentar (e:ie) *v.* to warm up 3

calidad *f.* quality 7

callado/a *adj.* quiet, silent 5

callarse *v.* to be quiet, silent 5 (Lect. 5)

calmantes *m., pl.* painkillers, tranquilizers 5

calmarse *v.* to calm down; to relax; **Cálmate, por favor.** Relax, please. (*fam.*) 4; **Cálmese, por favor.** Relax, please. (*form.*) 4

calzoncillos *m. pl.* underwear (men's) 7

camarero/a *m., f.* waiter, waitress 4

cambiar *v.* to change; **cambiar su estilo de vida** to change one's lifestyle 5

cambio *m.* change; **a cambio de** in exchange for 9 (Lect. 9); **cambio político** *m.* political change 12

camerino *m.* dressing room 9

campaña *f.* campaign 8

campeón, campeona *m., f.* champion 2

canal *m.* canal; channel; **canal de televisión** television channel, television station 2 (Lect. 2)

cancelar *v.* to cancel 4

cáncer *m.* cancer 5

candidato/a *m., f.* candidate 8

cansancio *m.* fatigue; tiredness 3

cansarse *v.* to become tired 3

cantante *m., f.* singer 2 (Lect. 2)

capa *f.* layer 11; **capa de ozono** ozone layer 6

capitán *m.* captain 4

capítulo *m.* chapter 10

caracterización *f.* characterization 10

cargo *m.* position; post; **estar a cargo de** to be in charge of 1

cariño *m.* affection, fondness 1

cariñoso/a *adj.* affectionate 1

carne *f.* meat; flesh; **uña y carne** inseparable 1

casi *adv.* almost 3

castigo *m.* punishment 10 (Lect. 10)

casualidad *f.* chance; **por casualidad** by chance 3

catástrofe *f.* catastrophe; disaster; **catástrofe natural** natural disaster 6

caudillo *m.* leader 12

causa *f.* cause; **a causa de** because of 10 (Lect. 10)

celda *f.* cell 10

celebrar *v.* to celebrate 2

célebre *adj.* famous 10

celos *m. pl.* jealousy; **tener celos de** to be jealous of 1

célula *f.* cell 11

censura *f.* censorship 9

centavo *m.* cent 4

centro comercial *m.* mall 3

cepillarse *v.* to brush 2

cerdo *m.* pig 6

cerro *m.* hill (Lect. 4)

certeza *f.* certainty (Lect.6)

chancho *m.* pig 6

chisme *m.* gossip 9

chiste *m.* joke 2

choque *m.* crash, collision 4 (Lect. 3)

chulo/a *adj.* pretty (Lect. 9)

cicatriz *f.* scar 8

ciencia ficción *f.* science fiction 11

científico/a *m., f.* scientist 11

cierto/a *adj.* certain, sure; **¡Cierto!** Sure! 3; **No es cierto.** That's not so. 3

cine *m.* movie theater, cinema 2

cinturón *m.* belt 4; **cinturón de seguridad** seatbelt 4

circo *m.* circus 2

cirugía *f.* surgery 5

cirujano/a *m., f.* surgeon 5

cita *f.* date 1; quotation 10; **cita a ciegas** *f.* blind date 1

ciudadano/a *m., f.* citizen 8

civilizado/a *adj.* civilized 12

civilización *f.* civilization 12

clima *m.* climate 6

clonar *v.* to clone 11

club *m.* club; **club nocturno/deportivo** night/sports club 2

cobrar *v.* to charge; to receive 7

cocinar *v.* to cook 3

cocinero/a *m., f.* chef 7

codo *m.* elbow (Lect. 5)

coger (g:j) *v.* to take; to grasp (Lect. 5)

cohete *m.* rocket 11

cola *f.* tail 6

coleccionar *v.* to collect 2

coleccionista *m., f.* collector 2

colgar (o:ue) (g:gu) *v.* to hang (up) 3 (Lect. 7)

colina *f.* hill 6

colocar *v.* to place; to put in place 2 (Lect. 2)

colonia *f.* colony 12

colonizar *v.* to colonize; to settle 12

colores *m., pl.* colors; **de colores (muy) vivos** colorful 10

combatiente *m., f.* combatant (Lect. 8)

combustible *m.* fuel; **combustible fósil** *m.* fossil fuel 11

comerciante *m., f.* storekeeper; trader 7

comercio *m.* commerce, trade 7

comerse *v.* to eat up 2

comestible *adj.* edible; **planta comestible** *f.* the edible plant 6

cómo *adv.* how; **¡Cómo no!** Of course! 3; **¿Cómo que son caras/os?** What do you mean they're expensive? 10; **¿Cómo que son feas/os?** What do you mean they're ugly? 10

compañía *f.* company 7

completo/a *adj.* complete; filled up; **El hotel está completo.** The hotel is filled. 4

compositor(a) *m., f.* composer 10

compra *f.* purchase; **ir de compras** to go shopping 3

comprobar (o:ue) *v.* to check; to verify; to test 11 (Lect. 5)

compromiso *m.* commitment, responsibility 1

computación *f.* computer science 11

conciencia *f.* conscience 8

concierto *m.* concert 2

conductor(a) *m., f.* announcer 9

conejo *m.* rabbit 6

conferencia *f.* conference 7

confesar (e:ie) *v.* to confess 8

confianza *f.* confidence, trust 1

confundido/a *adj.* confused; **Creo que están confundidos.** I believe you (pl.) are confused. 9; **Creo**

que estás confundido/a. I believe you (*sing. fam.*) are confused. 9; **Creo que usted está confundido/a.** I believe you (*sing. form.*) are confused. 9

confundir (con) *v.* to confuse (with) 8

congelado/a *adj.* frozen 3

congelar *v.* to freeze 3

congeniar *v.* to get along 5

congestionamiento *m.* traffic jam 4

congestionado/a *adj.* congested 4

conjunto *m.* collection; **conjunto musical** musical group, band 2

conmovedor(a) *adj.* moving 10

conocimiento *m.* knowledge 12

conquista *f.* conquest 12

conquistador(a) *m., f.* conqueror 12

conquistar *v.* to conquer 12

conservador(a) *adj.* conservative 8; *m., f.* curator 10

considerar *v.* to consider; **Considero que es horrible.** In my opinion, it's horrible. 10

consiguiente *adj.* resulting; consequent; **por consiguiente** consequently; as a result 10

consulta *f.* appointment (with doctor) 5

consultar *v.* consult 5

consultorio *m.* doctor's office 5

consumo *m.* consumption 6; **consumo de energía** energy consumption 6

contador(a) *m., f.* accountant 7

contagiarse *v.* to become infected; to catch 5

contaminación *f.* pollution 6

contar (o:ue) *v.* to count; contar con to count on (Lect. 9); to tell 2

contemporáneo/a *adj.* contemporary 10

contentarse con *v.* to be content with 1

continuación *f.* the sequel 10

contratar *v.* to hire, to contract (Lect. 4)

contrato *m.* contract 7

contribuir *v.* to contribute 6

control remoto *m.* remote control 11

convertirse (en) (e:ie) *v.* to become 2

copa *m.* (drinking) glass; goblet; **Copa del Mundo** World Cup 2; ir **de copas** to go have a drink 2

coquetear *v.* to flirt 1

coraje *m.* courage 12

corazón *m.* heart (Lect. 1)

cordial *adj.* cordial 2

cordillera *f.* mountain range 6

coro *m.* choir; chorus 2

corrector ortográfico *m.* spell check

11

corresponder *v.* to return, to share affection 1

correspondido/a *adj.* returned; **amor (no) correspondido** (un)requited love 1

corriente *f.* current 6; trend 10

corrupción *f.* corruption 7

corte *m.* cut; **de corte ejecutivo** of an executive kind; of an executive nature 7

corto *m.* short film 9 (Lect. 1)

cortometraje *m.* short film 9 (Lect. 1)

cosecha *f.* harvest (Lect. 8)

costa *f.* the coast 6

costoso/a *adj.* costly, expensive 3 (Lect. 1)

costumbre *f.* custom, habit; **de costumbre** usually 3

cotidiano/a *adj.* everyday 3

creatividad *f.* creativity 10

crecimiento *m.* growth 7

creencia *f.* belief 8

creer (en) (y) *v.* to believe (in) 8; **No creas.** Don't you believe it. 3

creyente *m., f.* believer 8

criar *v.* to raise; **haber criado** have raised 1

criollo/a *adj.* Creole 12; **cocina criolla** national cuisine (i.e. Peruvian, Argentinian, etc.)

crisis *f.* crisis; **crisis económica** economic crisis 7

crítico/a *m., f.* critic; criticism; **crítico/a de cine** movie critic 9; **crítico/a** *adj.* critical 8

crónica *f.* column (newspaper); **crónica de sociedad** lifestyle section 9; **crónica deportiva** *f.* sports article 9

crucero *m.* cruise ship 4

cuadro *m.* painting 10

cuarentón/cuarentona *adj.* forty-year-old; in her/his forties 8

cucaracha *f.* cockroach 6

cuenta *f.* calculation, sum; bill; **tener en cuenta** to keep in mind 6 (Lect. 6); **cuenta corriente** checking account 7; **cuenta de ahorros** savings account 7

cuerpo *m.* body; **cuerpo y alma** heart and soul (Lect. 1)

cuesco *m.* pit (Lect. 5)

cueva *f.* cave 6

cuidado/a *adj.* cared for; **bien cuidado/a** *adj.* well-kept 4

cuidadoso/a *adj.* careful 1

cuidar *v.* to take care of 1

cuidarse *v.* to take care of oneself 3

cultivar *v.* to grow 6

culpa *f.* guilt (Lect. 1)

culto *m.* worship 8

culto/a *adj.* cultured 1; educated;

refined 12

cultura *f.* culture; **cultura popular** pop culture 9

cumbre *f.* peak, mountaintop, summit 6 (Lect. 6)

cumplir *v.* to complete; **cumplir con** to do one's duty toward 2 (Lect. 2)

cundir *v.* to grow (Lect. 11)

cura *m.* priest (Lect. 8)

curar(se) *v.* to cure 5

currículum vitae *m.* resumé 7

D

dar (*irreg.*) *v.* to give; **dar a** to look out upon (Lect. 4); **dar con alguien** to find (somebody) 9 (Lect. 9); **dar de comer** to feed (animals) 6; **dar el primer paso** to take the first step 1; **dar la vuelta (al mundo)** to turn around (the world) 9 (Lect. 7); **dar paso a** to give way to 9 (Lect. 9); **dar un paseo** take a stroll/walk 2; **dar una vuelta** to take a walk/stroll (Lect. 8); **dar asco** to be disgusting (Lect. 11)

darse (*irreg.*) *v.* to grow; to occur; **darse cuenta** to realize 2; **darse por vencido** to give up 3

dato *m.* piece of data; **dato histórico** *m.* historical data; fact 12

deber + *inf.* *v.* ought + *inf.;* **Deberá usted dejar algunas cosas.** You will have to leave some things behind. (*form.*) 4; **Deberás dejar algunas cosas.** You will have to leave some things behind. (*fam.*) 4

década *f.* decade 12

decir (*irreg.*) *v.* to say; **Diría que es bonita/o.** I'd say it is pretty. 10; **No diría que es tan horrible.** I wouldn't say it was that horrible. 10

dedicatoria *f.* dedication 8

dejar *v.* to leave, to stop, to dump (Lect. 1); **dejar de fumar** quit smoking 5; **¿Me dejas ver tu pasaporte?** May I see your passport? (*fam.*) 4; **Déjame ver tu pasaporte, por favor.** Let me see your passport, please. (*fam.*) 4

dejarse *v.* to neglect oneself 3

demás: los/las demás *pron.* others; other people (Lect. 3)

demasiado/a *adj., adv.* too; too much 7

democracia *f.* democracy 8

demorar *v.* to delay (Lect. 7)

dependencia *f.* dependence; **dependencia física y psíquica** *f.* physical and psychological dependence **5**

depresión *f.* depression **5**

deprimido/a *adj.* depressed **1**

derecho *m.* law; right; **derechos civiles** civil rights **8**; **derechos humanos** human rights **8** (Lect. 6)

derramar *v.* to spill (Lect. 7)

derribar *v.* to bring down **12**

derrotado/a *adj.* defeated **12**

derrotar *v.* to defeat **12**

desafiar *v.* to challenge (Lect. 6)

desafío *m.* challenge **11** (Lect. 4)

desalentado/a *adj.* discouraged (Lect. 12)

desanimarse *v.* to get discouraged (Lect. 3)

desánimo *m.* state of being discouraged **1**

desaparecer (c:sz) *v.* to disappear **6**

desarrollar *v.* develop **10**

desarrollo *m.* development **7**; **país en vías de desarrollo** developing country **12**

desatar *v.* to untie **8** (Lect. 8)

descansar *v.* to rest **5**

descargar (g:gu) *v.* to download **11**

descolgar (o:ue) (g:gu) *v.* to unhang; to take down (Lect. 7)

desconocido/a *m., f.* stranger **4**; *adj.* strange, unknown, unfamiliar (Lect. 4)

descubridor(a) *m., f.* discoverer **12**

descubrimiento *m.* discovery **11**

descubrir *v.* to discover; to uncover **11**

descuidado/a *adj.* unkempt; messy (Lect. 7); **estar descuidado/a** to be neglected **7**; **ser descuidado/a** to be careless **7**

desembarcar *v.* to disembark **4**

desempeñar *v.* to play; to perform; **desempeñar un papel** to play a role (in a play); to carry out **8**

desempleado/a *adj.* unemployed **7**

desempleo *m.* unemployment **7**

desenlace *m.* (plot) ending, outcome **10** (Lect. 1)

deseo *m.* desire; wish; **pedir un deseo** *v.* to make a wish **7** (Lect. 1)

desilusión *f.* disappointment **1**

desmayarse *v.* to faint **5**

desorden *m.* disorder, mess **11**

despacho *m.* office **9** (Lect. 9)

despedida *f.* farewell **4**

despedido/a *adj.* fired; dismissed **8**

despedir (e:ie) *v.* to fire **7**

despedirse (e:ie) *v.* to say goodbye (Lect. 4)

despertarse (e:ie) *v.* to wake up **2**

destacar (c:qu) *v.* to emphasize; to point out **9** (Lect. 9)

destino *m.* destination **4**

destrozar (z:c) *v.* to destroy **8** (Lect. 8)

detestar *v.* to detest **3**

deuda *f.* debt **7**

día *m.* day; al día up to date **7**; **estar al día con las noticias** to keep up with the news (Lect. 9)

diario *m.* daily (newspaper) **9**

dictadura *f.* dictatorship **8**

digestión *f.* digestion **5**

digno/a *adj.* worthy, dignified **12** (Lect. 12)

diluvio *m.* heavy rain **6**

dinero *m.* money **7**

Dios *m.* God **8**

diputado/a *m., f.* representative **8**

directo/a *adj.* direct **4**

director(a) *m., f.* director **9**

dirigir (g:j) *v.* to manage; to direct **7**

discoteca *f.* discotheque **2**

discriminación *f.* discrimination **8**

discriminado/a *adj.* discriminated **8**

discurso *m.* speech **8**

discutir *v.* to argue **1**

diseñar *v.* to design **10** (Lect. 7)

disfraz *m.* costume (Lect. 7)

disfrazado/a *adj.* disguised; in costume **4** (Lect. 4)

disfrutar (de) *v.* to make use (of); to enjoy **3**

disgustado/a *adj.* upset **1**

disgustar *v.* to upset **2**

disimular *v.* to hide, to conceal **1**

disminuir *v.* to decrease **5** (Lect. 5)

disponer (*irreg.*) **(de)** *v.* to have available (Lect. 11)

disponible *adj.* available (Lect. 11)

distinguido/a *adj.* honored **2**

distraído/a *adj.* distracted (Lect. 3)

divertido/a *adj.* fun **2**

divertirse (e:ie) *v.* to have fun; to enjoy oneself **2**; **¡Que se diviertan!** Have fun! (*pl.*) **2**; **¡Que te diviertas!** Have fun! (*sing.*) **2**

divorcio *m.* divorce **1**

doblada *adj.* dubbed **9**

doblaje *m.* dubbing (film) **9**

doblar *v.* to dub (film) **9**; to fold; to turn (a corner) (Lect. 5)

doble *m.* double (actor) **9**

documental *m.* documentary **9**

doler (o:ue) *v.* to hurt; to ache **2**

dominó *m.* dominoes **2**

dondequiera *adv.* wherever **5**

dormirse (o:ue) *v.* to go to sleep, to fall asleep **2**

dramaturgo(a) *m., f.* playwright **10**

ducharse *v.* to take a shower **2**

dueño/a *m., f.* owner **7**

E

echar *v.* to put, throw **3**; **echar un vistazo** *v.* to take a look **7**; **echar a correr** to take off running (Lect. 11)

Edad Media *f.* Middle Ages **12**

edición especial *f.* special edition (newspaper) **9**

educar (c:qu) *v.* to educate, inform **6**; to raise, to bring up **1**

efectivo *m.* cash; **dinero en efectivo** *m.* cash **3**

eficiente *adj.* efficient **11**

ejecutivo/a *m., f.* executive **7**; **de corte ejecutivo** of an executive nature **7**

ejército *m.* army **8** (Lect. 4)

electoral *adj.* electoral **8**

electrónico/a *adj.* electronic **11**

elegido/a *adj.* chosen; elected; **ser elegido/a** to be elected **8**

elegir (e:i) (g:gu) *v.* to vote for; to elect **8**; to choose **3**

embajador(a) *m., f.* ambassador **8**

embarcar (c:qu) *v.* to embark, to board **4**

emisión *f.* broadcast; transmission **9**; **emisión en vivo/directo** *f.* live transmission **9**

emisora *f.* (radio) station **9**

emitir *v.* to emit; to transmit; to broadcast **11**

empatar *v.* to tie (games) **2**

empeñarse en *v.* to strive to, to make an effort to (Lect. 7)

empeño *m.* determination; undertaking; effort **9** (Lect. 9)

empeorar *v.* to deteriorate, get worse **5**

emperador(a) *m., f.* emperor, empress **12**

empleado/a *m., f.* employee **7**

emprender *v.* to undertake; to embark on **3**

empresa *f.* company, firm, business **7**

empresario/a *m., f.* entrepreneur **7**

empujar *v.* to push (Lect. 3)

enamorado/a (de) *adj.* in love (with) **1**

enamorarse (de) *v.* to fall in love (with) **1**

encabezar *v.* lead **12**

encantar *v.* to like very much; to love (inanimate objects) **2**

encargado/a *m., f.* person in charge; **estar encargado/a de** to be in charge of **1**

encender (e:ie) *v.* to turn on **3**

encogerse (g:j) *v.* shrink; **encogerse de hombros** *v.* to shrug **7**

energía *f.* energy **6**; **energía nuclear** nuclear energy **11**

enérgico/a *adj.* energetic (Lect. 7)

enfermarse *v.* to get sick **5**
enfermedad *f.* disease; illness **5**
enfrentar *v.* to confront, face up to **4**
engañar *v.* to deceive; to trick **9**
engordar *v.* to gain weight **5**
enojo *m.* anger; annoyance **4**
enrojecer (c:sz) *v.* to blush; to turn red **1**
ensayar *v.* to try; to practice (Lect. 5)
ensayista *m.*, *f.* essayist **10**
ensayo *m.* essay; rehearsal **10**
enseñanza *f.* teaching; doctrine **12**
entenderse (e:ie) *v.* to understand each other **1**
enterarse (e:ie) **(de)** *v.* to find out (about) **2**
enterrar (e:ie) *v.* to bury **8** (Lect. 8)
entonces *adv.* then **3**; **en aquel entonces** at that time **3**
entrada *f.* admission ticket **2**
entrega *f.* delivery **9** (Lect. 9)
entrenador(a) *m.*, *f.* trainer **2**
entretenerse (*irreg.*) *v.* to amuse oneself **2**
entrevista de trabajo *f.* job interview **7**
eólico/a *adj.* related to the wind **11**; **energía eólica** wind energy; wind power **11**
episodio *m.* episode **9**; **episodio final** final episode
época *f.* era; period in time; epoch **12**
equipaje *m.* luggage (Lect. 11)
equipo *m.* team **2**
equivocarse *v.* to be mistaken; to make a mistake; **Creo que se equivocan.** I believe you (*pl.*) are mistaken. **9**; **Creo que te equivocas.** I believe you (*sing. fam.*) are mistaken. **9**; **Creo que usted se equivoca.** I believe you (*sing. form.*) are mistaken. **9**
erosión *f.* erosion **6**
esbozar *v.* to sketch **10**
esbozo *m.* outline; sketch **10**
escalada *f.* climb (mountain) (Lect. 6)
escalador(a) *m.*, *f.* climber **2**
escalera *f.* staircase **3**
escena *f.* scene **9**
escenario *m.* scenery; stage **2**
esclavitud *f.* slavery **12**
esclavizar *v.* to enslave **12**
esclavo/a *m.*, *f.* slave **12** (Lect. 12)
escoba *f.* broom **3**
escondidas: a escondidas secretly; clandestinely **3**
escultor(a) *m.*, *f.* sculptor **10**
escultura *f.* sculpture **10**
espacial *adj.* related to (outer) space; spacial **11**
espacio *m.* space **11**

espacioso/a *adj.* spacious **3**
espalda *f.* back; **a mis espaldas** behind my back **9**; **estar de espaldas a** to have one's back to (Lect. 6)
espantar *v.* to scare **8** (Lect. 8)
especialista *m.*, *f.* specialist **5**
especializado/a *adj.* specialized **11**
especie en peligro de extinción *f.* endangered species **6**
espectáculo *m.* show **2**
espera *f.* wait **4**
espiritual *adj.* spiritual **8**
estado de ánimo *m.* mood **5**
estar *v.* to be; **estar al día** to be up-to-date **7**; **estar bajo presión** *v.* to be under stress/pressure **7**; **estar al tanto** to be informed **9**
estatal *adj.* public; pertaining to the state **8**
estereotipo *m.* stereotype (Lect. 3)
estilo *m.* style **10**; **al estilo de…** in the style of . . . **10**
estrecho/a *adj.* narrow (Lect. 3)
estrella *f.* star; **estrella fugaz** *f.* shooting star **11**; **estrella** *f.* (movie) star (male or female) **9**
estreno *m.* premiere; debut **2**
estrofa *f.* stanza **10**
estudio *m.* studio **10**; **estudio de grabación** *m.* recording studio **9**
etapa *f.* stage; phase **10** (Lect. 10)
eterno/a *adj.* eternal **2**
ética *f.* ethics **11**
ético/a *adj.* ethical **11**; **poco ético/a** unethical **11**
etiqueta *f.* label; tag **7**
excitante *adj.* exciting **4**
excursionismo *m.* sightseeing **4**
exigir *v.* to require, to demand **5** (Lect. 5)
éxito *m.* success **7**
exótico/a *adj.* exotic **4**
experimentar *v.* to experience; to feel **3**; **experimentar con** to experiment on **11**
experimento *m.* experiment **11**
exploración *f.* exploration **12**
explorar *v.* to explore **4**
explotación *f.* exploitation (Lect. 6)
explotar *v.* exploit **6** (Lect. 6)
exportaciones *f.*, *pl.* exports **7**
exposición *f.* exhibition **10**
expulsar *v.* to expel **12**
extinguir *v.* to extinguish **6**
extraer *v.* to calculate, to extract **5**
extrañar *v.* to miss **4**; **extrañar a (alguien)** *v.* to miss (someone) **4**
extrañarse (de) *v.* to be surprised (at) **3**
extraterrestre *m.*, *f.*, *adj.* extraterrestial, alien **11**

F

fábrica *f.* factory **7**
fabricar (c:qu) *v.* to manufacture; to make **11**
facción *f.* feature (Lect. 3)
factor *m.* factor; **factores de riesgo** risk factors **5**
falda *f.* skirt (Lect. 7)
fallecer *v.* to die (Lect. 7)
falso/a *adj.* insincere **1**
faltar *v.* to lack; to need **2**
farándula *f.* entertainment **1**
fascinar *v.* to fascinate; to love (inanimate objects) **2**
fastidiar *v.* to annoy (Lect. 12)
favor *m.* favor; **¿Podría usted hacer el favor de cuidar mi pez?** Could you do me the favor of looking after my fish? (*form.*) **6**; **¿Podrías hacer el favor de tomar mis mensajes?** Could you do me the favor of taking my messages? (*fam.*) **6**
fe *f.* faith **8**
felicidad *f.* happiness; **¡Felicidades a todos!** Congratulations to all! **7**
feria *f.* fair **2**
festejar *v.* to celebrate **2** (Lect. 6)
festival *m.* festival **2**
fiabilidad *f.* reliability **7**
fijarse (en) *v.* to take notice (of) **2**
fijo/a *adj.* permanent; fixed **7**
fin *m.* end **8**; **al fin y al cabo** sooner or later, after all **8** (Lect. 6)
financiar *v.* to finance **7**
financiero/a *adj.* financial **7**
finanza(s) *f.* finance(s) **7**
firmar *v.* to sign **7**
físico/a *adj.* physical **5**
flexible *adj.* flexible **1**
foco *m.* lightbulb **3**
fondo *m.* bottom; **a fondo** *adv.* thoroughly **5**
forma *f.* form; shape; **buena/mala forma física** *f.* good/bad physical shape **5**
formular *v.* to formulate **11**
fortaleza *f.* strength **5** (Lect. 5)
frasco *m.* flask **11**
freír (e:i) (frío) *v.* to fry **3**
frontera *f.* frontier **4**
fuente *f.* fountain; source; **fuente de energía** energy source **6**
fuerza *f.* force; power; **fuerza de voluntad** will power **5**; **fuerza laboral** labor force **7**; **fuerzas armadas** *f.*, *pl.* armed forces **8**
función *f.* performance (movie; theater) **2**
funcionario/a *m.*, *f.* government employee **7**
futurístico/a *adj.* futuristic **11**

G

galería *f.* gallery 10
gallo *m.* rooster 6
gana *f.* desire; **sentir ganas de** to want to, to have an urge to; to feel like 3 (Lect. 3); **tener ganas de** to want to, to have an urge to 1
ganar *v.* to win 12; **ganarse la vida** to earn a living 7
ganga *f.* bargain 3
gen *m.* gene 11
generar *v.* to produce, generate 6
generoso/a *adj.* generous 1
genética *f.* genetics 11
gerente *m., f.* manager 7
gesto *m.* gesture (Lect. 11)
gimnasio *m.* gymnasium 2
gobernar *v.* to govern 8
golpear *v.* to strike; to knock on (Lect. 7)
gozar (z:c) **(de)** *v.* to enjoy 3
grabar *v.* to record 9
gracioso/a *adj.* funny, pleasant 1
gravedad *f.* gravity 11
gripe *m.* flu 5
grupo *m.* group; **grupo musical** *m.* musical group, band 2
guerra *f.* war 12; **guerra civil** civil war 12
guerrero *m., f.* warrior 8 (Lect. 8); *adj.* warlike 8
guinda *f.* morello cherry (Lect. 5)
guión *m.* script 10 (Lect. 4)
gusano *m.* worm 5
gustar *v.* to like, to enjoy 2; **¡No me gusta nada…!** I don't like . . . at all! 3
gusto *m.* taste; **con mucho gusto** gladly 2; **de buen/mal gusto** in good/bad taste 10

H

habilidad *f.* skill (Lect. 11)
hábilmente *adv.* skillfully 3
habitante *m., f.* inhabitant 12
hablar *v.* to speak; **Hablando de esto,…** Speaking of that, . . . 9
hacer (*irreg.*) *v.* to do; to make; **hacer algo a propósito** to do something on purpose 3; **hacer cola** to wait in line 2; **hacerle caso a alguien** to pay attention to someone 1; **hacerle daño a alguien** to hurt someone 6; **hacerle gracia a alguien** to be funny (to someone) 9 (Lect. 9); **hacerse daño** to injure oneself, to get hurt 5
hambriento/a *adj.* hungry 3
harto/a *adj.* tired; fed up (with) 8; **estar harto/a de** to be fed up with; to have had enough of (Lect. 12); **Estoy harto/a de…** I am fed up with… 3
hasta *adv.* until; **hasta la fecha** up until now (Lect. 9)
hazaña *f.* exploit; feat; accomplishment (Lect. 3)
hecho *m.* fact 8
helar (e:ie) *v.* to freeze 6
hembra *f.* female 6
heredar *v.* to inherit 11
herencia *f.* heritage; **herencia cultural** cultural heritage (Lect. 1)
herida *f.* injury 5
herido/a *adj.* injured 5
herir (e:ie) *v.* to wound; to hurt (Lect. 11)
herradura *f.* horseshoe 12
herramienta *f.* tool 11
hervir (e:ie) *v.* to boil 3
hierba *f.* grass 6
higiénico/a *adj.* hygienic 5
histórico/a *adj.* historical; factual; memorable 12
hogar *m.* home; fireplace 3 (Lect. 3)
hoguera *f.* campfire 6
hoja de vida *f.* résumé 7
hojear *v.* to skim 10
hombro *m.* shoulder; **encogerse de hombros** *v.* to shrug 7
hondo/a *adj.* deep 2 (Lect. 2)
hora *f.* hour; **a primera hora** at the crack of dawn 6
horario *m.* schedule 4
horas de visita *f., pl.* visiting hours 4
hormiga *f.* ant (Lect. 9)
hospedarse *v.* to stay, to lodge 4
hoyo *m.* hole (Lect. 7)
huelga *f.* strike 7
huella *f.* trace, mark (Lect. 7)
huerto *m.* orchard (Lect. 6)
huir *v.* to flee 12
hundir *v.* to sink, submerge 10 (Lect. 10)
huracán *m.* hurricane 6
huraño/a *adj.* unsociable, shy 1

I

iglesia *f.* church 8
igualdad *f.* equality 8
ilusión *f.* illusions, hopes 1
imagen *f.* image, picture 10
imaginación *f.* imagination 10
imparcial *adj.* impartial; unbiased; **ser imparcial** to be unbiased 9
impedir (e:i) *v.* to prevent; to hinder 5 (Lect. 5)
imperio *m.* empire 12
importaciones *f., pl.* imports 7
importar *v.* to be important to; to matter 2
impresionar *v.* to impress 1
imprimir *v.* to print 9
improviso: de improviso *adv.* unexpectedly 3
impuesto *m.* tax; duty 4; **impuesto de ventas** *m.* sales tax 7; **pagar el impuesto de…** to pay duty on… 4
inclinar *v.* to bend (something) downward (Lect. 7); **inclinarse** *v.* to bend down 7 (Lect. 7)
incluido/a *adj.* inclusive 2
inconveniente *m.* trouble, difficulty 8 (Lect. 12); **Disculpa los inconvenientes, Jorge.** Pardon the problems, Jorge. (*fam.*) 8; **Disculpe los inconvientes, señora Zamora.** Pardon the problems, Mrs. Zamora. (*form.*) 8
índice *m.* index; **índice de audiencia** ratings 9
indígena *m., f.* native; indigenous 12
industria *f.* industry 7
infancia *f.* childhood (Lect. 1)
inflamado/a *adj.* inflamed 5
inflamarse *v.* to become inflamed 5
inflexible *adj.* inflexible 1
influyente *adj.* influential; **ser influyente** to be influential 9
informarse *v.* to get information 8
informática *f.* computing, computer science, technology 11 (Lect. 11)
ingeniero/a *m., f.* engineer 7
ingresar *v.* to enter; to enroll in; to become a member of (Lect. 5); **ingresar datos** to enter data 11
injusto/a *adj.* unjust; unfair 8
inmoral *adj.* immoral 8
inquietante *adj.* disturbing 10
inscribirse *v.* to register; to enroll 8
inseguro/a *adj.* insecure 1
insistir en *v.* to insist on; **Insisto en que usted vea a un doctor.** I insist that you see a doctor. (*form.*) 5; **Insisto en que veas a un doctor.** I insist that you go see a doctor. (*fam.*) 5
inspirado/a *adj.* inspired 10
inteligente *adj.* intelligent 1
interesar *v.* to be interesting to; to interest 2
Internet *m.* Internet 9
intrigante *adj.* intriguing 10
inundación *f.* flood 6
inundar *v.* to flood 6
inútil *adj.* useless 2
invadir *v.* to invade 12
invención *f.* invention 11
inventar *v.* to invent; to create 11
invento *m.* invention 11
inversión *f.* investment; **inversión extranjera** foreign investment 7
inversor(a) *m., f.* investor 7
investigar (g:gu) *v.* to research 11
ir (*irreg.*) *v.* to go; **¡Qué va!** Of course not! 3

irresponsable *adj.* irresponsible **1**
irse (*irreg.*) **(de)** *v.* to go away (from) **2**
isla *f.* island **4**
itinerario *m.* itinerary **4**

J

jarabe *m.* syrup
jaula *f.* cage **7** (Lect. 7)
jornada *f.* (work) day (Lect. 7)
jubilación *f.* retirement **7**
jubilarse *v.* to retire **7**
judío/a *m., f.* Jewish person (Lect. 6)
juez(a) *m., f.* judge **8**
juicio *m.* trial; judgment **8**
justo/a *adj.* just; fair **8**

L

laboratorio *m.* laboratory; **laboratorio espacial** *m.* space lab **11**
ladrillo *m.* brick (Lect. 7)
ladrón/ladrona *m., f.* thief **3**
lágrimas *f. pl.* tears (Lect. 1)
lanzar (z:c) *v.* to throw **4**; to launch **8** (Lect. 8)
largo/a *adj.* long; **a lo largo de** along; beside (Lect. 7); **largo plazo** long-term **12**
largometraje *m.* full length, feature film **9**
lastimar *v.* to injure **5**; **lastimarse** *v.* to hurt oneself **5**
lavarse *v.* to wash **2**
lector(a) *m., f.* reader **9**
león *m.* lion **6**
levantar *v.* to pick up **3**; **levantarse** *v.* to get up **2**
ley *f.* law **8**
liberal *adj.* liberal **8**
libertad *f.* freedom **8**
libre *adj.* free **8**
líder *m., f.* leader; **líder político/laboral** political/labor leader **8**
liderazgo *m.* leadership **8**
ligero/a *adj.* light, superficial **4** (Lect. 11)
limitar *v.* to border, to limit **12**
limpiar *v.* to clean **3**
limpieza *m.* cleaning **3**
llamativo/a *adj.* striking, bright **10**
llegada *f.* arrival **4**
llevar *v.* to carry; **llevar a cabo** to carry out (an activity) **4** (Lect. 4); **llevar… años de (casados)** to be (married) for . . . years **1**; **llevarse** *v.* to carry away **2**; **llevarse bien/mal** to get along well/poorly **1**
locura *f.* madness, insanity **5**

locutor(a) *m., f.* announcer **9**
lograr *v.* to attain; to achieve **3**
loro *m.* parrot **6**
lotería *f.* lottery **2**
lucha *f.* struggle; fight **8**
luchar *v.* to fight (Lect. 4); **luchar por** to fight (for) **12**
lugar *m.* place; **Estando yo en tu lugar,**… If I were you, . . . **9**
lujo *m.* luxury (Lect. 7); **de lujo** luxurious
lujoso/a *adj.* luxurious **4**
luminoso/a *adj.* bright **10**
luna *f.* moon; **luna llena** full moon **11**

M

macho *m.* male **6**
madera *f.* wood **10** (Lect. 10)
madre soltera *f.* single mother **1**
madrugador(a) *m., f.* early riser; **ser buen madrugador(a)** to be an early riser **5**
madrugar *v.* to get up early **5**
maduro/a *adj.* mature **1**
magia *f.* magic, allure (Lect. 1)
maldición *f.* curse **6**
malestar *m.* discomfort **5**
malgastar *v.* to waste **6**
malhumorado/a *adj.* ill tempered; in a bad mood **5** (Lect. 5)
manatial *m.* spring **4**
mancha *f.* stain **9** (Lect. 9)
manchar *v.* to stain **9** (Lect. 9)
manejar *v.* to drive **3**
mano de obra *f.* labor **7**
manta *f.* blanket (Lect. 7)
mantenerse (*irreg.*) *v.* to maintain oneself; to keep oneself; **mantenerse en contacto** *v.* to keep in touch **1**
manuscrito *m.* manuscript **10**
maquillarse *v.* to put on makeup **2**
maratón *m.* marathon **2**
marca *f.* brand **7**
marcar (c:qu) *v.* to mark; **marcar un gol/punto** *v.* to score a goal/point **2**
marcharse *v.* to leave: to walk away **4**
marco *m.* frame **4** (Lect. 4)
mareado/a *adj.* dizzy **5**
marido *m.* husband **1**
marinero *m.* sailor (Lect. 12)
mariposa *f.* butterfly **6**
más *adj., adv.* more; **más allá de** beyond **1**; **más bien** rather (Lect. 12)
masticar (c:qu) *v.* to chew **3** (Lect. 7)
matiz *m.* subtlety **9** (Lect. 9)
matrimonio *m.* marriage **1**
mayor de edad to be of age (Lect.

1)
mecánico/a *adj.* mechanical **11**
mecanismo *m.* mechanism **11**
medicina alternativa *f.* alternative medicine **5**
medida *v.* means; measure; **medidas de seguridad** *f. pl.* security measures **4**
medio *m.* half; middle; means; **medio ambiente** environment **6**; **medios de comunicación** media **9**
medir (e:i) *v.* to measure **3**
mejilla *m.* cheek (Lect. 10)
mejorar *v.* to improve **5**
mendigo/a *m., f.* stingy (Lect. 9); beggar (Lect. 12)
mentira *f.* lie **1**
mentiroso/a *adj.* lying **1**
menudo: a menudo *adv.* frequently; often **3**
mercadeo *m.* marketing **1**
mercado al aire libre *m.* open-air market **3**
mercancía *f.* merchandise **6** (Lect. 6)
merecer (c:sz) *v.* to deserve **8** (Lect. 7)
mesero/a *m., f.* waiter, waitress **4**
mestizo/a *m., f.* person of mixed race **12**
meta *f.* goal; finish line **2**
meterse *v.* to break in (to a conversation) (Lect. 1)
mezcla *f.* mixture **10** (Lect. 10)
mezquita *f.* mosque **8**
miedoso/a *adj.* frightened, scared **6**
milagro *m.* miracle **8**
ministro/a *m., f.* minister **8**; **ministro/a protestante** *m., f.* protestant minister **8**
minoría *f.* minority **8**
mirada *f.* look, glance, gaze **1**
mismo/a *adj.* same **1**; **Lo mismo digo yo.** The same here. **3**; **él/ella mismo/a** himself, herself **1**
mitad *f.* half **3**
modelo *m., f.* model (fashion) **10**
moderno/a *adj.* modern **1**
modificar (c:qu) *v.* to modify; to reform **7**
modo *m.* means; manner; **¡Ni modo!** No way! **3**
mojar *v.* to moisten (Lect. 8); **mojarse** *v.* to get wet **6**
molestar *v.* to bother; to annoy **2**
momento *m.* moment; **en el último momento** at the last moment **4**; **noticia de último momento** last-minute news **9**
monarca *m., f.* monarch **12**
monja *f.* nun (Lect. 4)
mono *m.* monkey **6**
moral *adj.* moral **8**
morder (o:ue) *v.* bite **6**
morirse (o:ue) de *v.* to die of **2**

mosca *f.* fly **6**
movimiento *m.* movement **10**
mudar *v.* to change **2**; **mudarse** *v.* to move (change residence) **2**
muebles *m. pl.* furniture **3**
muerte *f.* death **8**
muestra *f.* sample; example **8** (Lect. 12)
mujer *f.* woman; wife **1**
multa *f.* fine **4**
multinacional *f.* multinational company **7**
multitud *f.* crowd **8**
museo *m.* museum **4**
musulmán/musulmana *m., f.* Muslim person (Lect. 6)

N

narrador(a) *m., f.* narrator **10**
nativo/a *adj.* native **12**
naturaleza muerta *f.* still life **10**
nave *f.* ship; **nave espacial** *f.* spaceship **11**
navegar (g:gu) *v.* to sail, to navigate **4**; **navegar en Internet** to surf the web **9**
necio/a *adj.* stupid (Lect. 9)
negocio *m.* business (Lect. 5)
nervioso/a *adj.* nervous **1**
ni… ni… *conj.* neither . . . nor . . **9**
nido *m.* nest **6**
niebla *f.* fog **6**
nítido/a *adj.* sharp **10**
nivel *m.* level **3** (Lect. 6); **nivel del mar** *m.* sea level **6**
nombrar *v.* to name (Lect. 7)
nominación *f.* nomination **12**
nominado/a *adj.* nominee **12**
nota a pie de página *f.* footnote **10**
noticia *f.* news **9**
noticiero *m.* news program, news broadcast **9** (Lect. 3)

O

o… o… *conj.* either . . . or . . . **9**
obesidad *f.* obesity **5**
obra *f.* work; **obra de arte** work of art **10**; **obra de teatro** play (theater) **2**; **obra maestra** masterpiece **10**
obsequio *m.* gift **8**
ocio *m.* leisure **2**
ocurrírsele a alguien to occur to someone **7**
odiar *v.* to hate **3**
ofrecerse (a) *v.* to offer (to) **6**
ojeras *f. pl.* bags under the eyes **8**
ola *f.* wave (water) **4** (Lect. 4)
olimpiadas *f. pl.* olympics **2**
olvidarse (de) *v.* to forget (about) **2**
olvido *m.* forgetfulness, oblivion (Lect. 1)

onda *m.* wave (radio) **11**
operación *f.* operation **5**
operar *v.* to operate **11**
opinar *v.* to think **8**; to be of the opinion; **Opino que es fea/o.** In my opinion, it's ugly. **10**
oprimir *v.* to oppress **12**
orgulloso/a *adj.* proud **1**; **estar orgulloso/a de** to be proud of **1**
orilla *f.* shore **6**; **a orillas de** on the shore of **6**
ornamentado/a *adj.* ornate **10**
oso *m.* bear **6**
ovni (objeto volador no identificado) *m.* U.F.O. (unidentified flying object) **11**
oyente *m., f.* listener **9**

P

pacífico/a *adj.* peaceful **12**
padre soltero *m.* single father **1**
página *f.* page **9**
paisaje *m.* landscape **6**
palmera *f.* palm tree (Lect. 11)
palta (paltita) *f.* avocado (Lect. 5)
pantalla *f.* screen **9**; **pantalla de computadora** computer screen **9**; **pantalla de televisión** television screen **9**; **pantalla líquida** *f.* LCD screen **11**
papel *m.* role **8**
para *prep.* for; **Para mí,…** In my opinion, . . . **9**
paradoja *f.* paradox **10**
parcial *adj.* partial; biased **9**; **ser parcial** be biased **9**
parcialidad *f.* bias **9**
parecer (c:sz) *v.* to seem **1**; **A mi parecer,…** In my opinion, . . . **9**; **Al parecer, no le gustó.** It looks like he/she didn't like it. **6**; **Me parece hermosa/o.** I think it's pretty. **10**; **Me parece que no.** I don't think so. **10**; **Parece que está triste/contento.** It looks like he/she is sad/happy. **6**; **Me parece que sí/no.** I think so/I don't think so. **10**; **parecerse** *v.* to look like (Lect. 3)
pareja *f.* couple, partner **1**
parque *m.* park; **parque de atracciones** amusement park **2**
parte *f.* part; **de parte de** on behalf of **2**; **Por mi parte,…** As for me, . . . **9**
particular *adj.* private; personal; particular **9** (Lect. 9)
partido *m.* party; **partido político** political party **8**
pasajero/a *adj.* fleeting, passing **2**
pasar *v.* pass; to make pass (across, through, etc.); **pasar la aspiradora** to vacuum **3**; **pasarlo bien/mal** to

get along well/badly **1**; **pasarlo fatal** to be miserable, to have a bad time **1**
pasarse *v.* to go too far (Lect. 5)
paseo *m.* stroll **2**
paso *m.* passage; pass; step; **abrirse paso** to make way **9** (Lect. 9)
pastilla *f.* pill **5**
pasto *m.* grass (Lect. 5)
pata *f.* foot/leg of an animal **6**
patente *f.* patent **11**
paz *f.* peace **12**
pecado *m.* sin **8**
pececillo de colores *m.* goldfish **7**
pecho *m.* chest, breast **10** (Lect. 10)
pedir *v.* to ask; **pedir un deseo** *v.* make a wish **7**
pegar (g:gu) *v.* to stick **11**
peinarse *v.* to comb one's hair **2**
peldaño *m.* step (Lect. 3)
pelear *v.* to fight **12** (Lect. 12)
película *f.* film **9**
peligroso/a *adj.* dangerous **4**
pena *f.* pity; **¡Qué pena!** What a pity! **3**
pensión *f.* bed and breakfast inn **4**
pérdida *f.* loss (Lect. 6)
perdonar *v.* to forgive **8**; **Ha sido culpa mía. Perdóname.** It was my fault. Forgive me. (*fam.*) **8**; **Ha sido culpa mía. Perdóneme.** It was my fault. Forgive me. (*form.*) **8**; **Perdone que lo moleste, pero ¿puedo ver la foto?** Pardon the bother, but may I see the photo? (*form.*) **4**
perfeccionar *v.* to improve; to perfect **11**
periódico *m.* newspaper **9**
periodista *m., f.* journalist **7**
perjudicar (c:qu) *v.* damage, harm **6**
permanecer (c:zc) *v.* to remain; to stay **5** (Lect. 5)
permisivo/a *adj.* permissive, easy-going **1**
permiso *m.* permission; **Con permiso. ¿Puedo ver la foto?** Pardon me. May I see the photo? **4**; **Con permiso.** Pardon me. (Excuse me.) **4**
perseguir (e:i) *v.* to pursue (Lect. 3); to persecute **12**
personaje *m.* character; **personaje principal/secundario** main/secondary character **10**
pesadilla *f.* nightmare **3**
pesimista *m., f.* pessimist; **No sean pesimistas.** Don't be pessimistic. (*pl.*) **2**; **No seas pesimista.** Don't be pessimistic. (*sing.*) **2**
peso *m.* weight (Lect. 7)
picadura *f.* insect bite (Lect. 5)
picar (c:qu) *v.* sting, peck **6**;

picnic *m.* picnic **2**

pico *m.* peak, summit **6**

pieza *f.* piece (art) **10**

piloto *m., f.* pilot **4**

pincelada *f.* brush stroke **10**

pintor(a) *m., f.* painter **10**

pintura *f.* painting **10**; **pintura al óleo** *f.* oil painting **10**

plancha *f.* iron (Lect. 6)

planificar (c:qu) *v.* to plan (a project) (Lect. 6)

plantear *v.* to set out (an idea/project); to create; to cause **2**

poblador(a) *m., f.* settler; inhabitant of a town (Lect. 7)

poblar *v.* to populate **12**

poderoso/a *adj.* powerful **12**

política *f.* politics **8**

poner (*irreg.*) *v.* to put; **poner a prueba** to test; to challenge **11**; **poner cara (de hambriento/a)** to make a (hungry) face **5**; **poner un disco compacto** to put a CD on **2**; **poner una cara** to make a face (Lect. 4); **ponerle una inyección a uno** to give somebody a shot **5**; **ponerse** *v.* to put on (clothing) **2**; **ponerse el cinturón** to fasten the seatbelt **4**; **ponerse bien/mal** to get well/ill **5**; **ponerse de pie** to stand up **12**; **ponerse pesado/a** to get on someone's nerves, to become annoying **1**; **poner los cuernos** to cuckold (Lect. 11)

porquería *f.* garbage, poor quality **10**

portada *f.* front page **9**

portarse bien/mal *v.* to behave well/badly **5** (Lect. 5)

portátil *adj.* portable **11**

posible *adj.* possible; **en todo lo posible** in as much as possible **1**

pozo *m.* well (Lect. 6); **pozo petrolero** oil well

precolombino/a *adj.* pre-Columbian **10** (Lect. 10)

preguntarse *v.* to wonder **1**

premiar *v.* to give a prize **3**

premio *m.* prize **12** (Lect. 3)

prensa *f.* the press **9**; **prensa sensacionalista** sensacionalist press **9**

preocupado/a (por) *adj.* worried (about) **1**

preocupar *v.* to worry **2**; **preocuparse** (de) *v.* to worry (about) **2**; **No te preocupes.** Don't worry. (*fam.*) **4**; **No se preocupe usted.** Don't worry. (*form.*) **4**

presentador(a) de noticias *m., f.* news reporter **9**

presentarse como candidato/a *v.* to run for office **8**

presentir (e:ie) *v.* to foresee (Lect. 3)

presionar *v.* to pressure; to stress **7**

presupuesto *m.* budget **7**

prevenido/a *adj.* cautious (Lect. 7)

prevenir (*irreg.*) *v.* to prevent **5**

primeros auxilios *m. pl.* first aid **5**

privilegio *m.* privilege (Lect. 7)

prócer *m.* hero (Lect. 12)

profundo/a *adj.* deep **6**

programador(a) *m., f.* programmer **11**

prohibido/a *adj.* forbidden; prohibited **4**

promover (o:ue) *v.* to promote **6**

pronunciar *v.* to pronounce; **pronunciar un discurso** *v.* to give a speech **8**

propensión *f.* tendency **5** (Lect. 5)

propietario/a *m., f.* (property) owner (Lect. 11)

proponer (*irreg.*) *v.* to propose (Lect. 4); **proponer matrimonio** *v.* to propose (marriage) **1**

proporcionar *v.* to provide; to supply **3**

propósito *m.* purpose **3**

protagonista *m., f.* main character (Lect. 1)

proteger (g:j) *v.* to protect **6**

provecho *m.* benefit; **¡Buen provecho!** Enjoy your meal! **6**

proveniente (de) *adj.* originating (in); coming from **9** (Lect. 9)

provenir (*irreg.*) **(de)** *v.* to come from; to originate from **9** (Lect. 9)

proyecto *m.* project **7**; **proyecto de ley** bill **8**

prueba espacial *f.* space probe **11**

publicar (c:qu) *v.* to publish **9**

publicidad *f.* advertising **7**

público *m.* the public; audience **2**

pueblo *m.* people **8**

puesto *m.* position, job **7** (Lect. 12)

punto de vista *m.* point of view; **10**

puro/a *adj.* pure, clean **6**

quedar *v.* to be left over; to fit (clothing) **2**; **quedar sordo/a** to go deaf **5**; **quedarse** *v.* to stay **4**; **quedarse viudo** to be widowed **1**

quehaceres *m. pl.* chores **3**

queja *f.* complaint **4**

quejarse (de) *v.* to complain (about) **3**

querer (*irreg.*) *v.* to love; to want **1**; **Quería invitarte a acompañarme a la premiación.** I wanted to ask you to come to the ceremony with me. **12**; **Quiero invitarte a acompañarme a la ceremonia.** I want to ask you to come to the ceremony with me. **12**; **Quisiera**

invitarte a acompañarme a la premiación. I would like to invite you to come to the ceremony with me. **12**

quirúrgico/a *adj.* surgical **11**

quitar *v.* to take away; to remove; **quitar el polvo** to dust **3**; **quitarse** *v.* to take off (clothing) **2**

rabino/a *m., f.* rabbi **8**

radiación *f.* radiation **6**

radio *f.* radio **9**

raíz *f.* root **6**

rasgo *m.* characteristic, feature, trait **5** (Lect. 5)

rata *f.* rat **6**

raya *f.* stripe, warpaint **4**

rayo *m.* ray, lightning; **¿Qué rayos...?** What on earth...? **4**

reactor *m.* reactor **11**

rebeldía *f.* rebelliousness **10**

rebuscado/a *adj.* complicated (Lect. 11)

recado *m.* message **3**

receta *f.* prescription; recipe **5** (Lect. 5)

rechazar (z:c) *v.* to reject **8**

rechazo *m.* refusal, rejection **8** (Lect. 8)

reciclable *adj.* recyclable **6**

recital *m.* recital **2**

recomendable *adj.* recommended; advisable **4**; **poco recomendable** not advisable; inadvisable **4**

reconocimiento *m.* recognition **10** (Lect. 10)

recordar (o:ue) *v.* to remember **1**

recorrer *v.* to go across; to travel **4**

recuerdo *m.* memory (Lect. 1)

recuperarse *v.* to recover **5**

recurso (natural) *m.* (natural) resource **6** (Lect. 12)

redactor(a) *m., f.* editor; **redactor(a) jefe** *m., f.* editor-in-chief **9**

redondo/a *adj.* round **2** (Lect. 2)

reducir (c:sz) *v.* to reduce; **reducir la velocidad** *v.* to slow down **4**

reembolso *m.* refund **3**

reemplazable *adj.* something that can be substituted (Lect. 5)

reforma *f.* reform; **reforma económica** *f.* economic reform **7**

régimen *m.* diet **5**; form of government **8**

regla *f.* rule (Lect. 4)

regresar *v.* to return **4**

regreso *m.* return (trip) **4**

reina *f.* queen **12**

reino *m.* reign; kingdom **12**

relacionado/a *adj.* related; **estar relacionado** to have good

connections **2**
relajarse *v.* to relax **5**
relámpago *m.* lightning **6**
religión *f.* religion **8**
religioso/a *m., f.* religious **8**
remitente *m.* sender (Lect. 3)
rendimiento *m.* performance **5**
(Lect. 5)
rendirse (e:i) *v.* to surrender **12**
renovarse *v.* to be renewed;
revitalized **6**
renunciar *v.* to renounce; to resign;
renunciar a un cargo to resign a
post **8**
repertorio *m.* repertoire **2**
reportaje *m.* story **9**
reportero/a *m., f.* reporter **9**
reposo *m.* rest; **estar en reposo** to
be at rest (Lect. 5)
repostería *f.* pastry **3**
represa *f.* dam **6**
reproducirse (c:sz) *v.* to reproduce
11
resbaladizo/a *adj.* slippery **8**
resbalar *v.* to slip **6**
rescatar *v.* to rescue **12**
reservación *f.* reservation **4**
reservar *v.* to reserve **4**
resfriado *m.* cold **5**
residir *v.* to reside **12**
respeto *m.* respect (Lect. 10)
respiración *f.* breathing **5**
responsable *adj.* responsible **1**
reto *m.* challenge (Lect. 6)
retrasar *v.* to delay **4**
retraso *m.* delay **4**
retrato *m.* portrait **10** (Lect. 12)
retrovisor *m.* rearview mirror
(Lect. 3)
reunión *f.* meeting **7**
reunirse *v.* to get together; to gather
2
revolver (o:ue) *v.* to stir; to mix up
(Lect. 11)
rey *m.* king **12**
riesgo *m.* risk **6**
rima *f.* rhyme **10**
rincón *m.* (inside) corner **4** (Lect.
4)
rociar *v.* to spray **6**
rodeado/a *adj.* surrounded **11**
rodear *v.* to surround **8**
romper (con) *v.* to break (with) up
1
rozar (z:c) *v.* to brush against, touch
lightly **8**
ruido *m.* noise **3**
rumbo a bound for (Lect. 3)
rústico/a *adj.* rustic; rural **12**

S

saber (*irreg.*) *v.* to taste like/of **5**;
¿Cómo sabe? How does it taste?
5; **¿Y sabe bien?** And does it
taste good? **5**; **Sabe a
ajo/menta/limón.** It tastes like
garlic/mint/lemon. **5**
sabiduría *f.* wisdom **12**
sabio/a *adj.* wise (Lect. 12)
sabor *m.* taste; flavor **5**; **¡No! ¡Tiene
sabor a mango!** No! It's mango
flavored! **5**; **¿Qué sabor tiene?
¿Chocolate?** What flavor is it?
¿Chocolate? **5**; **Tiene un sabor
dulce/agrio/amargo/agradable.** It
has a sweet/sour/bitter/pleasant
taste. **5**
sacerdote *m.* priest **8**
saciar *v.* to satisfy; to quench **8**
sacrificar *v.* to sacrifice **12**
sagrado/a *adj.* sacred **8**
sala *f.* room; hall; **sala de
conciertos** *f.* concert hall **2**; **sala
de emergencias** *f.* emergency
room **5**
salida *f.* departure **4**; exit **8**
salir (*irreg.*) *v.* to go out; **salir a
comer** to go out to eat **2**; **salir
con** to go out with **1**
salto *m.* jump; **salto en el tiempo**
time warp **11**
salud *f.* health **5**; **¡A tu salud!** To
your health! **7**; **¡Salud!** Cheers! **7**
salvaje *adj.* wild, savage **6**
salvar *v.* to save **12**
sano/a *adj.* healthy **5**
satélite *m.* satellite **11**
sátira *f.* satire **10**
satírico/a *adj.* satirical **10**
secarse *v.* to dry off **2**
seco/a *adj.* dry **6**
seguridad *f.* security **8**
seguro *m.* insurance **4**; **seguro/a**
adj. sure, confident **1**
seleccionar *v.* to select; to pick out
3
sello *m.* seal; stamp **9** (Lect. 9)
selva *f.* the jungle **6** (Lect. 6)
semana *f.* week; **¡Buen fin de
semana!** Have a nice weekend! **2**
semanal *adj.* weekly; **revista
semanal** *f.* weekly supplement
(newspaper) **9**
semilla *f.* seed **6**
senador(a) *m., f.* senator **8**
sensato/a *adj.* sensible **1**
sentido *m.* sense; **en sentido
figurado** figuratively **10**; **sentido
común** *m.* common sense **5**
(Lect. 5)
sentimiento *m.* feeling, emotion **1**
sentirse *v.* to feel **1**
señalar *v.* to point out, to signal **2**
(Lect. 2)

señales *m. pl.* identifying
information, signals **4**
serpiente *f.* snake **6**
servicio de habitación *m.* room
service **4**
servicios *m., pl.* facilities **4**
sesión *f.* showing **9**
sierra *f.* mountain range **6**
siglo *m.* century **12**
silbar *v.* to whistle **2**
sillón *m.* armchair (Lect. 8)
simpatía *f.* congeniality **1**
simpático/a *adj.* nice **1**
sinagoga *f.* sinagogue **8**
sincero/a *adj.* sincere **1**
sindicato *m.* labor union **7**
síntoma *m.* symptom **5**
sintonizar *v.* to tune into (radio or
television) (Lect. 3)
siquiera *conj.* even; **ni siquiera**
conj. not even **9**
sitio *m.* place; website **9**
situado/a *adj.* situated; located **10**;
estar situado/a en to be set in **10**
soberanía *f.* sovereignity **12**
sobre *m.* envelope (Lect. 3)
sobredosis *f.* overdose **11**
sobrevivencia *f.* survival **11**
sobrevivir *v.* to survive **6**
sociable *adj.* sociable **1**
sociedad *f.* society **12**
solar *adj.* solar **11**
soledad *f.* solitude, loneliness **3**
soler (o:ue) *v.* to usually + *inf.* **1**;
Andrés solía + *inf.* Andrés used +
inf. **3**
solo/a *adj.* alone, lonely **1**
soltero/a *adj.* single **1**; **madre
soltera** single mother **1**; **padre
soltero** single father **1**
soñar (o:ue) *v.* to dream; **soñar con**
to dream about, to dream of **1**
soplar *v.* to blow **6**
soportar *v.* to support; to put up
with **1**; **No soportar** not to be
able to stand; not to be able put
up with **3**
sordo/a *adj.* deaf **5**
sorprenderse (de) *v.* to be surprised
(about) **2**
sospecha *f.* suspicion **1**
sospechar *v.* to suspect **1**
suavidad *f.* smoothness (Lect. 11)
subasta *f.* auction **10**
subdesarrollo *m.*
underdevelopment **7**
subida *f.* ascent (Lect. 6)
subtítulos *m., pl.* subtitles **9**
suburbio *m.* suburb **12**
suceder *v.* to happen (Lect. 1)
sucursal *f.* branch **7**
sueldo *m.* salary; **aumento de
sueldo** raise; **sueldo mínimo**
minimum wage **7**
suelo *m.* floor (Lect. 9)

suelto/a *adj.* loose **8** (Lect. 8)

sufrimiento *m.* pain, suffering (Lect. 1)

sufrir (de) *v.* to suffer from **5**

sugerir (e:ie) *v.* to suggest; **Sugiero que se ponga usted a dieta.** I suggest you go on a diet. (*form.*) **5**; **Sugiero que te pongas a dieta.** I suggest you go on a diet. (*fam.*) **5**

superar *v.* to overcome (Lect. 5)

superficie *f.* surface **11** (Lect. 11)

supermercado *m.* supermarket **3**

supervivencia *f.* survival **11**

suprimir *v.* to abolish, to suppress **12**

supuesto/a *adj.* false; so-called; supposed; **¡Por supuesto!** Of course! **3**

susto *m.* shock, fright (Lect. 11)

<hr/>

T

tacaño/a *adj.* cheap, stingy **1**

tacón (alto) *m.* (high) heel **12**

tal como *conj.* just as (Lect. 7)

talento *m.* talent **1**

talentoso/a *adj.* talented **1**

taller *m.* workshop **10** (Lect. 10)

tapa *f.* lid, cover (Lect. 11)

taquilla *f.* box office **2**

tarjeta *f.* card; **tarjeta de crédito** *f.* credit card **3**

tarugo/a *adj.* blockhead (Lect. 9)

teclado *m.* keyboard **11**

teléfono celular *m.* cellular phone **11**

telenovela *f.* soap opera **9**

telescopio *m.* telescope **11**

televidente *m., f.* television viewer **9**

templo *m.* temple; church **8**

temporada *f.* season; period **4**; **temporada alta/baja** *f.* busy/slow season **4**

tendencia *f.* tendency; bias; **tendencia izquierdista/derechista** *f.* left-wing/right-wing bias **9**

tener (*irreg.*) *v.* to have **Tendrá usted que dejar algunas cosas.** You'll have to leave some things behind. (*form.*) **4**; **Tendrás que dejar algunas cosas.** You'll have to leave some things behind. (*fam.*) **4**; **tener fiebre** to have a fever **5**

tensión alta/baja *f.* high/low blood pressure **5**

teoría (científica) *f.* (scientific) theory **11**

térmico/a *adj.* thermal **11**

terremoto *m.* earthquake **6**

testigo *m., f.* witness **10** (Lect. 10)

tiempo *m.* time; **a tiempo** on time **3**

tierra *f.* land **6**

tigre *m.* tiger **6**

timbre *m.* doorbell **4** (Lect. 4);

tone (Lect. 3)

timidez *f.* shyness **1**

tímido/a *adj.* shy **1**

típico/a *adj.* tipical; traditional **12**

tira cómica *f.* comic strip **9**

tirar *v.* to throw (Lect. 3)

titular *m.* headline **9**

titularse *v.* to graduate (Lect. 3)

tocar (c:qu) + me/te/le, etc. *v.* to be my/your/his turn; to be up to me/you/him **2**; **¿A quién le toca pagar la cuenta?** Whose turn is it to pay the tab? **2**; **¿Todavía no me toca?** Is it my turn yet? **2**; **A Johnny le toca hacer el café.** It's Johnny's turn to make coffee. **2**; **Siempre te toca lavar los platos.** It's always your turn to wash the dishes. **2**; **tocar el timbre** to ring the doorbell **3**

tomar *v.* to take **5**; **tomar en serio** to take seriously (Lect. 7); **tomar lugar en...** to take place in... **9**; **tomarse el pelo** to joke (Lect. 6)

tormenta *f.* storm **6**

torneo *m.* tournament **2**

tos *f.* cough **5**

toser *v.* to cough **5**

tradicional *adj.* traditional **1**

tragar (g:gu) *v.* to swallow **3**

trama *m.* plot **10**

tranquilo/a *adj.* calm **1**

transbordador espacial *m.* space shuttle **11**

tránsito *m.* traffic **4**

transmisión *f.* transmission **9**

transmitir *v.* to broadcast **9**

transplantar *v.* to transplant **11**

transporte público *m.* public transportation **4**

trasnochar *v.* to stay up all night **5**

trastorno *m.* disorder **5** (Lect. 5)

tratado *m.* treaty **8**

tratamiento *m.* treatment **5**

tratar *v.* to treat **5**; **tratar de...** to deal with, to be about **9**

trazar *v.* to trace **10**

trazo *m.* (brush) stroke **10**

tribu *f.* tribe **12**

tribunal *m.* court **8**

tropezar (z:c) **(con)** *v.* to stumble (across); to trip; to come up against **4** (Lect. 4)

tropical *adj.* tropical **4**

trueno *m.* thunder **6**

trueque *m.* barter; exchange **7**

turístico/a *adj.* tourist **4**

<hr/>

U

ubicar (c:qu) *v.* to put in a place; to locate **9** (Lect. 9); **ubicarse** *v.* to be located **9**

único/a *adj.* unique **10**

uña *f.* fingernail; **uña y carne** *adj.* inseparable **1**

urbano *adj.* urban **12**

<hr/>

V

vacuna *f.* vaccine **5**

valioso/a *adj.* valuable **10**

valor *m.* bravery (Lect. 4); value; **valores morales** moral values **8**

veces: a veces sometimes **3**

vela *f.* candle **7**

venado *m.* deer **6**

vencer (c:z) *v.* to defeat **2**

vencido/a *adj.* expired **4**

venda *f.* bandage **5**

veneno *m.* poison **6** (Lect. 6)

venenoso/a *adj.* poisonous **6**

venta *f.* sale; **estar a la venta** to be for sale **10**

ventaja *f.* advantage (Lect. 5)

vergüenza *f.* shame, embarrassment **1**; **tener vergüenza** de to be ashamed of **1**

verse (*irreg.*) *v.* to look; to appear **6**; **Se ve tan feliz.** He/She looks so happy. **6**; **¡Qué guapo/a te ves!** How attractive you look! (*fam.*) **6**; **¡Qué satisfecho/a se ve usted!** How satisfied you look! (*form.*) **6**; **Yo lo/la veo muy triste.** He/She looks very sad to me. **6**

verso *m.* verse, line (poem) **10**

vestido/a de negro *adj.* dressed in black (Lect. 8)

vestidor *m.* fitting room **3**

vestirse (e:i) *v.* to get dressed **2**

vez *f.* time; **a veces** sometimes **3**; **de vez en cuando** now and then **3**; **por primera/última vez** for the first/last time **2** (Lect. 2)

victoria *f.* victory **2**

victorioso/a *adj.* victorious **12**

vida *f.* life **8**; **vida cotidiana** everyday life (Lect. 1)

vigente *adj.* valid **4**

vigilar *v.* to watch (Lect. 3)

virus *m.* virus **5**

vistazo *m.* glance **9**; **echar un vistazo** *v.* to take a look **7**

viudo/a *m., f.* widower/widow **1**

votar *v.* to vote **8**

vuelo *m.* flight **4**

vuelta *f.* return (trip) **4**

<hr/>

Y

yeso *m.* cast **5**

<hr/>

Z

zoológico *m.* zoo **2**

zoquete *adj.* dimwit (Lect. 9)

English-Spanish

A

abbess abadesa *f.* (Lect. 4)
abolish suprimir *v.* 12
absent ausente *adj.* (Lect. 11)
accident accidente *m.* 4
accomplishment hazaña *f.* (Lect. 3)
account: take into account tener en cuenta 6 (Lect. 6)
accountant contador(a) *m., f.* 7
accustomed to acostrumbrado/a *adj.* 5
ache doler (o:ue) *v.* 2
achieve alcanzar (z:c) *v.* 4 (Lect. 4); lograr *v.* 3
add añadir *v.* (Lect. 7)
admire admirar *v.* 4
admission ticket entrada *f.* boleto *m.* 2
adore adorar *v.* 1
advance avance *m.* 11; **technological advance** avance tecnológico *m.* 11
advanced avanzado/a *adj.* 11
advantage ventaja *f.* (Lect. 5), to **take advantage of** aprovechar *v.* 2
adventure aventura *f.* 4
adventurer aventurero/a *m., f.* 4
advertisement anuncio *m.* 9
advertising publicidad *f.* 7
advisable recomendable *adj.* 4
advise aconsejar *v.*; **I advise you to go home.** Te aconsejo que vayas a casa. (*fam.*) 5; Le aconsejo que vaya a casa. (*form.*) 5
affair asunto *m.* 3 (Lect. 6)
affection cariño *m.* 1; **affectionate** cariñoso/a *adj.* 1; **to return or share affection** corresponder *v.* 1
after all al fin y al cabo (Lect. 6)
age edad *f.*; **to be of age** mayor de edad (Lect. 1)
agent agente *m., f.* 4; **customs agent** agente de aduanas 4
agree acordar (o:ue) *v.* (Lect. 4)
almost casi *adv.* 1
alone solo/a *adj.* 1
along a lo largo de (Lect. 7)
alter alterar *v.* 11
alternative medicine medicina alternativa *f.* 5
allure magia *f.* (Lect. 1)
amaze asombrar *v.* (Lect. 3)
amazement asombro *m.* 3
ambassador embajador(a) *m., f.* 8
amuse oneself entretenerse (*irreg.*) *v.* 2
amusement park parque de atracciones *m.* 2

anchor (news) presentador(a) de noticias *m., f.* 9
anger enojo *m.* 4
announcement anuncio *m.* 9
announcer locutor(a) *m., f.* 9
annoy fastidiar *v.* (Lect. 12); molestar *v.* 2
annoyance enojo *m.* 4
annoying: become annoying ponerse pesado/a 1
anorexia anorexia *f.* 5
ant hormiga *f.* (Lect. 9)
antenna antena *f.* 11
antique antigüedad *f.* 10 (Lect. 10); antiguo/a *adj.* 10
antiquity antigüedad *f.* 10 (Lect. 10)
anxiety ansia *f.* 1
anxious ansioso/a *adj.* 1
appear verse (*irreg.*) *v.* 6
appearance aspecto *m.* 5
applaud aplaudir *v.* 2
appointment (with doctor) consulta *f.* 5
appreciated apreciado/a *adj.* 1
approach acercarse (c:qu) (a) *v.* 2
approval aprobación *f.* 9
archaeology arqueología *f.* 12; **archaeologist** arqueólogo/a *m., f.* 7
argue discutir *v.* 1
armchair sillón *m.* 8
armed forces fuerzas armadas *f., pl.* 8
armed armado/a *adj.* 12
army ejército *m.* 8 (Lect. 4)
arrival llegada *f.* 4
ascent subida *f.* (Lect. 6)
ashamed avergonzado/a *adj.* (Lect. 12); **be ashamed of** tener vergüenza de 1
aspirin aspirina *f.* 5
assure asegurar *v.* (Lect. 3)
astonished: be astonished asombrarse *v.* 3
astonishing asombroso/a *adj.* 3
astonishment asombro *m.* 3
astronaut astronauta *m., f.* 11
atheism ateísmo *m.* 8
athelete atleta *m., f.* 2
attain lograr *v.* 3
attention: pay attention to someone hacerle caso a alguien 1
attract atraer *v.* 1, 8
attraction atracción *f.* 1
auction subasta *f.* 10
audience público *m.* 2; **television audience** audiencia *f.* 9
authoritarian autoritario/a *adj.* 1
available disponible *adj.* (Lect. 11); **have available** disponer (*irreg.*) (de) *v.* (Lect. 11)
avocado palta *f.* 5

B

back: have one's back to estar de espaldas a (Lect. 6)
bags (under the eyes) ojeras *f. pl.* 8
balcony balcón *m.* 3
band conjunto/ grupo musical *m.* 2
bandage venda *f.* 5
bank orilla *f.* 6
banking bancario/a *adj.* 7
baptism bautismo *m.* 8 (Lect. 8)
bar bar *m.* 2
bargain ganga *f.* 3
barter trueque *m.* 7
bathe bañarse *v.* 2
battle batalla *f.* 8 (Lect. 8)
bay bahía *f.* 6
be quiet callarse *v.* 5 (Lect. 5)
beach playa *f.* 6
bear oso *m.* 6
because of a causa de 10 (Lect. 10)
become convertirse (e:ie) (en) *v.* 2; **to become annoying** ponerse pesado/a 1
bed and breakfast (inn) pensión *f.* 4
bed: go to bed acostarse (o:ue) *v.* 2
beforehand de antemano 4 (Lect. 4)
beggar mendigo/a *m., f.* (Lect. 12)
behalf: on behalf of de parte de 2
behave well portarse bien *v.* 5 (Lect. 5)
behind my back a mis espaldas 9
belief creencia *f.* 8
believe (in) creer (y) (en) *v.* 8; **Don't you believe it.** No creas. 3; **believer** el/la creyente *m., f.* 8
belt cinturón *m.* 4
bend (something) downward inclinar *v.* (Lect. 7); **bend (oneself) down/near** inclinarse *v.* 7 (Lect. 7)
benefits beneficios *m. pl.* (Lect. 11)
beside a lo largo de (Lect. 7)
bet apostar (o:ue) *v.* 2; apuesta *f.* 2
better: get better curarse *v.* 5
beyond más allá de 1
bias parcialidad *f.* 9; tendencia *f.*
bias: left-wing bias tendencia izquierdista *f.* 9
biased parcial (ser) *adj.* 9
bill cuenta *f.*; **legislative bill** proyecto de ley *m.* 8
biochemical bioquímico/a *m.,f.* 11
bite morder (o:ue) *v.* 6
black hole agujero negro *m.* 11
blanket manta *f.* (Lect. 7)
blind date cita a ciegas *f.* 1
blockhead tarugo(a) *m.,f.* 9
blood sangre *f.* **high/low blood pressure** la tensión alta/baja *f.* 5
blow soplar *v.* 6

blush enrojecer (c:sz) *v.* **1**
board embarcar *v.* **4**; **on board** a bordo **4**
boil hervir (e:ie) *v.* **3**
border límite *m.*; limitar *v.* **12**
bore aburrir *v.* **2**
bored aburrirse *v.* **2**
both ambos/as *pron., adj.* (Lect. 11)
bother molestar *v.* **2**
bound (for) rumbo a (Lect. 3)
bowling boliche *m.* **2**
box office taquilla *f.* **2**
box caja *f.* **3**
branch sucursal *f.* **7**
brand marca *f.* **7**
bravery valor *m.* (Lect. 4)
break up (with) romper (con) *v.* **1**
break in (to a conversation) meterse *v.* **1**
breakthrough avance *m.* **11**
breast pecho *m.* **10** (Lect. 10)
breathing respiración *f.* **5**
brick ladrillo *m.* (Lect. 7)
bright *adj.* llamativo **10**; *adj.* luminoso
bring down derribar *v.* **12**; **bring up (raise a child)** educar *v.* **1**
broadcast emisión *f.* **9**; emitir *v.* **11**; transmitir *v.* **9**
broom escoba *f.* **3**
browser (Internet) buscador *m.* **9**
brush cepillarse *v.* **2**; **brush against** rozar (z:c) *v.* **8**; **brush stroke** pincelada *f.* **10**
budget presupuesto *m.* **7**
buffalo búfalo *m.* **6**
bureaucracy burocracia *f.* **7**
bury enterrar (e:ie) *v.* **8** (Lect. 8)
business negocio *m.* (Lect. 5); empresa *f.* **11**
butterfly mariposa *f.* **6**

C

cage jaula *f.* **7** (Lect. 7)
calculate extraer *v.* **5** (Lect. 5)
calm tranquilo/a *adj.* **1**
campaign campaña *f.* **8**
campfire hoguera *f.* **6**
cancel cancelar *v.* **4**
cancer cáncer *m.* **5**
candle vela *f.* **7**
candidate el/la candidato/a *m., f.* **8**
cape (geography) cabo *m.* **6**
captain capitán *m.* **4**
care cuidar *v.* **1**; **take care of** cuidar *v.* **1**; **take care of oneself** cuidarse *v.* **3**
careful cuidadoso/a *adj.* **1**
careless descuidado/a (ser) *adj.* **7**
caress acariciar *v.* **10** (Lect. 10)
carry llevar *v.*; **carry away** llevarse *v.* **2**; **carry out (an activity)** llevar a cabo **4** (Lect. 4)

cash (dinero en) efectivo *m.* **3**
cashier cajero/a *m., f.* **3**
cast (broken bone) yeso *m.* **5**
catch atrapar *v.* **6** (Lect. 12); **catch (disease)** contagiarse *v.* **5**
cautious prevenido/a *adj.* **7** (Lect. 7)
cave cueva *f.* **6**
celebrate festejar *v.* **2** (Lect. 6)
cell celda *f.* **10**; célula *f.* **11**
cellular phone teléfono celular *m.* **11**
censorship censura *f.* **9**
cent centavo *m.* **4**
century siglo *m.* **12**
certainty certeza *f.* (Lect.6)
challenge desafiar *v.* **6**; **challenge** desafío *m.* **11** (Lect. 4); **challenge** reto *m.* **6** (Lect. 6)
champion campeón, campeona *m., f.* **2**
chance azar *m.* **10** (Lect. 10); casualidad *f.* **by chance** por casualidad **3**
change mudar *v.* **2**; **to change one's lifestyle** cambiar su estilo de vida **5**
character (literature) personaje *m.* **10**; **main/secondary character** personaje principal/secundario **10**; **main character** protagonista *m., f.* **1**
characteristic rasgo *m.* **5** (Lect. 5), **10**
characterization caracterización *f.* **10**
chapter capítulo *m.* **10**
charge cobrar *v.* **7**; **in charge of** encargado/a de **1**
cheap barrato/a *adj.* **3**; tacaño/a *adj.* **1**
check averiguar *v.* **3**; comprobar (o:ue) *v.* **11** (Lect. 5)
checking account cuenta corriente *f.* **7**
cheek mejilla *f.* (Lect. 10)
Cheer up! ¡Anímense! (pl.) **2**; **Cheer up!** ¡Anímate! (*sing.*) **2**; **Cheers!** ¡Salud! **7**
chef cocinero/a *m., f.* **7**
chess ajedrez *m.* **2**
chest pecho *m.* **10** (Lect. 10)
chew masticar (c:qu) *v.* **3** (Lect. 7)
childhood infancia *f.* (Lect. 1)
choir coro *m.* **2**
choose elegir (e:i) (g:j) *v.* **3**
chores quehaceres *m. pl.* **3**
chorus coro *m.* **2**
church iglesia *f.* **8**; templo *m.* **8**
cinema cine *m.* **2**
circus el/la ciudadano/a *m., f.* **2**
citizen ciudadano *m.* **12**
civil rights derechos civiles *m., pl.* **8**
civil servant funcionario/a *m., f.* **7**
civil war guerra civil *f.* **12**

civilized civilizado/a *adj.* **12**
civilization civilización *f.* **12**
clandestinely a escondidas **3**
clean puro/a *adj.* **6**; limpiar *v.* **3**
cleaning limpieza *m.* **3**
cleanliness aseo *m.* **3**
cliff acantilado *m.* **6**
climate clima *m.* **6**
climb (mountain) escalada *f.* (Lect. 6)
climber escalador(a) *m., f.* **2**
clone clonar *v.* **11**
coast costa *f.* **6**
cockroach cucaracha *f.* **6**
cold resfriado *m.* **5**
collect coleccionar *v.* **2**
collector coleccionista *m., f.* **2**
collision choque *m.* **4**
colonize colonizar *v.* **12**
colorful de colores (muy) vivos **10**
colony colonia *f.* **12**
comb (one's hair) peinarse *v.* **2**
combatant combatiente *m., f.* (Lect. 8)
come from provenir (*irreg.*) (de) *v.* **9** (Lect. 9); **come to the aid of** acudir (a) *v.* (Lect. 8); **come up against** tropezar (z:c) (con) *v.* **4** (Lect. 4)
comic strip tira cómica *f.* **9**
coming from proveniente de *adj.* **9** (Lect. 9)
commerce comercio *m.* **7**
commitment compromiso *m.* **1**
common sense sentido común *m.* **5** (Lect. 5)
company compañía *f.* empresa *f.* **7**
complain (about) quejarse (de) *v.* **8**
complaint queja *f.* **4, 8**
complicated rebuscado(a) *m., f.* **11**
composer compositor(a) *m., f.* **10**
computer science la computación *f.* **11** (Lect. 11)
conceal disimular *v.* **1**
concert hall sala de conciertos *f.* **2**
concert concierto *m.* **2**
conference conferencia *f.* **7**
confess confesar (e:ie) *v.* **8**
confidence confianza *f.* **1**
confident seguro/a *adj.* **1**
confront enfrentar *v.* **4**
confuse (with) confundir (con) *v.* **8**
confused confundido/a *adj.;* **I believe you are confused.** Creo que están confundidos. (pl.) **9**; Creo que estás confundido/a. (*sing. fam.*) **9**; Creo que usted está confundido/a. (*sing. form.*) **9**
congeniality simpatía *f.* **1**
congested congestionado/a *adj.* **4**
Congratulations to all! ¡Felicidades a todos! **7**
connections: have good connections estar relacionado **2**
conquer conquistar *v.* **12**

conqueror conquistador(a) *m., f.* **12**
conquest conquista *f.* **12**
conscience conciencia *f.* **8**
consequently por consiguiente **10**
conservative conservador(a) *adj.* **8**
consult consultar *v.* **5**
consumption consumo *m.* **6**
contemporary *adj.* contemporáneo/a **10**
content contento/a *adj.*; **to be content with** contentarse con **1**
contract contratar *v.* (Lect. 4); contrato *m.* **7**
contribute contribuir *v.* **6**
contribution aportación *f.* **8**
cook cocinar *v.* **3**
cordial cordial *adj.* **2**
corner (inside) rincón *m.* **4** (Lect. 4)
corruption corrupción *f.* **7**
costly costoso/a *adj.* **3**
costume disfraz *m.* **7**; **in costume** disfrazado/a *adj.* **4** (Lect. 4)
cough toser *v.* **5**; **cough** tos *f.* **5**
count contar (o:ue) *v.*; **count on** contar con (Lect. 9)
couple pareja *f.* **1**
courage coraje *m.* **12**
course: Of course not! ¡Qué va! **3**; **Of course!** ¡Cómo no! **3**; ¡Por supuesto! **3**
court tribunal *m.* **8**
cover tapa *f.* (Lect. 11)
crash choque *m.* **3**
create inventar *v.* **11**
creativity creatividad *f.* **10**
credit card tarjeta de crédito *f.* **3**
Creole criollo/a *adj.* **12**
crisis crisis *f.* **7**; **economic crisis** crisis económica **7**
critic crítico/a *m., f.* **9**; **movie critic** crítico/a de cine *m., f.* **9**
critical crítico/a *adj.* **8**
cross (back and forth) recorrer *v.* **4**
crowd multitud *f.* **8**
cruise ship crucero *m.* **4**
cuckold poner los cuernos **11**
culture cultura *f.* **9**; **pop culture** cultura popular **9**
cultured culto/a *adj.* **1**
curator conservador/a *m., f.* **10**
cure curarse *v.* **5**
current corriente *f.* **6**; **current events** actualidades *f.pl.* **9**
currently actualmente *adv.* **7**
curse maldición *f.* **6**
custom costumbre *f.* (Lect. 1) **3**
customs aduana *f.* **4**; **customs agent** agente de aduanas *m.,f.* **4**
cut corte *m.* **7**

D

daily (newspaper) diario *m.* **9**
dam represa *f.* **6**
damage perjudicar (c:qu) *v.* **6**
dance bailar *v.* **2**
dancer bailarín(a) *m., f.* **10**
dangerous peligroso/a *adj.* **4**
dare (to) atreverse (a) *v.* **2**
date cita *f.* **1**
dawn: at the crack of dawn a primera hora **6**
day (work) jornada *f.* (Lect. 7)
deaf sordo/a *adj.* **5**; **to go deaf** quedar sordo/a **5**
deal with tratar de *v.* **9**
death muerte *f.* **8**
debt deuda *f.* **7**
debut estreno *m.* **2**
decade década *f.* **12**
deceive engañar *v.* **9**
decrease disminuir *v.* **5** (Lect. 5)
dedication dedicatoria *f.* **8**
deed (heroic) hazaña *f.* (Lect. 3)
deep hondo/a *adj.* **2** (Lect. 2); profundo/a *adj.* **6**
deer venado *m.* **6**
defeat derrotar *v.* **12**; vencer (c:z) *v.* **2**
defeated derrotado/a *adj.* **12**
delay demorar *v.* **7**; retrasar *v.* **4**
delete borrar *v.* **11**
delivery entrega *f.* **9** (Lect. 9)
democracy democracia *f.* **8**
demand exigir *v.* **5** (Lect. 5)
departure salida *f.* **4**
dependence dependencia *f.* **5**; **physical and psychological dependence** dependencia física y psíquica *f.* **5**
depressed deprimido/a *adj.* **1**
depression depresión *f.* **5**; desánimo *m.* **1**
deserve merecer (c:sz) *v.* **8**
design diseñar *v.* **10** (Lect. 7)
desire deseo *m.* (Lect. 1)
despondency desánimo *m.* **1**
destination destino *m.* **4**
destroy destrozar (z:c) *v.* **8** (Lect. 8)
determination empeño *m.* **9**
deteriorate empeorar *v.* **5**
detest detestar *v.* **3**
develop desarrollar *v.* **10**; **developing country** país en vías de desarrollo **12**
development desarrollo *m.* **7**
dictatorship dictadura *f.* **8**
die fallecer *v.* **7**; **die of** morirse (o:ue) de *v.* **2**
diet alimentación *f.* **5**; régimen *m.* **5**
difficulty inconveniente *m.* **12**
digestion digestión *f.* **5**
dignified digno/a *adj.* **12** (Lect. 12)

dimwit zoquete *m.* **9**
direct directo/a *adj.* **4**; dirigir (g:j) *v.* **7**
director director(a) *m., f.* **9**
disappear desaparecer *v.* **6**
disappointment desilusión *f.* **1**
discomfort malestar *m.* **5**
discotheque discoteca *f.* **2**
discouraged desalentado/a *adj.* (Lect. 12); **get discouraged** desanimarse *v.* (Lect. 3)
discover descubrir *v.* **11**
discoverer descubridor(a) *m., f.* **12**
discovery descubrimiento *m.* **11**
discrimination discriminación *f.* **8**, **discriminated** discriminado/a *m., f.* **8**
disease enfermedad *f.* **5**
disembark desembarcar *v.* **4**
disguised disfrazado/a *adj.* **4** (Lect. 4)
disgusting (to be) (dar) asco **11**
dismiss despedir (e:ie) *v.* **7**
disorder trastorno *m.* **5** (Lect. 5)
distance oneself alejarse *v.* **7** (Lect. 7)
distant alejado/a *adj.* (Lect. 4)
distracted distraído/a *adj.* (Lect. 3)
distressing angustioso(a) *m.,f.* **11**
disturbing inquietante *adj.* **10**
divorce divorcio *m.* **1**
dizzy mareado/a *adj.* **5**
DNA (deoxyribonucleic acid) ADN (ácido desoxirribonucleico) *m.* **11**
doctor's office consultorio *m.* **5**
doctrine enseñanza *f.* **12**
documentary documental *m.* **9**
dominoes dominó *m.* **2**
doorbell timbre *m.* **4** (Lect. 4)
double (actor) doble *m.* **9**
doubt: be no doubt no caber duda **9** (Lect. 9)
download descargar (g:gu) *v.* **11**; **download a file** bajar un archivo **9**
downpour diluvio *m.* **6**
drag arrastrar *v.* (Lect. 7)
dream soñar (o:ue) *v.* **1**; **dream about** soñar con *v.* **1**
dressed in black vestido/a de negro *adj.* (Lect. 8); **get dressed** vestirse (e:i) *v.* **2**
dressing room camerino *m.* **9**
drink: go for a drink ir de copas **2**
drive (automobile) manejar *v.* **3**
drown ahogarse (g:gu) *v.* **10** (Lect. 10)
dry seco/a *adj.* **6**; **dry off** secarse *v.* **2**
dub (film) doblar *v.* **9**
dubbing (film) doblaje *m.* **9**
dump dejar *v.* (Lect. 1)
dust quitar el polvo **3**

duty impuesto *m.* **4; pay duty on**... pagar el impuesto de... **4; do one's duty toward** cumplir con *v.* **2** (Lect. 2)

E

eagle águila (el) *f.* **6**
early riser madrugador(a) *m.f.* **5; be an early riser** ser buen madrugador(a) **5**
earn ganar *v.;* **earn a living** ganarse la vida **7**
earth tierra *f.* **6**
earthquake terremoto *m.* **6**
easy-going permisivo/a *adj.* **1**
eat up comerse *v.* **2**
edge orilla *f.* **6**
edible plant planta comestible *f.* **6**
edible comestible *adj.*
editor redactor(a) *m.,f.;* **editor-in-chief** redactor(a) jefe *m., f.* **9**
educate educar (c:qu) *v.* **6; educated** culto/a *adj.* **12**
effort empeño *m.* **9** (Lect. 9); **make an effort** empeñarse en *v.* **7** (Lect. 7)
eficient eficiente *adj.* **11**
either ... or ... o... o... *conj.* **9**
elbow codo *m.* (Lect. 5)
elderly anciano/a *adj.* **10; elderly gentleman; elderly lady** anciano/a *m., f.* (Lect. 10)
elect elegir (e:i) (g:gu) *v.* **8**
elected elegido/a (ser) *adj.* **8**
electoral electoral *adj.* **8**
electronic electrónico/a *adj.* **11**
embarassed avergonzado/a *adj.* (Lect. 12)
embark embarcar (c:qu) *v.* **4; embark on** emprender *v.* **3**
embarrassment vergüenza *f.* **1**
emergency room sala de emergencias *f.* **5**
emit emitir *v.* **11**
emotion sentimineto *m.* **1**
emperor, emperess emperador/a *m., f.* **12**
emphasize destacar (c:qu) *v.* **9** (Lect. 9)
empire imperio *m.* **12**
employee empleado/a *m.,f.* **7**
end (rope, string) cabo *m.* **6**
end fin *m.* **8**
ending (plot) desenlace *m.* **10**
energetic enérgico/a *adj.* (Lect. 7)
energy energía *f.* **6; energy source** fuente de energía *f.* **6; nuclear energy** energía nuclear *f.* **11**
engineer ingeniero/a *m.,f.* **11**
enjoy disfrutar (de) *v.* **3** gozar (z:c) (de) *v.* **3; Enjoy your meal!** ¡Buen provecho! **6; enjoy oneself** divertirse (e:ie) *v.* **2**

enough bastante *adj.* **3**
enroll inscribirse *v.* **8; enroll in** ingresar *v.* (Lect. 5)
ensemble (music) conjunto musical *m.* **2;** grupo musical *m.* **2**
enslave esclavizar *v.* **12**
enter data ingresar datos **11**
entertainment farándula *f.* **1**
entrepreneur empresario/a *m.,f.* **7**
envelope sobre *m.* (Lect. 3)
environment medio ambiente *m.* **6**
episode episodio *m.* **9**
epoch época *f.* **12**
equality igualdad *f.* **8**
era época *f.* **12**
erase borrar *v.* **8, 11**
erosion erosión *f.* **6**
essay ensayo *m.* **10; essayist** *m., f.* ensayista **10**
eternal eterno/a *adj.* **2**
ethical ético/a *adj.* **11**
ethics ética *f.* **11**
even siquiera *conj.* **9**
event acontecimiento *m.* (Lect. 4)
everyday cotidiano/a *adj.* **3; everyday life** vida cotidiana (Lect. 1)
example muestra *f.* **8** (Lect. 12)
exchange: in exchange for a cambio de **9** (Lect. 9)
exciting excitante *adj.* **4**
executive ejecutivo/a *m.f.* **7; of an executive kind** de corte ejecutivo; **of an executive nature** de corte ejecutivo
exhibit exposición *f.* **10**
exhibition exposición *f.* **10**
exit salida *f.* **8**
exotic exótico/a *adj.* **4**
expel expulsar *v.* **12**
expensive costoso/a *adj.* **3**
experience experimentar *v.* **3**
experiment experimento *m.* **11**
expire caducar *v.* **11; expired** vencido/a *adj.* **4**
exploit explotar *v.* **6** (Lect. 6); hazaña *f.* (Lect. 3)
exploitation explotación *f.* **6** (Lect. 6)
exploration exploración *f.* **12**
explore explorar *v.* **4**
exports exportaciones *m., pl.* **7**
extinct: become extinct desaparecer (c:sz) *v.* **6**
extinguish extinguir *v.* **6**
extract extraer *v.* **5** (Lect. 5)
extraterrestial extraterrestre *m. f., adj.* **11**

F

face cara *f.;* **make a (hungry) face** poner cara (de hambriento/a) **5; make a face** poner una cara (Lect. 4); dar a *v.* **4; face up to** enfrentar *v.* **4**
facilities los servicios *m. pl.* **4**
fact hecho *m.* **8;** dato histórico *m.* **12**
factory fábrica *f.* **7**
faint desmayarse *v.* **5**
fair feria *f.* **2;** justo/a *adj.* **8**
faith fe *f.* **8**
fall caer (*irreg.*) *v.;* **fall asleep** dormirse (o:ue) *v.* **2; fall in love (with)** enamorarse (de) *v.* **1**
famous célebre *adj.* **10**
fan: be a fan ser aficionado *adj.* **2**
farewell despedida *f.* **4**
fascinate fascinar *v.* **2**
fasten abrocharse *v.* **4; fasten (the seatbelt)** ponerse el cinturón de seguridad **4**
fatigue cansancio *m.* **3**
fault culpa *f.* **8; It was my fault. Forgive me.** Ha sido culpa mía. Perdóname. (*fam. sing.*) **8; Ha sido culpa mía.** Perdóneme. (*form.*) **8;** Ha sido culpa mía. Perdónenme. (*form. pl.*) **8**
feat hazaña *f.* (Lect. 3)
feature facción *f.* **3;** rasgo *m.* **5** (Lect. 5); **feature film** largometraje *m.* **9**
fed up with harto/a *adj.* **8** (Lect. 12); **I am fed up with**... Estoy harto/a de... **3**
feed (animals) dar de comer **6**
feel sentir(se) *v.* **1; feel like** sentir ganas de **3** (Lect. 3)
feeling sentimiento *m.* **1**
female hembra *f.* **6**
festival festival *m.* **2**
fever fiebre *f.;* **to have a fever** tener fiebre *v.* **5**
fight lucha *f.* **8;** luchar *v.* (Lect. 4); pelear *v.* **12** (Lect. 12); **fight (for)** luchar por *v.* **12**
figuratively en sentido figurado **10**
figure out adivinar *v.* (Lect. 3)
file archivo *m.* **7**
film película *f.* **9**
final episode episodio final *m.* **9**
finance financiar *v.* **7 finance(s)** finanza(s) *f.*(pl.) **7**
financial financiero/a *adj.* **7**
find: to find (somebody) dar con (alguien) *v.* **9; find out (about)** averiguar **1;** enterarse (e:ie) (de) *v.* **2;** averiguar **3**
fine multa *f.* **4**
finish line meta *f.* **2**
fire despedir (e:ie) *v.* **7**
fired despedido/a *adj.* **8**

fireplace hogar *m.* Lect. **3**
firm empresa *f.* **7**
first primer, primero/a *adj.*; **for the first time** por primera vez **2** (Lect. 2); **first aid** primeros auxilios *m. pl.* **5**; **first and foremost** antes que nada (Lect. 11)
fit (clothing) quedar *v.* **2**
fitting room vestidor *m.* **3**
fix oneself up arreglarse *v.* **3**
fixed fijo/a *adj.* **7**
flag bandera *f.* **2** (Lect. 2)
flamboyant llamativo/a *adj.* **10**
flask frasco *m.* **11**
flavor sabor *m.* **5**
flee huir *v.* **12**
fleeting pasajero/a *adj.* **2**
flexible flexible *adj.* **1**
flight vuelo *m.* **4**; **flight attendant** auxiliar de vuelo *m., f.* **4**
flirt coquetear *v.* **1**
flood inundación *f.* **6**; inundar *v.* **6**
floor suelo *m.* (Lect. 9)
flu gripe *m.* **5**
fly mosca *f.* **6**
fog niebla *f.* **6**
fold doblar *v.* (Lect. 5)
foot (animal) pata *f.* **6**
footnote nota a pie de página *n.* **10**
footprint huella *f.* **7** (Lect. 7)
forbidden prohibido/a *adj.* **4**
foresee presentir (e:ie) *v.* (Lect. 3)
forest bosque *m.* **6**
forget (about) olvidarse (de) *v.* **2**
forgetfulness olvido *m.* **1**
forgive perdonar *v.* **8**
formulate formular *v.* **11**
forty-year-old cuarentón/cuarentona *adj.* **8**
frame marco *m.* **4** (Lect. 4)
frecuently menudo: a menudo *adv.* **3**
free libre *adj.* **8**
freedom libertad *f.* **8**
freeze congelar *v.* **3**; helar (e:ie) *v.* **6**
frequently a menudo *adv.* **3**
fresh: be fresh estar bueno/a **5**
fright susto *m.* (Lect. 11)
frightened miedoso/a *adj.* **7** (Lect. 7)
front page portada *f.* **9**
frontier frontera *f.* **4**
frozen congelado/a *adj.* **3**
fry freír (i:e) (frío) *v.* **3**
fuel combustible *m.*; **fossil fuel** combustible fósil *m.* **11**
full estar completo/a **4**
full length largometraje *m.* **9**
fun divertido *adj.* **have fun** divertirse (e:ie) *v.* **2**; **Have fun!** ¡Que se diviertan! (*pl.*) **2**; ¡Que te diviertas! (*sing.*) **2**; **make fun**

of burlarse (de) *v.* **5** (Lect. 5)
funny gracioso/a *adj.* **1**; **to be funny (to someone)** hacerle gracia a alguien **9** (Lect. 9);
furnished amueblado/a *adj.* **3**
furniture muebles *m. pl.* **3**
futuristic futurístico/a *adj.* **11**

G

gain weight engordar *v.* **5**
gallery galería *f.* **10**
garbage porquería *f.* **10**
gather reunirse *v.* **2**
gaze mirada *f.* **1**
gene gen *m.* **11**
generate generar *v.* **6**
generous generoso/a *adj.* **1**
genetics genética *f.* **11**
genuine auténtico/a *adj.* **3**
gesture gesto *m.* (Lect. 11)
get obtener *v.*; **get along well/badly** llevarse bien/mal **1**; **get together** reunirse *v.* **2**; **get ready** arreglarse *v.* **3**; **get along** congeniar *v.* **5**
gift obsequio *m.* **8**
give dar (*irreg.*) *v.*; **give a prize** premiar *v.* **3**; **give a speech** pronunciar un discurso **8**; **give somebody a shot** ponerle una inyección a uno **5**; **give up** darse por vencido **3**; **give way to** dar paso a *v.* **9**
gladly con mucho gusto *adv.* **2**
glance echar un vistazo *v.* **7**; mirada *f.* **1**; vistazo *m.* **9**
global warming calentamiento global *m.* **6**
go out salir (*irreg.*) *v.*; **go out with** salir con **1**; **go too far** pasarse *v.* **5**; **go around the world** dar la vuelta al mundo **7 go out to eat** salir a comer **2**
goal meta *f.* **2**
goat cabra *f.* **6**
gobble up comerse *v.* **2**
God Dios *m.* **8**
goldfish pececillo de colores *m.* **7**
good bueno/a *adj.*; **still to be good (fresh)** estar bueno/a **5**; **Would you be so good as to . . . ?** ¿Sería usted tan bueno/a para + inf.... ? (*form.*) **6**; ¿Serías tan bueno/a para + inf.... ? (*fam.*) **6**; **Would you be so nice as to put the box here?** ¿Sería tan bueno/a de poner la caja aquí? **11**
goodbye: say goodbye despedirse (e:ie) *v.* (Lect. 4)
gossip chisme *m.* **9**; argüende m; **gossip column** crónica de sociedad *f.* **9**
govern gobernar *v.* **8**

government employee funcionario/a *m., f.* **7**; **form of government** régimen *m.* **8**
grab agarrar *v.* **3**
graduate titularse *v.* **3**
grasp coger (g:j) *v.* (Lect. 5)
grass hierba *f.* **6**; pasto *m.* **5**
gratitude agradecimiento *m.* **8**
gravity gravedad *f.* **11**
group grupo *m.* **2**; **musical group** grupo musical *m.* **2**
grow cultivar *v.* **6**; cundir *v.* **11**
growth crecimiento *m.* **7**
guarantee asegurar *v.* (Lect. 3)
guess adivinar *v.* (Lect. 3)
guilt culpa *f.* (Lect. 1)
gymnasium gimnasio *m.* **2**

H

habit costumbre *f.* **3**
half mitad *f.* **3**
hall: concert hall sala de conciertos *f.* **2**
hang (up) colgar (o:ue) (g:gu) *v.* **3** (Lect. 7)
happen suceder *v.* **1**
hardly apenas *adv.* **3**
harm perjudicar (c:qu) *v.* **6**
harvest cosecha *f.* (Lect. 8)
hate odiar *v.* **3**
have tener *v.*; **have a good/bad time** pasarlo bien/mal **1**
headline titular *m.* **9**
health salud *f.* **5**; **To your health!** ¡A tu salud! **7**
healthy sano/a *adj.* **5**
heart corazón *m.*; **heart and soul** en cuerpo y alma (Lect. 1)
heel tacón *m.* **12**
heritage herencia *f.*; **cultural heritage** herencia cultural (Lect. 1)
hero prócer *m.* **12**
hide disimular *v.* **1**
hill cerro *m.* (Lect. 4); colina *f.* **6**
hinder impedir (e:i) *v.* **5** (Lect. 5)
hire contratar *v.* (Lect. 4)
historical histórico/a *adj.* **12**; **historical data** dato histórico *m.* **12**
hitch inconveniente *m.* **8** (Lect. 12)
hobby afición *f.* **2**
hold fast agarrar *v.* **3**
hole agujero *m.* **11**; hoyo *m.* **7** (Lect. 7); **hole in the ozone layer** agujero en la capa de ozono **11**
holy sagrado/a *m., f.* **8**
home hogar *m.* (Lect. 3)
honored distinguido/a *adj.* **2**
hope ilusión *f.* **1**
horseshoe herradura *f.* **12**
host conductor(a) *m., f.* **9**
hungry hambriento/a *adj.* **3**
hurricane huracán *m.* **6**

hurry: be in a hurry tener apuro (Lect. 7)
hurt doler (o:ue) *v.* **2; hurt oneself** hacerse daño, lastimarse **5; hurt someone** hacerle daño a alquien **6; hurt** herir *v.* **11**
husband marido *m.* **1**
hygiene aseo *m.* **3; personal hygiene** aseo personal *m.* **3**
hygienic higiénico/a *adj.* **5**

I

ill enfermo/a *m.,f.* **get ill** enfermarse *v.* **5** ponerse malo/a *v.* **5**
illness enfermedad *f.* **5**
image imagen *n.* **10, 11**
imagination imaginación *f.* **10**
immediately en el acto *adv.* **3**
immoral inmoral *adj.* **8**
important: be important importar *v.* **2**
imports importaciones *f.* **7**
impress impresionar *v.* **1**
improve mejorar *v.* **5**
inadvisable poco recomendable **4**
inclusive incluido/a *adj.* **2**
increase aumento *m.* **7**
indisposition malestar *m.* **5**
industry industria *f.* **7**
infected (become) contagiarse *v.* **5**
inflamed inflamado/a *m.,f.* **5**
inflexible inflexible *adj.* **1**
influential influyente *adj.*; **be influential** ser influyente **9**
inform avisar *v.* **8**; educar (c:qu) *v.* **6**
information: get information informarse *v.* **8; identifying information** señales *m. pl.* (Lect. 4); **to be informed** estar al tanto *v.* **9**
inhabitant (of a town) poblador(a) *m.,f.* (Lect. 7); habitante *m.,f.* **12**
inherit heredar *v.* **11**
injure lastimar *v.* **5; injure oneself** hacerse daño **5**
injury la herida *f.* **5**
insanity locura *f.* **5** (Lect. 5)
insect bite picadura *f.* (Lect. 5)
insecure inseguro/a *adj.* **1**
inseparable uña y carne **1**
insincere falso/a *adj.* **1**
insist on insistir en *v.*; **I insist that you go see a doctor.** Insisto en que veas a un doctor. (*fam.*) **5;** Insisto en que usted veas a un doctor. (*form.*) **5**
inspired inspirado/a *adj.* **10**
insurance seguro *m.* **4**
intelligent inteligente *adj.* **1**
interest interesar *v.* **2**
Internet Internet *m.* **9**

interview (job) entrevista de trabajo *f.* **7**
intriguing intrigante *adj.* **10**
invent inventar *v.* **11**
invention invención *f.* **11**
investment: foreign investment inversión extranjera **7**
investor inversor(a) *m., f.* **7**
iron plancha *f.* (Lect. 6)
irresponsible irresponsable *adj.* **1**
island isla *f.* **4**
isolated aislado/a *adj.* **12** (Lect. 12)
isolation aislamiento *m.* **5** (Lect. 5)
itinerary itinerario *m.* **4**

J

jealous: be jealous of tener celos de **1**
jealousy celos *m.pl.* **1**
Jewish judío/a *m., f.* (Lect. 6)
job puesto *m.* **7**
joke bromear *v.* **5** (Lect. 5); tomarse el pelo *v.* (Lect. 6); broma *f.* **1**; chiste *m.* **2**
journalist periodista *m., f.* **7**
judge juez(a) *m., f.* **8**
judgment juicio *m.* **8**
jungle selva *f.* **6** (Lect. 6)
just justo/a *adj.* **8; just as** tal como *adv.* **7**

K

keep mantener *v.*; **keep in touch** mantenerse en contacto **1; keep in mind** tener en cuenta *v.* (Lect. 6) **keep up with the news** estar al día con las noticias (Lect. 9)
keyboard teclado *m.* **11**
king rey *m.* **12**
kingdom reino *m.* **12**
kiss besar *v.* (Lect.1)
knock on golpear *v.* (Lect. 7)
knowledge conocimiento *m.* **12**

L

label etiqueta *f.* **7**
labor force mano de obra *f.* **7**
labor union sindicato *m.* **7**
lack faltar *v.* **2**
land tierra *f.* **6; land (airplane)** aterrizar (z:c) *v.* **11**
landscape paisaje *m.* **6**
last permanecer (c:zc) *v.* **5** (Lect. 5); **for the last time** por última vez **2** (Lect. 2); **last-minute news** noticia de último momento **9**
launch lanzar (z:c) *v.* **8** (Lect. 8)
lawyer abogado/a *m.,f.* **7**
law derecho *m.*; ley *f.* **8**
layer capa *f.* **11**

LCD screen pantalla líquida *f.* **11**
lead encabezar *v.* **12**
leader líder *m., f.* **8; labor leader** líder laboral *m.f.* **8; political leader** caudillo *m.* **12**; líder político **8**
leadership liderazgo *m.* **8**
lean (on) apoyarse (en) *v.* **3; lean down/near** inclinarse *v.* **7** (Lect. 7)
learning aprendizaje *m.* (Lect. 4)
leave (go away from) irse (de) *v.* **2**; marcharse *v.* **4** (Lect. 4); dejar *v.* (Lect. 1) **3**
left: be left over quedar *v.* **2**
leg (animal) pata *f.* **6**
leisure ocio *m.* **2**
let: Let me see your passport, please. Déjame ver tu pasaporte, por favor. (*fam.*) **4**
level nivel *m.* **3** (Lect. 6)
liberal liberal *adj.* **8**
lid tapa *f.* (Lect. 11)
lie mentira *f.* **1**
life vida *f.* **8**
light ligero/a *adj.* **4** (Lect. 11); **lightbulb** foco *m.* **3**
lightning relámpago *m.* **6**
like gustar *v.* **2; like this** así **3; like very much** encantar *v.* **2**
liking afición *f.* **2**
limit límite *m.*; limitar *v.* **12**
lion león *m.* **6**
listener oyente *m., f.* **9**
lit alumbrado/a *adj.* **11**
live transmission emisión en vivo/directo *f.* **9**
locate ubicar (c:qu) *v.* **9** (Lect. 9)
located situado/a *adj.* **10; to be located** ubicarse *v.* **9**
lodge alojarse *v.* **4**; hospedarse *v.* **4**
lonely: be lonely estar solo/a *adj.* **1; loneliness** soledad *f.* **3**
long-term largo plazo **12**
look sick/good tener mal/buen aspecto **5**
look echar un vistazo **7**; mirada *f.* **1**; verse (*irreg.*) *v.* **6; He/She looks so happy.** Se ve tan feliz. **6; He/She looks very sad to me.** Yo lo/la veo muy triste. **6; How satisfied you look!** ¡Qué satisfecho/a se ve usted! (*form.*) **6; It looks like he/she didn't like it.** Al parecer, no le gustó. **6; It looks like he/she is sad/happy.** Parece que está triste/contento. **6**
look like parecerse *v.* **3**
loose suelto/a *adj.* **8** (Lect. 8)
loss pérdida *f.* **6** (Lect. 6)
lottery lotería *f.* **2**
loudspeaker altoparlante *m.* (Lect. 8)

love amor *m.*; afición *f.* **2;** **(un)requited love** amor (no) correspondido *m.* **1;** querer (*irreg.*) *v.* **1;** **(inanimate objects)** encantar *v.* **2;** **(inanimate objects)** fascinar *v.* **2;** **be in love (with)** estar enamorado/a (de) *adj.* **1**
lower bajar *v.* **9**
lucky afortunado/a *m., f.* **8**
luggage equipaje *m.* (Lect. 11)
luxurious de lujo **7;** lujoso/a *adj.* **4**
luxury lujo *m.* **7** (Lect. 7)
lying mentiroso/a *adj.* **1**

M

madness locura *f.* **5** (Lect. 5)
magic magia *f.* (Lect. 1)
mailbox buzón *m.* **3**
make hacer *v.*; fabricar *v.* **11; to make one's way** abrirse paso *v.* **9; make a wish** pedir un deseo *v.* **7**
male macho *m.* **6**
mall centro comercial *m.* **3**
manage administrar *v.* **7;** dirigir (g:j) *v.* **7**
manager gerente *m., f.* **7**
manufacture fabricar (c:qu) *v.* **11**
manuscript manuscrito *m.* **10**
marathon maratón *m.* **2**
mark huella *f.* **7** (Lect. 7); mancha *f.* **9**
market: open-air market mercado al aire libre *m* **3**
marketing mercadeo *m.* **1**
marriage matrimonio *m.* **1**
married: be (married) for . . . years llevar… años de (casados) **1**
masterpiece obra maestra *f.* **10**
matter asunto *m.* **3** (Lect. 6)
mature maduro/a *adj.* **1**
mayor alcalde/alcaldesa *m., f.* **8**
mean antipático *adj.* **1**
measure medir (e:i) *v.* **3**
mechanical mecánico/a *adj.* **11**
mechanism mecanismo *m.* **11**
media medios de comunicación *m., f.* **9**
meeting reunión *f.* **7**
member: become a member of ingresar *v.* (Lect. 5)
memory recuerdo *m.* (Lect. 1)
menace amenaza *f.* (Lect. 3)
mendacious mentiroso/a *adj.* **1**
merchandise mercancía *f.* **6** (Lect. 6)
mess desorden *m.* **11**
message recado *m.* **3**
messy descuidado/a *adj.* (Lect. 7)
Middle Ages Edad Media **12**
minimum wage sueldo mínimo *m.* **7**

minister ministro/a *m., f.* **8;** **protestant minister** ministro/a protestante *m., f.* **8**
minority minoría *f.* **8**
miracle milagro *m.* **8**
misbehave portarse mal *v.* **5** (Lect. 5)
miser avaro/a *m., f.* (Lect. 7)
miserable: be miserable pasarlo fatal **1**
miss extrañar *v.* **4**
mistake: to make a mistake equivocarse *v.*; Creo que se equivocan. (pl.) **9;** Creo que te equivocas. (*sing. fam.*) **9;** Creo que usted se equivoca. (*sing. form.*) **9**
mix up revolver (o:ue) *v.* (Lect. 11)
mixture mezcla *f.* **10** (Lect. 10)
mockery burla *f.* **7**
model (fashion) modelo *m., f.* **10**
modern moderno/a *adj.* **1**
modify alterar *v.* **11;** modificar (c:qu) *v.* **7**
moisten mojar *v.* (Lect. 8)
moment: at the last moment en el último momento **4**
monarch monarca *m., f.* **12**
money dinero *m.* **7**
monkey mono *m.* **6**
mood estado de ánimo *m.* **5; be in a bad mood** estar malhumorado/a *adj.* **5** (Lect. 5)
moon: full moon luna llena *f.* **11**
moral moral *adj.* **8**
morello cherry guinda *f.* **5**
morning (early) amanecer *m.* (Lect. 8)
mosque mezquita *f.* **8**
mountain range cordillera *f.* **6;** sierra *f.* **6**
mountaintop cumbre *f.* **6** (Lect. 6)
move (change residence) mudarse *v.* **2; move away** alejarse *v.* (Lect. 7); movement *m.* movimiento **10**
movie theater cine *m.* **2**
moving conmovedor(a) *adj.* **10**
multinational company multinacional *f.* **7**
museum museo *m.* **4**
Muslim (person) musulmán/musulmana *m., f.* (Lect. 6)

N

name nombrar *v.* (Lect. 7)
narrate narrar *v.* **10; narrator** *m., f.* narrador **10**
narrow estrecho/a *adj.* (Lect. 3)
native indígena m., *f.* **12**
natural disaster catástrofe natural *m.* **6**

natural resources recursos naturales *m., pl.* **6** (Lect. 12)
native indígena *adj.* **12**
nausea asco *m.* (Lect. 11)
navigate navegar (g:gu) *v.* **4**
need faltar *v.* **2**
neglect oneself dejarse *v.* **3**
neglected descuidado/a *adj.* **7**
neighborhood barrio *m.* (Lect. 4)
neither . . . nor . . ni… ni… *conj.* **9**
nervous nervioso/a *adj.* **1**
nest nido *m.* **6**
news program (broadcast) noticiero *m.* **9** (Lect. 3)
newspaper periódico *m.* **9**
nice simpático *adj.* **1**
nightclub club nocturno *m.* **2**
nightmare pesadilla *m.* **3**
No way! ¡Ni modo! **3**
noise ruido *m.* **3**
nomination nominación *f.* **12**
nominee nominado/a *adj.* **12**
not even ni siquiera *conj.* **9**
notice aviso *m.* **4;** fijarse (en) *v.* **2**
now and then de vez en cuando **3**
nun monja *f.* (Lect. 4)

O

obesity obesidad *f.* **5**
oblivion olvido *m.* (Lect. 1)
occur ocurrir *v.* **occur to someone** ocurrírsele a alguien **7**
offer (to) ofrecerse (a) *v.* **6**
office despacho *m.* **9** (Lect. 9)
often a menudo **3**
olympics olimpiadas *f. pl.* **2**
operate operar *v.* **11**
operation operación *f.* **5**
opinion opinión *f.*; **be of the opinion** opinar *v.*; **In my opinion,** . . . A mi parecer,… **9;** Para mí,… **9; In my opinion, it's horrible.** Considero que es horrible. **10; In my opinion, it's ugly.** Opino que es fea/o. **10**
oppress oprimir *v.* **12**
orchard huerto *m.* (Lect. 6)
originating in proveniente de *adj.* **9** (Lect. 9)
ornate ornamentado/a *adj.* **10**
others los/las demás (Lect. 3)
outcome desenlace *m.* (Lect. 1)
outdoors al aire libre **6**
outline esbozo *m.* **10**
outskirts alrededores *m. pl.* **12**
overcome superar *v.* (Lect. 5)
overdose sobredosis *f.* **11**
overwhelmed agobiado/a *adj.* **1**
owner dueño/a *m., f.* **7;** propietario/a *m., f.* (Lect. 11)
ozone layer capa de ozono *f.* **6**

P

pain sufrimiento *m.* (Lect. 1)
pain killer calmante *m.* **5**
painter pintor(a) *m.*, *f.* **10**
painting pintura *f.* **10**; **oil painting** pintura al óleo *f.* **10**
palm tree palmera *f.* **6** (Lect. 11)
paradox paradoja *n.* **10**
Pardon me. (Excuse me.) Con permiso. **4**; **Pardon me. May I see the photo?** Con permiso. ¿Puedo ver la foto? **4**; Perdone que lo moleste, pero ¿puedo ver la foto? (*form.*) **4**; **Pardon the problems, Jorge.** Disculpa los inconvenientes, Jorge. (*fam.*) **8**; **Pardon the problems, Mrs. Zamora.** Disculpe los inconvientes, señora Zamora. (*form.*) **8**
parrot loro *m.* **6**
partial parcial *adj.* **9**
particular particular *adj.* **9** (Lect. 9)
partner pareja *f.* **1**
party: political party partido político *m.* **8**
pass (a law) aprobar (o:ue) una ley *v.* **8**
passing pasajero/a *adj.* **2**
pastry repostería *m.* **3**
patent patente *f.* **11**
peace paz *f.* **12**
peaceful pacífico/a *adj.* **12**
peak pico *m.* **6**; cumbre *f.* (Lect. 6)
peck picar (c:qu) *v.* **6**
people pueblo *m.* **8**
perfect perfeccionar *v.* **11**
performance (movie; theater) función *f.* **2**; rendimiento *m.* **5** (Lect. 5)
period in time época *f.* **12**
period temporada *f.* **4**
permanent fijo/a *adj.* **7**
permissive permisivo/a *adj.* **1**
persecute perseguir *v.* **12**
personal particular *adj.* **9** (Lect. 9); **personal care** aseo personal **3**
pessimist pesimista *m.*, *f.* **Don't be pessimistic.** No sean pesimistas. (pl..) **2**; No seas pesimista. (*sing.*) **2**
phase etapa *n.* **10**
physical físico/a *adj.* **5**
pick out seleccionar *v.* **3**
pick up levantar *v.* **3**
picnic picnic *m.* **2**
picture imagen *f.* **11**
piece pieza *n.* **10**
pig cerdo; chancho *m.* **6**
pill pastilla *f.* **5**
pilot piloto *m.*, *f.* **4**
pit cuesco *m.* **5**
pity pena *f.* ; **What a pity!** ¡Qué pena! **3**

place colocar *v.* **2** (Lect. 2); sitio *m.* **9**; **take place in...** tomar lugar en... **9**
plan (a project) planificar (c:qu) *v.* **6**
play desempeñar v.; **play (theater)** obra de teatro **2**; *f.* **play a role (in a play)** desempeñar un papel **8**
playwright dramaturgo(a) *m.*, *f.* **10**
pleasant gracioso/a *adj.* **1**
please: Could you please . . . ? ¿Tendrías la bondad de + inf.... ? (*fam.*) **6**; ¿Tendría usted la bondad de + inf.... ? (*form.*) **6**
plot argumento *m.* **10**; trama *m.* **10**
point of view punto de vista *m.* **10**
point out destacar (c:qu) *v.* **9** (Lect. 9); señalar *v.* **2** (Lect. 2)
poison veneno *m.* **6** (Lect. 6)
poisonous venenoso/a *adj.* **6**
political change cambio político *m.* **12**; **politics** política *f.* **8**
pollution contaminación *f.* **6**
pool piscina *f.* ; billar *m.* **2**
populate poblar *v.* **12**
portable portátil *adj.* **11**
portrait retrato *m.* **10** (Lect. 12)
position puesto *m.* **7**, cargo *m.* **8**
possible: in as much as possible en todo lo posible *adv.* **1**
powerful poderoso/a *adj.* **12**
practice ensayar *v.* (Lect. 5)
precolombian precolombino/a *adj.* **10** (Lect. 10)
premiere estreno *m.* **2**
prescription receta *f.* **5** (Lect. 5)
press prensa *f.* **9**; presionar *v.* **7**; **sensationalist press** prensa sensacionalista *f.* **9**
pretty chulo(a) *m.f.* **9**
prevent impedir (e:i) *v.* **5** (Lect. 5); prevenir (*irreg.*) *v.* **5**
priest cura *m.* (Lect. 8); sacerdote *m.* **8**
print imprimir *v.* **9**
private particular *adj.* **9** (Lect. 9)
privilege privilegio *m.* (Lect. 7)
prize premio *m.* **12** (Lect. 3)
problem inconveniente *m.* **8** (Lect. 12)
produce generar *v.* **6**
programmer programador(a) *m.*, *f.* **11**
prohibited prohibido/a *adj.* **4**
project proyecto *m.* **7**
promote (be promoted) ascender *v.* **7**; promover (o:ue) *v.* **6**
propose (an idea/project) plantear *v.* **2**; proponer (*irreg.*) *v.* (Lect. 4);
propose marriage proponer matrimonio **1**
protect proteger (g:j) *v.* **6**
protestant protestante *adj.* **8**

proud orgulloso/a *adj.* **1**; **be proud of** estar orgulloso/a de **1**
prove comprobar *v.* **11**
provide proporcionar *v.* **3**
public público *m.* **2**; estatal *adj.* **8**; **public employee** funcionario/a *m.*, *f.* **7**; **public transportation** transporte público *m.* **4**
publish publicar (c:qu) *v.* **9**
punishment castigo *m.* **10** (Lect. 10)
pure puro/a *adj.* **6**
purpose propósito *m.* **3**; do **something on purpose** hacer algo a propósito **3**
pursue perseguir (e:i) *v.* (Lect. 3)
push empujar *v.* (Lect. 3)
put a CD on poner un disco compacto **2**; **put in a place** ubicar (c:qu) *v.* **9** (Lect. 9); **put on (clothing)** ponerse *v.* **2**; **put on makeup** maquillarse **2**; **put up with** soportar *v.* **1**

Q

quality calidad *f.* **7**
queen reina *f.* **12**
quench saciar *v.* **8**
question asunto *m.* **3** (Lect. 6)
quiet: to be quiet callarse *v.* **5** (Lect. 5)
quit smoking dejar de fumar **5**
quotation cita *f.* **10**

R

rabbi rabino/a *m.*, *f.* **8**
rabbit conejo *m.* **6**
race raza *f.*; **mixed–race** mestizo **12**
radiation radiación *f.* **6**
rain (heavy) diluvio *m.* **6**
raise (a child) educar *v.* **1**; **(in salary)** aumento de sueldo *m.* **7**; **have raised** han criado **1**
ranch hacienda *f.* **12**
rat rata *f.* **6**
rather bastante *adj.*, *adv.* **3**; más bien (Lect. 12)
ratings índice de audiencia *m.* **9**
reach alcance *m.* **10**; alcanzar (z:c) *v.* **4** (Lect. 4); **within reach of** al alcance de **10** (Lect. 10)
reactor reactor *m.* **11**
reader lector(a) *m.*, *f.* **9**
real auténtico/a *adj.* **3**
realize darse cuenta *v.* **2**
rearview mirror retrovisor *m.* (Lect. 3)
rebelliousness rebeldía *n.* **10**
receive acoger (g:j) *v.* **9** (Lect. 9)
receive favorably bien acogido/a *adj.* **7**
recipe receta *f.* **5** (Lect. 5)

recital recital *m.* 2

recognition reconocimiento *m.* 10 (Lect. 10)

recommended recomendable *adj.* 4

record grabar *v.* 9

recover curarse *v.* 5; recuperarse *v.* 5

recyclable reciclable *adj.* 6

red: to turn red enrojecer (c:sz) *v.* 1

referee árbitro *m.* 2

refined culto/a *adj.* 12

reform reforma *f.*; modificar (c:qu) *v.* 7; **economic reform** reforma económica *f.* 7

refund reembolso *m.* 3

refusal rechazo *m.* 8 (Lect. 8)

register inscribirse *v.* 8

rehearsal ensayo *m.* 10

reign reino *m.* 12

reject rechazar (z:c) *v.* 8

rejection rechazo *m.* 8 (Lect. 8)

relax relajarse *v.* 5; **Relax, please.** Cálmate, por favor. (*fam.*) 4; Cálmese, por favor. (*form.*) 4

reliability fiabilidad *f.* 7

religion religión *f.* 8; **religious** religioso/a *m., f.* 8

remain permanecer (c:zc) *v.* 5 (Lect. 5)

remember acordarse (de) *v.* 2; recordar (o:ue) *v.* 1

remote control control remoto *m.* 11

renewed (to be) renovarse *v.* 6

repent (of) arrepentirse (e:ie) (de) *v.* 2

repertoire repertorio *m.* 2

report (news) reportaje *m.* 9

reporter reportero/a *m., f.* 9

representative diputado/a *m., f.* 8

reproduce reproducirse (c:sz) *v.* 11

reptile réptil *m.* 6

require exigir *v.* 5 (Lect. 5)

rescue rescatar *v.* 12

research investigar (g:gu) *v.* 11

reservation reservación *f.* 4

reserve reservar *v.* 4

reside residir *v.* 12

resign a post renunciar un cargo *v.* 8

resource recurso *m.* 12

respect respeto *m.* (Lect. 10)

responsibility compromiso *m.* 1

responsible responsable *adj.* 1

rest descansar *v.* 5; **be at rest** estar en reposo (Lect. 5)

résumé currículum vitae *m.*; hoja de vida *f.* 7

retire jubilarse *v.* 7

retirement jubilación *f.* 7

return regresar *v.* 4

return (trip) vuelta *f.* 4

revitalized (to be) renovarse *v.* 6

revulsion asco *m.* (Lect. 11)

rhyme rima *f.* 10

rights: civil rights derechos civiles *m. pl.* 8; **human rights** derechos humanos *m. pl.* 8 (Lect. 6)

right-wing bias tendencia derechista *f.* 9

ring: ring the doorbell tocar el timbre *v.* 3

rise (in business) ascender *v.* 7; **be an early riser** ser buen madrugador(a) 5

risk arriesgar (g:gu) *v.* 6 (Lect. 6); riesgo *m.* 6; **risk factors** factores de riesgo *m. pl.* 5

risky arriesgado/a *adj.* 4 (Lect. 6)

rocket cohete *m.* 11

role papel *m.* 8

room service servicio de habitación *m.* 4

rooster gallo *m.* 6

root raíz *f.* 6

round redondo/a *adj.* 2 (Lect. 2)

run (a business) administrar 7 ; **run for office** presentarse como candidato/a 8; **run into someone** dar con alguien 9 (Lect. 9); **run over** atropellar *v.* 7

rush: to be in a rush tener apuro (Lect. 7)

rustic rústico/a *adj.* 12

S

sacred sagrado/a *adj.* 8

sacrifice sacrificar *v.* 12; sacrificio *m.* 12

sail navegar *v.* 4

sailor marinero *m.* (Lect. 12)

salary sueldo *m.*

sale: on sale a la venta 10; **to be for sale** *v.* estar a la venta 10; **sales tax** impuesto de ventas *m.* 7

same mismo/a *adj.* 1; **The same here.** Lo mismo digo yo. 3

sample muestra *f.* 8 (Lect. 12)

satellite satélite *m.* 11; **satellite dish** antena parabólica *f.* 11

satire sátira *f.* 10

satirical satírico/a *adj.* 10

satisfy saciar *v.* 8

savage salvaje *adj.* 6

save ahorrar *v.* 7; salvar *v.* 12

savings ahorro *m.* 7; **savings account** cuenta de ahorros *f.* 7

say decir (*irreg.*) *v.*; **I wouldn't say it was that horrible.** No diría que es tan horrible. 10; **I'd say it is pretty.** Diría que es bonita/o. 10

scar cicatriz *f.* 8

scarcely apenas ad*v.* 3

scare espantar *v.* 8 (Lect. 8)

scared miedoso/a *adj.* 6

scene escena *f.* 9

scenery escenario *m.* 2

science fiction ciencia ficción *f.* 11

scientist científico/a *m., f.* 11

score a goal/point marcar un gol/punto *v.* 2

screen pantalla *f.* 9; **computer screen** pantalla de computadora *f.* 9; **television screen** pantalla de televisión *f.* 9

script guión *m.* 9, 10 (Lect. 4)

scuba-diving buceo *m.* 4

sculptor escultor(a) *m., f.* 10

sculpture escultura *f.* 10

sea level nivel del mar *m.* 6 (Lect. 6)

seal sello *m.* 9 (Lect. 9)

search búsqueda *f.* (Lect. 12); **search engine** buscador *m.* 9

season temporada *f.* 4; **busy season** temporada alta *f.* 4; **slow season** temporada baja *f.* 4

seat asiento *m.* 3 (Lect. 3)

seatbelt cinturón de seguridad *m.* 4

secretly a escondidas 3

security seguridad *f.* 8; **security measures** medidas de seguridad *f. pl.* 4

sedative calmante *m.* 5

seed semilla *f.* 6

seem parecer (c:sz) *v.* 1

select seleccionar *v.* 3

self-esteem autoestima *f.* 5

self-portrait autorretrato *m.* 10

senator senador(a) *m., f.* 8

sender remitente *m.* (Lect. 3)

sense: common sense sentido común *m.* 5 (Lect. 5)

sensible sensato/a *adj.* 1

sensitive sensible *adj.* 1

sequel continuación *f.* 10

serious: take seriously tomar en serio (Lect. 7)

session sesión *f.* 9

set: be set in estar situado/a en 10

settle poblar *v.* 12

settler poblador(a) *m., f.* 7 (Lect. 7)

shame vergüenza *f.* 1

shape: bad physical shape mala forma física *f.* 5; **good physical shape** buena forma física *f.* 5

sharp nítido/a *adj.* 10

shave afeitarse *v.* 2

shock susto *m.* (Lect. 11)

shooting star estrella fugaz *f.* 11

shopping: go shopping ir de compras 3

shore orilla *f.* 6; **on the shore of** a orillas de 6

short film cortometraje *m.* 9; corto *m.* 9

show espectáculo *m.* 2; **show one's face (at a window or door)** asomarse *v.* (Lect. 7)

shower ducharse *v.* 2

shrug encogerse de hombros *v.* 7

shy tímido/a *adj.* 1; huraño/a

shyness timidez *f.* 1

sightseeing excursionismo *m.* 4
sign firmar *v.* 7
signal señalar *v.* (Lect. 2); **signals** señales *f., pl.* 4
silent: to be silent callarse *v.* 5 (Lect. 5)
sin pecado *m.* 8
sincere sincero/a *adj.* 1
singer cantante *m., f.* 2 (Lect. 2)
single soltero/a *adj.* 1; **single father** padre soltero *m.* 1; **single mother** madre soltera *f.* 1
sink hundir *v.* 10 (Lect. 10)
situated situado/a *adj.* 10
sketch esbozo *m.* 10; **sketch** *v.* esbozar 10
skill habilidad *f.* (Lect. 11)
skillfully hábilmente *adv.* 3
skim hojear *v.* 10
skirt falda *f.* (Lect. 7)
slave esclavo *m., f.* 12 (Lect. 12)
slavery esclavitud *f.* 12
slim down adelgazar (z:c) *v.* 5
slip resbalar *v.* 6
slippery resbaladizo/a *adj.* 8
slow down reducir la velocidad *v.* 4
smother ahogarse *v.* 10
smoothness suavidad *f.* (Lect. 11)
snake serpiente *f.* 6
so así *adv.* 3
soap opera telenovela *f.* 9
sociable sociable *adj.* 1
society sociedad *f.* 12
solar solar *adj.* 11
solitude soledad *f.* 3
somebody else's ajeno/a *adj.* 3
something that can be substituted reemplazable *adj.* 5
sometimes a veces 3
sooner or later al fin y al cabo 8 (Lect. 6)
soul alma (el) *f.* 6 (Lect. 1)
soundtrack banda sonora *f.* 9
sovereignity soberanía *f.* 12
space espacio *m.* 11; **space lab** laboratorio espacial *m.* 11; **space probe** prueba espacial *f.* 11; **space shuttle** transbordador espacial *m.* 11
spaceship nave espacial *f.* 11
spacial espacial *adj.* 11
spacious espacioso/a *adj.* 3
Speaking of that, . . . Hablando de esto,... 9
special edition (newspaper) edición especial *f.* 9
specialist especialista *m., f.* 5
specialized especializado/a *adj.* 11
species: endangered species especie en peligro de extinción *f.* 6
speech discurso *m.* 8; **give a speech** pronunciar un discurso *v.* 8

spell check corrector ortográfico *m.* 11
spider araña *f.* 6
spill derramar *v.* 7 (Lect. 7)
spirit ánimo *m.* 1
spiritual espiritual *adj.* 8
sports deportes *m., pl.* deportivo/a *adj.*; **sports article** crónica deportiva *f.* 9; **sports club** club deportivo *m.* 2;
spot mancha *f.* 9; **on the spot** en el acto 3
spray rociar *v.* 6
spring manantial *m.* 4
stage escenario *m.* 2; etapa *f.* 10 (Lect. 10); mancha *f.* 9 (Lect. 9)
stain manchar *v.* 9 (Lect. 9)
staircase escalera *f.* 3
stamp sello *m.* 9 (Lect. 9)
stand up ponerse de pie 12
stanza estrofa *n.* 10
star (movie) estrella *f.* **(male or female)** 9
start (a car) arrancar (c:qu) *v.* 9 (Lect. 9)
startled asustado/a *adj.* (Lect. 7)
state estatal *adj.* 8
station (radio) emisora *f.* 9
stay hospedarse *v.*, quedarse *v.* 4; **stay at (lodging)** alojarse *v.* 4; **stay up all night** trasnochar *v.* 5
step (stairs) peldaño *m.* (Lect. 3); **take the first step** dar el primer paso 1
stereotype estereotipo *m.* (Lect. 3)
stern autoritario/a *adj.* 1
stick pegar (g:gu) *v.* 11
still life naturaleza muerta *n.* 10
sting picar (c:qu) *v.* 6
stingy tacaño/a *adj.* 1; méndigo/a *m., f.* 9
stir revolver (o:ue) *v.* (Lect. 11)
stock acción *f.* 7; **stock market** bolsa de valores *f.* 7
storekeeper comerciante *m., f.* 7
storm tormenta *f.* 6
stranger desconocido/a *m., f.* 4
stream arroyo *m.* 10 (Lect. 10)
striking llamativo/a *adj.* 10
strength fuerza *f., indf.* fortaleza *f.* 5 (Lect. 5)
strike golpear *v.* (Lect. 7); huelga *f.* 7
stripe raya *f.* 4
strive (to) empeñarse en *v.* (Lec. 7)
stroke trazo *n.* 10
stroll dar un paseo 2; dar una vuelta (Lect. 8); paseo *m.* 2
struggle lucha *f.* 8
studio estudio *m.* 10; **recording studio** estudio de grabación *m.* 9
stumble (across) tropezar (z:c) (con) *v.* 4 (Lect. 4)
stupid necio(a) *m., f.* 9
style estilo *m.* 10; **in the style of** al estilo de 10

submerge hundir *v.* 10 (Lect. 10)
subtitles subtítulos *m., pl.* 9
subtlety matiz *m.* 9 (Lect. 9)
suburb suburbio *m.* 2
succeed in alcanzar (z:c) *v.* 4 (Lect. 4)
success éxito *m.* 7
suffer (from) sufrir (de) *v.* 5
suffering sufrimiento *m.* (Lect. 1)
sufficiently bastante *adv.* 3
suffocate ahogarse (g:gu) *v.* 10 (Lect. 10)
suggest: I suggest you go on a diet. Sugiero que te pongas a dieta. (*fam.*) 5; Sugiero que se ponga usted a dieta. (*form.*) 5
summit cumbre *f.* 6 (Lect. 6); pico *m.* 6
sunrise amanecer *m.* (Lect. 8)
superficial ligero/a *adj.* 4 (Lect. 11)
supermarket supermercado *m.* 3
supply proporcionar *v.* 3
support soportar *v.* 1
supposed supuesto/a *adj.*
suppress suprimir *v.* 12
sure seguro/a *adj.* 1; **Sure!** ¡Cierto! 3; **make sure** asegurarse *v.* 3 (Lect. 3)
surf the web navegar en Internet 9
surface superficie *f.* 11 (Lect. 11)
surgeon cirujano/a *m., f.* 5
surgery cirugía *f.* 5
surgical quirúrgico/a *adj.* 11
surprised: be surprised (about) sorprenderse (de) *v.* 2; extrañarse (de) *v.* 3
surrender rendirse (e:i) *v.* 12
surround rodear *v.* 8; surrounded rodeado/a *m. f.* 11
survival supervivencia *f.* 11
survive sobrevivir *v.* 6
suspect sospechar *v.* 1
suspicion sospecha *f.* 1
swallow tragar (g:gu) *v.* 3
sweep barrer *v.* 3
sweetheart amado/a *adj.* (Lect. 1)
symptom síntoma *m.* 5
synagogue sinagoga *f.* 8
syrup jarabe *m.* 5

T

tabloid newspaper prensa sensacionalista 9
tail cola *f.* 6
take coger (g:j) *v.* (Lect. 5); **take** tomar *v.* 5; **take in** acoger (g:j) *v.* 9 (Lect. 9); **take off (clothing)** quitarse *v.* 2; **take down** descolgar (Lect. 7); **take seriously** tomar en serio (Lect. 7); **take a walk** dar una vuelta *adv.* 8 **take off running** echar a correr *v.* 11; **take the first step** dar el primer paso 1

talent talento *m.* **1; talented** talentoso/a *adj.* 1

taste sabor *m.* **5;** saber *v.*; **And does it taste good?** ¿Y sabe bien? **5; How does it taste?** ¿Cómo sabe? **5; It has a sweet/sour/bitter/pleasant taste.** Tiene un sabor dulce/agrio /amargo/agradable. **5; It tastes like garlic/mint/lemon.** Sabe a ajo/menta/limón. **5; in good/bad taste** *adj.* de buen/mal gusto 10

tax impuesto *m.* **4; pay duty on...** pagar el impuesto de... 4

teaching enseñanza *f.* 12

team equipo *m.* 2

tears lágrimas *f. pl.* (Lect. 1)

telescope telescopio *m.* 11

television channel canal de televisión *m.* 2 (Lect. 2); **televisión network** cadena de televisión *f.* 2 (Lect. 2); **television screen** pantalla de televisión *f.* 9

tell contar *v.* 2

temple templo *m.* 8

tendency propensión *f.* 5 (Lect. 5)

test comprobar (o:ue) *v.* 11 (Lect. 5); poner (*irreg.*) a prueba 11

then entonces *adv.* 3

theory teoría *f.* 11

thermal térmico/a *adj.* 11

thief ladrón/ladrona *m., f.* 3

think opinar *v.* **8; I don't think so.** Me parece que no. **10; I think it's pretty.** Me parece hermosa/o. **10; I think so/I don't think so.** Me parece que sí/no. 10

thoroughly a fondo *adj.* 5

throw tirar *v.* **3;** lanzar *v.* **4;** botar *v.* 3

thunder trueno *m.* 6

thus así *adv.* 3

tie atar *v.* **8** (Lect. 8); amarrar *v.* **7** (Lect. 7); **tie (games)** empatar *v.* 2

tiger tigre *m.* 6

time: have a bad time pasarlo fatal **1; for the first/last time** por primera/última vez **2; on time** a tiempo **3; at that time** en aquel entonces 3

time warp salto en el tiempo *m.* 11

timetable horario *m.* 4

tired (become) cansarse *v.* **3; tired (fed up)** harto/a *adj.* 8

toast brindar *v.* **2; A toast for our magazine** Brindo por nuestra revista. **7; Let's toast our success.** Brindemos por nuestro éxito. 7

tone tono *m.*; timbre *m.* 3

too much demasiado/a *adj., adv.* 7

tool herramienta *f.* 11

toolbox caja de herramientas *f.* 3

topic asunto *m.* 3

touch lightly rozar (z:c) *v.* **8; keep in touch** mantenerse en contacto *v.* 1

tourist turístico/a *adj.* 4

tournament torneo *m.* 2

trace huella *f.* **7** (Lect. 7); trace *v.* trazar 10

track-and-field events atletismo *m.* 2

trade comercio *m.* **7; trader** comerciante *m., f.* 7

traditional tradicional *adj.* 1

traffic tránsito *m.* **4; traffic jam** congestionamiento *m.* 4

trainer entrenador(a) *m., f.* 2

training period aprendizaje *m.* (Lect. 4)

trait rasgo *n.* 10

transmission emisión *f.* 9

transmit emitir *v.* 11

transplant transplantar *v.* 11

trap atrapar *v.* **6**, (Lect. 12)

travel (around/across) recorrer *v.* 4

treat tratar *v.* 5

treatment tratamiento *m.* 5

treaty tratado *m.* 8

tree árbol *m.* 6

trend corriente *f.* 10

trial juicio *m.* 8

tribe tribu *f.* 12

trick engañar *v.* 9

trip on tropezar (z:c) (con) *v.* **4** (Lect. 4)

tropical tropical *adj.* 4

trouble inconveniente *m.* 12

trust confianza *f.* 1

tune in to (radio or television) sintonizar *v.* (Lect. 3)

turn (a corner) doblar *v.* (Lect. 5); **turn (around, over)** dar la vuelta **9** (Lect. 9); **turn off** apagar (g:gu) *v.* **3; turn on** encender (e:ie) *v.* (Lect. 3); **be my/your/his turn** tocar (c:qu) + me/te/le, etc. *v.* **2; Is it my turn yet?** ¿Todavía no me toca? **2; It's always your turn to wash the dishes.** Siempre te toca lavar los platos. **2; It's Johnny's turn to make coffee.** A Johnny le toca hacer el café. 2

typical típico/a *adj.* 12

U.F.O. (unidentified flying object) ovni (objeto volador no identificado) *m.* 11

unbiased imparcial (ser) *adj.* 9

uncover descubrir *v.* 11

under stress/pressure (to be) (estar) bajo presión 7

underdevelopment subdesarrollo *m.* 7

understand each other entenderse (e:ie) *v.* 1

undertake emprender *v.* 3

undertaking empeño *m.* 9 (Lect. 9)

underwear (men's) calzoncillos *m.* 7

unemployed desempleado/a *m., f.* 7

unemployment desempleo *m.* 7

unethical poco ético/a 11

unexpectedly de improviso *adv.* 3

unfair injusto *adj.* 8

unfamiliar desconocido/a *adj.* (Lect. 4)

unhang descolgar (o:ue) (g:gu) *v.* 7 (Lect. 7)

union (labor) sindicato *m.* 7

unique único/a *adj.* 10

unjust injusto/a *adj.* 8

unkempt descuidado/a *adj.* (Lect. 7)

unknown desconocido/a *adj.* (Lect. 4)

unpleasant antipático/a *adj.* 1

unsociable huraño/a *adj.* 1

untamed bravo/a *adj.* 6

untie desatar *v.* **8** (Lect. 8)

urban urbano *adj.* 12

up until now hasta la fecha *adv.* (Lect. 9)

updated actualizado/a *adj.* 9

upset disgustado/a *adv.* **1;** disgustar *v.* **2; get upset** afligirse *v.* 3

up-to-date (to be) (estar) al día 7

urge: have an urge to sentir ganas de **3** (Lect. 3); tener ganas de 3

use: make good use of aprovechar *v.* **2; use: make use (of)** disfrutar (de) *v.* **3; to be used** to estar acostumbrado/a a 5

useless inútil *adj.* 2

usually de costumbre 3

vaccine vacuna *f.* 5

vacuum pasar la aspiradora 3

valid vigente *adj.* 4

valuable valioso/a *adj.* 10

value: moral values valores morales *m. pl.* **8; valued** apreciado/a *adj.* 1

vanish desaparecer (c:sz) *v.* 6

verify comprobar (o:ue) *v.* 11 (Lect. 5)

verse verso *m.* 10

victorious victorioso/a *adj.* 12

victory victoria *f.* 2

viewer televidente *m., f.* 9

viewpoint punto de vista *m.* 10

village aldea *f.* 12

virus virus *m.* 5

visiting hours horas de visita *f. pl.* 4

vote votar *v.* 8

wage sueldo *m.* **7; minimum wage** sueldo mínimo *m.* 7

wait espera *f.* **4; wait in line** hacer cola 2

waiter, waitress camarero/a *m.*, *f.* 4; mesero/a *m.*, *f.* 4

wake up despertarse (e:ie) *v.* 2; **to wake up early** madrugar *v.* 5

walk andar *v.* 3; **walk away** marcharse *v.* 4 (Lect. 4); **take a walk** dar un paseo 2

want querer *v.* (Lect. 1); **want to** tener ganas de 3; **I want to ask you to come to the ceremony with me.** Quiero invitarte a acompañarme a la ceremonia. 12; **I wanted to ask you to come to the ceremony with me.** Quería invitarte a acompañarme a la premiación. 12; **I would like to invite you to come to the ceremony with me.** Quisiera invitarte a acompañarme a la premiación. 12

war guerra *f.* 12; **civil war** guerra civil *f.* 12

warlike bélico/a *adj.* 8

warm up calentar (e:ie) *v.* 3

warn avisar *v.* 8

warning aviso *m.* 4

warpaint raya *f.* 4

warrior guerrero *m.*, *f.* 8 (Lect. 8)

wash lavarse *v.* 2

waste malgastar *v.* 6

watch vigilar *v.* (Lect. 3)

watercolor acuarela *f.* 10

wave (radio) onda *m.* 11; **wave (water)** ola *f.* 4 (Lect. 4); **wave** agitar *v.* 2 (Lect. 2)

way: make way for dar paso a 9 (Lect. 9); **make way** abrirse paso 9 (Lect. 9)

weapon arma (el) *f.* 11

web browser buscador *m.* 9

website sitio *m.* 9

week semana *f.*

weekly supplement (newspaper) revista semanal *f.* 9

weight peso *m.* (Lect. 7) ; **to lose weight** adelgazar *v.* 5; **to gain weight** engordar *v.* 5

welcome acoger (g:j) *v.* 9 (Lect. 9); bienvenida *f.* 4

well bien *adv.* **get well** ponerse bien 5; **well-kept** bien cuidado/a *adj.* 4; **well-received** bien; acogido/a *adj*; **well-being** bienestar *m.* 1

well pozo *m.*; **oil well** pozo petrolero *m.* 6 (Lect. 6)

wet (to become) mojarse *v.*

wherever dondequiera *adv.* 5

whistle silbar *v.* 2

widower, widow viudo/a *m.*, *f.* 1; **to be widowed** quedarse viudo 1

wife mujer *f.* 1

wild bravo/a *adj.* 6; salvaje *adj.* 6

will power fuerza de voluntad *f.* 5

win ganar *v.* 12

wind energy energía eólica *f.* 11

wing ala (el) *f.* 6

wisdom sabiduría *f.* 12

wise sabio/a *adj.* (Lect. 12)

wish: make a wish pedir un deseo *v.* 7

witness testigo *m.*, *f.* 10 (Lect. 10)

wonder preguntarse *v.* 1

wood madera *f.* 10 (Lect. 10)

work of art obra de arte 10

workday jornada *f.* (Lect. 7)

workshop taller *m.* 10 (Lect. 10)

World Cup Copa del Mundo 3

worm gusano *m.* 5

worried (about) preocupado/a (por) *adj.* 1

worry preocupar *v.* 2; **worry (about)** preocuparse (de) *v.* 2; **Don't worry**. No te preocupes. (*fam.*) 4; No se preocupe usted. (*form.*) 4

worsen empeorar 5

worship culto *m.* 8

worthy digno/a *adj.* 12 (Lect. 12)

wound herir (e:ie) *v.* (Lect. 11)

wrinkle arruga *f.* 7

Y

yawn bostezar (z:c) *v.* 3

Z

zoo zoológico *m.* 2

Índice

Text Credits

4-5 © Pablo Neruda, *Poema 20*, from *Veinte Poemas de Amor y una Canción Desesperada*, 1924, reproduced by permission of Carmen Balcells Agencia Literaria.

8-11 © José Emilio Pacheco, "Aqueronte," from *El viento distante*, México D.F., Era, 1963, reprinted by permission of Ediciones Era.

16-17 © Consuelo Alba-Spyer, "Lomas Garza: La curandera visual," 2001 Nuevo Mundo. All rights reserved. Reproduced with permission.

20-21 © Alfredo Bryce Echenique, "Después del amor primero," from *Permiso para vivir*, pp. 387-388, 1995, reproduced by permission of Carmen Balcells Agencia Literaria.

30-31 © Mario Benedetti c/o Guillermo Schavelzon Agencia Literaria info@schavelzon, a fragment from the story *Idilio*, 2001, reprinted by permission of the author.

34-35 © Rodrigo Soto, "Microcosmos III," de *Dicen que los monos éramos felices*, Editorial Farben, 1998, reprinted by permission of the author.

44-45 © Amando de Miguel, "La vida cotidiana de los españoles en el siglo XXI," Barcelona, Editorial Planeta, 2001, pp. 144-145, reprinted by permission of Editorial Planeta.

52-53 © Iván Egüez, "Conciencia Breve," from *El Triple Salto*, Editorial El Conejo 1981, reprinted by permission of the author.

56-59 © Esther Díaz Llanillo, "Anónimo," 1966, reprinted by permission of the author.

64-65 © Jorge Ramos, "La noticia de todos los días," Univision, 2002, reprinted by permission of the author.

78-79 © Cristina Fernández Cubas, "El viaje," from *Por favor, sea breve*, 1998, reprinted by permission of the author.

82-83 © Celestino Cotto Medina, "El contrato," from *Cuentos breves latinoamericanos*, 1998, Huracán Editorial. Reprinted by permission of Huracán Editorial.

92-93 © Ada Iglesias, "Turismo real," Caracas, *El Nacional*, 2002, all rights reserved. Reproduced by permission.

100-101 © Gabriel Celaya, *Biografía*, from *El itinerario poético*, 1976, reprinted by permission of Amparo Gastón Etxebarria.

104-115 © Olga Lucía Quintero (Victoria Lucía Quintero Yanes), *1x1=1, pero 1+1=2, 1971,* reprinted by permission of the author.

124-125 © Débora Gutiérrez, "La siesta podría evitar accidentes laborales," diario *La Tercera* (Chile), 2000, reprinted by permission of La Tercera.

134-135 © Juan Ramón Jiménez, *El viaje definitivo*, from *Poemas agrestes*, 1910-1911, reprinted by permission of HEREDEROS DE JUAN RAMÓN JIMÉNEZ.

138-141 © Eduardo Galeano, "El derecho al delirio," from *Patas arriba. La escuela del mundo al revés*, pp. 341 - 344, editorial Siglo XXI, España-México, 1998, reprinted by permission of the author.

150-151 © Alberto Santander, "El futuro de la Amazonia," Bogota, Revista S-XXI, 2001, reprinted by permission of Fundación y *Revistas S-XXI*.

158-159 © Luis Loayza, "El avaro," fragment from the book *El avaro*, 1955, reprinted by permission of the author.

162-171 © Gabriel García Márquez, "La prodigiosa tarde de Baltazar," 1962, 1968, reprinted by permission of Carmen Balcells.

176-177 © Isabel Piquer, "Carolina Herrera, una señora en su punto," Madrid, *El País*, 2001, reprinted by permission of El País.

180-181 © Ricardo Carrasco, "Caravana de Sal," *National Geographic*, 2002, reprinted by permission of National Geographic Image Collection.

190-191 © César Vallejo, *Masa*, from *España, aparta de mí este cáliz*, 1937. Permission requested. Best efforts made.

194-203 © Isabel Allende, "Dos palabras," from *Cuentos de Eva Luna*, 1991, reprinted by permission of Carmen Balcells.

208-211 © José Arteaga, "La música acerca lo que la política separa (Ruben Blades)," Salsajazz.com, 1999, reprinted by permission of the author.

Illustration Credits

43 © Pablo Blasberg, ilustración *La TV del mundial*, Buenos Aires, La Nación, 1998, reprinted by permission of the author.

Photography Credits

Corbis Images: 4 Bettmann. **20** Isabel Steva Hernandez (Colita). **30** Reuters NewMedia Inc. Andres Stapff. **39** (l) Abilio Lope, (m) Torleif Svensson, (r) Lawrence Manning. **40** Reuters NewMedia Inc. Peter Morgan. 42 (l) Mitchell Gerber, (ml) Reuters NewMedia Inc. Fred Prouser-Files, (mr) Manuel Zambrana. **82** Brooks Kraft. **103** Tony Frank. **119** Hulton-Deutsch Collection. **122** Eric Curry. **137** J.L. Pino. **145** Kit Kittle. **149** Yann Arthus-Bertrand. **154** Charles Krebs. **159** H.D. Thoreau. 162 Francoise de Mulder. **179** Tiziana Baldizzone. **186** Palmer/Kane Inc. **194** Sion Touhig. **207** Danny Lehman. **208** Emilio Guzman. **213** Craig Lovell. **217** Jeremy Horner. **241** Manuel Zambrana. 242 Eric Robert. **247** (tr) Reuters NewMedia Inc. Pilar Olivares. 266 Bettmann. **277** Gianni Dagli Orti. **304** James Leynse. **317** Paul A. Souders. **318** Toni Albir. **322** Isabel Steva Hernandez. **331** Pablo Corral Vega. **335** Bettmann. **341** Jeremy Horner.

Latin Focus: 42 (m) Jimmy Dorantes, (r). **190** © Jimmy Dorantes. **247** (tl).

Héctor Zampaglione: 138

88 © Oronoz

272 © 2002 Man Ray Trust/Artists Rights Society (ARS), NY/ADAGP, Paris.

About the Authors

José A. Blanco is the President and founder of Baseline Development Group, formerly Hispanex, Inc., a company that has been developing Spanish language materials since 1989. A native of Barranquilla, Colombia, Mr. Blanco holds degrees in Literature and Hispanic Studies from Brown University and the University of California, Santa Cruz. He has worked as a writer, editor, and translator for Houghton Mifflin and D. C. Heath and Company and has taught Spanish at the secondary and university levels. Mr. Blanco is also the co-author of two introductory college Spanish textbook programs published by Vista Higher Learning, **VISTAS** and **PANORAMA.**

Mary Ann Dellinger is Assistant Professor of Spanish at Virginia Military Institute. She has taught Spanish at the secondary and college levels both in the United States and in Spain since 1982. She received her Ph.D. in Peninsular Literature at Arizona State University with a specialty in twentieth-century essay. Dr. Dellinger is the author of several ancillary texts for Spanish for Native Speakers at the secondary level, as well as co-author of *Sendas literarias*, Second Edition. In addition, she is the co-author of two introductory college Spanish textbook programs published by Vista Higher Learning, **VISTAS** and **PANORAMA.**

María Isabel García received a degree in Hispanic Philology at the *Universidad de Alicante* (Spain) and her M.A. in Hispanic Language and Literatures at the University of Rhode Island in 1996. She is currently finishing her doctoral dissertation in Peninsular Literature at Boston University. Ms. García has taught Spanish at the college level both in the United States and overseas since 1994. She is also the co-author of two introductory college Spanish textbook programs published by Vista Higher Learning, **VISTAS** and **PANORAMA.**

Ana Yañéz is a Spanish instructor at Boston University. She received a degree in English Philology at the *Universidad de Salamanca* (Spain) and her M.A. in Spanish and Latin American Literature at the University of Cincinnati in 2000. Ms. Yañéz has taught Spanish at the college level in the United States since 1998. She is currently working on her Ph.D. in Hispanic Language and Literatures at Boston University.